Kohlhammer

Der Autor

Dr. Martin Welz studierte Politik- und Verwaltungswissenschaft sowie Internationale Beziehungen in Konstanz, London und Pretoria. Er ist wissenschaftlicher Mitarbeiter am Fachbereich Sozialwissenschaften der Universität Hamburg. Er forscht und lehrt zur Afrikanischen Union, Auswirkungen der Dekolonisation, Konfliktmanagement in Afrika, inter-organisationale Beziehungen sowie zu Afrikas Rolle in der Welt.

Martin Welz

Afrika seit der Dekolonisation

Geschichte und Politik eines Kontinents

Verlag W. Kohlhammer

Für meine Jungs

Dieses Werk einschließlich aller seiner Teile ist urheberrechtlich geschützt. Jede Verwendung außerhalb der engen Grenzen des Urheberrechts ist ohne Zustimmung des Verlags unzulässig und strafbar. Das gilt insbesondere für Vervielfältigungen, Übersetzungen, Mikroverfilmungen und für die Einspeicherung und Verarbeitung in elektronischen Systemen.

Die Wiedergabe von Warenbezeichnungen, Handelsnamen und sonstigen Kennzeichen in diesem Buch berechtigt nicht zu der Annahme, dass diese von jedermann frei benutzt werden dürfen. Vielmehr kann es sich auch dann um eingetragene Warenzeichen oder sonstige geschützte Kennzeichen handeln, wenn sie nicht eigens als solche gekennzeichnet sind.

Es konnten nicht alle Rechtsinhaber von Abbildungen ermittelt werden. Sollte dem Verlag gegenüber der Nachweis der Rechtsinhaberschaft geführt werden, wird das branchenübliche Honorar nachträglich gezahlt.

1. Auflage 2021

Alle Rechte vorbehalten
© W. Kohlhammer GmbH, Stuttgart
Gesamtherstellung: W. Kohlhammer GmbH, Stuttgart

Print:
ISBN 978-3-17-032787-0

E-Book-Formate:
pdf: ISBN 978-3-17-032788-7
epub: ISBN 978-3-17-032789-4
mobi: ISBN 978-3-17-032790-0

Für den Inhalt abgedruckter oder verlinkter Websites ist ausschließlich der jeweilige Betreiber verantwortlich. Die W. Kohlhammer GmbH hat keinen Einfluss auf die verknüpften Seiten und übernimmt hierfür keinerlei Haftung.

Inhaltsverzeichnis

Danksagungen 6

Prolog 9

1 Vom Goldenen Zeitalter zur Eroberung und Kolonisation 19

2 Dekolonisation und Befreiung 28

3 Auswirkungen der Kolonialzeit und Dekolonisation 51

4 Externe Einflüsse 64

5 Wirtschaftliche Entwicklung, 1960–2000 81

6 Wirtschaft, sozioökonomische Entwicklung und
  Entwicklungszusammenarbeit 103

7 Staaten, politische Systeme und Akteure 124

8 Innerafrikanische Beziehungen 149

9 Politische Krisen 164

10 Größere Konflikte 181

11 Konfliktmanagement 199

12 Afrikanische Akteure in der internationalen Politik 221

Epilog 236

Anmerkungen 240

Register 287

Danksagungen

Am 18. März 2016 erhielt ich aus blauem Himmel eine E-Mail. Sie kam von Daniel Kuhn, einem Lektor von Kohlhammer, der er mich fragte, ob ich mir vorstellen könne, ein Buch über afrikanische Geschichte und Politik seit der Dekolonisation zu schreiben. Die Anfrage fiel bei mir auf offene Ohren, denn ich hatte mir schon seit einiger Zeit Gedanken darüber gemacht, ein solches Buch zu schreiben, dachte aber, ich würde dies zu einem späteren Zeitpunkt realisieren. Als sich nun aber die Gelegenheit bot und Cambridge University Press Interesse an einer englischen Version des Buches signalisierte, dachte ich, die Zeit sei gekommen.

Der Grund, warum ich bereits länger darüber nachdachte, ein solches Buch zu schreiben, ist simpel: Meine Auseinandersetzung mit afrikanischer Geschichte und Politik zeigte mir, dass ich das vorherrschende Bild über den Kontinent – vor allem jenseits wissenschaftlicher Arbeiten – nicht teile. Zu häufig war ich davon überrascht, wenn Menschen annahmen, Afrika sei *ein* Land, oder wenn sie komplexe Fragen und Geschehnisse wie Konflikte auf simple Antworten wie Ethnien reduzierten, als ob dies alles wäre, was Afrikanerinnen und Afrikaner antreibt. Der 45. amerikanische Präsident sprach 2018 gar von »shithole countries« oder »Dreckslochländern«, als er sich auf afrikanische Staaten bezog. Man sollte solch offensichtlichen Unsinn nicht wiederholen, aber es hilft, zu unterstreichen, dass es einer rhetorisch weniger radikalen, nuancierteren und besser informierten Betrachtung Afrikas bedarf. Ich dachte, ich kann dazu einen Beitrag leisten und fand eine Inspiration hierzu in der brillanten ironischen und unbedingt zu lesenden Anleitung *Wie man über Afrika schreibt* von Binyavanga Wainaina.[1] Ich denke – und hoffe –, dass ich keinem der Ratschläge des Autors gefolgt bin, und bin angesichts Wainainas Ironie davon überzeugt, dass dies gut für dieses Buch ist. Ich erhebe nicht den Anspruch, *das* korrekte Bild von Afrika zu haben. Dennoch glaube ich, dass ich eine wohlinformierte Perspektive der afrikanischen Geschichte und Politik besitze, die ich teilen möchte. Ich mache dies in vollem Wissen aller Schwächen, auf die ich im Prolog näher eingehen werde.

Dies ist meine Perspektive, mein Buch und meine Verantwortung. Gleichzeitig stimmt es, dass dieses Buch anders aussehen würde, wenn es nicht eine Vielzahl von Menschen gegeben hätte, die mir geholfen hätten. Für deren Unterstützung möchte ich hier danken. Zuallererst möchte ich mich bei meinen studentischen Hilfskräften für ihre rastlosen Bemühungen bedanken: Annika von Berg, Steve Biedermann, Niki Erikson, Robert Gerardi, Gunnar Hamann, Leon Rein und vor allem Mario Serjoscha Beying. Sie alle haben unzählige Literaturrecherchen gemacht, Tabellen entworfen und eine Fülle von Fakten überprüft. Etliche Kolleginnen und Kollegen halfen mir während des Rechercheprozesses, schlugen Literatur vor, beantworteten geduldig all meine Fragen und gaben mir Anregungen, die ihren Weg in dieses Buch gefunden haben. Ich möchte mich für die Unterstützung von Chris Alden, Wolfgang Eger, Markus Haacker, Katharina Holzinger, Jan Jansen, Thomas Kirsch, Daniela Kromrey, Timo Smit, Karen Smith, Thomas G. Weiss, Micha Wiebusch und Alan Whiteside bedanken. Die Beschäftigten der Bibliotheken an der Universität Konstanz und des GIGA Instituts in Hamburg sowie des Archivs der Afrikanischen Union beschafften Literatur und Quellen auch an den Tagen, an denen ich nicht mehr glaubte, sie jemals in den Händen zu halten.

Cambridge University Press holte vier anonyme Gutachten für das Exposé ein. Die profunden Kommentare und Vorschläge der Gutachterinnen bzw. Gutachter halfen mir in der Frühphase dieses Buchprojekts. Zweifellos würde dieses Buch ohne ihre Vorschläge – und ihren Zuspruch – anders aussehen. Ich bin sehr dankbar für ihre Kritik und ihre Unterstützung. Darüber hinaus bin ich Katharina Coleman, Andreas Freytag, Stefan Gänzle, Julia Grauvogel, Henning Melber, Martin Rempe, Antonia Witt und insbesondere Malte Brosig, Linnéa Gelot und Elizabeth Schmidt für ihre substanziellen Kommentare zu Entwürfen einzelner Kapitel bzw. Lektüre des (fast) ganzen Buches zutiefst dankbar. Ihre Rückmeldungen waren unverzichtbar und ich schulde ihnen eine Menge!

Dieses Buch erscheint in zwei Sprachen und zugegebenermaßen war dies eine logistische Herausforderung. Ohne David Brenner, der die Entwürfe etlicher Kapitel übersetzte und einige weitere Korrektur las, hätte die Vollendung dieses Buches Monate länger gedauert. Ich bin ihm für seine Arbeit und seine fortwährende Unterstützung dankbar. Ich möchte Daniel Kuhn von Kohlhammer und Maria Marsh von Cambridge University Press für ihre Unterstützung von Beginn an danken. Darüber hinaus bin ich Klaus-Peter Burkarth, Charlotte Kempf und Peter Kritzinger von Kohlhammer sowie Daniel Brown, Atifa Jiwa, Stephanie Taylor und Abigail Walkington von Cambridge University Press sowie Rohan Bolton, Penny Harper und Orvil Matthews für ihre großartige Unterstützung dankbar.

Ich danke der Universität Konstanz, der Friedrich-Schiller-Universität Jena und der Universität Hamburg dafür, mir eine akademische Heimat gegeben zu haben, während ich an diesem Buch arbeitete. Ich danke dem Exzellenzcluster »Kulturelle Grundlagen von Integration« der Universität Konstanz und den Kolleginnen und Kollegen dort für ihre Unterstützung im vergangenen Jahrzehnt und dafür, dass sie mir alle Mittel zur Verfügung stellten, um zu reisen und zu forschen. Diese Mittel ermöglichten es mir, viele Kolleginnen und Kollegen, Entscheidungsträgerinnen und Entscheidungsträger sowie Afrikanerinnen und Afrikanen aus allen Lebensbereichen auf dem Kontinent und der Diaspora zu treffen und mit ihnen zu sprechen. Diese Begegnungen haben meine Perspektive auf Afrika geprägt.

Letztlich danke ich meiner Familie und meinen Freunden für ihre Unterstützung und ihr Interesse sowie ihr gelegentliches Desinteresse an meiner Arbeit, denn Letzteres bot mir die Möglichkeit, auch über andere Dinge als dieses Buch nachzudenken. Ohne die Liebe und Unterstützung von Mickey, Santino und Heiko hätte ich dieses Buch nicht beendet. Danke an sie alle – und an diejenigen, die ich unabsichtlich vergessen habe.

Danksagungen

Abb. 1: Karte Afrikas.

Prolog

Afrika ist die Heimat von mehr als 1,2 Mrd. Menschen, die geschätzt 3 000 verschiedene Sprachen sprechen. Es gibt 54 von den Vereinten Nationen (UN) anerkannte Staaten in Afrika. Die meisten von ihnen sind auf dem Kontinent, einige sind auf vorgelagerten Inseln. Es gibt Gebiete, die kolonisiert waren oder wo Minderheitsregime herrschten, Gebiete, die nie kolonisiert waren, sowie Gebiete, die noch immer kolonisiert sind. Es gibt Staaten, die eine schwache Wirtschaft von den Kolonialmächten geerbt haben, und Staaten, die eine solide wirtschaftliche Basis bei der Unabhängigkeit hatten. Es gibt Staaten mit kaum natürlichen Ressourcen, welche mit einigen Ressourcen und welche mit Ressourcen im Überfluss. Es gibt Staaten mit niedriger, mittlerer und hoher sozioökonomischer Entwicklung. Es gibt Staaten, in deren Angelegenheiten sich externe Akteure kaum einmischen, Staaten, die gelegentlicher Einmischung ausgesetzt sind, und Staaten, in denen externe Akteure so dominant sind, dass die Regierung kaum handelsfähig ist. Es gibt demokratische, semi-demokratische und nicht demokratische Staaten. Es gibt Staaten mit funktionierenden Institutionen, Staaten mit teils funktionierenden Institutionen und es gibt *failed states*, also gescheiterte Staaten. Es gibt international anerkannte funktionierende Staaten, international anerkannte faktisch nicht funktionierende Staaten und international nicht anerkannte, aber funktionierende Staaten. Es gibt Staaten mit neopatrimonialen Systemen und Staaten ohne. Es gibt Staaten, in denen traditionelle Führer eine Rolle spielen, und Staaten, in denen sie keine Rolle spielen. Es gibt Staaten, in denen es nie einen Staatsstreich gab, Staaten, die einen Coup erlebt haben, der oftmals schon Jahre zurückliegt, und Staaten, die immer noch regelmäßig Coups erleben. Es gibt Staaten, die von Terrorismus unberührt sind, Staaten, die immer wieder unter terroristischen Anschlägen leiden, und welche, in denen terroristische Gruppen rekrutieren, trainieren und Anschläge verüben. Es gibt Staaten, die einen Bürgerkrieg oder eine andere Form von massiver Gewalt erlebt haben, und Staaten, in denen die Bevölkerung in friedlicher Koexistenz lebte und lebt. Kurz: Afrika – in diesem Buch bestehend aus Nord- und Subsaharaafrika – ist in vielerlei Hinsicht divers. Diese Diversität existierte, bevor die europäischen Mächte große Teile des Kontinents kolonisierten, existierte während der Kolonialzeit und existiert seit der Unabhängigkeit bis heute.

Man könnte auch eine andere Beschreibung für ein erstes Bild der politischen, wirtschaftlichen und sozioökonomischen Situation Afrikas wählen. Letztlich ist die Betrachtung eines so diversen Kontinents eine Frage der Perspektive. Meine Perspektive entstand durch eine intensive wissenschaftliche Auseinandersetzung mit dem Kontinent: Ich las unzählige Bücher und Artikel von Menschen aus Afrika und anderswoher, las regelmäßig die Berichterstattung in afrikanischen und nicht-afrikanischen Zeitungen und Internetquellen und schaute Nachrichten und Dokumentationen im Fernsehen, die von Menschen aus Afrika und anderswoher produziert wurden. Ich bin häufig – manchmal für kürzere und manchmal für längere Zeit – nach Afrika gereist und habe mit Menschen aus allen Lebensbereichen bei unzähligen Gelegenheiten auf dem Kontinent und in der Diaspora gesprochen. Darauf basierend präsentiert dieses Buch *meine* Perspektive der afrikanischen Geschichte und Politik. Wie immer in der Wissenschaft wird niemand meine Perspektive vollständig teilen, weil sie oder er etwas Anderes gehört, gelesen, gesehen oder erlebt hat. Aber es wird mir auch niemand komplett widersprechen. Es fällt mir leicht einzugestehen, dass ich kein allwissender Experte Afrikas bin. Und ich glaube auch nicht, ich könne einem diversen Kontinent auf den rund 240 vor Ihnen liegenden Textseiten gerecht werden. Wahr ist aber auch, dass 1 000 Seiten oder eine noch intensivere akademische und persönliche Auseinandersetzung mit der afrikanischen Geschichte und Politik der reichen Geschichte und der komplexen Politik Afrikas (seit der Dekolonisation) ebenso wenig gerecht geworden wären. Jede wissenschaftliche Arbeit kürzt die Realität, reduziert die Komplexität und unterliegt einem Zeitgeist. Folglich darf dieses Buch nicht als eine abschließende Betrachtung der afrikanischen Geschichte und Politik gesehen werden. Es ist viel eher meine Darstellung und Analyse ausgewählter Themen, die ich aus der Perspektive eines Politikwissenschaftlers, der auf internationale Beziehungen und Afrika spezialisiert ist und der ein Interesse an historischen, wirtschaftlichen und sozioökonomischen Fragen hat, als wichtig empfinde.

Während meines Studiums an der *London School of Economics and Political Science* habe ich einen Beitrag von John Vincent gelesen, indem er Hedley Bulls akademisches Vermächtnis zusammenfasst. Ich verwende dieses unabhängig von dem Forschungsparadigma, aus dem es stammt, weil ich es für universell anwendbar halte und betrachte es als Leitlinie für meine Forschung, Lehre und das Schreiben. Nach Vincent hatte Bull folgende vier Maxime: Stell' die großen Fragen und erhalte das große Bild; sei skeptisch gegenüber jeder Verallgemeinerung, inklusive dieser; halte jede Mode in den Spiegel der Geschichte; und akzeptiere, dass wir mehr im Dunkeln stehen, anstatt anzunehmen, wir sehen das Licht.[1] Ich hoffe, Sie wenden diese Leitlinien an, wenn Sie dieses Buch lesen und über dessen Inhalt nachdenken. Machen Sie sich ein eigenes Bild und bewerten Sie komplexe Fragen selbst. Dabei – und bei der Beurteilung meiner Arbeit – bitte ich, denselben Maßstab zu verwenden wie ich. Wenn wir uns darauf einigen, können wir es schaffen, nicht aneinander vorbeizureden, weil die Intentionen und die Schwächen dieses Buchs von Beginn an klar sind.

Warum sich mit afrikanischer Geschichte und Politik beschäftigen?

Am 23. Juni 2019 spielte England gegen Kamerun im Rahmen der FIFA Weltmeisterschaft der Frauen in der französischen Stadt Valenciennes. Dieses Fußballspiel wird weniger wegen des Sports in Erinnerung bleiben, als vielmehr wegen der anderen Ereignisse im Stadion, bei denen sich die kamerunischen Spielerinnen vom Schiedsrichtergespann betrogen gefühlt und einige deren Entscheidungen als rassistisch betrachtet haben. Das erste Tor Englands wurde zunächst nicht gegeben, dann aber vom Videoassistenten anerkannt, weil Englands Stürmerin doch nicht im Abseits war. Journalisten aus Kamerun auf den Rängen riefen die kamerunischen Spielerinnen zum Protest und zum Beenden des Spiels auf. Die Fans aus Kamerun unterstützten diesen Aufruf und deuteten an, dass sie glaubten, England habe das Spiel gekauft. Die Kamerunerinnen zögerten erneut das Spiel fortzusetzen, als sie ein Tor geschossen hatten, welches dann vom Videoassistenten annulliert wurde, weil es sich um ein knappes Abseits gehandelt hat. Nach dem Spiel sagte eine Spielerin Kameruns, sie fühle sich, als ob sie an einer Europameisterschaft teilnehme, bei der Afrika nicht willkommen sei.[2] Mit diesen Vorwürfen konfrontiert sagte Englands Trainer, dass er ein großer Fan des afrikanischen Fußballs sei, und dass die Ereignisse des Tages ein Einzelfall seien. Aus seiner Sicht waren die Spielerinnen Kameruns sehr emotional. In allen ihren Spielen hätten ihre Fans getanzt und gesungen, und das sei es, was eine Weltmeisterschaft ausmache. Er liebe die Freude, die sie mitbringen, und ihr Tanzen in der Kabine. Man könne ihre Emotionen und ihren Schmerz fühlen.[3] Er erwähnte auch noch, dass sich der kamerunische Fußball sehr verbessert habe und sicherlich eine leuchtende Zukunft haben werde.

Nur wenn wir tiefer in die koloniale und postkoloniale Geschichte eintauchen und die gegenwärtige politische Situation in den Blick nehmen und nur wenn wir dies in einer Globalgeschichte und einer Analyse des heutigen internationalen Systems einbetten, können wir eine nuanciertere Perspektive auf die Geschehnisse in Valenciennes entwickeln und die unter der Oberfläche liegenden Probleme und Themen verstehen. Dann sind wir nämlich in der Lage, die Frustration von Menschen aus Afrika – hier die Spielerinnen und Fans Kameruns – über eine andauernde Marginalisierung und die gefühlte unfaire Behandlung gleichermaßen zu erkennen wie die Vorurteile und Stereotypen von Europäern (oder Menschen im Westen) – in diesem Fall Englands Trainer –, als er vom Singen und Tanzen sowie den Emotionen der Afrikanerinnen mit einem paternalistischen Ton sprach. Zwei Perspektiven sind in Valenciennes aufeinandergeprallt. Beide Seiten haben aneinander vorbeigesprochen, obwohl sie eigentlich über das gleiche Spiel sprachen.

Es gibt natürlich weitere Gründe, sich mit afrikanischer Geschichte und Politik zu beschäftigen. Drei will ich hier nennen. Erstens verdienen afrikanische Geschichte und Politik mehr Aufmerksamkeit, als sie gegenwärtig erfahren. Dies gilt trotz des so häufig vorgebrachten Arguments, nur Großmächte seien in der internationalen Politik von Bedeutung. Wie ich zeigen werde, sind afrikanische

Akteure keine unbeteiligten Zuschauer der internationalen Politik, sondern beeinflussen diese ebenso. Bücher wie Fernand Braudels *A History of Civilizations* wirken daher irreführend, wenn sie 120 Seiten der europäischen Geschichte widmen, 76 Seiten dem Islam und der muslimischen Welt, 152 Seiten dem Fernen Osten und 99 Seiten Amerika, aber nur 37 Seiten für Subsaharaafrika übrig haben.[4] Das Gleiche gilt für das Buch *1 000 Places to See before You Die*, das 355 Orte in Europa enthält, 171 alleine in den USA, aber nur 67 in Afrika.[5] Dies sind nur zwei Bücher, ein akademisches und ein populäres, die für viele stehen.

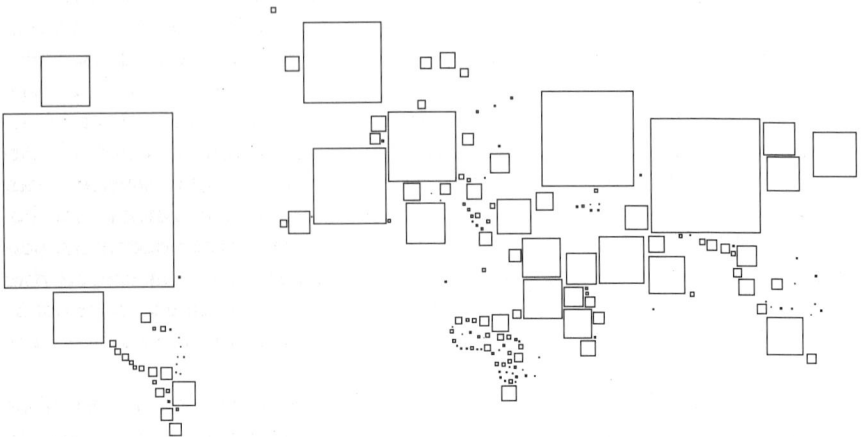

Abb. 2: Die Staaten der Welt, wie sich sie in *New York Times* (internationale Ausgabe) 2018 erwähnt wurden. Eigene Auswertung basierende auf Recherche mittels Nexis. Die Größe des Quadrats, das die USA repräsentiert ist auf ein Viertel seiner eigentlichen Größe verkleinert.

Eine Analyse der Berichterstattung in westlichen Zeitungen zeigt, dass Afrika dort ähnlich unterrepräsentiert ist. Abbildung 2 zeigt ein Kartogramm, in dem die Größe des jeweiligen Landes bestimmt wird durch die Anzahl der Artikel in der *New York Times* (internationale Ausgabe) für das Jahr 2018, in denen das Land erwähnt wurde. Dabei spielt der Inhalt des Artikels keine Rolle. Um andere Länder sichtbarer zu machen, ist das Quadrat, das die USA repräsentiert, auf ein Viertel seiner Größe reduziert. Einige Länder wurden in keinem Artikel der *New York Times* 2018 genannt (in Afrika war dies Lesotho) und deshalb tauchen diese Länder nicht in der Abbildung auf.

Westliche Medien berichten nicht nur weniger über Afrika im Vergleich zu anderen Weltregionen. Auch Online-Leser, die viele Möglichkeiten in der Auswahl ihrer Artikel haben, beschäftigen sich weniger mit Nachrichten aus Afrika. So berichtete der *Economist*, dass Leser im Jahr 2017 weniger Zeit damit verbrachten, etwas über Robert Mugabe und dessen Sturz durch das Militär in Simbabwe zu lesen, als über Harvey Weinstein oder über Prinz Harrys Verlobung mit Megan Markle. Während es 2017 eine wahrnehmbare Leserschaft für die Wahlen in Frankreich, Großbritannien und Deutschland gab, interessierten sich deutlich weniger Menschen für die Wahlen in Kenia und das obwohl diese angesichts der Geschehnisse bei der vorausgegangenen Wahl kaum weniger interessant waren. Und obgleich die Situation in Somalia 2017 einige Aufmerksamkeit erfuhr, wenn es um Interesse an Konflikten und am Konfliktmanagement geht, verbrachten Online-Leserinnen und -Leser deutlich mehr Zeit damit, etwas über Afghanistan, den Islamischen Staat, Syrien und Jemen zu lesen.[6]

Zweitens ist es notwendig, zwei Extreme zu verstehen: Auf der einen Seite wird über »hoffnungslose«, »zerfallende« oder »gescheiterte« afrikanische Staaten oder sogar von ganz »Afrika« gesprochen – ein Kontinent, von dem man annimmt, dass er auf keinen grünen Zweig kommt und u. a. wegen Bevölkerungswachstum, politischen Konflikten und Migration sogar eine Bedrohung darstellt. Auf der anderen Seite wird über »Afrikas Aufstieg« oder »Afrotopia«[7] gesprochen. Beides sind problematische Verallgemeinerungen und wir sollten ihnen gegenüber skeptisch sein, denn sie täuschen über die komplexen Dynamiken in Afrika und die politische, ökonomische und sozioökonomische Diversität des Kontinents hinweg. Nach meinem Dafürhalten sollten wir eine Analyse und Bewertung nicht mit normativem oder Wunschdenken vermischen oder einen pessimistischen oder paternalistischen Zugang wählen. Wir sollten uns eher an eine Analyse im Sinne Max Webers halten, also frei von Werturteilen und ohne ein finales Urteil zu fällen,[8] denn dies würde der Diversität und Komplexität Afrikas nicht gerecht werden.

Drittens sind in einer globalisierten Welt Ereignisse an einem Ende der Welt am anderen Ende spürbar. Der Arabische Frühling von 2011 und die ansteigende Anzahl von Flüchtenden nach Europa und anderswohin sind nur ein Beispiel dafür wie auch die Flüchtenden aus Eritrea und Somalia. Das Gleiche gilt für einige Terroristen, die aus Afrika stammen. Steigende oder fallende Ölpreise können die Folge eines Konflikts oder dessen Ende in einem der ölexportierenden Staaten Afrikas sein. Und in fast jedem Mobiltelefon befindet sich Metall, namentlich Kobalt, das aus Kongo-Kinshasa importiert wird. Jenseits solch bekannter Beispiele zeigt sich auch, dass die ägyptische Variante von Crocket in den Augen vieler interessanter ist und deshalb andernorts übernommen wurde, sodass sie nun die populärste Spielvariante ist.[9] Überdies waren südafrikanische Chirurgen nicht nur die ersten, die 1967 ein Herz transplantierten, sondern auch die ersten, die 2015 ein männliches Geschlechtsorgan transplantierten.[10] Kurzum, es gibt reichlich Hinweise in Bezug auf Ressourcen, Wissenschaft, Kultur und Sport, die zeigen, dass Afrika und die Menschen dort von internationaler Bedeutung sind.

Ziele des Buchs – und was dieses Buch nicht kann

Dieses Buch erklärt die Komplexität und Diversität vergangener und gegenwärtiger Politik in Afrika und soll ein Interesse wecken, sich weiter mit afrikanischen

Angelegenheiten zu beschäftigen. Es ist *keine* allumfassende Analyse von 54 (oder mehr) Ländern und deren Geschichte seit der Dekolonisation bzw. dem Ende der Minderheitsregime. Und Sie werden nicht »Afrika« kennen, nachdem Sie das Buch gelesen haben. Vielmehr haben Sie einen ersten Eindruck, mehr Wissen oder eine neue Perspektive. Ich werde keine Lösungsvorschläge für die Herausforderungen bieten, die ich in diesem Buch beschreibe, oder Vorhersagen machen. Wenngleich Max Weber uns Wissenschaftlerinnen und Wissenschaftlern es erlauben würde, eine Bewertung *nach* der Analyse vorzunehmen,[11] nehme ich davon Abstand. Stattdessen werde ich am Ende des Buches einige Fragen zum Nachdenken in den Raum stellen.

Kurze Vorschau

Dieses Buch besteht aus zwölf Kapiteln. Kapitel 1–6 widmen sich eher dem »großen Bild«, was bedeutet, dass ich Geschehnisse in Afrika in eine Globalgeschichte einbette und eine Analyse der gegenwärtigen politischen und ökonomischen Situation vornehme. Kapitel 7–12 sind anders, denn hier tauche ich tiefer in die afrikanische Politik ein und nutze mehrere Fallstudien, um die interne Funktionsweise afrikanischer Staaten sowie die Kooperationen, Krisen und Konflikte innerhalb und zwischen ihnen zu beleuchten. Dies wäre ohne die Beschreibungen der Kapitel 1–6 nicht verständlich.

Trotz meines Fokus auf die Zeit nach der Dekolonisation müssen wir die vorkoloniale Geschichte und die Kolonialzeit selbst betrachten, ehe wir zum eigentlichen Thema des Buches kommen. Dies hat zwei Gründe: erstens, um zu zeigen, dass Afrika eine reiche vorkoloniale Geschichte hat und gewiss kein »dunkler Kontinent« war und zweitens, um Pfadabhängigkeiten darzustellen, also wie Vergangenes die Gegenwart beeinflusst. So müssen wir z. B. die Art und Weise, wie die Kolonialmächte ihre afrikanischen Kolonien verwaltet haben, untersuchen, um die postkoloniale Politik und die Machtkonzentration zu verstehen. Und wir müssen die reiche vorkoloniale Geschichte in den Blick nehmen, um nachvollziehen zu können, warum man heute über eine *Afrikanische Renaissance*[12] spricht und warum Intellektuelle ihre Gedanken hierzu mit der vorkolonialen Periode in Verbindung bringen. Kapitel 1 bietet daher einen kurzen Überblick über die vorkoloniale Zeit, den »imperialen Wettlauf um Afrika« und die Kolonialzeit.

Die Kolonialzeit und die Dekolonisation sind eine Zäsur in der afrikanischen Geschichte. Die europäischen Kolonialmächte hatten alle Gebiete Afrikas bis auf Äthiopien und Liberia kolonisiert. Über einen Zeitraum von mehreren Jahrzehnten erlangten diese Kolonien ihre Unabhängigkeit, mit dem Höhepunkt im Jahr 1960 – dem afrikanischen Jahr – als 18 Kolonien unabhängig wurden. Kapitel 2 identifiziert und beschreibt die Kräfte, die wichtig waren, um afrikanische Staaten nominell unabhängig zu machen, d. h., dass sie von anderen Staaten und den UN anerkannt wurden. Ich betrachte die Dekolonisation aus drei Perspektiven: die der Kolonialmächte, die des Kolonialstaats und die des internationalen Systems und zeige, dass nur in der Gesamtschau der drei Perspektiven die Dekolonisation in ihrer Komplexität zu verstehen ist.

Kapitel 3 untersucht die Auswirkungen der Kolonialzeit und der Dekolonisation in drei Blöcken, namentlich politische und wirtschaftliche Auswirkungen sowie die Auswirkungen auf Individuen. Es zeigt u. a., wie schlecht vorbereitet die Kolonialmächte ihre Kolonien in die Unabhängigkeit entließen und wie die meisten postkolonialen Anführer den Kolonialstaat ohne Veränderung übernahmen. Das Kapitel erläutert überdies, dass es zum Zeitpunkt der Unabhängigkeit kaum fruchtbaren Boden für Staatsbildung, Demokratisierung, sozioökonomische Entwicklung und wirtschaftliche Freiheit gab.

Eines der wiederkehrenden Themen dieses Buches ist die Einmischung von nicht-afrikanischen Akteuren in afrikanische Angelegenheiten. Kapitel 4 widmet sich explizit diesem Thema und beleuchtet die Einmischung der (ehemaligen) Kolonialmächte, der Supermächte im Kalten Krieg und der heutigen großen und aufstrebenden Mächte. Zu den zentralen Themen gehören die Einmischungen während des Kalten Kriegs, das Eintreten für eine liberal-kosmopolitische Ordnung in den 1990er-Jahren, die Zeit nach dem 11. September und der »Krieg gegen den Terror« sowie der »neue Wettlauf um Afrika« mit einem Fokus auf die Rolle Chinas.

Kapitel 5 und 6 beschäftigen sich mit der wirtschaftlichen und sozioökonomischen Entwicklung des Kontinents. Während sich Kapitel 5 der Zeitspanne zwischen der Dekolonisation und ca. dem Jahr 2000 widmet und auf Initiativen eingeht, die sozioökonomischen Herausforderungen einiger afrikanischer Staaten zu bewältigen, beschäftigt sich Kapitel 6 mit der Zeit nach 2000, als der Aufstieg Chinas und dessen Interesse in Afrika einen neuen Wettlauf um Afrika eröffneten. Kapitel 5 zeigt, dass die ideologischen Debatten während des Kalten Kriegs eine kollektive Strategie zur Ankurbelung der Wirtschaft unmöglich machten, und dass afrikanische und nicht-afrikanische Akteure häufig aneinander vorbei diskutieren, weshalb es keine gemeinsame Perspektive auf die Ursachen der sozioökonomischen Misere gab, die in etlichen, aber nicht allen afrikanischen Staaten vorherrschte. Kapitel 6 untersucht hiernach die gegenwärtigen Herausforderungen und Erfolgsgeschichten und betont dabei die Diversifikation von Handelspartnern sowie die Rolle Chinas und anderer aufstrebender Staaten. Es gibt mehr Handel, mehr Konsum und mehr ausländische Direktinvestitionen, aber nicht alle afrikanischen Staaten erleben dies.

Die politische Landschaft in Afrika ist divers und Kapitel 7, das längste dieses Buches, geht hierauf ein. Dabei geht es u. a. um den politischen Aufbau der Staaten, die »Big Men«-Politik, Neopatrimonialismus, Machterhaltsstrategien und Demokratisierung. Neben dem Fokus auf die Präsidenten und Präsidentinnen (und in wenigen Fällen auf die Regierungschefs bzw. -chefinnen) gehe ich in diesem Kapitel auch auf die Rolle anderer Akteure ein wie die der Kabinette, öffentlichen Verwaltung, Parlamente, Parteien, Justiz, traditionellen Führer, Militärs sowie von Kirchen und Nichtregierungsorganisationen (NGOs).

Kapitel 8 beschäftigt sich mit der innerafrikanischen Kooperation und den intergouvernementalen Organisationen, die afrikanische Staaten politisch, wirtschaftlich und sozial integrieren sollen. Ich stelle die Motive hinter der Gründung von Organisationen wie der Organisation für Afrikanische Einheit (OAU), ihrer Nachfolgeorganisation, der Afrikanischen Union (AU), und regionalen Wirtschaftsgemeinschaften wie der *Economic Community of West African States* (ECOWAS) vor. Darüber hinaus werde ich die normative Basis dieser Organisationen, den politischen Profit sowie die Hürden für eine tiefgreifende Integration betrachten.

Kapitel 9 und 10 beschäftigen sich mit Krisen und größeren Konflikten. Kapitel 9 untersucht politische Krisen, namentlich Sezessionen, Staatsstreiche, Gewalt im Kontext von Wahlen und Terrorismus. Ich konzentriere mich auf Motive sowie Akteure und zeige, dass die weitverbreitete Annahme, Afrika sei ein Kontinent, der unter endlosen Krisen leide, fehlgeleitet ist. Solche Krisen treffen bei weitem nicht jedes afrikanische Land. Viel eher sind sie zumeist lokale oder temporäre Phänomene, die teils weit zurückliegen. Kapitel 10 widmet sich dann größeren Konflikten. Es erklärt, warum es kaum zwischenstaatliche Kriege in Afrika gibt, beleuchtet die Gründe für innerstaatliche Kriege und betont überdies, dass einige afrikanische Länder nie größere politische Gewalt erfahren haben. Weiterhin gehe ich auf die Frage ein, warum Zivilisten Rebellen werden. Das Kapitel behandelt anschließend Völkermorde als eine besondere Form von Konflikten und konzentriert sich dabei auf die Genozide in Darfur und Ruanda. Angesichts der bis zu fünf Mio. Toten verdient »Afrikas großer Krieg« oder der »dritte Weltkrieg«, ein Kriegskomplex in der Region der Großen Seen, der die Grenze zwischen innerstaatlichen und zwischenstaatlichen Konflikten überschritt, eine separate Analyse. Schließlich gehe ich noch auf die Situation in Flüchtlingslagern ein, weil sie nicht nur ein Zufluchtsort sind, sondern auch ein Ort der Unsicherheit und der Rebellenrekrutierung.

Danach untersucht Kapitel 11 das internationale Konfliktmanagement und stellt die zentralen Akteure vor. Es fragt, welche Voraussetzungen erfüllt sein müssen, dass internationales Konfliktmanagement erfolgreich sein kann und was »Erfolg« überhaupt bedeutet. Die Analyse unterstreicht, dass es weder einfache Probleme noch einfache Lösung gibt und dass Konfliktmanagement eine komplizierte Angelegenheit ist, bei der es viel abzuwägen und harte Entscheidung zu treffen gilt.

Dieses Buch zeigt, dass afrikanische Akteure nicht passiv sind oder nur Zuschauer. Vielmehr waren sie im Laufe der Geschichte auf vielen Ebenen politisch aktiv und haben Einfluss auf ihre eigene und die internationale Politik genommen. Kapitel 12 widmet sich dem und fragt, welche Rolle afrikanische Akteure in der internationalen Politik spielen, welche Mittel sie hierbei nutzen und welche Hindernisse ihnen im Weg stehen. Der Epilog wirft dann einige Fragen auf und bietet Anregungen zum Nachdenken.

Wie dieser Überblick zeigt, ist dieses Buch thematisch aufgebaut. Es ist möglich, einzelne Kapitel zu lesen, weil sie weitestgehend für sich selbst stehen. Sie beinhalten Verweise auf andere Kapitel, um die Verbindung zwischen den Themen zu markieren und um die Lesenden zu führen. Verweise innerhalb eines Kapitels sind mit »siehe oben« bzw. »siehe unten« gekennzeichnet. Nichtsdestotrotz würde ich mich wie jeder Autor und jede Autorin freuen, wenn Sie dieses

Buch in seiner Gesamtheit lesen, sodass sich die ganze Perspektive, die ich biete, entfalten kann. Da dieses Buch vollständig mit Belegen versehen ist, verzichte ich auf Abschnitte mit zu empfehlender oder weiterführender Literatur. Die Endnoten bieten eine Vielzahl an Vorschlägen für eine tiefergreifende Auseinandersetzung mit allen Themen, die ich auf den folgenden Seiten anspreche.

Lassen Sie mich hier aufhören, über den Hintergrund und die technischen Details des Buches zu schreiben, und Sie bitten, umzublättern und loszulegen.

1 Vom Goldenen Zeitalter zur Eroberung und Kolonisation

Afrikas vorkoloniale Geschichte ist reich und das nicht nur, weil die Menschheit vermutlich ihren Ursprung dort hat.[1] Auch wenn ich hier nur einen Bruchteil der Geschichte Afrikas darstelle, sollte doch klar werden, dass die Geschichte des Kontinents nicht erst mit der Ankunft der Europäer begann, wie dieses Buch mit seinem Blick auf die Zeit nach der Dekolonisation ansonsten nahelegen könnte. Wir wissen eine Menge über das alte Ägypten, von dem angenommen wird, es sei eine »schwarze« Zivilisation gewesen,[2] oder über das Aksumitische Reich im heutigen Äthiopien und wissen noch viel mehr über die letzten zwei Jahrhunderte seit Beginn der Kolonisation. Über den Zeitraum dazwischen, der auch als »Goldenes Zeitalter« beschrieben wird,[3] ist hingegen wenig bekannt.[4] Trotzdem ist klar, dass die vorkoloniale Zeit sichtbare Spuren hinterlassen hat und sie ein wichtiger Anknüpfungspunkt für den postkolonialen Diskurs ist. Es ist aber auch klar, dass die im Vergleich dazu recht kurze Kolonialzeit und Dekolonisation mit einer solchen Wucht auf weite Teile Afrikas gewirkt haben, dass sie – aus heutiger Sicht – die wohl umfassendste Zäsur in der Geschichte des Kontinents darstellen. Deshalb geht dieses Kapitels auch auf die Kolonisation und die Kolonialzeit ein, ehe ich in den folgenden beiden Kapiteln die Dekolonisation und ihre Auswirkungen beleuchte.

Das Goldene Zeitalter

Es gibt Historiker und Historikerinnen, die glauben, dass es in Afrika vor der Kolonisation nur »Dunkelheit« gab und dass Afrika – wie auch Amerika vor Christoph Kolumbus – eine »pittoreske aber unwichtige Ecke des Globus« war, die einer Untersuchung nicht wert sei.[5] Es ist wahr, dass wir nur wenig über diese Phase wissen. Dies führt François-Xavier Fauvelle auf den Mangel an Schriften und archäologischen Objekten sowie auf ideologische Gründe zurück, namentlich ein Desinteresse an Afrikas Vergangenheit.[6] Dieses mangelnde Wissen und das Desinteresse erklären und verstärken einige der Vorurteile über Afrika bis heute. Was wir über die vorkoloniale Zeit wissen ist beispielsweise, dass sich die Menschen in Afrika wie in anderen Weltregionen auch in politischen Systemen organisierten. Eines der ältesten politischen Systeme überhaupt, das bis in die Gegenwart reicht, gab es in Äthiopien, wo bis 1974, als die Kommunisten den

Kaiser stürzten, ununterbrochen für rund 3 000 Jahre eine Abfolge von 237 Königen und Kaisern regierte. Als Äthiopien im 4. oder 5. Jahrhundert vom Judentum zum Christentum konvertierte, wurde es das erste christliche Reich der Welt. Imposante Bauten wie die Stelen in Aksum oder die Felsenkirchen in Lalibela sind Zeugnisse dieser Epoche. Nicht minder imposant war das Kaiserreich Mali, das zwischen dem 13. und 17. Jahrhundert bestand. Dessen Kaiser Mansa Musa I. gilt als reichster Mensch der Weltgeschichte. Das Jolof-Reich im heutigen Senegal und Gambia bestand als politische Einheit von 1530 bis 1890. Das Aschanti-Reich bestand ab ca. 1680 für zwei Jahrhunderte; auf ihm baut das heutige Ghana mit auf. Im heutigen Simbabwe zeugt die Ruinenstätte Groß-Simbabwe davon, dass dort vom 11. bis zum 15. Jahrhundert das Munhumutapa-Reich seine Blütezeit erlebte. Das Luba-Reich im heutigen Kongo-Kinshasa und Sambia bestand von 1585 bis 1889 und das Königreich Kongo von 1390 bis 1857. Das um 1300 gegründete Königreich Buganda lebt heute in Uganda weiter. In Sansibar herrschten die omanischen Sultane vor allem zwischen dem 17. bis 19. Jahrhundert und kontrollierten von dort aus auch große Gebiete in Ostafrika.[7] Sie waren die Vorboten der europäischen Kolonisation. Ihr Einfluss reichte bis in den Osten des Kongos, was ein Grund dafür ist, dass dort bis heute Swahili gesprochen wird.

Es gibt wenig Kenntnisse über die genaue Ausgestaltung der politischen Systeme vor der Kolonisation. In der westafrikanischen Savanne bildeten *kafus* Miniaturstaaten aus, das *sarauta* System im heutigen Nigeria vereinte Mikrostaaten zu Königreichen samt von Mauern umgebenen Hauptstädten und im heutigen Kamerun organisierte sich die Gesellschaft unter einem »Big Man«, der entweder aufgrund seiner persönlichen Qualitäten oder seiner Abstammung diese Rolle einnahm. Aus manchen Bantu-Sprachen im Osten Afrikas verschwand das ursprüngliche Wort für *Chief*. Stattdessen wurden Kriegsführer, Älteste oder diejenigen, die Rituale durchführen konnten, zu Autoritäten.[8] Manche der Systeme glichen Staaten europäischen Typus, andere waren lokal sehr begrenzt und eher informell organisiert. Es gab viele »dezentral organisierte Gesellschaften«,[9] in denen Autorität verteilt war. Catherine Coquery-Vidrovitch zeigt, dass im 19. Jahrhundert die Organisation der Gesellschaften entweder auf militärischer Macht, wie unter Samory Touré in Westafrika, auf Religion, wie der Mahdi-Staat im heutigen Sudan (siehe unten), oder auf Handel, wie bei den Yao am Südufer des Malawisees oder den Nyamwezi in heutigen Tansania, basierte. Diese Gesellschaften und ihre Organisationsformen waren sehr fluide, weshalb der Begriff »traditionell« problematisch ist, da unklar bleibt, auf welche Phase er sich genau bezieht.[10] Frauen spielten vielerorts eine zentrale Rolle. Sie regierten Königreiche, gründeten Städte, führten Armeen, begannen militärische Eroberungen und gründeten neue Staaten.[11] Einige Gesellschaften in Afrika waren hierarchisch, andere waren staatenlos und in etlichen gab es eine Koexistenz beider Formen.[12] Zu den staatenlosen Gesellschaften gehörten Igboland oder diejenigen in Norduganda und im ostafrikanischen Graben, die nicht monarchisch, sondern dezentralisiert mit demokratischen Elementen operierten.[13] Im Gegensatz hierzu stand Buganda, wo der König das Land kontrollierte und es eine Verwaltungshierarchie gab.[14] Zentralisierter – und despotischer – war des Königreich Zulu.

Kaum eines dieser Gebiete hatte feste Grenzen. Herrschaft wurde als Herrschaft über Menschen und nicht über Territorien verstanden.

Es ist überliefert, dass Menschen aus Afrika mit Menschen von anderen Kontinenten interagierten.[15] So haben z. B. einige hundert Menschen aus Afrika zwischen 1650 und 1850 Europa besucht.[16] Bereits zuvor waren die nordafrikanischen Gebiete mit den europäischen Märkten verbunden, etwa zur Zeit des Römischen Reichs. Wir wissen auch von Waren und Gütern, die vor 2 000 Jahren aus Westafrika nach Asien gebracht wurden.[17] Ab dem 7. Jahrhundert breitete sich der Islam von der Arabischen Halbinsel Richtung Afrika aus.[18] Menschen in Ostafrika tauschten Gewürze und tropische Waren mit der arabischen Halbinsel und Indien aus. Überdies gab es Handel mit China, Indien und Indonesien.[19] Gold aus Westafrika fand ab dem 8. Jahrhundert Abnehmer in Nordafrika und Europa. Kaiser Abubakari II. aus Mali soll bereits 1311 den Atlantik überquert haben. Und ab dem 16. Jahrhundert handelten Menschen aus Afrika afrikanische Sklaven mit Europäern.

Der Sklavenhandel gilt nicht nur als Beginn des rassistischen Denkens, wonach Schwarze als minderwertig betrachtet wurden,[20] sondern liefert auch Hinweise darauf, dass afrikanische Gesellschaften gut organisiert waren. Nur so konnten ab dem 16. Jahrhundert Millionen Sklavinnen und Sklaven systematisch aus dem Landesinneren zu den Häfen verschleppt werden, wo die europäischen Schiffe warteten. Bis zum Ende des Sklavenhandels in den 1860er-Jahren waren über elf Mio. Sklavinnen und Sklaven von europäischen Sklavenhändlern über den Atlantik gebracht worden;[21] in den Nahen Osten gingen weitere zwei Mio.[22] Bezüglich des innerafrikanischen Sklavenhandels wird angenommen, dass im Jahr 1800 10 % der afrikanischen Gesamtbevölkerung versklavt lebten – in manchen Gesellschaften waren es bis zu zwei Drittel der Bevölkerung.[23]

Der Sklavenhandel variierte stark. Sklaven, die über den Atlantik verschleppt wurden, kamen vor allem aus der Region entlang der Küste vom heutigen Senegal bis zum heutigen Kongo-Kinshasa sowie aus den Küstenregionen des heutigen Mosambiks und Tansanias. Fast die Hälfe stammte aus dem Kongo.[24] Andere Gebiete waren wenig oder gar nicht vom Sklavenhandel betroffen.

Das Ende des transatlantischen Sklavenhandels, das auf dem Wiener Kongress 1815 zwar formal beschlossen, aber erst Jahre später faktisch durchgesetzt wurde, bedeutete nicht, dass der innerafrikanische Sklavenhandel endete. In Westafrika blieb der Handel weitverbreitet und im Osten blieb Tippu-Tip, einer der größten Sklavenhändler überhaupt, im Auftrag des Sultans von Sansibar aktiv.[25] Sein Handelsimperium im Ostkongo ließ er von tausenden Bewaffneten absichern und die Europäer versuchten, mit ihn ins Geschäft zu kommen. Wenngleich die europäischen Staaten bis zur Mitte des 19. Jahrhunderts eine Schlüsselrolle im Sklavenhandel gespielt hatten, begannen sie nun, ihn als Argument zu nutzen, um Afrika im Namen der Zivilisation und des Fortschritts unter ihre Kontrolle zu bringen. Die Kolonisation nahm an Fahrt auf.

Kolonisation

Die Portugiesen machten sich 1414 auf den Weg über die Straße von Gibraltar, um die Hafenstadt Ceuta auf der südlichen Seite der Meerenge zu erobern. Damit begann Afrikas Kolonisation, ein Prozess der Landnahme und Aneignung, der zur Bildung einer Kolonie führt.[26] Portugiesische Seefahrer stießen immer weiter nach Süden vor und segelten entlang der afrikanischen Küste mit dem Ziel, den Seeweg nach Indien zu finden. Es gab zwar Interesse an Afrika, doch Kolumbus' Reise nach Amerika (1492) lenkte den Blick zunächst auf die »neue Welt«. Die Taten eines Hernán Cortés und anderer Konquistadoren in Amerika, denen es rasch gelang, ganze Völker zu unterwerfen, führten dazu, dass die europäischen Mächte die Kolonisation Amerikas vorantrieben und Afrika aus dem Blick verloren. Hierbei spielten auch gesundheitliche Risiken eine wichtige Rolle. Denn während die von Europäern nach Amerika eingeschleppten Krankheiten die dortige Bevölkerung stark dezimierten, führten Malaria und andere Krankheiten in Afrika dazu, dass Europäer starben. Man sprach über Afrika auch vom »Grab des weißen Mannes«.

In Afrika beschränkten sich die Europäer, vor allem die Portugiesen, zunächst auf den Aufbau von Handelsstützpunkten an den Küsten. Frankreich begann ab 1830, das heutige Algerien zu erobern, und brachte das Gebiet des heutigen Senegals unter seine Herrschaft. Spanien beanspruchte die Enklave Ifni und die Insel Bioko im Golf von Guinea. Großbritannien hatte sich die Küstenstreifen der heutigen Länder Gambia, Ghana und Sierra Leone, die Gebiete rund um die heutige nigerianische Hafenstadt Lagos und die namibische Hafenstadt Walvis Bay, Kapstadt samt Hinterland sowie die Insel Mauritius gesichert. Diese Gebiete waren der Nukleus der späteren Kolonien. Mit den Ausnahmen von Algerien und Südafrika, die früh Kolonien im engeren Sinne waren, sollten wir bei den anderen Gebieten eher von »punktuellen Einflüssen« der europäischen Mächte sprechen.[27] Diese Einflüsse reichten kaum über die Handelsstationen hinaus, über denen ihre Flaggen symbolisch wehten.

Mit der Unabhängigkeit der meisten Kolonien in Amerika im 19. Jahrhundert richtete sich der Blick Frankreichs, Großbritanniens und anderer europäischer Mächte verstärkt auf Afrika und Asien. Diese Mächte begannen einen »dreifachen Angriff«.[28] Staaten, private Handelsgesellschaften und Missionare wurden zu den zentralen Akteuren im »Wettlauf um Afrika«, der Anfang der 1880er-Jahre einsetzte. Christliche Kirchen, die missionieren wollten, und Wirtschaftsunternehmen, die ökonomische Ziele verfolgten, waren essentieller Teil der kolonialen Bewegung und es waren diese beiden Akteure, die anfangs beim Vordringen ins Innere des Kontinents die Hauptarbeit übernahmen. Beispiele hierfür sind Cecil Rhodes *British South Africa Company,* die *Imperial British East Africa Company* oder die Aktivitäten des Bremer Kaufmanns Adolf Lüderitz. Sie handelten im Namen der drei »Cs«, die einst der schottische Missionar und Forscher David Livingstone postuliert hatte: *commerce, christianity,* und *civilization* also Handel, Christentum und Zivilisation. Sie fügten ein viertes C hinzu: *conquest,* Eroberung.[29]

Die Kolonisation hatte viele Gründe.[30] Die europäischen Regierungen waren von einem Prestigedenken, dem Interesse, ihre Macht durch Kolonialbesitz zu vergrößern, Angst, die anderen europäischen Staaten würden ihre Ansprüche nicht anerkennen und einem Überlegenheitsgefühl getrieben. Zudem wollten sie ihre Stellung innerhalb Europas durch Expansion stärken und ihre Staaten nach außen bzw. die Herrschaft der Regierenden nach innen absichern. Außerdem versprach Afrika einen Ressourcenreichtum und damit wirtschaftlichen Profit. Die Industrielle Revolution in Europa führte zu einer stetig steigenden Nachfrage nach Rohstoffen und Afrika war eine Quelle u. a. für Palmöl, den wirtschaftlichen Schmierstoff dieser Zeit.

Der sich entfaltende Wettlauf um Afrika war von einer Unkenntnis der Europäer über Afrika und dessen wirtschaftliches Potential geprägt. »So war die Teilung Afrikas zuallererst ein diplomatischer und symbolischer, ja nahezu fiktiver Akt, eine Art Wette auf die Zukunft.«[31] Der deutsche Kanzler Otto von Bismarck lud die anderen Kolonialmächte zur Berliner Konferenz (1884–1885) ein, die eher als Folge des Wettlaufs um Afrika denn als sein Beginn oder Ende gesehen werden muss. Auf der Konferenz wurde Afrika auch nicht aufgeteilt und niemand stand mit dem Lineal am Tisch und zog die Grenzen. Dennoch veränderten die Konferenzbeschlüsse das Erscheinungsbild Afrikas nachhaltig und prägen die Geschichte des Kontinents bis heute, so dass auch vom »Fluch von Berlin« gesprochen wird.[32] Die europäischen Mächte erkannten u. a. die Ansprüche des belgischen Königs Leopolds II. auf das Kongobecken an und es wurde festgelegt, dass eine »Kolonie« auch tatsächlich unter Kontrolle der jeweiligen Kolonialmacht gebracht werden musste. Es sollte nicht mehr nur um die Unterzeichnung von Schutzverträgen und das Hissen von Flaggen gehen, eine bis dahin gängige Praxis, sondern um die faktische Kontrolle der Gebiete. Das Vordringen der Kolonialmächte in das Hinterland setzte erst richtig nach der Berliner Konferenz ein. Die Dinge änderten sich aber nicht überall.

Widerstand

Widerstand gegen die Kolonialmächte gab es vielerorts. So kämpften der oben genannte Samory Touré und seine Soldaten gegen Frankreich, das versuchte, in das Hinterland Guineas vorzudringen. Der Aschantiföderation im heutigen Ghana gelang es mehrfach, die britischen Truppen fernzuhalten. In Südrhodesien erhoben sich 1896 die Ndebele mit mehreren tausend Kriegern gegen die britischen Siedler und die Shona erhoben sich parallel. Dieser später als *Erster Chimurenga* (Erster Befreiungskrieg) bezeichnete Aufstand konnte erst nach Monaten durch die Siedler und ihnen zur Hilfe eilende Truppen niedergeschlagen werden. Im heutigen Tansania (1905–1907) sowie im heutigen Namibia (1904–1908) kam es zu blutigen Auseinandersetzungen zwischen den Maji-Maji bzw. Herero und Nama auf der einen und deutschen Truppen auf der anderen Seite.

Letztere schlugen die Aufstände brutal nieder – in Namibia kam es zum ersten Völkermord des 20. Jahrhunderts.[33] Und äthiopische Truppen schlugen in der Schlacht von Adua die italienischen Truppen vernichtend, als Letztere versuchten, das Kaiserreich zu unterwerfen.[34] In Äthiopien trug dies zu einem bis heute spürbaren Nationalstolz bei; in Italien sann man auf Rache.

Im Sudan gab es einen der größten Aufstände in der Frühphase des Wettlaufs um Afrika: den Mahdi-Aufstand ab 1881 gegen die nominell ägyptische und faktisch britische Herrschaft. Muhammad Ahmad, ein eloquenter und viel geachteter Koranprediger, erklärte sich zum *Mahdi*, dem Erlöser in der muslimischen Lehre, der in der Endzeit kommt, um das Unrecht der Welt zu beseitigen. Seine Bewegung gewann schnell Anhänger, die große Teile des Sudans unter ihre Kontrolle brachten. Der Versuch, den britischen Nationalhelden Charles George Gordon, der als Generalgouverneur die Evakuierung der Hauptstadt Karthum durchführen sollte, vor den Mahdisten in einer groß angelegten Rettungsaktion aus der Stadt zu befreien, schlug fehl. Die britische Regierung gab den Sudan zunächst auf.[35] Doch der Wettlauf um Afrika war ab Mitte der 1890er-Jahre in vollem Gange und drohte auch den Sudan zu erfassen. Italien interessierte sich für die Region, Frankreich strebte an, mehr Einfluss am Nil zu gewinnen, und Leopold II. versuchte, Truppen in den Südsudan zu schicken. Die Mahdisten waren so stark geworden, dass sie begannen, ihren Heiligen Krieg nach Ägypten zu tragen. Die britische Regierung ging in die Offensive und schlug die Mahdisten. 1899 war der Mahdi-Aufstand beendet.

Eine andere Art von Widerstand gab es in Südafrika, denn hier erhoben sich neben der indigenen Bevölkerung auch die weißen Siedler. Der Konflikt zwischen den Buren, weißen Siedlern, und der britischen Regierung schwelte nach dem Ersten Burenkrieg 1880–1881 weiter, als Erstere die Unabhängigkeit angestrebt und zu den Waffen gegriffen hatten. Die Goldfunde beim heutigen Johannesburg und die Verweigerung der Buren, Neuankömmlingen politische Rechte zuzugestehen, bildeten den Nährboden für den Versuch Großbritanniens, sich die Burenrepubliken einzuverleiben. So kam es 1899–1902 zum Zweiten Burenkrieg – auch südafrikanischer Krieg genannt –, der zur Verschmelzung der Burenrepubliken Transvaal und dem Oranje-Freistaat mit der britischen Kapkolonie und der Kolonie Natal führte.[36] Großbritannien setzte auf eine Strategie der »verbrannten Erde«. Das Leiden und das Gefühl durch Großbritannien Ungerechtigkeit erfahren zu haben, gepaart mit der Überzeugung der Überlegenheit der Weißen, trugen dazu bei, einen Nationalismus der weißen Buren zu schaffen, der die ideologische Grundlage für das spätere Apartheidsystem bildete (▶ Kap. 2).

Stießen die Europäer auf Widerstand, hatten sie die technischen und militärischen Mittel diesen niederzuschlagen. So setzte sich Henry Morton Stanley im Auftrag von Leopold II. mit äußerster Brutalität durch[37] und beim Vordringen der Buren nach Norden sind alleine bei der Schlacht am Blood River über 1 000 Zulus gefallen. In dieser Phase der Kolonialherrschaft herrschten »Gewalt und eine Politik des selektiven Terrors«.[38] Viele afrikanische Führer starben in Kämpfen gegen die Invasoren, andere wurden entmachtet oder getötet und diejenigen, die Schutzverträge unterschrieben, wurden häufig von Königen zu *Chiefs* herabgestuft.[39] In der Summe waren die europäischen Kolonialmächte in der Lage, den Widerstand zu brechen – mit der Ausnahme Äthiopiens, wenngleich es ab 1935 kurz unter die Kontrolle von Benito Mussolinis Italien kam.

Lokale Unterstützung und Kontrolle

Nicht alle stellten sich gegen die Europäer. Manche *Chiefs* und Teile der Bevölkerung kooperierten sogar mit ihnen. Zu Beginn des Wettlaufs um Afrika hatten die Europäer meist leichtes Spiel, Schutzverträge mit den lokalen Herrschern zu schließen und so den Grundstein für ihre Kolonien zu legen. Häufig wurden Waffen, Munition und andere europäische Industrieprodukte im Gegenzug angeboten. Die afrikanischen Herrscher unterzeichneten die Verträge oftmals ohne genaue Kenntnis des Inhalts. Wie die Fälle Ashanti und Äthiopien suggerieren, hatten die lokalen Herrscher oftmals die Fähigkeiten, sich zu wehren auch deshalb, weil die Angreifer wenig über die lokalen Bedingungen wussten. Doch sie setzten ihre Mittel nicht immer ein. Hatten sich die Europäer mit ihren Schutzverträgen und ihren militärischen Mitteln ausgestattet erst einmal niedergelassen, wurde es schwer, sie wieder zu vertreiben. So ist der häufig verzögerte Widerstand gegen die Kolonialmächte zu erklären, denn ihr Wirken und ihre Ziele wurden erst später deutlich und für die Kolonialbevölkerung spürbar. In dieser Phase hatten sich die Europäer allerdings schon eingerichtet und lokale Unterstützer gefunden.

Die Verwaltung der Kolonien war ohne lokale Unterstützung undenkbar.[40] Entgegen den Vereinbarungen von Berlin kontrollierten die Kolonialmächte ihre Territorien nicht flächendeckend. Die Teile, die sie faktisch kontrollierten, verwalteten sie mit nur wenigen Beamten. 1938 hatte Großbritannien lediglich 5 355 bezahlte Entsandte, wie Verwaltungsangestellte, Sekretäre, Ärzte, Ingenieure und Botaniker zur Verwaltung seiner 14 afrikanischen Kolonien vor Ort im Einsatz.[41] Das entsandte Personal Großbritanniens umfasste 1947 sogar nur 1 390 und 1957 lediglich 1 782 Personen.[42] Deshalb wird von der »thin white line«[43] gesprochen, also einer dünnen weißen Schicht, die die Kolonien gemeinsam mit lokaler Unterstützung kontrollierte. Während die »Eroberer ihre militärischen Kräfte darauf konzentrieren konnten, afrikanische Armeen zu schlagen und Dörfer zu ›befriedigen‹ oder Rebellen abzuschlachten, bedurfte die routinierte Machtausübung einer Allianz mit lokalen Autoritätspersonen.«[44]

Bedingt durch ihre indirekte Herrschaft hing die britische Regierung von *Chiefs* und später von einer vor Ort rekrutierten Elite ab. Wo immer möglich, ließ Großbritannien die lokalen Herrschaftssysteme intakt und »beriet« die *Chiefs*, während Frankreich ihnen eine »komplett untergeordnete Rolle« zuschrieb und sie als »bloße Agenten der zentralen Kolonialregierung« sah.[45] Frankreich war mehr an der Effizienz der *Chiefs* als an ihrer Legitimation interessiert, wie es Großbritannien war. Frankreich praktizierte eine Assimilierungspolitik, die am deutlichsten in den vier Kommunen im Senegal zum Ausdruck kam, wo die Kolonialbevölkerung dieselben Rechte hatte wie die französische Bevölkerung. Außerdem erlaubte Frankreich der lokalen Bevölkerung, in die Kolonialverwaltung einzutreten, während Großbritannien dies nicht wollte und es stattdessen vorzog, wenn Afrikaner der »native administration« beitraten.[46] Die portugiesische Kolonialverwaltung brach die traditionellen Herrschaftssysteme und setzte stattdessen Dorfvorsteher, *regedors* genannt, ein, die mit wenig Macht und Privilegien ausgestattet waren, sodass weiße Kolonialbeamte weit mehr Kontrolle über die afrikanische Bevölkerung ausübten als bei den anderen Kolonialmächten.[47] Außerdem rekrutierten die Kolonialmächte afrikanische Soldaten. Die französische Regierung setzte *Tirailleurs* ein, um ihr Einflussgebiet in Westafrika auszuweiten. Mit ihrer Hilfe verdrängten sie lokale Herrscher und ersetzten sie durch *Chiefs*, die gegenüber der Kolonialverwaltung loyal waren.[48]

Politik blieb den Kolonialmächten vorbehalten, wenngleich sie manchmal ein Auge gegenüber geheim gewählten *Chiefs* zudrücktenckten. Jedoch erlaubten sie nie, dass größere Teile der Bevölkerung an der Politik teilnahmen. In den britischen Kolonien wurden Legislativräte gebildet, um Gesetze für den Kolonialstaat zu erlassen, aber diese Räte vertraten vor allem die Interessen der Siedler und der Wirtschaft, nicht aber der lokalen Bevölkerung – zumindest bis es nach dem Zweiten Weltkrieg zu Reformen kam (▶ Kap. 2). Der von der britischen Regierung entsandte Gouverneur stand im Mittelpunkt. In den französischen Kolonien hatte der Generalgouverneur eine schwächere Position, denn er konnte wegen der hohen Zentralisierung der französischen Politik nicht so unabhä#####

Für die europäischen Mächte war die Kolonisation ein Triumph, der vielerorts leicht errungen wurde. Für die afrikanische Bevölkerung hingegen war sie eine Demütigung. Ihr wurde erklärt, wer nun das Sagen hatte, und sie musste sich entsprechend verhalten, ohne je die Chance zu haben, als gleichberechtigt gesehen zu werden.[49] Der afrokaribisch-französische Dichter Aimé Césaire schrieb über den Kolonisation, sie gleiche einer Verdinglichung, und sprach von Gesellschaften, die sich selbst leerten, zertrampelten Kulturen, ermordeten Religionen und unterdrückten Möglichkeiten. Weiterhin argumentierte er, die Kolonialmächte verhinderten die Entwicklung, während die Menschen in Afrika (und Asien) diese einforderten. Es seien die Kolonisierten, die voranschreiten wollen, und die Kolonisierenden, die sie aufhalten.[50] Oft sind Schwarze mehr als Tiere denn als Menschen behandelt worden.[51] Dass diese Demütigung, Verdinglichung und Entwicklungsverweigerung zwangsläufig Auswirkungen haben würde, ist nahezu selbsterklärend (▶ Kap. 3).

Sonderfälle

Lediglich zwei afrikanische Länder konnten sich der Kolonisation entziehen: Äthiopien und Liberia. Im heutigen Liberia kaufte 1822 eine US-amerikanische

Gesellschaft einen Küstenstreifen, um dort freigelassene Sklavinnen und Sklaven aus Amerika anzusiedeln. Die *American Colonization Society* schrieb nicht nur die Verfassung des neuen Staates, sondern entsandte auch einen Gouverneur, der Liberia regierte. Erst als 1841 der weiße Gouverneur starb und ein Siedler seine Rolle übernahm, endete die Herrschaft der Gesellschaft. 1847 wurde Liberia in die Unabhängigkeit entlassen.[52] Dennoch kann Liberia als eine quasi-Kolonie betrachtet werden, weil das Land nicht von der lokalen Bevölkerung, sondern von americo-liberianischen Siedlern regiert wurde.

Äthiopiens Geschichte reicht, wie oben erwähnt, weit zurück. Nach der Öffnung des Suezkanals 1869 geriet Äthiopien ins Fadenkreuz imperialer Bestrebungen Italiens, das einen Hafen im heutigen Eritrea erwarb und dort eine Kolonie einrichtete. Äthiopien konnte die Expansionsbestrebungen Italiens kontern und wurde nach der Schlacht von Adua (▶ Widerstand) zum international anerkannten Staat. Italien behielt jedoch das heutige Eritrea.[53] Nach dem Ende des Zweiten Weltkriegs wurde Eritrea britisches Protektorat und Äthiopien nach einer kurzen Phase der italienischen Besetzung wieder unabhängig. Zusammen mit Ägypten, Liberia und Südafrika war Äthiopien das vierte afrikanische Gründungsmitglied der UN. Bereits 1950 gewann der äthiopische Kaiser Haile Selassie die Unterstützung der UN-Generalversammlung für seinen Plan, Äthiopien und Eritrea in einer Föderation zu vereinen. Dies zusammen mit einer systematischen Aushöhlung der Rechte Eritreas innerhalb der Föderation ebnete den Weg für einen Zusammenschluss beider Gebiete 1961. Faktisch verleibte sich Äthiopien Eritrea ein. Während, wie im folgenden Kapitel dargelegt wird, ab den 1960er-Jahren eine Unabhängigkeitswelle über Afrika rollte, trat Eritrea in eine neue Phase seiner Kolonialgeschichte ein.[54]

2 Dekolonisation und Befreiung

Die Dekolonisation Afrikas – ein Prozess, eine Strategie und ein politisches Ziel der Kolonialmächte – führte dazu, dass die Kolonien und Protektorate nominell unabhängig wurden.[1] Sie verlief jedoch nicht geradlinig und ist auch noch nicht vollständig abgeschlossen. Als Frankreich noch Anfang des 20. Jahrhunderts dabei war, Marokko unter seine Kontrolle zu bringen, begann am südlichen Ende des Kontinents bereits das Ende der Kolonialzeit. Wir können von drei Phasen der Dekolonisation sprechen. In der Frühphase (1910–1922) wurden lediglich Südafrika und Ägypten unabhängig, in der Hauptphase (1951–1974) erlangte die überwiegende Mehrzahl der afrikanischen Länder ihre Unabhängigkeit und in der Spätphase ab 1975 endete das portugiesische Kolonialreich und die weißen Minderheitsregierungen im südlichen Afrika. Am Ende des 20. Jahrhunderts war von den einst weltumspannenden Imperien der europäischen Mächte nur noch »Konfetti« übrig.[2]

Wir können die Dekolonisation aus drei Perspektiven betrachten: aus der Perspektive der Kolonialmacht, des Kolonialstaats – also der Kolonie selbst – und des internationalen Systems. Dieses Kapitel ist entlang dieser Perspektiven aufgebaut und zeigt, dass die Dekolonisation kein monokausaler Prozess war, sondern dass es Kräfte in den Kolonialmächten, den Kolonien und darüber hinaus gab, die dazu führten, dass afrikanische Staaten nominell unabhängig wurden. Die Dekolonisation bedeutete jedoch keine allumfassende Befreiung. So kann z. B. kaum von einer ökonomischen Unabhängigkeit nach der Dekolonisation die Rede sein (▶ Kap. 3).

Kolonialmachtperspektive

Die Kolonialmachtsperspektive betont die Rolle der Kolonialmacht im Dekolonisationsprozess und ist daher eurozentrisch. Einige Vertreterinnen und Vertreter dieser Perspektive argumentieren, dass die rational handelnden Kolonialmächte ihre Kolonien und die Bevölkerung gut vorbereitet in die selbstbestimmte Modernität entließen. In dieser Logik war die Unabhängigkeit unausweichlich. Andere Vertreterinnen und Vertreter dieser Perspektive nehmen an, dass im Zeitalter von mächtigen multinationalen Unternehmen die wirtschaftliche Ausbeutung billiger zu erreichen sei als durch direkte Kontrolle. Und wieder andere argumentieren, dass die Kolonien zu teuer wurden und die Kolonialmächte auf der internationalen Ebene an Prestige verloren.[3]

Großbritannien

Großbritannien begann früh mit der Dekolonisation und entließ Ägypten und Südafrika, die einzigen beiden Staaten, die in der Frühphase der Dekolonisation unabhängig wurden, schrittweise in die Unabhängigkeit. Großbritannien hatte in zwei Kriegen den Durchsetzungswillen der weißen Siedler in Südafrika kennengelernt (▶ Kap. 1). Aus wirtschaftlichen Gründen und mit dem Glauben, dass sich die Führungen der Kolonien am Kap loyal verhalten würden, entschied sich die britische Regierung 1906, die Kapkolonie, Natal, die Oranjefluss-Kolonie und Transvaal zur Südafrikanischen Union zu vereinen und 1910 zur *dominion*, einem selbstverwalteten Herrschaftsgebiet innerhalb des britischen Empires, zu machen. Ähnlich wie in Kanada oder Australien, die ebenfalls britische *dominions* blieben, wurde die völkerrechtlich verbindliche Unabhängigkeit erst später vollzogen, nämlich 1931 durch das Westminsterstatut, das den *dominions* die gesetzgeberische Unabhängigkeit gewährte. Die Südafrikanische Union wurde Mitglied im *Commonwealth* und der britische Monarch blieb Staatsoberhaupt. Erst im Jahr 1960 wurden nach einem Referendum aus der Südafrikanischen Union die Republik Südafrika und damit auch die Position eines Präsidenten als Staatsoberhaupt geschaffen. Südafrika hatte sich final von Großbritannien losgesagt. Diese Unabhängigkeit darf aber nicht darüber hinwegtäuschen, dass es kein Selbstbestimmungsrecht der Bevölkerungsmehrheit gab, denn die weiße Minderheit unterdrückte die schwarze Mehrheit mit dem Apartheidsystem. Dieses System der Rassendiskriminierung konnte sich bis in die 1990er-Jahre halten (siehe unten). Deshalb sehen viele 1994, als die ersten Wahlen nach Ende der Apartheid stattfanden, als das eigentliche Jahr der Unabhängigkeit.

Am nördlichen Ende des Kontinents wurde Ägypten ebenso schrittweise unabhängig. Der britische Hochkommissar erkannte, dass Ägypten nur dann dauerhaft als Verbündeter Großbritanniens zu gewinnen sei, wenn man das Protektorat in die Unabhängigkeit entließe.[4] In einem vertraulichen Memorandum schrieb der britische Außenminister George Curzon an das Kabinett in London: Wenn es der beste Weg sei, das Wort »Protektorat« einfach wegzulassen und stattdessen eine Allianz mit Ägypten einzugehen, um es eng an sich zu binden, dann sollte man dies doch umsetzen.[5] Dieser Logik folgend wurde Ägypten 1922 unabhängig – allerdings eingeschränkt, denn Großbritannien behielt sich zentrale Rechte vor, namentlich die Kontrolle über den Suezkanal, der Grund, warum Großbritannien in Ägypten überhaupt erst einmarschiert war, und die Hoheit über Ägyptens Verteidigung. Es wurde eine Erbmonarchie etabliert und der Sultan wurde König Fu'ad I. Großbritanniens bleibender Einfluss zeigte sich 1942, als die britische Regierung die Einsetzung eines probritischen Premierministers mit Waffengewalt erzwang. Erst 1953 wurde die Monarchie abgeschafft, Ägypten brach mit Großbritannien und forderte den Abzug aller britischen Truppen vom Suezkanal, der verstaatlicht wurde (▶ Kap. 4).

Im restlichen Afrika begann die Dekolonisation der britischen Gebiete erst gut zehn Jahre nach dem Zweiten Weltkrieg, wenngleich die britische Regierung bereits vor dem Ausbruch des Kriegs über sie nachgedacht hatte. Drei Faktoren führten zu einem Umdenken in Großbritannien: Aufstände auf den Westindischen Inseln (1937), die Ernennung des jungen Malcom MacDonald als Kolonialminister (1938) und Lord Haileys Bericht *African Survey* (1938).[6] Letzterer zeichnete akribisch die Situation in den Kolonien Subsaharaafrikas nach und kam u. a. zu dem Schluss, dass politische und ökonomische Reformen notwendig waren.[7] Auch darauf basierend beschloss die britische Regierung, mehr in die Kolonien zu investieren und Reformen durchzuführen, was zu einem »interventionist moment« führte.[8] Zeitgleich versuchte sie, den aufkeimenden Widerstand in den Kolonien zu unterdrücken, um Herrin des Verfahrens zu bleiben. Vielerorts wurde die Indigenisierung der Verwaltung vorangetrieben und Legislativräte etabliert, um der Kolonialbevölkerung Mitsprache einzuräumen. In einem zumeist in den 1950er-Jahren folgenden Schritt wurden Verhandlungspartner festgelegt, ehe die Verhandlungen über eine friedliche Machtübertragung begannen und ein demokratisches System nach dem Westminster Modell etabliert wurde. Die britische Regierung, die die politische Führung der neuen Staaten aussuchte, unterminierte damit ihre Demokratisierungsbemühungen gleich selbst.

Die Dekolonisation der Goldküste, die Ghana wurde, illustriert das britische Vorgehen; sie war die Blaupause für viele der folgenden Dekolonisationen wie die von Botsuana, Mauritius, Nigeria, Sierra Leone und Uganda. In Ghana gab es in den 1940er-Jahren eine Frustration innerhalb der gebildeten Bevölkerung, die keine Chance auf politische Macht im existierenden System sah.[9] Die Forderung nach einer Selbstregierung wurde nach einer Revolte, den *Accra Riots*, immer lauter und kanalisierte sich durch die *Convention People's Party* (CPP), einer nationalistischen Massenbewegung unter der Führung von Kwame Nkrumah. Die britische Regierung versuchte zunächst, den Widerstand zu unterdrücken. Im Kontext eines von den Gewerkschaften ausgerufenen Generalstreiks wurde Nkrumah 1950 verhaftet, nachdem er zu zivilem Ungehorsam aufgerufen hatte. 1951 wurde eine neue Verfassung eingeführt, die u. a. die lokale Selbstregierung vorsah, und es kam zu Wahlen, die die CPP gewann. Nkrumah wurde daraufhin freigelassen, wurde *Leader of Government Business* und nach einer Verfassungsänderung Premierminister der Kolonie.[10] Machtkämpfe zwischen der CPP und der Opposition, die u. a. bei der Kakaopreispolitik entstanden, und die mangelnde Einheit der nationalistischen Bewegung führten dazu, dass die britische Regierung ein Unabhängigkeitsgesuch zunächst ablehnte und stattdessen auf eine weitere Wahl insistierte. Diese fand im Juli 1956 statt. Nkrumahs Partei ging als klarer Sieger aus der Wahl hervor. Die Kolonialverwaltung entwarf eine Verfassung, die der Forderung der CPP nach Unabhängigkeit genauso gerecht wurde wie der Forderung der Opposition nach starken Regionalparlamenten. Auch aus Angst vor mehr Gewalt zwischen den Gruppierungen innerhalb der Kolonie entließ Großbritannien am 6. März 1957 die Goldküste in die Unabhängigkeit. Nkrumah und seine Anhänger waren voller Emotionen, als um Mitternacht der *Union Jack* herabgezogen und die ghanaische Flagge gehisst wurde und Nkrumah erklärte »Ghana will be free for ever«.[11]

Großbritannien praktizierte also zumeist eine verhandelte Machtübertragung. Anders als Frankreich, Belgien und mehr noch Portugal klammerte sich Großbritannien wenig an seine Kolonien oder verteidigte sie blutig. Auch gibt es – von Curzons Ausführungen zu Ägypten in der Frühphase der Dekolonisation abgesehen – kaum Hinweise auf ein neokoloniales Verhalten, denn Großbritannien blieb mit den allermeisten Kolonien wirtschaftlich deutlich schwächer verbunden als andere Kolonialmächte (▶ Kap. 5). Noch heute sind viele in Großbritannien überzeugt, ihr Land habe die »Zivilisation« in die Kolonien gebracht. Damit wird die praktizierte friedliche Machtübertragung normativ aufgeladen und verdeckt, dass auch unter dieser scheinbar gutgemeinten »Zivilisierungsmission« der Kolonialbevölkerung das Selbstbestimmungsrecht verwehrt wurde und die Kolonien vor allem dem wirtschaftlichen Profit Großbritanniens dienten sowie dessen internationalem Prestige. Nationalistische Bewegungen werden aus dieser Sicht als das Produkt der von der Kolonialmacht eingeleiteten Veränderungen gesehen. Es sollte eine Führungsriege in den Kolonien entstehen, die fähig war, die Macht zu übernehmen – und möglichst Großbritannien gegenüber loyal blieb.[12] So betrachtet war die britische Regierung zu jedem Zeitpunkt in der Lage, den Verlauf der Kolonialgeschichte zu beeinflussen. Zum Erhalt dieser Perspektive trägt bei, dass Großbritannien von großen Kolonialkonflikten verschont blieb – mit einer gewichtigen Ausnahme, namentlich Kenia (siehe unten).

Frankreich

Im Vergleich zur britischen war die Dekolonisation der französischen Gebiete konfliktreicher. Die französische Regierung begann deutlich später mit der Planung für die Dekolonisation und wollte diese auch später durchführen. Sie schlug Unabhängigkeitsforderung mit aller Härte nieder. In Algerien kostete dies 1945 bis zu 45 000 Personen das Leben[13] und zwei Jahre später auf Madagaskar gut doppelt so vielen.[14] Die französische Regierung leitete nach 1945 ähnlich wie die britische Regierung Reformen in den Kolonien ein, setzte dabei aber auf eine stärkere Integration der Kolonien mit Frankreich innerhalb der *Union française*, einer 1946 geschaffenen Union Frankreichs mit seinen Kolonien, Protektoraten und Treuhandgebieten. Aus französischer Sicht war die Kolonisation für beide Seiten profitabel: Frankreich erhielt nach dem Zweiten Weltkrieg wieder internationales Gewicht, Zugang zu Rohstoffen und andere ökonomische Vorteile sowie ein Reservoir an zusätzlicher *manpower*, das im Fall von Konflikten genutzt werden konnte. Zeitgleich konnten die Kolonien von der französischen Zivilisation und Demokratie lernen und wirtschaftlich profitieren. Diese Überzeugungen festigten sich nach dem Zweiten Weltkrieg und führten zu einem »kolonialen Mythos« in Frankreich.[15] Die französische Regierung sah daher keinen Grund, die Kolonien aufzugeben.

Es brodelte nicht nur in den Kolonien – vor allem in Algerien, wo 1954 einer der heftigsten Befreiungskriege überhaupt entbrannte und in Indochina, das Frankreich 1954 verlor (siehe unten) – sondern auch in Frankreich selbst nicht zuletzt, weil die Algerienkrise Ende der 1950er-Jahre unlösbar erschien. Die

Schwäche der französischen Regierung öffnete Spielräume für weitere Forderungen der Kolonialbevölkerung.[16] Frankreich stand unter Druck und musste Veränderungen vornehmen, um seine Kolonien zu sichern. Dem wurde mit einem neuen Rahmengesetz von 1956, dem *loi-cadre*, Rechnung getragen. Durch dieses Gesetz erhielten die Territorien mehr Autonomie und es gab ein allgemeines Wahlrecht. 1958 ergriff Charles de Gaulle die Macht in Frankreich und arbeitete eine neue Verfassung aus, über die in Frankreich und seinen Kolonien bei einem Referendum abgestimmt werden sollte. Für die Kolonialbevölkerung bedeutete die Wahl letztlich entweder eine Föderation mit Frankreich und eine Unterordnung unter die Kolonialmacht oder die Unabhängigkeit. De Gaulle warf sein ganzes politisches Gewicht in die Waagschale und bereiste die französischen Kolonien, um für die neue Verfassung zu werben.

Alle französischen Kolonien in Afrika folgten de Gaulle und wurden autonome Gebiete in der Französischen Gemeinschaft (*Communauté française*). Nur Guinea scherte aus. Dort hatte der Anführer der nationalistischen Bewegung, Sékou Touré, mit dem Rückhalt einer Massenbewegung erfolgreich gegen das Referendum geworben. Frauen und Männer unterstützten Touré und dessen Bewegung, indem sie eine Kultur des kolonialen Widerstands schufen.[17] Dabei bediente sich Touré auch der Tatsache, dass sein Großvater, Samory Touré, Frankreich heroisch Widerstand geleistet hatte, als es versuchte, das Hinterland der Kolonie einzunehmen (▶ Kap. 1). Die Reaktion der französischen Regierung war eine »exemplarische Bestrafung«[18] Guineas.[19] Auch um eine Kettenreaktion zu verhindern, entließ Frankreich Guinea ohne weitere Vorbereitungen in die Unabhängigkeit.

Zu diesem Zeitpunkt hätten selbst die größten Skeptiker nicht angenommen, dass im Sommer 1960 die von de Gaulle geschaffenen kolonialen Strukturen nicht mehr existieren würden.[20] Doch zwei Jahre nach dem Referendum, 1960, stand de Gaulle einer Dekolonisation nicht mehr im Wege. Die Kolonien waren zu teuer geworden, und die öffentliche Unterstützung für die Kolonialpolitik schwand. Was folgte, war die Unabhängigkeit nahezu aller französischer Kolonien, insgesamt 14, in einem sich über wenige Monate erstreckenden Prozess. Das Jahr 1960 ging daher als »Afrikanisches Jahr« in die Geschichtsbücher ein, da neben den französischen Kolonien auch Kongo-Kinshasa, Nigeria und Somalia binnen eines Jahres unabhängig wurden – so viele Staaten wie in keinem anderen Jahr.

Langsam setzte sich in der französischen Regierung die Erkenntnis durch, dass auch Algerien nicht mehr zu halten war (siehe unten). Nach einem Referendum dort wurde Algerien 1962 unabhängig. Frankreich war eine Quelle des Stolzes abhanden gekommen, es hatte eine »regelrechte Amputation« stattgefunden.[21] Der koloniale Mythos lebte nur noch in Gedanken. Frankreich hatte zwar nominell keine Souveränität mehr, doch profitierte es weiterhin von seinen ehemaligen Kolonien, mit denen es engste politische und wirtschaftliche Kontakte pflegte. Dieser Umstand gibt dem Argument Auftrieb, Frankreichs Dekolonisation folgte einer neokolonialen Logik (▶ Kap. 3 und ▶ Kap. 4).

Belgien

Wie Großbritannien und Frankreich unterdrückte auch Belgien Widerstände in seiner Kolonie Kongo-Kinshasa und in seinen Protektoraten, den heutigen Ländern Burundi und Ruanda. Aber anders als Frankreich und Großbritannien hielt die belgische Regierung, die 1908 den Kongo – zuvor Leopolds Privatbesitz – übernommen hatte, länger an dieser Kolonie und ihren anderen Gebieten fest und durchdachte die Dekolonisation weniger. Man kann angesichts der Tatsache, dass es 1960, dem Jahr der Unabhängigkeit, weniger als 20 Hochschulabsolventen im Kongo gab, kaum von einer lange geplanten Machtübertragung sprechen. Stattdessen erscheint die Dekolonisation eher wie ein spontaner Prozess, in dem Belgien nur deshalb die Kontrolle behielt, weil er extrem, ja geradezu unverantwortlich schnell verlief.[22] Im Lichte der voranschreitenden Dekolonisation in Afrika, der Gespräche der belgischen Regierung mit der geeint auftretenden kongolesischen Führung und vor Sorge, die Situation nicht kontrollieren zu können, trat Belgien die Flucht nach vorne an. Am 27. Januar 1960 kündigte die belgische Regierung an, den Kongo binnen sechs Monaten zu verlassen. Sie handelte Verträge aus, die Belgien weiterhin vom Ressourcenreichtum des Kongos profitieren ließ, ohne die Kosten für die Verwaltung und den Sicherheitsapparat tragen zu müssen. Der Zugang zu den natürlichen Ressourcen des Kongos u. a. durch die *Union Minière du Haut-Katanga* folgte also einer neokolonialen Logik wie auch der Plan, belgische Verwaltungsbeamte und 1 000 Offiziere für die 25 000-Mann starke kongolesische Armee im Land zu belassen.[23] Wegen der unfassbaren Geschwindigkeit, mit der die Unabhängigkeit vollzogen wurde, wegen der mangelnden Vorbereitung auf diese, wegen des Versuchs Belgiens, Teile der Kontrolle zu behalten, und wegen des Kalten Kriegs, in den der Kongo hineingezogen wurde, schlitterte das Land unmittelbar nach der Unabhängigkeit in eine tiefe Krise. Diese umfasste eine Meuterei unter den Soldaten, die Massenflucht der Belgier, eine militärische Intervention der ehemaligen Kolonialmacht und der UN, eine Verfassungskrise, zwei Sezessionen und die Folterung und Ermordung des Premierministers Patrice Lumumba.[24]

Portugal

Ganz anders erlangten die portugiesischen Gebiete ihre Unabhängigkeit. Portugal war nicht nur das erste Land, das Kolonien in Afrika etablierte (▶ Kap. 1), sondern auch das letzte Land, das die Dekolonisation einleitete. Für das autoritäre portugiesische Regime von António de Oliveira Salazar und dessen Nachfolger Marcelo Caetano waren die Kolonien in doppelter Hinsicht unverzichtbar: einerseits um internationalen Einfluss geltend machen zu können und andererseits um durch einen auf das Kolonialreich begründeten Nationalstolz ihre Regime abzusichern.[25] Überdies war die portugiesische Industrie ohne die billigen Arbeitskräfte und die Rohstoffe der Kolonien nicht profitabel.[26] Die portugiesische Regierung folgte der Strategie Frankreichs und Großbritanniens und führte nach dem Zweiten Weltkrieg Reformen in den Kolonien durch, um Letztere zu sichern. So wurden die Kolonien zu Überseegebieten und deren Bevölkerung zu portugiesischen Staatsbürgern. Auch gab es eine stärkere Dezentralisierung, durch die lokale Institutionen und Praktiken in den Kolonien verstärkt Beachtung fanden.[27] Diese Reformen führten jedoch nicht zu einer dauerhaften Befriedung. Vor allem der Befreiungskrieg in Portugiesisch-Guinea, dem heutigen Guinea-Bissau, intensivierte sich. Die Konflikte in den Kolonialgebieten verschlangen am Ende rund 40 % der portugiesischen Staatsausgaben. Bei einer Gesamtbevölkerung von rund acht Mio. waren rund 820 000 Soldaten in 13 Kriegsjahren in Afrika im Einsatz.[28] Der Militärgouverneur von Portugiesisch-Guinea António de Spínola kam zu dem Schluss, der Krieg sei zu kostspielig und militärisch nicht zu gewinnen und plädierte für eine Autonomie der Überseegebiete innerhalb einer Konföderation mit Portugal.[29] Spínolas Überlegungen fanden Anklang beim Militär.

Es war nicht der Kampf der Befreiungsbewegungen, der unmittelbar die Dekolonisation brachte, sondern die Desillusionierung portugiesischer Offiziere, die sich wegen der Kolonialkriege gegen das Regime in Lissabon auflehnten, deshalb 1974 einen Staatsstreich durchführten und die neue Führung dann die Dekolonisation einleitete. In Portugal hatten sich bereits große Teile der Bevölkerung vom Regime abgewandt und stellten insbesondere dessen Kolonialpolitik in Frage. Folglich wurden die Putschisten willkommen geheißen. Spínola wurde zum Übergangspräsidenten ernannt und folgte seiner Erkenntnis, dass ein Rückzug Portugals aus den Kolonien notwendig war. Dies führte in einem ersten Schritt zur Unabhängigkeit Guinea-Bissaus im September 1974. Als Spínola, der weiter für eine Konföderation mit den restlichen Kolonien warb, wenige Tage später abgesetzt wurde, war der Weg frei für eine schnelle Dekolonisation der restlichen Gebiete. Der nun folgende Dekolonisierungsprozess war desaströs,[30] denn ähnlich wie Belgien hatte Portugal kaum die Weichen für die Unabhängigkeit gestellt. Es schien, als ob die Befreiungsbewegungen einen klareren Plan hatten als die unter Druck stehende Regierung in Portugal.[31] Aus Angola und Mosambik flohen die weißen Siedler in Massen nach deren Unabhängigkeit 1975 und es kam dort zu Bürgerkriegen.

Verhandelter Übergang

Belgien, Frankreich, Großbritannien, Portugal und Spanien, das neben der Westsahara auch das heutige Äquatorialguinea kolonisiert hatte, folgten der Strategie, durch Reformen die Unabhängigkeit ihrer Kolonien, Protektorate und Treuhandgebiete zu verhindern oder zu verzögern. Vor allem für Belgien und Frankreich war der Ressourcenzugang nach der Dekolonisation wichtig und sie sicherten diesen durch Verhandlungen, was ihnen den Ruf einbrachte, eine neokoloniale Politik zu betreiben. Was die Kolonialmächte einte, war die Erkenntnis, dass in der Zeit nach dem Zweiten Weltkrieg ein billiger Kolonialismus nicht mehr möglich war, denn die Reformen und Investitionen trieben die Kosten in die Höhe.[32] Vor allem dort, wo es großflächige Befreiungskämpfe gab wie in Algerien oder Kenia, wurden die Kosten zu hoch. Eine Entlastung wurde über die Dekolonisation der Krisengebiete selbst oder über die Dekolonisation anderer Kolonien erreicht, wie die Unabhängigkeiten Marokkos und Tunesiens während des Algerienkriegs zeigen. In allen Fällen der Früh- und Hauptphase der Dekolonisation, in denen es keine Befreiungskriege gab, war – von Guinea abgesehen – die Dekolonisation das Ergebnis eines Verhandlungsprozesses zwischen der Kolonialmacht und den nationalistischen Bewegungen. Während die Kolonialstaatperspektive – die ich unten besprechen werde – die stärkere Verhandlungsposition bei den nationalistischen Bewegungen in den Kolonien sieht, betont die hier vorgestellte Kolonialmachtperspektive, dass die europäischen Mächte am längeren Hebel saßen.

Die Kolonialmächte handelten nicht völlig geeint. Es gab dort auch andere Stimmen, nämlich glühende Verfechter der Kolonisation, vor allem in der Wirtschaft, und entschiedene Gegner der Kolonisation bzw. Gegner der kolonialen Praktiken wie der menschlichen Ausbeutung. Letztere forderten viel früher als die Regierung Reformen ein. Ein frühes Beispiel für die Ablehnung der menschlichen Ausbeutung sind die Aktionen von Edmund Dene Morel, dessen Recherchen die Gräueltaten an der Bevölkerung im Kongo unter Leopold II. aufdeckten. Morel initiierte eine der ersten modernen Menschenrechtskampagnen und leistete damit einen entscheidenden Beitrag, dass die Gräueltaten nicht nur verurteilt wurden, sondern dass Leopold die Kolonie 1908 an den belgischen Staat übergeben musste, der dann große Teile der menschenverachtenden Ausbeutung unterband.[33]

Kolonialstaatperspektive

Die Kolonisierten waren nicht nur Subjekt, wie die Kolonialmachtperspektive suggeriert, sondern trugen selbst dazu bei, die Dekolonisation voranzutreiben.[34] Der Widerstand im Kolonialstaat kam mit verschiedenen Mitteln und in unterschiedlicher Intensität. Es gab gewaltfreien politischen Druck, Arbeitskämpfe, militante Arbeiterbewegungen und Gewerkschaften ebenso wie blutige Befreiungskämpfe. Und gleichzeitig gab es auch Stimmen, die sich gegen eine Unabhängigkeit aussprachen bzw. sie verzögern wollten.

Druck

In manchen Kolonien gab es früh Druck gegen die Fremdherrschaft und Forderungen nach Reformen. Obschon es einige Ausnahmen gibt (▶ Kap. 1), war dieser frühe Widerstand in den allermeisten Fällen für die Kolonialmacht beherrschbar. In Nigeria z. B. gab es Widerstand gegen die Zusammenlegung des nördlichen und südlichen Teils der Kolonie; ähnliches gilt für den Sudan. Und im Kongo, Leopolds Privatbesitz, gab es um die Jahrhundertwende Widerstand gegen die Ausbeutung auf den Kautschukplantagen. Nach dem Ende einer Konsolidierungsphase, die nach dem Ersten Weltkrieg stattfand (siehe unten) intensivierte sich der Widerstand. Ein frühes Beispiel sind die Aba-Frauenaufstände in Nigeria, bei denen Frauen gegen die britische Herrschaft protestierten.[35] Marktfrauen und andere Frauengruppen protestierten auch in anderen Kolonien wie Tansania und Sierra Leone gegen Steuern oder eine Erhöhung der Lebensmittelpreise und in Burundi organisierten muslimische Frauen eine Revolte gegen eine Steuer, die alleinstehende Frauen traf. 1935 kam es zu einem Arbeiterstreik im sambischen Kupfergürtel, der der Auftakt zu einer Serie von Arbeiterstreiks in Afrika war, die sich gegen die Kolonialmächte richteten. So streikten u. a. in Französisch Westafrika 1946/1947 die Eisenbahn- und in Portugiesisch-Guinea 1959 die Hafenarbeiter. Gewerkschaften wie die tunesische *Union Générale du Travail Tunisien* wurden zu Plattformen, um die Missstände in der kolonialen Arbeits- und Lebenswelt anzuprangern. Wurde zu Beginn der Kolonialzeit die Bevölkerung noch als primitiv angesehen, änderte sich dies ab Mitte der 1930er-Jahre, denn von da an wurden afrikanische Arbeiter zunehmend als verständige, zuverlässige und ernsthafte Beschäftigte wahrgenommen. Folglich mussten sich die Kolonialmächte und die europäischen Firmen fragen, ob sie angemessen mit ihnen umgingen – und zusätzlich kam die Frage auf, ob die übrige Kolonialbevölkerung genauso verständig und zuverlässig war.[36]

Zeitgleich mit der Arbeiterbewegung entstanden in den meisten Kolonien nationalistische Bewegungen, die die Unabhängigkeit einforderten. Oft gab es eine Verbindung zwischen ihnen und der Arbeiterbewegung. So waren z. B. Siaka Stevens in Sierra Leone und Sékou Touré in Guinea Arbeiterführer und wurden dann zentrale Figuren der nationalistischen Bewegungen. Diese Figuren waren jedoch nur die Spitzen der Bewegungen, denn die oben genannten Proteste und Streiks »sind eine wichtige Erinnerung daran, dass es sich bei den nationalistischen Bewegungen um Graswurzelbewegungen handelte, wenngleich die im Westen ausgebildeten Eliten als ihr offizielles Sprachrohr auftraten.«[37] Diese Bewegungen zogen sowohl Männer als auch Frauen an[38] und setzten sich vielmals auch spezifisch für die Belange von Frauen ein, denn so konnten sie sich als aufgeklärte Vertreter westlicher Demokratie und Gleichberechtigung darstellen.[39]

Die Nicht-Erfüllung des während des Zweiten Weltkriegs gegebenen Versprechens, der Kolonialbevölkerung mehr Rechte zuzugestehen, führte ab 1946 zu einer großen Unzufriedenheit in den französischen Kolonien. Hieraus gründete sich eine Partei, die *Rassemblement Démocratique Africain* (RDA), die fast das ganze französische Kolonialgebiet in Subsaharaafrika umfasste.[40] Sie wurde zur Plattform, um die Interessen der Kolonien in der französischen Nationalversammlung zu artikulieren. Felix Houphouët-Boigny aus Côte d'Ivoire wurde zum Sprachrohr dieser Partei und hatte zusammen mit dem Senegalesen Léopold Senghor und anderen einen spürbaren Einfluss auf die französische Kolonialpolitik.

Im südlichen Afrika gab es ebenfalls Druck durch nationalistische Bewegungen. Großbritannien hatte 1953 seine Kolonien Nord- und Südrhodesien (heute Sambia und Simbabwe) und Njassaland (heute Malawi) zur Zentralafrikanischen Föderation zusammengefasst.[41] Die Föderation sollte den Einfluss der britischen

Regierung und der weißen Siedler ausweiten, doch faktisch stärkte sie die nationalistischen Bewegungen.[42] Der Versuch, Südrhodesien, wo die meisten weißen Siedler lebten, auf Kosten Njassalands und Nordrhodesiens weiterzuentwickeln, steigerte den Widerstand gegen die britische Herrschaft. 1959 unterdrückte die Kolonialmacht noch nationalistische Bestrebungen, erklärte in Njassaland und Südrhodesien den Notstand und inhaftierte mehrere Anführer der nationalistischen Bewegung, unter ihnen die späteren Präsidenten Hastings Banda (Njassaland) und Kenneth Kaunda (Nordrhodesien). Trotzdem kam es in Nordrhodesien zu immer mehr zivilem Ungehorsam und zu blutigen Auseinandersetzungen und das obwohl Kaunda zu einer Politik des »passiven Widerstands« aufgerufen hatte. Gleichzeitig kam es zu Reformen an der Verfassung, die die Rechte der schwarzen Bevölkerung stärkten.

Es war die Summe der durch die nationalistischen Bewegungen und Arbeiter artikulierten Unzufriedenheit, weitere Aktionen wie Aufstände von Marktfrauen und »versteckter Widerstand« wie Massenmigration innerhalb einer Kolonie in die Gebiete, in denen die Kolonialmacht weniger Kontrolle hatte,[43] die dazu beitrugen, dass die Kolonialmächte die oben beschriebenen Reformprozesse einleiteten.

Gewalt

War der gewaltsame Widerstand gegen die Kolonialmächte anfangs punktuell, erstarkte er nach dem Zweiten Weltkrieg. So formierte sich z. B. 1946 der *Mouvement Démocratique de la Rénovation Malgache* auf Madagaskar, forderte die Unabhängigkeit von Frankreich und begann eine Rebellion, die bald dazu führte, dass er ein Viertel der Insel kontrollierte. Frankreich schlug den Aufstand bis Ende 1948 erbarmungslos nieder. Es gab Folter, Massenexekutionen, Vergewaltigungen, Hunger und Flucht; ganze Dörfer wurden niedergebrannt. Es starben bis zu 90 000 Menschen.[44] Auch in Französisch Kamerun, einem Treuhandgebiet, das zuvor Teil der deutschen Kolonie Kamerun war, war die Situation aufgeheizt, denn die *Union des Populations du Cameroun* forderte die Unabhängigkeit und den Zusammenschluss mit der britischen Zone des Treuhandgebietes.[45] Die Union wurde 1955 verboten, setzte aber ihre Attacken gegen die Regierung fort; bis zu 32 000 Menschen verloren hierbei ihr Leben.[46]

In Algerien fand einer der erbittertsten Befreiungskriege überhaupt statt. Während am 8. Mai 1945 Nazi-Deutschland bedingungslos kapitulierte und damit der Zweite Weltkrieg in Europa endete, brachen in Algerien Unruhen aus. Algerische Kriegsveteranen forderten das Recht auf Selbstbestimmung und die Unabhängigkeit. Frankreich schlug diese Proteste blutig nieder. Hierbei starben mehrere tausend Menschen.[47] Nach diesem Tag war vielen klar, dass die Kolonisation nur gewaltsam beendet werden konnte.[48] Es entstanden etliche Befreiungsbewegungen, doch letztlich dominierte die *Front de Libération Nationale* (FLN), die 1954 ihren Unabhängigkeitskampf begann. Der FLN zog tausende Kämpfer an, inklusive tausender aktiver Frauen.[49] Der Krieg dauerte fast acht Jahre und kostete bis zu 425 000 Menschenleben. Rund zwei Mio. Algerier lebten bei Kriegsende in Umsiedlungslagern.⁵⁰ Die Intensität des Kriegs und die hohen Opferzahlen sind maßgeblich damit zu erklären, dass Frankreich unter keinen Umständen das Herzstück seines Kolonialreiches aufgeben wollte, denn Algerien wurde von Frankreich als Teil des Mutterlands und nicht als Kolonie betrachtet.

In der britischen Kolonie Kenia kam es ebenfalls zu gewaltsamen Auseinandersetzungen. Der Widerstand gegen Großbritannien formierte sich bereits nach dem Ersten Weltkrieg und wuchs in den 1930er-Jahren aus Unzufriedenheit mit der wirtschaftlichen und politischen Situation weiter. Verschiedene Strömungen in der Befreiungsbewegung entstanden. Innerhalb der Kikuyu, der größten ethnischen Gruppe in Kenia, gab es neben einer die Kolonialmacht unterstützende und einer gemäßigten Strömung auch eine militant nationalistische, die Mau Mau.⁵¹ Letztere begannen 1951 einen Konflikt, der nicht nur eine Rebellion gegen die Kolonialmacht war, sondern auch ein Bürgerkrieg innerhalb der Kikuyu.⁵² Die britischen Truppen gingen schonungslos gegen die Rebellen vor, weshalb die Niederschlagung des Aufstands auch als »Britain's Gulag« bezeichnet wurde.⁵³ Die Mau Mau wurden in Lagern interniert; insgesamt mehr als 150 000 Menschen.⁵⁴ Britische Soldaten verschleppten, vergewaltigten und folterten. Geschätzte 50 000 Kikuyus starben, vermutlich die Hälfte davon war unter zehn Jahre alt.⁵⁵ 1957 hatte Großbritannien die Rebellion zwar niedergeschlagen, aber die Kosten, die Kolonie zu halten, waren zu hoch und der Weg in die Unabhängigkeit vorgezeichnet.⁵⁶

Trotz des Ausmaßes an Gewalt in Algerien, Kamerun, Kenia und Madagaskar war die verhandelte Dekolonisation in der Hauptphase (1951–1974) die Norm und gewaltsame Auseinandersetzungen die Ausnahmen. Dies änderte sich in der Spätphase der Dekolonisation, vor allem im südlichen Afrika. Dort war die Dekolonisation bzw. das Ende der weißen Minderheitsregime in fast allen Fällen mit intensiven Befreiungskriegen verbunden, was damit zusammenhängt, dass diese Gebiete – wie Algerien und Kenia auch – Siedlerkolonien waren, d.h. die Kolonialbevölkerung umfasste auch Personen, die entweder aus den Kolonialmächten eingewandert oder die Kinder ehemaliger Migranten waren. In Algerien lebten kurz vor der Unabhängigkeit über eine Mio. Menschen mit französischen oder europäischen Wurzeln. In Kenia waren es rund 60 000 und in Mosambik über 250 000 weiße Siedler.

Ab den 1950er-Jahren kam es in den portugiesischen Kolonien zu Aufständen. Die Aufstände in Portugiesisch-Guinea mündeten 1959 in einem Massaker, bei dem rund 50 Menschen durch die Polizei getötet wurden, was die Weichen für einen Guerillakampf stellte, der 1963 begann.⁵⁷ Auch in Angola, Mosambik und São Tomé und Príncipe kam es zu Aufständen und zur Gründung von Befreiungsbewegungen; im Fall von Angola gar zu zwei dominanten Bewegungen, der *Movimento Popular de Libertação de Angola* (MPLA) und der *Frente Nacional de Libertação de Angola* (FNLA).⁵⁸ 1966 kam noch die *União Nacional para a Independência Total de Angola* (UNITA) als dritte große Unabhängigkeitsbewegung hinzu.⁵⁹ In Portugiesisch-Guinea wurde der Widerstand gegen Portugal am heftigsten ausgetragen. Die Befreiungsbewegung, angeführt von Amílcar Cabral, mobilisierte die Massen und sprach dabei auch explizit Frauen an, sich ihr anzuschließen. Sie setzte auch Letztere im Kampf ein und rief sie auf, die doppelte Kolonisation zu bekämpfen, namentlich die gegen die Kolonialmacht und die gegen die männliche Dominanz.[60] Die Befreiungsbewegung konnte bis 1973 große Teile der Kolonie unter ihre Kontrolle bringen und erklärte die Kolonie für unabhängig. Dieser Befreiungskrieg leitete den Wendepunkt in der Kolonialgeschichte Portugals ein, denn er führte dazu, dass sich eine Gruppe desillusionierter portugiesischer Offiziere formierte, die 1974 einen Staatsstreich in Portugal anzettelte und damit die Dekolonisation einläutete (siehe oben).

In Südrhodesien übernahm nach dem Ende der Zentralafrikanischen Föderation 1963, die in der Unabhängigkeit Malawis und Sambias mündete, ein weißes Minderheitsregime unter Ian Smith die Macht und erklärte Südrhodesien 1965 unilateral für unabhängig. Durch Smiths repressive Politik verstärkt, begann die schwarze Bevölkerungsmehrheit, sich in nationalistischen Bewegungen, die bereits zuvor gegründet, dann aber 1961/1962 verboten worden waren, zu organisieren, und initiierte den *Zweiten Chimurenga*. Nach der Unabhängigkeitserklärung inhaftierte das Smith-Regime hunderte Aktivisten, Kämpfer und Anführer, unter ihnen Robert Mugabe, ließ sie aber auf internationalen Druck später wieder frei. Mit der Unabhängigkeit Angolas und Mosambiks 1975 intensivierte sich der Guerillakrieg in Südrhodesien, denn nun hatten sich strategisch wichtige Rückzugsräume für die Guerillakämpfer eröffnet.[61] Der Krieg kostete bis zu 40 000 Menschenleben. Doch trotz dieser Zahl gingen beide Seiten bis zum Schluss davon aus, den Krieg gewinnen zu können. Die Verteidigungsausgaben stiegen zwischen 1971/1972 und 1976/1977 um 610 %, die Ausgaben für die Polizei um 232 %.[62] Militärisch konnten die Guerillas das weiße Regime nicht in die Knie zwingen. Doch die Kosten für den Krieg wurden zu hoch und die Bevölkerung – sowohl die schwarze als auch die weiße – kriegsmüde. Hinzu kam, dass die Regierungen in Mosambik und Sambia, die unter Vergeltungsaktionen des Smith-Regimes litten (sie unterstützten die nationalistischen Bewegungen), Druck aufbauten, mit dem Smith-Regime zu verhandeln. Dies führte dazu, dass Großbritannien – offiziell noch Kolonialmacht – das Zepter übernahm und Verhandlungen einleitete, die 1980 zur Unabhängigkeit Simbabwes führten.

Südafrika war zwar bereits seit der Frühphase der Dekolonisation im völkerrechtlichen Sinne unabhängig (siehe oben), aber von einem weißen Minderheitsregime regiert. Bereits 1912, kurz nachdem Südafrika zu einer *dominion* wurde, gründete sich der *African National Congress* (ANC) als Bewegung gegen das weiße Regime und dessen Rassenpolitik. Zunächst war der ANC ein Projekt der schwarzen Bildungselite und keine Massenbewegung, zu der er später werden sollte. Der ANC vertrat eine Politik des gewaltlosen Widerstands und hielt auch noch daran fest, als sich die Apartheid mit dem Sieg der *National Party* bei der Wahl 1948 verschärfte, wie die *Freedom Charta* von 1955 zeigt. Innerhalb des ANC gab es aber auch Kräfte, die glaubten, die Apartheid sei nur mit militärischen Mitteln zu beseitigen. So entstand 1961 ein militärischer Flügel, der *Umkhonto we Sizwe*. Die Entscheidung, den bewaffneten Kampf aufzunehmen, fiel im Lichte des Sharpeville Massakers 1960 und der Reaktion der Apartheidregierung hierauf. Ingesamt verloren 69 Menschen ihr Leben, als die Polizei das Feuer auf Demonstranten eröffnete, die gegen die Passgesetze der Regierung protestierten. Die Regierung schlug den Widerstand nieder, verbot den ANC und inhaftierte wichtige Vertreter wie Nelson Mandela; andere flohen ins Exil.

Der Kampf gegen die Apartheid ging dennoch weiter. 1976 kam es zum Schüleraufstand von Soweto, einem Township bei Johannesburg. Die Polizei schlug auch diesen schonungslos nieder; bis zu 500 Kinder starben. Die Protestwellen im Land und darüber hinaus schwappten hoch. Es dauerte fast ein Jahr, bis die Sicherheitskräfte die Lage im Land wieder unter Kontrolle hatten. Nach dem Soweto-Aufstand intensivierte der ANC den Guerillakampf durch Sabotageakte aus dem Untergrund heraus.[63] Während die ANC-Führung im Gefängnis oder Exil war, übernahm die ANC-Frauenliga eine wichtige Rolle im Kampf gegen die Apartheid. Sie wurde mit ihrer späteren Vorsitzenden Winnie Mandela, Nelson Mandelas Ehefrau, zu einer wichtigen Säulen im Anti-Apartheidkampf.[64] So ist es kaum verwunderlich, dass Winnie Mandela trotz etlicher Skandale, Amtsmissbrauchs- und Korruptionsverwürfen nach ihren Tod 2018 vom südafrikanischen Präsidenten Cyril Ramaphosa als »Mutter der Nation« gewürdigt wurde, »eine der stärksten Frauen in unserem Kampf.«[65]

Sowohl der Kampf in Südafrika als auch der Befreiungskampf in Namibia, wo die *South West Africa People's Organization* (SWAPO) seit 1966 gegen die illegale Besetzung durch Südafrika gewaltsam vorging (siehe unten),[66] trugen dazu bei, dass die Apartheidregierung, die mit ihrem aufgeblähten Sicherheitsapparat innenpolitisch fest im Sattel saß,[67] trotzdem ins Wanken kam. Denn der Verfall des Goldpreises brachte die südafrikanische Wirtschaft in Schwierigkeiten und die Kosten für den Sicherheitsapparat wurden zu hoch. Die Regierung verhandelte daher ab Mitte der 1980er-Jahre im Geheimen mit dem ANC. 1990 wurde das ANC-Verbot aufgehoben, politische Gefangene aus dem Gefängnis entlassen und es begannen offizielle Verhandlungen, die in den ersten freien Wahlen im April 1994 mündeten, die der ANC klar gewann.

Differenzen

Der Eindruck, Befreiungsbewegungen seien geeint gewesen und hätten an einem Strang gezogen, trifft nicht allerorts zu, denn »[d]as im Nachhinein gern gezeichnete Bild einer im Kampf gegen die Fremdherrschaft geeinten Nation ist in der Regel eine historische Fiktion.«[68] Der Bürgerkrieg innerhalb der Kikuyus in Kenia und die Kämpfe zwischen der FNLA, der MPLA und der UNITA in Angola sowie zwischen der *Zimbabwe African Peoples' Union* und der *Zimbabwe African National Union* (ZANU) in Südrhodesien, die anfangs mehr gegeneinander als gegen das weiße Minderheitsregime kämpften, zeigen dies.[69] Auch der ANC hatte Gegenspieler wie den *Pan Africanist Congress* oder die *Inkatha Freedom Party*. In der südafrikanischen Provinz Natal, dem heutigen KwaZulu Natal, brach während der Übergangsphase ab 1990 ein Bürgerkrieg aus, der bis zu 30 000 Menschenleben kostete, weil sich ANC-Anhänger und Anhänger der *Inkatha Freedom Party*, die mit dem Apartheidsystem kollaborierten, gegenseitig angriffen. Der Übergang in Südafrika war also keinesfalls so friedlich, wie später vielfach angenommen.[70]

Differenzen innerhalb der nationalistischen Bewegungen konnten sich die Kolonialmächte und Minderheitsregime zunutze machen. Die Apartheidregierung spielte die Gruppen gekonnt gegeneinander aus, was einen maßgeblichen Beitrag zu ihrem Machterhalt leistete. Auch die französische Regierung nutzte die Uneinigkeit in ihren Kolonien aus. So gab es innerhalb der RDA keine Einigkeit darüber, auf welchem Weg die Unabhängigkeit erreicht werden soll. Auf der einen Seite standen die Befürworter einer kollektiven Unabhängigkeit in einer möglichen Föderation West- und Zentralafrikas mit Frankreich und auf der anderen Seite waren die Befürworter einer separaten Unabhängigkeit der einzelnen Kolonialgebiete. Die französische Regierung konnte auch die Tatsache, dass Senghor sich weigerte, Teil der RDA zu werden, für ihre Zwecke einsetzen.[71] Senghor sprach sich nämlich vehement gegen die *loi cadre* von 1956 aus, da er eine Balkanisierung fürchtete, d. h. die Zersplitterung in kleinere Territorien.

Die weißen Siedler, die sich vor allem in den Siedlerkolonien Algerien, Angola, Kenia, Rhodesien und Südafrika niedergelassen hatten, waren in manchen Fällen Befürworter einer Unabhängigkeit, in anderen Fällen Gegner. Dies war abhängig von der Frage, ob sie annahmen konnten, weiterhin die Kontrolle zu haben. In manchen Fällen kollaborierten sie mit der Kolonialmacht, in anderen bekämpften sie diese. In Südafrika befürworteten die meisten britischstämmigen Siedler den Verbleib in der Südafrikanischen Union, wohingegen die Buren in zwei Kriegen für die Unabhängigkeit kämpften (▶ Kap. 1). In Südrhodesien stellten sich die Siedler unter Smiths Führung ebenfalls gegen die Kolonialmacht und sagten sich 1965 unilateral von Großbritannien los. In Kenia hingegen versuchten die weißen Siedler, die Unabhängigkeit zu verhindern, weil sie um ihren Einfluss in einem unabhängigen Kenia fürchteten. In den portugiesischen Kolonien standen die Siedler, deren Anzahl sich in den 1950er-Jahren verdoppelt hatte, an der Seite der Kolonialmacht und stemmten sich gegen die aufkeimenden Forderungen der indigenen Bevölkerung. Und auch Siedler in Algerien, die zunächst oft Anschlagsziele der FLN waren, sprachen sich mehrheitlich gegen die Dekolonisation Algeriens aus. Sie unterstützten die Rückkehr de Gaulles, fühlten sich allerdings von diesem verraten, als er im September 1959 ein Referendum über die algerische Selbstbestimmung in den Raum stellte. Sie blieben Gegner einer Unabhängigkeit, denn Algerien war ihre Heimat, in der sie seit Generationen lebten.[72]

Auch in anderen französischen Kolonien gab es Bestrebungen, die Unabhängigkeit hinauszuzögern bzw. nicht alleine beschreiten zu müssen. Diese Kolonien waren durch die Politik nach dem Zweiten Weltkrieg so eng mit Frankreich verwoben, dass die nationalistischen Bewegungen kaum mehr Autonomie forderten als die, die ihnen de Gaulle nach dem Referendum zugestanden hatte. Houphouët-Boigny und Senghor waren in der Lage, Frankreich Zugeständnisse abzuringen, was ihnen half, selbst sicher im Sattel zu sitzen.[73] Lediglich Touré in Guinea scherte aus und so war die Bestrafung Frankreichs, Guinea sofort und ohne weitere Vorbereitung in die Unabhängigkeit zu entlassen, die Anerkennung jedoch zu verweigern und es nicht als einen souveränen Staat zu betrachten, kaum eine Überraschung. Anders als Touré und Houphouët-Boigny, der eine wirtschaftlich starke Kolonie mitlenkte, sah Senghor eine mögliche Unabhängigkeit seines Gebiets mit Sorge. Er war der Überzeugung, dass eine Balkanisierung zur Bedeutungslosigkeit der neuen Staaten führe. Deshalb warb er für eine Föderation westafrikanischer Staaten. Senghor wurde zur treibenden Kraft, eine solche Föderation zu gründen: die Mali Föderation. Sie sollte aus Dahomey (Benin), Französisch Sudan (Mali), Obervolta (Burkina Faso) und dem Senegal bestehen.[74] Doch schon 1959, vor der Gründung der Föderation, zersplitterte sie, als es Houphouët-Boigny mit Unterstützung der französischen Regierung gelang, Dahomey und Obervolta von einem Beitritt abzuhalten. Denn als die französische Regierung den Entschluss gefasst hatte, ihre Kolonien in die Unabhängigkeit zu entlassen, war klar, dass die Verantwortung auf den Schultern der Kolonisierten und ihrer politischen Führung liegen sollte – was ihnen auch die Lasten der Dekolonisation aufbürdete – und dass jede Kolonie ihren eigenen Weg gehen würde.[75] Senghor versuchte noch eine kleinere Lösung, namentlich eine Föderation der heutigen Staaten Mali und Senegal, die dann gemeinsam im Juni 1960 unabhängig wurden. Die Föderation zerbrach allerdings nach wenigen Wochen an Streitigkeiten bezüglich Demokratie, Kompetenzen und Führungsanspruch.

Weder die französischen Kolonien noch die Siedlerkolonien sind Einzelfälle. Auch andernorts gab es Kräfte, die sich gegen eine Dekolonisation aussprachen. In Nigeria war Politik verbunden mit Regionen und Ethnien. Eine besonders deutliche Bruchlinie, namentlich die zwischen dem christlich-geprägten Süden und dem muslimisch-geprägten Norden, war (und ist) deutlich sichtbar. Weil sich die Menschen im Norden vor einer Übernahme durch den Süden fürchteten, zögerten sie, als der Süden die Unabhängigkeit forderte. 1956 stand eine Sezession des Nordens im Raum, doch letztlich setzte sich unter der Zustimmung des Nordens die Vorstellung durch, dass Nigeria als ein föderaler Staat unabhängig werden sollte. Auch auf Mauritius war die Befürchtung einer Gruppe, namentlich der Kreolen, in einem unabhängigen Staat an Bedeutung zu verlieren, die Triebkraft für deren Widerstand gegen die Dekolonisation. Für sie schien der Verbleib bei Großbritannien weniger risikobehaftet als die Unabhängigkeit.

Widerstand in den Kolonien nahm also viele Formen an und wurde von unterschiedlichen Akteuren durchgeführt. Teils war er ethnien- und religionsübergreifend, teils lagen genau hier die Differenzen. Gewalt und gewaltloser Widerstand konnten in manchen Kolonien genauso zusammengehen wie die Unterstützung für und Protest gegen die Dekolonisation. In jedem Fall war der Widerstand gegen die Kolonialmächte vielfältig. Es gab nicht einen Antikolonialismus, sondern viele.

Internationale Perspektive

Die Kolonialmacht und der Kolonialstaat agierten in keinem Vakuum. Sie waren Teil des internationalen Systems, welches die Dekolonisation beeinflusste.[76] Beispiele für weltpolitische Veränderungen mit Auswirkungen auf die Dekolonisation sind die beiden Weltkriege, die Vorbildrolle dekolonisierter Staaten wie Indien, die Atlantikcharta, die UN-Menschenrechtscharta, die Ablehnung des imperialistischen Strebens durch die neuen Supermächte und der Kalte Krieg. Nicht alle Ereignisse begünstigten die Dekolonisation, einige verzögerten sie.

Weltkriege

Der Erste Weltkrieg bereite den Nährboden für die Dekolonisation insofern mit, als dass er das Versagen der europäischen Staaten, ihre Konflikte friedlich zu lösen, der Kolonialbevölkerung vor Augen führte.[77] Dies galt vor allem für diejenigen Kolonien, die vom Krieg betroffen waren, also primär die deutschen. Nach Kriegsbeginn in Europa drangen die britischen und französischen Truppen schnell und effektiv in die deutschen Kolonien ein – Deutsch-Ostafrika war eine Ausnahme, denn hier wurden die deutschen und lokalen Truppen nicht geschlagen[78] –, obwohl es Bemühungen beider Seiten gegeben hatte, Waffengewalt zu verhindern, um der Bevölkerung nicht zu zeigen, dass Weiße einander bekriegten.

Die Folgen des Ersten Weltkriegs waren in den betroffenen Kolonien und dort, wo Soldaten rekrutiert wurden, spürbar.[79] Einerseits gab es die gebildete Elite, vor allem in den britischen Kolonien, die hoffte, ihre Loyalität gegenüber der Kolonialmacht zahle sich aus. Andererseits gab es die Soldaten und Träger. Die hohen Verluste unter ihnen – vor allem durch Klima und Krankheiten – sowie die rücksichtslose Rekrutierungen durch die Kolonialmächte trugen zur Unzufriedenheit der Bevölkerung bei und führten zu Aufständen wie in Marokko oder Nigeria.[80] Mit am stärksten war der Widerstand im portugiesischen Mosambik, wo sich eine 15 000 Mann starke Rebellengruppe bildete. Die aus dem Ersten Weltkrieg rückkehrenden afrikanischen Soldaten waren mit den gleichen Auswirkungen des Kriegs konfrontiert wie viele ihrer europäischen Kameraden, nämlich psychische Belastungen, soziale Ausgrenzung, Fremdheit, Ehe- und Familienkrisen und häusliche Gewalt. Sie erhielten keine Unterstützung.

Obwohl die Unzufriedenheit der lokalen Bevölkerung vielerorts stieg, konsolidierten die Kolonialmächte nach dem Ersten Weltkrieg ihre Herrschaft in Afrika. »In vielerlei Hinsicht beendete der Krieg die Phase, in welcher die ›Pazifizierung‹ der Kritiker in Afrika und den Metropolen endete und die eigentliche Kolonialherrschaft begann.«[81] Einschneidende Veränderungen wurden vorgenommen. So entzog die britische Regierung Ägypten auch nominell dem Osmanischen Reich und weitete ihre Kontrolle über den Sudan aus. Die französische Regierung leitete eine Kampagne der *mise en valeur* ein, also Maßnahmen, das Imperium stärker ökonomisch zu erschließen und stärker an das Mutterland zu binden.

Der Zweite Weltkrieg hatte noch sichtbarere Auswirkungen auf die afrikanischen Kolonien, wiederholte für viele aber auch die Erfahrungen des Ersten Weltkriegs. Der italienische Einmarsch in Äthiopien 1935, der auch als Beginn des Zweiten Weltkriegs betrachtet werden kann, zeigte, wie unwichtig das Land für die Kolonialmächte war, denn die britische und französische Regierung kamen Äthiopien nicht zur Hilfe. Mussolini war bestrebt, die Niederlage bei der Schlacht von Adua 1896 zu vergelten (▶ Kap. 1) und Frankreich und Großbritannien verhinderten dies nicht.[82] Erst 1941, als der Krieg in Europa tobte, standen sie Äthiopien bei und befreiten das Land. Dies war einer der ersten Siege der Alliierten über eine Achsenmacht im Zweiten Weltkrieg.

Die schwarzen Soldaten, die in Europa und anderswo für die Kolonialmächte kämpften, waren wie im Ersten Weltkrieg auch rassistischem Denken ausgesetzt. Viele der von Frankreich in Europa eingesetzten Soldaten gerieten nach dem Blitzkrieg Nazi-Deutschlands in deutsche Hände und wurden nur teilweise von der französischen Vichy-Regierung repatriiert. Auch das Freie Frankreich behandelte die afrikanischen Soldaten als Soldaten zweiter Klasse und zog kurz vor der Befreiung von Paris sogar schwarze Soldaten ab und ersetzte sie durch weiße, um die Bedeutung der schwarzen Soldaten im Krieg zu verschleiern.[83] Die Kriegserfahrungen und die Auswirkungen des Kriegs waren nicht überall gleich. Während Kolonien wie Uganda nicht durch eine Wehrpflicht in den Krieg eingebunden waren, waren andere wie z. B. Guinea durch Wehrpflicht, Zwangsarbeit, Besteuerung, Nahrungsmittelknappheit und Inflation stark vom Krieg betroffen. Auch damit lässt sich erklären, warum der Nationalismus in Guinea, der zum Ausscheren bei de Gaulles Referendum 1958 führte, radikaler war als in anderen Kolonien.[84]

Afrikanische Soldaten waren durch ihren Einsatz in den Weltkriegen desillusioniert, denn sie zeigten ihnen, dass die Europäer nicht die selbstangenommene (moralische) Überlegenheit hatten. Afrikanische Soldaten töten Europäer und sahen deren Schwächen hautnah. Diese veränderte Wahrnehmung war von größter Bedeutung.[85] Die rückkehrenden Soldaten waren nicht nur ernüchtert, sondern häufig auch frustriert über die Bedingungen zu Hause und forderten nach gleichem Leiden wie die europäischen Soldaten auch gleiche Rechte.[86] Es war weniger die Kriegserfahrung selbst, als vielmehr die Erfahrung, wie mit den Soldaten nach dem Krieg umgegangen wurde, die zu einem Katalysator für das Unabhängigkeitsstreben wurde.[87]

Vor allem in Nordafrika wurden die Unabhängigkeitsbewegungen nach dem Zweiten Weltkrieg stärker. Der Krieg hatte die Kolonialmächte wichtige Ressourcen gekostet und gab der Kolonialbevölkerung die Möglichkeit, mehr Autonomie einzufordern – und den Willen dies auch zu tun. Die Unabhängigkeitsführer in Nordafrika waren unter den ersten, die Veränderungen einforderten. Die Anführer Algeriens und Tunesiens waren während des Kriegs gegenüber dem Freien Frankreich loyal gewesen und forderten nun Reformen bzw. die Unabhängigkeit.[88] Der Anführer Libyens strebte nach der Unabhängigkeit und verwies auf seine Unterstützung für Großbritannien während des Kriegs. Im semiunabhängigen Ägypten erhielten die nationalistischen Kräfte Auftrieb in ihrem Ansinnen, die verbliebenen britischen Truppen des Landes zu verweisen. Und in Marokko versuchte der Sultan, mit amerikanischer Unterstützung die Unabhängigkeit zu erlangen. Gleichzeitig wurde der Zweiten Weltkrieg aber auch von manchen afrikanischen Führern geschickt genutzt, um ihre Position zu stärken. Die *Chiefs* in Bechuanaland (später Botsuana) verhielten sich z. B. loyal zur britischen Regierung, rekrutierten Soldaten und unterstrichen damit, dass Großbritannien von ihnen zum Teil abhängig war, was ihre Position auf Jahre hinweg stärkte.[89]

Aufstieg des Antikolonialismus

Während des Zweiten Weltkriegs, 1941, forderten der britische Premierminister Winston Churchill und der US-Präsident Franklin Roosevelt in der Atlantik-Charta das Selbstbestimmungsrecht der Völker ein, – ein Recht, das Roosevelt universalistischer betrachtete als Churchill, der einem großen Kolonialreich vorstand und dieses Recht nicht in den Kolonien anwenden wollte. Dennoch wurde Indien, die wichtigste britische Kolonie, 1947 unabhängig. Die USA, die nach dem Zweiten Weltkrieg zu einer Supermacht aufstiegen, traten weiter für die Atlantik-Charta ein und die 1948 von den UN verabschiedete Allgemeine Erklärung der Menschenrechte legte auch die Dekolonisation nahe. Sowohl die USA als auch die Sowjetunion, die neuen Supermächte, hatten eine anti-imperiale Grundhaltung – wenngleich sie in dieser Frage nicht immer konsequent handelten (siehe unten).

Die Suezkrise 1956 markiert einen Wendepunkt der Geschichte, denn während dieser Krise wiesen die neuen Supermächte in einer für den Kalten Krieg bizarr anmutenden Einigkeit die alten Imperialmächte Frankreich und Großbritannien in ihre Schranken.[90] Letztere wollten nach der Verstaatlichung des Suezkanals durch den ägyptischen Präsidenten Gamal Abdel Nasser in einem Komplott mit Israel die Kontrolle über den Kanal zurückerlangen und Nasser stürzen. Die Supermächte forderten den Rückzug der Truppen Frankreichs, Großbritanniens und Israels. Entsprechende Resolutionen im UN-Sicherheitsrat scheiterten jedoch an den Vetos Frankreichs und Großbritanniens. Die noch-imperialen Mächte standen nun den zentralen Mächten des Kalten Kriegs gegenüber. Auf Druck der Supermächte, der UN-Generalversammlung und der Mitglieder des britischen *Commonwealths* gaben die Besatzer letztlich nach und zogen ihre Truppen ab. Ihre gemeinsame Position in der Suezkrise darf aber nicht darüber hinwegtäuschen, dass sich die Supermächte im Kalten Krieg ansonsten konfrontativ gegenüberstanden – mit Folgen für die Entwicklung der postkolonialen Staaten (▶ Kap. 4 und ▶ Kap. 7).

Die Folgen des Zweiten Weltkriegs, die Atlantik-Charta, die UN-Menschenrechtserklärung, die anti-imperiale Grundhaltung der Supermächte und die Unabhängigkeit Indiens schufen einen Raum für Widerstand in den britischen Kolonien und so ist es nicht wunderlich, dass in dieser Phase der Widerstand gegen die Kolonialmacht erstarkte. Die französischen Kolonien in Afrika waren durch dieselben Faktoren beeinflusst, allerdings kamen zwei weitere Faktoren hinzu (und der Indien-Faktor kam weniger zum Tragen): erstens der Wunsch, für die Unterstützung des Freien Frankreichs während des Kriegs Kompensation in Form von mehr Autonomie zu erhalten. Vor allem das Kolonialgebiet Französisch Äquatorialafrika in Zentralafrika war ein wichtiger Rückzugsort für de Gaulle gewesen. Zweitens war die Schlacht um Dien Bien Phu, durch die Frankreich seinen neben Algerien wichtigsten Kolonialbesitz Indochina verloren hatte, für die französischen Afrika-Kolonien mit ähnlicher Symbolkraft beladen wie die Unabhängigkeit Indiens für die britischen. Die Wucht und Intensität der Ereignisse zwischen dem Ende des Zweiten Weltkriegs und der Suezkrise und der zeitgleiche Aufstieg der Supermächte trugen dazu bei, den Imperialismus, wie ihn die europäischen Kolonialmächte nach wie vor in Afrika pflegten, als rückständig erscheinen zu lassen. Die Risse im Gebälk des Kolonialismus wurden unübersehbar.

Vereinte Nationen

Neben diesen Ereignissen hatte die Gründung des Völkerbunds bzw. der UN einen entscheidenden Einfluss auf die Dekolonisation in manchen Teilen Afrikas. Mit der Gründung des Völkerbunds 1920 wurde auch die Institution der Mandatsgebiete eingeführt, zu denen die ehemals deutschen Kolonien wie Kamerun oder Deutsch-Südwestafrika (Namibia) und die italienischen Kolonien wie Somalia wurden. Nach dem Zweiten Weltkrieg und der Gründung der UN 1945 wurden die Mandatsgebiete zu Treuhandgebieten. Die UN, maßgeblich von den USA geführt, drängten früh auf die Unabhängigkeit dieser Gebiete. Den Auftakt machte 1951 das heutige Libyen, das in ein britisches und ein französisches Treuhandgebiet geteilt war. Weil sich die Siegermächte des Weltkriegs nicht einigen konnten, wie es mit der ehemaligen italienischen Kolonie weitergehen sollte, wurde diese Frage an die neugegründeten UN übertragen.[91] Libyen – die Öl- und Gasvorkommen waren noch unbekannt – war zu unwichtig, um einen Konflikt hierüber heraufzubeschwören, und die UN schienen das geeignete Forum zur Klärung der Frage nach der Zukunft Libyens.[92] Die UN-Generalversammlung beschloss 1949 sodann, dass beide Treuhandgebiete gemeinsam unabhängig werden sollten, dass dies spätestens im Januar 1952 geschehen und dass die Verfassung in einer Nationalversammlung ausgehandelt werden soll.[93] Entsprechend kam die Unabhängigkeit.

Auch bei der Unabhängigkeit Somalias war die UN die Geburtshelferin. Großbritannien verwaltete einen Teil des Treuhandgebiets; Italien ab 1950 den anderen Teil mit dem Auftrag, dieses Gebiet bis 1960 in die Unabhängigkeit zu entlassen. Die britische Regierung versuchte, die Unabhängigkeit beider Gebiete zu verzögern, u. a. weil sie ihr Gebiet noch nicht in der Lage sah, sich selbst zu verwalten – und weil sie geostrategische Interessen am Horn von Afrika hatte.[94] Doch eine UN-Resolution von 1949 legte die Unabhängigkeit des italienischen Teils fest, die auch kam, und der britische Teil war der Sogwirkung ausgesetzt.

Im Fall des heutigen Namibias dauerte es lange, bis sich die Position der UN zur Illegalität der südafrikanischen Herrschaft über Namibia durchgesetzt hatte. Südafrika verwaltete seit dem Ersten Weltkrieg Namibia als Mandats- und später Treuhandgebiet, hatte aber ab 1966 hierzu keinen Auftrag mehr. Denn in diesem Jahr beendeten die UN die Treuhänderschaft und 1973 benannten sie (und die Organisation für Afrikanische Einheit, OAU) die SWAPO als legitime Vertreterin des namibischen Volkes. 1974 wurde Südafrika der Sitz in der UN-Generalversammlung entzogen und 1976 beschloss der UN-Sicherheitsrat einstimmig, dass

Wahlen in Namibia stattfinden sollten, die zur Unabhängigkeit führen sollten. Der internationale Druck änderte allerdings an der südafrikanischen Herrschaft nichts. Erst die oben angesprochene innenpolitische Situation in Südafrika und die hohen Kriegskosten dort sowie in Namibia (siehe oben) brachten die Parteien in der Namibiafrage zurück an den Verhandlungstisch und führten im Mai 1988 zu einer Einigung, die die UN wieder ins Zentrum rückte. Die Parteien beschlossen eine UN-Friedensmission für Namibia, die u. a. Wahlen durchführen und den Abzug südafrikanischer Truppen überwachen sollte. Trotz Anlaufschwierigkeiten verlief die Übergangsphase friedlich und führte schließlich 1990 zu Namibias Unabhängigkeit.[95]

Realpolitik

Das internationale Sanktionsregime gegenüber der Apartheidregierung, das von den UN beschlossen wurde, trug zum Ende der Apartheid und der Besetzung Namibias bei; es war aber nicht völlig effektiv. Anfang der 1960er-Jahre verabschiedete die UN-Generalversammlung nicht-bindende Wirtschaftssanktionen gegenüber Südafrika, die zu Einschränkungen im Handel sowie im Flug- und Schiffverkehr führten. 1973 folgten ein Waffenembargo und ein Ölembargo der OPEC-Staaten. Diese Maßnahmen wurden in den 1980er-Jahren verstärkt. Es kam zum Ausschluss von Großveranstaltungen wie den Olympischen und Paralympischen Spielen. Gleichzeitig hatte Südafrika aber auch internationale Unterstützer wie die USA. Während des Kalten Kriegs hatten Letztere größtes Interesse daran, dass sich der Kommunismus nicht weiter ausbreitete, und die Apartheidregierung präsentierte sich als antikommunistisches Bollwerk. Zudem stand Südafrika den USA in Angola zur Seite, wo der Kalte Krieg »heiß« wurde, weil die USA und die Sowjetunion mit ihren jeweiligen Verbündeten unterschiedliche Konfliktparteien unterstützten (▶ Kap. 4). Deshalb blockierte die US-Regierung auch einige Resolutionen im UN-Sicherheitsrat, die sich gegen Südafrika richteten. Neben Staaten gab es auch Einzelne wie der Bayer Franz Josef Strauß, die ihren Teil dazu beitrugen, dass das Sanktionsregime nicht vollständig wirken konnte, weil sie gute Kontakte zur Apartheidregierung unterhielten. Viele Unternehmen unterliefen die Sanktionen und trugen somit ebenfalls dazu bei, dass sich die Apartheidregierung an der Macht halten konnte.

Auch Portugal profitierte von der Logik des Kalten Kriegs. Die US-Regierung erhob sich deshalb nicht gegen Portugal, weil die US-Militärbasis auf den portugiesischen Azoren Inseln strategisch zu wichtig und die USA damit von Portugal abhängig war.[96] Über diese Militärbasis wurden Einsätze in Europa wie derjenige während der zweiten Berlin Krise 1961 abgewickelt.[97] Wegen der fundamentalen geostrategischen Bedeutung musste die Basis – zumal in der Logik des Kalten Kriegs – unter allen Umständen gehalten werden. US-Außenminister Henry Kissinger erwog Mitte der 1970er-Jahre gar, die Azoren zu besetzen, sollte die kommunistische Partei die Wahlen in Portugal gewinnen. Die US-Außenpolitik wurde zu dieser Zeit von weißen Männern dominiert, unter denen es auch Sympathien für die europäischen Kolonialmächte und die Minderheitsregierungen gab. Erst nachdem mehr Liberale Teil der Führungsriege wurden, die über die US-Außenpolitik entschied, und die schwarze Bevölkerung in den USA ihren Kampf für Bürgerrechte mit der Unabhängigkeit der afrikanischen Kolonien verband, veränderte sich die Haltung der US-Regierung.[98] Dennoch blieb es für die USA zentral, den Kommunismus einzudämmen. Diesem Streben fielen Menschenrechte und Demokratie zum Opfer (▶ Kap. 4). Kurzum, das internationale System brachte zwar antikoloniale Kräfte hervor, die sich zugunsten der Dekolonisation auswirkten. Zeitgleich schufen Kräfte im internationalen System aber auch eine Situation, die faktisch gegen die Dekolonisation wirkte. Die realpolitischen Interessen waren im Zweifel stärker als die antikoloniale Haltung.

Perspektiven verbinden

Die obigen Ausführungen haben gezeigt, dass nicht *eine* Perspektive oder *eine* Erklärung alleine die Dekolonisation erklären kann. Stattdessen sollten wir annehmen, dass die Dekolonisation viele Ursachen hat, die durch die Kolonialmacht-, die Kolonialstaat- und die internationale Perspektive sichtbar werden. Diese Perspektiven greifen ineinander und nur wenn wir sie zusammen in den Blick nehmen, ergibt sich ein umfassenderes – wenngleich komplexeres – Bild der Dekolonisation und ihrer Triebkräfte.

Kampf für Selbstbestimmung

Selbst als die Kolonialmächte und die weißen Minderheitsregime verdrängt waren, ging der Kampf um das Recht auf Selbstbestimmung an einigen Orten in Afrika weiter. So kämpften in Eritrea und im Südsudan Unabhängigkeitsbewegungen auch nach 1990 weiter. Nach der äthiopischen Annektierung Eritreas 1962 begann ein gut 30-jähriger Bürgerkrieg. Erst als das von Mengistu Haile Mariam geführte kommunistische Derg-Regime, das 1977 den Kaiser gestürzt hatte, 1991 selbst gestürzt wurde, änderten sich die Vorzeichen. Denn die *Eritrean People's Liberation Front* unter Isaias Afwerki hatte sich am Kampf gegen das Derg-Regime beteiligt und deshalb mit Meles Zenawi, dem neuen starken Mann in Äthiopien, einen Unterstützer für die Unabhängigkeit Eritreas. Eine Übergangsregierung wurde installiert und 1993 kam es zu einem von den UN überwachten Referendum, in dem sich die Mehrheit der eritreischen Bevölkerung für die Unabhängigkeit aussprach.

Auch für den Südsudan führte der Weg über einen Bürgerkrieg zu einem Unabhängigkeitsreferendum. Anfang der 1980er-Jahre schränkte die sudanesische

Regierung die Autonomie des Südsudans ein, die er sich in einem ersten Bürgerkrieg (1955–1972) erkämpft hatte, und trieb die Islamisierung im Süden voran. Es bildete sich das *Sudanese People Liberation Movement* und der zweite Bürgerkrieg begann 1983. Die Konfliktlinien verschwammen jedoch in den frühen 1990er-Jahren. Es gab einen Regimewechsel in Khartum, wo sich Omar al-Bashir an die Macht putschte. Das Ende des Derg-Regimes im benachbarten Äthiopien entzog der Rebellenbewegung Rückzugsräume. Zudem gab es Abspaltungen innerhalb der Rebellen, die eine ethnische Dimension – Nuer gegen Dinka – in den Konflikt hineinbrachte. Zudem wurde die ugandische Rebellenbewegung *Lord Resistance Army* Teil des Konflikts. Mehr als zwei Mio. Menschen, vor allem südsudanische Zivilisten, starben durch die Auseinandersetzungen.[99] Der Konflikt um die Abspaltung des Südsudans wurde erst 2005 beendet und das Friedensabkommen von den UN überwacht. Bei einem Unabhängigkeitsreferendum im Januar 2011 stimmten schließlich 99 % der Teilnehmenden für die Unabhängigkeit, die im Juli desselben Jahres vollzogen wurde. Der jüngste Staat Afrikas war geboren (▶ Kap. 9).

Andauernde Kolonisation

Die Dekolonisation, einer der tiefgreifendsten politischen Prozesse im 20. Jahrhundert ist weitgehend abgeschlossen. Laut den UN gibt es nur noch ein Gebiet in Afrika, das nicht selbstregiert ist, namentlich die Westsahara.[100] Bereits in den frühen 1970er-Jahren während spanischer Kolonialherrschaft hatte die nationalistische Bewegung dort Zulauf, nachdem die Polizei eine Demonstration mit Waffengewalt beendete. Aus dieser Bewegung heraus entstand die *Frente Popular para la Liberación de Saguía el Hamra y Río de Oro* (POLISARIO), die sich dem bewaffneten Befreiungskampf verschrieb.[101] Im Mai 1975 besuchte eine UN-Mission das Gebiet und kam zu dem Schluss, dass die POLISARIO die Meinung des Volkes repräsentiere. Zu diesem Zeitpunkt war schon bekannt, dass Spanien gewillt war, abzuziehen. Spanien, durch das Koma des langjährigen Diktators Franco geschwächt, gab die Kolonie auf und Marokko und Mauretanien sollten übernehmen. Die USA und Frankreich unterstützten das antikommunistische Marokko.[102] Marokkanische und mauretanische Einheiten rückten in der Westsahara ein und am 26. Februar 1976 zog Spanien endgültig ab. Die Ausrufung der Demokratischen Arabischen Republik Sahara durch die POLISARIO am 27. Februar 1976 ignorierten sie. Seitdem kämpft die POLISARIO nicht mehr gegen die europäische Vorherrschaft, sondern gegen die marokkanische Besatzung. Denn 1979 verzichtete Mauretanien auf seine Ansprüche, woraufhin Marokko auch diesen Teil der Westsahara annektierte.

Alle anderen afrikanischen Gebiete einschließlich der Enklave Melilla oder Inseln wie Réunion und Mayotte sind nach Lesart der UN selbstregiert. Ein Sonderfall stellen die Chagos Inseln dar, die von Mauritius beansprucht, von Großbritannien gehalten und von den USA als Militärbasis genutzt werden (▶ Kap. 12). Dieser Sonderfall legt nahe, dass man die Lesart der UN bezüglich nicht selbstregierten Gebieten in Frage stellen kann. So ist es eine bizarre Ironie der Weltgeschichte, dass sich die Kolonisation genau dort, wo sie 1414 in Afrika begann, bis heute zeigt: in Ceuta, der nur 18,5 km² großen inzwischen spanischen Enklave umgeben vom heutigen Marokko.

3 Auswirkungen der Kolonialzeit und Dekolonisation

Obwohl die Kolonisation in manchen Gebieten Afrikas kaum länger als wenige Jahrzehnte dauerte, sind ihre Auswirkungen bis heute sicht- und spürbar. Die Sprache der Kolonialmächte ist zumeist Amtssprache geblieben und Ortsbezeichnungen wie Brazzaville, Victoria-Wasserfälle oder Albertsee haben Bestand. Auch auf welcher Straßenseite man fährt und ob man Entfernungen und Geschwindigkeiten auf Basis von Kilometern oder Meilen angibt, ist ein Vermächtnis der Kolonialzeit. Die Mitgliedschaft afrikanischer Staaten in Organisationen wie dem *Commonwealth* oder *La Francophonie* hängt ebenfalls mit der kolonialen Vergangenheit zusammen. Dies sind nur erste Hinweise, dass die Kolonialzeit und Dekolonisation bis heute in Bezug auf Politik, Wirtschaft aber auch auf Individuen spürbar sind, weshalb ich im Folgenden die Auswirkungen der Kolonialzeit entlang dieser drei thematischen Blöcken näher besprechen werde.

Politische Auswirkungen

Angesichts des kolonialen Ursprungs der Staaten war das Herausbilden von Staaten (*State Building*) unmittelbar nach der Dekolonisation eine Herausforderung. Hierauf gehe ich zunächst ein und bespreche danach die künstlichen Grenzen, die Solidarität zwischen afrikanischen Regierungen und die Beziehungen zu den ehemaligen Kolonialmächten als weitere politische Auswirkungen der Kolonialzeit.

State Building

State Building ist ein komplexer Prozess, der den Aufbau von Institutionen innerhalb eines Staates beschreibt. Dazu gehören der Aufbau einer öffentlichen Verwaltung und die Institutionalisierung staatlicher Abläufe. Europäische Territorien brauchten Jahrhunderte, um aus ihrer Sicht »moderne« Staaten zu werden – und sie entwickeln sich noch heute. Von den ehemaligen Kolonien wurde aber erwartet, binnen kürzester Zeit und im Wesentlichen ohne Vorbereitung und Ressourcen solche Staaten westlichen Typus zu werden.

Die Entstehung afrikanischer Staaten folgte einer anderen Logik als die der europäischen Staaten. Charles Tilly argumentiert, dass die europäischen Staaten über die letzten Jahrhunderte durch Kriege geschaffen und konsolidiert wurden. Kriege machten es notwendig, dass sich die Bürokratie aus den Städten heraus dem Land zuwandte, um dort Soldaten zu rekrutieren und Steuern für die Kriegsführung einzutreiben.[1] Jeffrey Herbst zeigt, dass es eine solche Ausdehnung der Bürokratie in weiten Teilen Afrikas nicht gab.[2] Dort, so Herbsts Annahme, gab es vor der Kolonisation u. a. wegen der geringen Bevölkerungsdichte kaum die Notwendigkeit, Staaten im Sinne von Tilly zu konsolidieren. Auch die Kolonialmächte sahen keine Notwendigkeit zu Konsolidierung des Kolonialstaats im Sinne von Tilly, denn sie waren durch die gegenseitige Anerkennung ihrer Ansprüche vor äußeren Angriffen weitgehend sicher. Insofern gab es für sie keinen Grund, staatliche Strukturen bis hinein in die Peripherie aufzubauen, die von den postkolonialen Staaten hätten genutzt werden können.[3] Auch aus Kostengründen war die Kolonialverwaltung klein (▶ Kap. 1). Der Kolonialstaat war vor allem in der Hauptstadt sichtbar, hingegen kaum auf dem Land und an den Grenzen (außer die Hauptstadt lag an einer Außengrenze). Die Kolonien Westafrikas mit ihren dünn besiedelten Rändern zeigten am deutlichsten das, was Jürgen Osterhammel und Jan Jansen in einem anderen Zusammenhang »Souveränitätslücken« nennen, also die Tatsache, dass der Arm der Kolonialmacht dorthin nicht reichte.[4] Die Kolonialbevölkerung nutzte diesen Umstand aus, indem sie Binnenwanderungen in der Kolonie vornahm, um der Ausbeutung durch die Kolonialmacht zu entgehen.

Die ersten postkolonialen Regierenden sahen keine Priorität, den Staat, den sie übernommen hatten, umzubauen, sondern wollten ihn im Kern erhalten.[5] Die faktische Fortführung des Kolonialstaats verlängerte, was Basil Davidson als die Unterbrechung der genuinen Evolution politischer Systeme in Afrika beschreibt, die durch den Sklavenhandel und die Kolonisation kam.[6] Diese fortwährende Unterbrechung schuf ein Legitimitätsproblem für die Staaten und die politische Führung. Die Kolonialmächte wählten lokale Eliten aus, unterstützte sie und brachte sie in Schlüsselpositionen, sodass sie später Regierungsämter übernehmen konnten (▶ Kap. 2). Diese Eliten handelten, als seien sie Repräsentanten der Bevölkerung, obwohl sie sich häufig mehr für ihren eigenen Profit interessierten. Länder wie Burkina Faso, Ghana oder die Zentralafrikanische Republik wurden Eliteprojekte einer kleinen Gruppe, die nach der Unabhängigkeit die Macht übernahm. Die Kolonialmächte bereiteten durch die Auswahl der neuen Führung und den Ausschluss großer Teile der Bevölkerung von politischen Ämtern und Stellen in der öffentlichen Verwaltung den Nährboden für eine Machtkonzentration im postkolonialen Afrika. Die neue politische Führung schloss weiterhin die Bevölkerung von der Politik aus. Für Guineas Präsidenten Touré war es während der französischen Kolonialzeit opportun, zu Streiks aufgerufen. Nach der Dekolonisation waren für ihn Streiks in seinem Land tabu und wurden unterdrückt.[7] Überdies hatte die Festlegung auf die Kolonialsprache als Amtssprache den Effekt, dass diejenigen, die ihr nicht mächtig waren – und das waren große Teile der Bevölkerung – von politischen Ämtern oder Stellen in der Verwaltung ausgeschlossen waren. Ironischerweise verengte sich damit wieder

der Spielraum für kritische Stimmen, der sich durch die Kolonialreformen nach dem Zweiten Weltkrieg geöffnet hatte.[8] Weite Teile Afrikas glitten in eine »Unabhängigkeit ohne Freiheit« oder eine »Autonomie im Rahmen einer Diktatur«[9] ab.

Die Kolonialmächte hingen von *Chiefs* – entweder traditionellen oder »erfundenen« – bei der Autoritätsausübung ab und diese *Chiefs* wollten auch nach der Dekolonisation eine wichtige Rolle spielen. Die Existenz solcher *Chiefs* führte in Fällen wie Uganda oder Sambia dazu, dass es die postkoloniale Regierung schwer hatte, ihre Macht und ihren Einfluss gegenüber diesen durchzusetzen, weil sie lokale Legitimität genossen (▶ Kap. 7). In Eswatini (vormals Swasiland) war König Sobhuza II. sogar in der Lage, die Regierungsstrukturen, die Großbritannien vor der Unabhängigkeit etabliert hatte, letztlich aufzulösen. Der König war eine wichtige Stütze der Kolonialmacht gewesen. Er führte Funktionen für sie aus und zementiert damit seine Macht im Land. Bei den Unabhängigkeitsverhandlungen wollte die britische Regierung das Westminster-Modell etablieren und Freiheitsrechte sichern, was die Bildung von Parteien einschloss. Sobhuza sah dies als Bedrohung,[10] konnte sich allerdings nicht durchsetzen. Er entschied sich dazu, das Spiel mitzuspielen, gründete seine eigene Partei und trat bei den Wahlen zum ersten Legislativrat an. Seine Partei gewann alle Sitze. Sobhuza wartete fünf Jahre bis nach der Unabhängigkeit, ehe er 1973 alle politischen Parteien per Dekret mit der Begründung verbot, sie würden nicht zu den politischen Bedingungen im Land passen. Mit diesem Beschluss beendete der König die Machtteilung in Eswatini und die Ordnung, die Großbritannien etabliert hatte. Bis zu seinem 60. Thronjubiläum 1981 hatte er dann eine absolute Monarchie etabliert.[11] Sobhuza saß das von Großbritannien auferzwungene Mehrparteiensystem also aus, während er weiterhin großen Respekt in der Bevölkerung genoss.

Weil der Kolonialstaat im Kern purer »bürokratischer Autoritarismus«[12] war, konnte keine demokratische Tradition aus ihm heraus erwachsen.

> »Die Isolierung der Regierung von der Bevölkerung, die Verweigerung, Opposition oder Kritik zu tolerieren, die Angst davor, Autorität zu delegieren, das Brandmarken jedweder starken Opposition als verräterischen Akt – all dies lernten die Afrikaner, die die afrikanischen Regierungen bei der Unabhängigkeit übernahmen, von den Kolonialherren Afrikas.«[13]

Selbst wenn die Kolonialmächte kurz vor der Unabhängigkeit demokratische Institutionen einführten, hatten sie mit ihrem Herrschaftsstil dazu beigetragen, dass diese Institutionen eine geringe Überlebenschance hatten, wie der Fall Eswatini nahelegt. Stattdessen entstanden autoritäre Regierungen aus den Kräften, die die Kolonialmächte eingesetzt hatten oder die anderweitig an die Macht kamen (▶ Kap. 7).[14] Nur in Botsuana und Mauritius gab es seit der Dekolonisation durchgängig demokratische Strukturen und ein Mehrparteiensystem. Zumindest im Fall von Mauritius kommt es auch zu regelmäßigen Regierungswechseln zwischen den Parteien.

Eng mit dem Problem der Exklusion und des Autoritarismus ist die Abwesenheit eines Gesellschaftsvertrags im Sinne von Jean-Jacques Rousseau oder Thomas Hobbes verbunden, d. h. die explizite oder fühlbare Zustimmung der Bevölkerung, Teile ihrer Freiheiten aufzugeben und sich einem Staat unterzuordnen, der im Gegenzug Schutz gewährt. Wcite Teile der Bevölkerung hatten keine Erfahrung mit einem so legitimierten Staat, denn die Kolonialmächte herrschten in diesem Sinne nicht legitim und zeigten keine Verantwortung gegenüber dem Kolonialvolk. Die Bevölkerung musste (und muss) Loyalität gegenüber einem legitimen Staat also erst erlernen. Dieser Prozess ist kaum irgendwo abgeschlossen, was auch als Erklärung für eine ausbleibende sozioökonomische Entwicklung gesehen wird.[15] Nigeria ist ein Beispiel hierfür, denn schon aufgrund der heterogenen Zusammensetzung der Gesellschaft und der unterschiedlichen Vorstellungen des postkolonialen Staates (der Norden wollte separat vom Süden unabhängig werden ▶ Kap. 2) fiel es vielen schwer, den neuen Staat als legitim zu betrachten. Weitere Gründe dieser Legitimitätskrise sind unterschiedliche politische Kulturen, die durch die Kolonialmacht in einem Staat zusammengewürfelt wurden, und die Schwierigkeit, diese miteinander in Einklang zu bringen. Auch ungleiche Bildungsmöglichkeiten führten zu unterschiedlichen Entwicklungen in Nigeria. Hinzu kamen die wachsende Kluft zwischen Arm und Reich und letztlich die Unfähigkeit der Regierenden, diese Probleme anzugehen.[16] In der Summe führt dies dazu, dass die nigerianische Bevölkerung in nur eingeschränktem Maße Loyalität gegenüber dem Staat zeigt und ihn kaum als legitim betrachtet.

Grenzen

Mit der Unabhängigkeit wurden die Grenzen der Kolonien festgeschrieben – und das brachte Probleme mit sich. Nur wenige Staaten wie Ägypten, Äthiopien, Botsuana, Burundi, Eswatini, Lesotho, Madagaskar, Marokko, Ruanda und Tunesien hatten eine »bedeutende vorkoloniale Identität.«[17] Die meisten anderen Staaten – und mit ihr die territoriale Neuaufteilung Afrikas – sind durch die Kolonialmächte entstanden. Diese Neuaufteilung war »ein rücksichtsloser Akt der politischen Verschmelzung, wodurch etwa 10 000 Einheiten auf bloße 40 reduziert wurden.«[18] Die Festlegung der kolonialen Grenzen folgte der Logik eines Interessenausgleichs zwischen den Kolonialmächten – ohne Mitsprache der lokalen Bevölkerung (▶ Kap. 1).[19] Ein Alleinstellungsmerkmal ist dies allerdings kaum, wenn man an andere Kolonialgebiete oder z. B. an die Grenzen Polens denkt. Letztere sind im Kern ein Produkt aus Verhandlungen der USA, Großbritanniens und der Sowjetunion. Grenzen wurden also auch anderswo fremdbestimmt.[20] Dennoch überrascht es nicht, dass es innerhalb oder zwischen den neuen afrikanischen Staaten brodelte. Geteilte Völker neig(t)en zu Irredentismus, also dem Streben nach einer Vereinigung. Die Vision eines Großsomalias aller ethnischer Somali ist nur ein Beispiel. In Gebieten mit zwangsvereinten Völkern kam es hingegen zu Autonomie- und Separationsbestrebungen. Manchmal profitierten die Menschen allerdings auch von den Grenzen durch grenzüberschreitenden Handel und Schmuggel sowie durch die Möglichkeit, mittels der in in ihren Augen willkürlichen Grenzziehung politischen Druck aufzubauen.[21] Die blutig gewonnene Unabhängigkeit des Südsudans und der Zerfall von Libyen in der post-Gaddafi Ära zeigen, wie fragil die kolonialen Grenzen sein können.

Dennoch waren Sezessionsbestrebungen wie im Südsudan, in Katanga/Kongo (1960) oder Biafra/Nigeria (1967) trotz allem selten (▶ Kap. 9).

Während die Staaten und ihre Institutionen oft fragil waren (und sind), sind die Grenzen in Afrika von einer paradoxen Dauerhaftigkeit. Die politische Führung und Teile der Bevölkerung leisteten und leisten ihren Beitrag hierzu. So scheiterte bereits die britische Regierung mit ihrem Plan, eine Zentralafrikanische Föderation dauerhaft zu etablieren, und die Mali Föderation, die vom senegalesischen Präsidenten Senghor vorangetrieben wurde, zerbrach schneller, als sie etabliert werden konnte (▶ Kap. 2). Noch bevor alle Staaten Afrikas dekolonisiert waren, hatten die Staats- und Regierungschef der unabhängigen Staaten 1964 mit der Kairo Deklaration die koloniale Grenzziehung zementiert.[22] Kurzum, die gegenwärtige Situation ist auch eine bewusste Entscheidung.[23] Insofern steht es in Frage, ob Ali Mazruis Vorhersage aus dem Jahr 1993 zutrifft, dass sich im Laufe des kommenden Jahrhunderts afrikanische Staaten verändern werden: entweder wegen eines Strebens nach mehr ethnischer Selbstbestimmung hin zu kleineren Staaten oder aber durch regionale Integration hin zu größeren politischen und wirtschaftlichen Blöcken. Denn, so Mazruis Annahme, die Grenzen seien das Letzte, das dekolonisiert werde.[24]

Grenzverschiebungen von außen erscheinen unwahrscheinlich, denn es gibt gegenwärtig keinen Anlass zu glauben, dass afrikanische Staaten die Grenzen zu ihren Nachbarn durch Kriege verschieben oder anderweitig ihre territoriale Integrität in Frage stellen werden. Diese Sicherheit, die schon die Kolonialstaaten hatten (siehe oben), trägt dazu bei, dass sich die unabhängigen Staaten nicht im Sinne von Tilly von innen heraus entwickeln und staatliche Institutionen konsolidieren müssen. Entsprechend kann man die Annahme von Herbst zur ausbleibenden Entwicklung des Kolonialstaats von innen heraus für die postkoloniale Phase fortschreiben und festhalten, dass das Zentrum-Peripherie-Problem vielerorts virulent bleibt.

Solidarität

Die Erfahrung, kolonisiert gewesen zu sein, die alle Staaten bis auf Äthiopien und Liberia gemacht haben, führte zu einem Solidaritätsgefühl, das seit Anfang des 20. Jahrhunderts durch die Panafrikanisten in der Diaspora artikuliert und dann später u. a. von Kwame Nkrumah nach Afrika getragen wurde. Dies war einer der Gründe, der die unabhängigen Staaten dazu veranlasste, die Organisation für Afrikanische Einheit (OAU) zu gründen. Etwas früher kam es aus ähnlichen Gründen, jedoch mit dem Panarabismus als Grundlage, zur Gründung der Arabischen Liga, der die nordafrikanischen Staaten beitraten. Das Streben der politischen Führungen, an der teils blutig errungene Souveränität festzuhalten und sich Einmischung von außen zu verbitten, führte zu einer mangelnden Bereitschaft, Souveränität für die OAU bzw. Arabische Liga abzugeben, was beide massiv schwächte (▶ Kap. 8).

Nationalistische Bewegungen pflegen häufig gute Beziehungen zu anderen nationalistischen Bewegungen, wenn sie von diesen Hilfe erhalten hatten. Algerien

55

wurde auch deshalb in den 1960er- und 1970er-Jahren zu einem Anführer des Globalen Südens, weil es ein Sammel- und Ausbildungsort für Guerillakämpfer des Kontinents war.[25] Das Zusammengehörigkeitsgefühl der dominanten Befreiungsbewegungen im südlichen Afrika wird durch regelmäßige Treffen zwischen dem ANC, der tansanischen *Chama Cha Mapinduzi*, der *Frente de Libertação de Moçambique*, der angolanischen MPLA, der namibischen SWAPO und der ZANU-PF aus Simbabwe dokumentiert. Dass das demokratische Südafrika gegenüber dem simbabwischen Präsidenten Mugabe eine »stille Diplomatie« pflegte, also ihn nur hinter verschlossenen Türen kritisierte, ist mit der Solidarität zwischen dem ANC und der ZANU-PF sowie der Anerkennung Mugabes als Held seiner Befreiungsbewegung erklärbar.[26] Es gab aber auch Feindschaften zwischen Regierungen, besonders dann, wenn die Führung eines Landes eine andere Befreiungsbewegung unterstützte, als die, die an die Macht gelangte. Die Unterstützung des kongolesischen Präsidenten Mobutu Sese Seko für die angolanische Befreiungsbewegung FNLA führte z. B. dazu, dass er seinen Führungsanspruch auf dem Kontinent nicht durchsetzen konnte, weil die meisten anderen afrikanischen Staaten die konkurrierende MPLA unterstützten, die dann auch an die Macht kam.

Verbindungen zwischen Kolonialmächten und ehemaligen Kolonien

Die meisten neuen Staaten blieben mit ihrer Kolonialmacht eng verbunden. Die britische Königin Elizabeth II. war in manchen ehemaligen Kolonien noch einige Jahre das Staatsoberhaupt. In den ehemaligen französischen Kolonien gab es etliche französische Berater, die engen Kontakt mit den neuen Regierungen hatten und weiterhin Kontrolle ausübten. Die französische Regierung glaubte nach dem Verlust Indochinas, dass sie in ihren Kolonien in Afrika dauerhaft eine stärkere Rolle spielen könne, weshalb sie enge Bande mit der neuen politischen Führung knüpfte – Touré in Guinea war eine Ausnahme. Wegen den personalisierten Systemen in Afrika fanden die Beziehungen zwischen Frankreich und den ehemaligen Kolonien vor allem auf einer persönlichen Ebene statt. *Monsieur Afrique*, Jacques Foccart, der Chefberater französischer Präsidenten für Afrika, bestimmte die französische Afrikapolitik über Jahrzehnte und nahm durch sein Netzwerk und seine engen persönlichen Beziehungen zu afrikanischen Politikern direkten Einfluss auf die ehemaligen Kolonien. Die Beziehungen zwischen Frankreich und seinen ehemaligen Kolonien werden auch als *Françafrique* bezeichnet. Dieser Ausdruck beschrieb ursprünglich den Wunsch einiger Kolonien, eine enge Bindung an Frankreich zu haben, umso Entwicklung voranzutreiben, wurde im Laufe der Jahre aber zu einem Ausdruck für das neokoloniale Verhalten Frankreichs (▶ Kap. 4 und ▶ Kap. 5).

Die ehemaligen Kolonialmächte schufen Organisationen wie den *Commonwealth of Nations*, die *Organisation internationale de la francophonie* und die *Comunidade dos Países de Língua Portuguesa* mit dem Ziel, eine kulturelle Verbindung zu halten. Die unabhängigen afrikanischen Staaten traten ihnen bei. Es gab auch interessante Lagerwechsel: Die ehemals portugiesische Kolonie Mosambik trat 1995 dem *Commonwealth* bei und die ehemals deutsche und belgische Kolonie Ruanda wurde 2009 dort ebenfalls Mitglied. Die Organisationen sind sich hinsichtlich ihrer Ziele ähnlich: Sie wollen Solidarität und Zusammenarbeit zwischen den Mitgliedern fördern und die Bande zwischen den ehemaligen Kolonien und der ehemaligen Kolonialmacht aufrechterhalten. Das *Commonwealth* sieht sich selbst als Förderer liberal-kosmopolitischer Werte wie Demokratie, Menschenrechtsschutz, Frieden, Sicherheit und Rechtsstaatlichkeit. *La francophonie* hingegen betont stärker den französischen Hintergrund ihrer Mitglieder.[27] Die Bedeutung der Organisationen sollte jedoch jenseits vom kulturellen Austausch nicht überbewertet werden.

Dieser kulturelle Aspekt ist nur ein Element des Austausches zwischen der ehemaligen Kolonialmacht und den ehemaligen Kolonien. Mittels Radio, Fernsehen, Zeitungen und internet-basierten Nachrichten, die durch *Radio France Internationale, BBC World* und andere Medien nach Afrika transportiert werden, sowie durch die Beibehaltung der Kolonialsprache als Ausbildungssprache in Schulen und Universitäten (insbesondere dort, wo die künftige Elite ausgebildet wird), werden die Kultur und die Sichtweise insbesondere Frankreichs und Großbritanniens und in geringerem Umfang Belgiens und Portugals weiter nach Afrika transportiert. Dies beeinflusst dann die Sicht- und Denkweise afrikanischer Eliten und Teilen der Bevölkerung. Insofern ist in Frage zu stellen, ob die Unterbrechung der eigenen Evolution afrikanischer Staaten im Sinne von Davidson faktisch nicht eine dauerhafte Unterbrechung ist. Dies ist eng verbunden mit dem sogenannten »Kulturimperialismus« (siehe unten).

Wirtschaftliche Auswirkungen

Die Auswirkungen der Kolonialzeit auf die Wirtschaft der neuen Staaten waren massiv. Viele sehen die Kolonisation als Grund für die andauernden wirtschaftlichen Schwierigkeiten, die in etlichen Staaten Afrikas vorherrschen, denn die Kolonialmächte führten ein System ein, das auf Ausbeutung ausgerichtet war und durch Eigentumsrechte und Regulierungsmechanismen abgesichert wurde. Dieses System hat sich kaum verändert – außer dass nun auch afrikanische Eliten von ihm profitieren.[28] Jean-François Bayart argumentiert, dass afrikanische Eliten während der Kolonialzeit zu Klienten der Kolonialmächte wurden und sich eine für beide Seiten fruchtbare Beziehung entwickelte, die von europäischen Akteuren dominiert wurde. Mit diesem Verhalten trugen die afrikanischen Eliten dazu bei, dass sich ein »Muster der Extraversion« in der Wirtschaft entwickelte, d. h. Menschen aus Afrika blickten zwar nach außen und interagierten mit Menschen anderswoher, waren in ihrem Handeln aber eingeschränkt. Dieses Muster sei noch immer sichtbar.[29] Andere argumentieren, dass es ein Versäumnis war, den Kapitalismus mit privatem Eigentumsrecht nicht vollständig in Afrika einzuführen, um hierdurch Wettbewerbsdruck zu erzeugen, der für ein selbsttragendes Wirtschaftswachstum gesorgt hätte.[30] Die Kolonialmächte wollten zu günstigen Bedingungen wirtschaften und bezahlten daher die Arbeiterinnen und Arbeiter schlecht. So konnte kaum Binnennachfrage generiert werden und es konnte kaum Kapitelakkumulation stattfinden, mit der die spätere wirtschaftliche Entwicklung hätte finanziert werden können. Die Folge war eine Verstetigung der wirtschaftlichen und sozioökomischen Bedingungen der Kolonialzeit, die in vielen Ländern bis heute nachwirken.

Alle Kolonialmächte beuteten, wo vorhanden, die natürlichen Ressourcen der Kolonien aus und schufen Ökonomien, die meist von einem (oder wenigen) Exportgütern abhängig waren und somit auch vom Weltmarktpreis für diese Güter. So waren Mauritius vom Zucker, Sambia vom Kupfer und São Tomé und Príncipe sowie Ghana vom Kakao abhängig – und sind dies teilweise bis heute. Die Kolonialmächte wollten die Rohstoffe haben. Die Weiterverarbeitung sollte in den Metropolen stattfinden. Deshalb kam es außer in Ägypten und Südafrika kaum zur Industrialisierung. In einer von Industrieprodukten dominierten Welt hatten die Staaten nach der Dekolonisation einen Wettbewerbsnachteil, denn außer den Rohstoffen konnten sie kaum etwas zur Produktion von Gütern beitragen und damit nicht in den Teil der Wertschöpfungskette vordringen (die Rohstoffverarbeitung und den Verkauf der Produkte), der größeren Profit verspricht.

Auch die Grenzziehung wirkte sich negativ auf die Wirtschaft der unabhängigen Staaten aus. Drei Punkte fallen besonders ins Gewicht: Erstens, in einigen Fälle verliefen die Grenzen so, dass die Länder kaum oder gar keine Bodenschätze hatten. Burkina Faso, Djibouti, Mauretanien, Niger und Uganda sind Beispiele hierfür. Diejenigen Staaten, die Bodenschätze hatten, standen aber nicht zwangsläufig wirtschaftlich und sozioökonomisch besser da, was häufig an externer und interner Raffgier, Missmanagement und Korruption lag (▶ Kap. 5). Die Startbedingungen der rohstoffreichen Staaten waren dennoch besser, denn die Dekolonisation fiel in eine Phase der Geschichte, in der die Weltwirtschaft vom Industriesektor dominiert war und hierfür Rohstoffen nötig waren. Zweitens führte die Zersplitterung dazu, dass es kleine Staaten wirtschaftlich schwer hatten. Während einige (angehende) Präsidenten wie Senghor im Senegal oder Nkrumah in Ghana vor der Balkanisierung des Kontinents aus politischen und wirtschaftlichen Gründen warnten (▶ Kap. 2), wurde sie durch andere lokale Eliten und die Kolonialmächte vorangetrieben. Douglas Yates stellt die These in den Raum, dass Frankreich seine beiden großen Kolonialgebiete Französisch Westafrika und Französisch Äquatorialafrika deshalb in 13 Einheiten teilte und so in die Unabhängigkeit entließ, weil es glaubte, diese Staaten seien kaum lebensfähig und damit weiterhin von Frankreich abhängig.[31] Letztlich hinterließen die Kolonialmächte durch ihre Grenzziehung mit 16 Binnenstaaten so viele Staaten dieses Typus wie nirgendwo sonst auf der Welt, was sich negativ auf deren Wirtschaftsentwicklung auswirkt, da sie keinen direkten Zugang zum Seehandel haben, der für die Weltwirtschaft zentral ist.

Frankreich tat wenig, um seine Kolonien in der Sahel, wo sich einige der afrikanischen Binnenstaaten befinden, zu entwickeln. Stattdessen konzentrierte es sich auf die Kolonien an der Küste, wie das heutige Côte d'Ivoire. So wurde

z. B. das jetzige Burkina Faso als Pool für Arbeitskräfte genutzt, die in erfolgversprechenderen Kolonien (vor allem Côte d'Ivoire) eingesetzt wurden.[32] Die französische Regierung förderte die Migration innerhalb ihrer Kolonien, die zu einer »sozialen und ökonomischen Institution«[33] wurde. An der Grundkonstellation veränderte sich wenig. Im Jahr 2007, kurz vor einer politischen Krise in Côte d'Ivoire (▶ Kap. 9) lebten dort geschätzte drei Mio. Menschen aus Burkina Faso.[34]

Die Kolonialmächte hinterließen aber auch eine Infrastruktur, die es in vorkolonialer Zeit nicht gab. Wenngleich die Verkehrsinfrastruktur primär dafür geschaffen wurde, Güter aus dem Hinterland zu transportieren oder militärischstrategische Bedeutung hatte, konnten die postkolonialen Staaten hierauf aufbauen und sie für ihre Wirtschaft weiternutzen wie z. B. die Bahnlinie zwischen Mombasa in Kenia in die Binnenkolonie Uganda, die Großbritannien 1896–1901 errichten ließ. Solche Infrastrukturprojekte gab es aber nicht in allen Kolonien. So ist das Schienennetz höchst ungleich verteilt. Ägypten und Südafrika hatten bei der Dekolonisation die größten Netze und sind auch die beiden Staaten, die danach die meisten Schienenkilometer hinzufügten. In Burkina Faso, im Niger oder in der Zentralafrikanischen Republik gab es hingegen gar keine Eisenbahn.[35]

Auch die Bildung in den Kolonien war auf die Bedürfnisse der Kolonialmächte zugeschnitten. Insgesamt investierten Letztere wenig in die Ausbildung der Kolonialbevölkerung, sodass es nach der Dekolonisation für viele Berufe kaum fachliche Expertise gab. 1960 waren in Subsaharaafrika 43,2 % der Kinder in einer Grundschule, 3,1 % in einer weiterführenden Schule und 0,2 % in einer tertiären Bildungseinrichtung. Der Unterschied zwischen Jungen und Mädchen war eklatant: 54,4 % zu 32,0 % in der Grundschule, 4,2 % zu 2,0 % in der weiterführenden Schule und 0,4 % zu 0,1 % in den tertiären Bildungseinrichtungen.[36] Diese Zahlen verdecken, dass Bildung eine große Tradition in Afrika hat. In Nordafrika stehen die mit ältesten Bildungseinrichtungen der Welt: die Universitäten in Fes, Kairo und Tunis. Die Kolonialmächte errichteten Hochschulen europäischen Typus und schufen Einrichtungen wie das *Fourah Bay College* in Sierra Leone, die Universität von Algier, die *Antananarivo Medical Training Academy* auf Madagaskar, das *Gordon Memorial College* im Sudan und das *Makerere University College* in Uganda. In Südafrika gab es die *University of the Cape of Good Hope*, das *South African College*, das *Lovedale Missionary Institute* und das *Stellenbosch Gymnasium*. Auch in Äthiopien und Liberia gab es höhere Bildungseinrichtungen.[37] Es waren jedoch zu wenige und zu kleine Einrichtungen für einen so großen Kontinent und eine so großen Bevölkerung. Zudem dienten diese Institutionen vor allem der Ausbildung von Weißen.

Mali ist ein Beispiel, in dem nahezu alle angesprochenen Facetten des kolonialen Erbes kumulieren, und eignet sich daher, um die wirtschaftlichen Auswirkungen der Kolonialzeit zu illustrieren. Das Land ist ein Binnenstaat, ist arm an Rohstoffen und es gibt kaum industrielle Produktion. Während der Kolonialzeit und danach gab es nur wenig Privatinvestitionen. Die Verkehrsinfrastruktur ist schwach, die Schienen, die durch Mali führen, wurden von Frankreich gebaut, um den schiffbaren Fluß Niger mit der Hafenstadt Dakar im Senegal zu verbinden und damit Rohstoffe leichter und günstiger zu transportieren. Teile der Bevölkerung wanderte in die Staaten an der Küste ab, das Lohnniveau ist niedrig und die Binnennachfrage gering. In der Summe führt dies dazu, dass Mali nach Standardindikatoren wie Bruttoinlandsprodukt, Wirtschaftswachstum und Anzahl der Menschen unterhalb der Armutsgrenze hinter vielen anderen Staaten steht. Mali ist von Frankreich wirtschaftlich abhängig und Teil des CFA-Franc, der gemeinsamen Währung in den ehemaligen Kolonien, die von Frankreich kontrolliert wird. Darüber hinaus zeigt Mali viele der oben besprochenen politischen Auswirkungen der Kolonialzeit. Dazu gehören die weitgehende Fortsetzung des Kolonialstaats durch die neue Elite, die Instabilität staatlicher Institutionen, die kaum über die Hauptstadt hinauswirken, und der erzwungene Zusammenschluss verschiedener Gruppen, die den Staat nicht zwangsläufig als legitim betrachten. Es überrascht daher wenig, dass es Sezessionsbestrebungen gab (▶ Kap. 9) und dass die wirtschaftlichen und politischen Auswirkungen der Kolonialzeit 2012/2013 offen zu Tage traten, als eine Krise das Land erschütterte und zeigte, dass der Staat und die Demokratie nicht so konsolidiert waren, wie einige annahmen.[38]

Ungeachtet der Situation in etlichen ehemaligen Kolonien argumentierte Bill Warren 1980, die Kolonialzeit habe für Afrika (und Asien) progressiv gewirkt. Sie bilde die Grundlage für einen Kapitalismus der einheimischen Bevölkerung und war damit für das Wirtschaftswachstum in den ehemaligen Kolonien essentiell.[39] Wenngleich sich diese These neokolonialer Kritik ausgesetzt sah und auch im Widerspruch zur Dependenztheorie stand, die zu dieser Zeit prominent war (▶ Kap. 5), kann man argumentieren, dass die Kolonialmächte Gesellschaften zurückließen, die nun Teil des weltweiten Wirtschaftssystems waren, das Prinzip der Arbeitsteilung weitgehend übernommen hatten und nicht mehr primär Subsistenzwirtschaft betrieben wie vor der Kolonialzeit, sondern Überschüsse produzierten, die sie auf lokalen und internationalen Märkten verkauften. Die Zahl der abhängig Beschäftigten stieg überdies stark an und es wurde das europäische Geldwesen eingeführt. »So bedeutete er [der Kolonialismus] in seiner kumulierten Wirkung am Ende der Kolonialepoche fast immer eine ökonomische Revolution«[40], die keine nationalistische Bewegung und keine neue Regierung rückgängig machen wollte.

Gleichzeitig kann man argumentieren, dass der Kolonialstaat politisch und wirtschaftlich so repressiv war, dass Teile der Bevölkerung die Grundlagen der Marktwirtschaft kaum kennenlernten. Sie und die Elite waren daher oft geneigt, im marxistisch-revolutionären Gedankengut die Lösung der wirtschaftlichen Probleme zu suchen. Die Bedingungen in den Kolonien bereiteten also auch den Nährboden für das Abwenden vom kapitalistisch-marktwirtschaftlichen Modell hin zum Marxismus oder Sozialismus. Nach dieser Logik sollte aus Sicht einiger politischer Führer und Intellektueller auf die ökonomische Revolution, die die Kolonialmächte vollzogen hatten, eine weitere folgen: die wirtschaftliche und politische Befreiung der Bevölkerung.

Individuen

Die Kolonialzeit und Dekolonisation veränderten das Leben und auch die Psyche von Individuen, die in den Kolonien lebten. Wenngleich es falsch ist, zu pauschalisieren und mehrere Mio. Menschen in einige wenige und enge Kategorien zu systematisieren, ist es dennoch hilfreich, ein paar Personengruppen herauszugreifen und über die Auswirkungen der Kolonialzeit und Dekolonisation auf diese wenigstens andeutungsweise zu sprechen, um ein Gefühl dafür zu entwickeln, wie sich die Zeit der Fremdherrschaft auswirken *konnte*.

Die neue Elite (teilweise von der Kolonialmacht installiert) und diejenigen, die Teil der Befreiungsbewegung waren, profitierten zumeist vom Machtwechsel, denn sie nahmen Schlüsselpositionen im neuen Staat ein. Gab es einen Befreiungskampf, führte dies häufig dazu, dass sich die Befreiungskämpfer und -kämpferinnen gegenüber Ihrer Bewegung äußerst loyal verhielten.[41] Der FLN in Algerien sowie der ANC in Südafrika, die SWAPO in Namibia und die ZANU-PF in Simbabwe sind Beispiele hierfür. Der Staat und die Befreiungsbewegung, die fortan die dominierende Partei war, waren nicht immer zu unterscheiden.[42] So ist es kein Wunder, dass es bis heute in Namibia, Simbabwe und Südafrika keinen Präsidenten gab, der nicht selbst im Befreiungskampf aktiv war und dass ein großer Teil der Kabinettsmitglieder ebenso am Kampf beteiligt war.[43] Für einige wurden damit die Entbehrungen während der Fremdherrschaft kompensiert. Für viele andere blieb die Erkenntnis – von Frantz Fanon 1962 mit revolutionärem Verve umschrieben –, sie seien die »Verdammten der Erde«. Aus Fanons Sicht hatten die neuen Eliten versagt und er pochte vergebens darauf, dass die bäuerliche Bevölkerung die soziale Klasse sei, die die wahre Revolution anführen sollte, die nach der Dekolonisation noch folgen sollte.[44]

Die Auswirkungen der Kolonialzeit auf die Psyche der Bevölkerung waren mitunter massiv. Die Kolonialmächte erklärten der lokalen Bevölkerung, sie seien untergebene und minderwertige Menschen, denen es nicht möglich sei, ein Leben wie Europäerinnen und Europäer zu führen und in die Funktionen aufzusteigen, die von Letzteren besetzt wurden. Den von Frankreich im Ersten Weltkrieg eingesetzten afrikanischen Soldaten wurde gesagt, dass zwar jeder in der Armee entsprechend seinem Talent aufsteigen könne, ihnen jedoch das Talent fehle.[45] Im belgischen Kongo konnte die Kolonialbevölkerung durch die Übernahme der französischen Sprache, der europäischen Lebensweise und die Konvertierung zum Christentum *évolués* werden, die dann eine *carte du mérite civique* bzw. eine *carte d'immatriculation* beantragen konnten. Dieser Status war mit hohen Privilegien versehen und stellte die Inhaber fast auf eine Stufe mit den Weißen. Die Bedingungen hierfür waren jedoch hoch »[u]nd oft auch erniedrigend. Solange über den Antrag noch nicht entschieden war, konnte ein Inspektor unangemeldet im Haus eines Anwärters erscheinen, um zu überprüfen, ob er und seine Familie auch zivilisiert genug lebten.«[46] So wurde u. a. nachgeschaut, ob am Tisch mit Messer und Gabel und von nicht zusammengewürfelten Geschirr gegessen wurde, ob die Frau mit am Tisch saß und ob das Bad geputzt war. Nur wenige bekamen den Status zugesprochen. Zwei Jahre vor der Dekolonisation,

1958, als im belgischen Kongo rund 14 Mio. Menschen lebten, hatten gerade 1 557 Menschen eine *carte du mérite civique* und 985 eine *carte d'immatriculation*.[47]

Während viele Individuen durch die Repressalien und der psychischen Unterdrückung zu den nationalistischen Bewegungen getrieben wurden, fingen andere an, die Aussagen zu glauben. Dies führte dazu, dass sie von Selbstzweifeln, Demut und Scham getrieben wurden.[48] So mussten sie in der Schule europäische Vornamen annehmen, weil die weißen Lehrer – wie es Nelson, eigentlich Rolihlahla Mandela, ausdrückte – Vorurteile gegenüber der afrikanischen Bildung hatten und weil wie im Fall von Mandela »britische Gedanken, britische Kultur, britische Institutionen automatisch als höherwertig angesehen wurden.«[49] Offizielle Kommunikation fand oft in der den Kolonisierten unbekannten Sprache der Kolonialmächte statt. Die Repressalien konnten über Jahrzehnte verdecken, was heute offensichtlich ist, nämlich dass die koloniale Ordnung aus kultureller und sozialer Sicht widersprüchlich und uneindeutig war.[50] Mit diesem Blick können wir von einer Revolution sprechen, die sich im Windschatten der Dekolonisation vollzog.[51]

Diese Revolution dauert noch an. Die Stimmen, die Kolonialmächte haben die Zivilisation nach Afrika gebracht und die Gewaltanwendung und andere Repressalien seien nur eine »leidige Notwendigkeit« im Sinne von Alexis de Tocqueville gewesen, sind keinesfalls verstummt. Achille Mbembe hält zynisch fest, »von den ehemals Kolonisierten könne Frankreich mit Fug und Recht Dankbarkeit und Anerkennung erwarten.«[52] Afrikas Bevölkerung gewinnt erst langsam die Deutungshoheit über ihre Geschichte, denn diese Geschichte wird meist von Weißen (Männern) geschrieben und verbreitet – wie auch dieses Buch zeigt. Die »post-colonial studies« knüpfen hier an. Ihre Vertreterinnen und Vertreter werben neben der politischen und wirtschaftlichen Emanzipation von den ehemaligen Kolonialmächten auch für eine mentale Emanzipation, die auch die Wissenschaft umfasst. Ngũgĩ wa Thiong'o spricht von der Notwendigkeit, die Gedanken zu dekolonisieren, und richtet seinen Fokus auch auf die Sprache. Alleine durch die Verwendung der Sprache der Kolonialmächte werden nämlich weiterhin deren Kultur, Geschichte und Identität transportiert und die Kultur, Geschichte und Identität der einheimischen Bevölkerung hinten angestellt.[53]

Das weitere Verwenden der Kolonialsprache, das Fortbestehen des kolonialen Bildungssystems und die andauernde wissenschaftliche Ausbildung der künftigen Elite in den ehemaligen Kolonialmächten gepaart mit den symbolischen Auswirkungen der Kolonialzeit, mit denen ich das Kapitel begonnen habe, führen dazu, dass man von einem Kulturimperialismus sprechen kann. Dieser zeichnet sich durch das Beiseiteschieben der vorkolonialen Kultur und einem Denken aus, demzufolge die europäische (und heute die amerikanische) Kultur überlegen sei. So kann man argumentieren, der Imperialismus sei auf dem kulturellen Feld noch häufig intakt.[54] Das Beispiel des Schriftstellers Ngũgĩ wa Thiong'o zeigt aber auch, wie er für seine Werke von westlicher Bildung und Sprachlehre profitiert hat. Sein Schaffen verweist damit auf ein Spannungsfeld, nämlich einerseits den Profit von westlicher Bildung, die ihm den Weg für sein literarisches Schreiben eröffnete, und anderseits die westliche Ignoranz gegenüber seiner eigenen Kultur und Sprache, die zu Minderwertigkeitsgefühlen beitragen kann.[55]

Die nationalistischen Bewegungen und die heutige politische Führung Afrikas widmeten und widmen sich einem »Kreuzzug der Gleichberechtigung«.[56] Die Überwindung des von den Kolonialmächten erzeugten und verstärkten Minderwertigkeitsgefühls ist angebracht, denn, wie es Stephen Gould ausdrückt:

>»Wir leben nur einmal. Wir gehen nur einmal durch die Welt soweit wir wissen und wenn unser Leben vereitelt, unsere Hoffnungen behindert und unsere Träume durch Einschränkungen von außen unmöglich gemacht werden, die aber fälschlicherweise als in uns innewohnend wahrgenommen werden, dann ist dies wohl die größte Tragödie, die man sich vorstellen kann. Und Millionen – hunderte Millionen – Menschenleben wurden so zerstört.«[57]

4 Externe Einflüsse

Die meisten afrikanischen Staaten wurden während des Kalten Kriegs unabhängig – in einer Zeit also, in der die beiden Supermächte USA und Sowjetunion um Einflusssphären rangen und sowohl China als auch Frankreich ihren Geltungsbereich sichern oder ausweiten wollten. Dies führte dazu, dass die ohnehin für Einflussnahmen anfälligen jungen und nicht konsolidierten Staaten massiven Einflüssen von außen ausgesetzt waren. Nach dem Ende des Kalten Kriegs begann ein Jahrzehnt, in dem weniger Kräfte auf den Kontinent wirkten. Der um das Jahr 2000 beginnende nahezu kometenhafte Aufstieg Chinas in Afrika (und darüber hinaus) und die Terroranschläge vom 11. September 2001 markieren nach einem Jahrzehnt relativer Ruhe einen weiteren Wendepunkt in Afrikas Geschichte. Sie läuteten eine Phase des verstärkten Interesses an afrikanischen Staaten ein, vor allem in Sicherheits- und Wirtschaftsfragen. Die dann einsetzende Phase, die auch zweiter oder nur »neuer Wettlauf« um Afrika genannt wird, hält bis heute an.

Kalter Krieg, Dekolonisation bis 1990

Der Zweiten Weltkrieg hatte die Machtverhältnisse auf der Welt verschoben und der Abstieg der beiden großen Kolonialmächte Großbritannien und Frankreich als Weltmächte trat in die letzte Phase, während die neuen Supermächte begannen, um Einflusssphären in Afrika zu ringen.

Supermächte

Die Beziehungen zwischen der Sowjetunion und afrikanischen Staaten waren volatiler, als es auf den ersten Blick scheint, obwohl das kommunistische Gedankengut für nationalistische Bewegungen anschlussfähig gewesen wäre.[1] Dies lag daran, dass die sowjetische Definition von Sozialismus nicht deckungsgleich war mit derjenigen der afrikanischen Staatschefs. Zudem gab es nur wenig tragfähige kulturelle, wirtschaftliche und politische Verbindungen, auf denen eine enge Kooperation hätte aufbauen können. Die Nicht-Konvertibilität der sowjetischen Währung führte überdies dazu, dass die Sowjetunion die Wirtschaften in afrikanischen Ländern nicht großflächig durchdringen konnte.² Dennoch konnte sie einige politische Erfolge erzielen. Sie und ihre Verbündeten – allen voran Bulgarien, die DDR und die Tschechoslowakei – gingen pragmatisch vor und setzten auf schnelle Hilfen und die Finanzierung von Großprojekten wie den Bau des Assuan-Staudamms in Ägypten ab 1960. Vorteilhaft für die Sowjetunion war, dass sie nicht mit den Kolonialmächten und ihrer ausbeuterischen Politik in Verbindung gebracht wurde.³

Zunächst unterstützte die Sowjetunion einige afrikanische Staaten. Nach dem Abgang Nkrumahs 1966 und der Entmachtung Modibo Keïta in Mali 1968, die beide sowjetische Unterstützung erhalten hatten, sowie dem Rauswurf sowjetischer Berater aus Ägypten 1972 nach dem dortigen Machtwechsel kam die Sowjetführung zur Einsicht, dass sie nur dann finanziell helfen sollte, wenn sie sich sicher sein konnte, dass die Empfängerländer im sozialistischen Lager blieben. Außerdem sollte die Hilfe effizienter und langfristiger eingesetzt werden. Fortan wurden vor allem Befreiungsbewegungen im südlichen Afrika und einige ausgewählte bereits unabhängige Länder unterstützt. Besonders Äthiopien, das ins sowjetische Lager gewechselt war, sowie Angola und Mosambik rückten in den Mittelpunkt sowjetischer Interessen. Die Sowjetunion hatte keinen Hang zu multilateraler Entwicklungszusammenarbeit, sondern agierte bilateral zumeist im Austausch gegen Produkte. In Summe war die finanzielle Unterstützung der Sowjetunion allerdings gering, die meisten Staaten erhielten nichts.⁴ Selbst die wirtschaftliche Verflechtung mit Ländern wie Angola und Äthiopien war nicht so hoch, wie man angesichts der engen politischen Beziehungen erwartet hätte.⁵ Stattdessen war es die militärische Unterstützung für die radikalen Regierungen und Befreiungsbewegungen, mittels derer die Sowjetunion Einfluss ausübte.

Die USA wollten nach dem Zweiten Weltkrieg die Kolonialmächte als einflussreichste Akteure in Afrika ersetzen und ihre Wirtschaft von Beziehungen zu afrikanischen Staaten profitieren lassen. Deshalb unterstützten die USA nominell die Dekolonisation – allerdings nur selektiv. Präsident Dwight Eisenhower betrachtete die nationalistischen Bewegungen als Produkt des Kommunismus und hatte daher wenig Sympathien für sie.⁶ Nichtsdestotrotz war er bestrebt, prowestliche und wirtschaftsfreundliche Kräfte zu unterstützen. Die Lücke, die durch den faktischen Rückzug Großbritanniens, Belgiens und Portugals in Afrika entstanden war, konnten die USA teils füllen. Für die USA blieb dabei die Truman-Doktrin zentral, also die Eindämmung des Kommunismus.

Die Sowjetunion konnte manchmal auf die Unterstüzung Kubas zählen. Mitte der 1960er-Jahre begann Fidel Castro, die kubanische Revolution nach Afrika zu exportieren. Die kulturelle Nähe (viele Kubaner haben afrikanische Wurzeln) und die Begeisterung für die Revolution führten dazu, dass zehntausende kubanische Ärztinnen und Ärzte und andere Helferinnern und Helfer nach Afrika gingen und unzählige kubanische Soldatinnen und Soldaten dort eingesetzt wurden. Der Konflikt in Kongo-Kinshasa, bei dem u. a. Che Guevara 1965 Unterstützung leistete, zeigt dies.⁷ Auch in Angola handelte Kuba zwar eigenständig, half aber faktisch der Sowjetunion. Dort wurden die geopolitischen Interessen und der Kampf um die Einflusssphären der beiden Supermächte in den 1960er-Jahren besonders deutlich, denn hier wurde der Kalte Krieg »heiß«. Der Bürgerkrieg, in den Angola mit der Dekolonisation stürzte, war gleichzeitig ein Stellvertreterkrieg zwischen den USA und der Sowjetunion und ihren jeweiligen Verbündeten, vor allem Kuba und Apartheid-Südafrika, das die Etablierung eines sozialistischen Staates vor seiner Haustür unterbinden und seine wirtschaftlichen Interessen wahren wollte.[8]

Ob man annimmt, dass die Supermächte und ihre Verbündeten Konflikte in Afrika erst eskalieren ließen,[9] oder, dass das Einmischen ein kalkulierter Schritt war, um Abhängigkeitsbeziehungen zu unterstreichen und um Waffen zu testen und zu verkaufen,[10] spielt keine Rolle im Hinblick auf das Resultat. Denn das Handeln der Supermächte war nicht zum Besten für die Staaten Afrikas und seine Bevölkerung. Autoritäre Regierungen wurden gestützt und Kriege mit Waffen, Geld, militärischer Ausbildung und aktivem Eingreifen befeuert – ohne Rücksicht auf zivile Opfer. So überrascht es nicht, dass sich das Misstrauen gegen westliche Staaten, das seinen Ursprung im Sklavenhandel und der Kolonialzeit hat, vielerorts festigte. Demokratie, Menschenrechtsschutz und Rechtsstaatlichkeit – sofern jemals ernsthaft verfolgt – wurden zugunsten geopolitischer Überlegungen aufgegeben, was es autoritären Präsidenten in Afrika leicht machte, an der Macht zu bleiben (▶ Kap. 7). Teils wurden sie explizit von den Supermächten unterstützt, wie Mobutu in Kongo-Kinshasa.

China

Neben den USA und der Sowjetunion begann sich die chinesische Regierung während des Kalten Kriegs verstärkt für Afrika zu interessieren. Sie scheitere zwar, ihre Kulturrevolution nach Afrika zu tragen – von einem Versuch in Tansania abgesehen –, schaffte es aber durch die Konferenz von Bandung 1955, einer afro-asiatischen Konferenz mit dem Ziel, Kolonialismus und Neokolonialismus zu bekämpfen, eine internationale Führungsrolle einzunehmen. Diese Konferenz führte nicht nur zur Gründung der Bewegung der Blockfreien Staaten, sondern auch dazu, dass zentrale Prinzipien der chinesischen Außenpolitik wie gegenseitiger Respekt von Souveränität und territorialer Integrität und die Nicht-Einmischung in die inneren Angelegenheiten anderer Staaten als Prinzipien dieser Bewegung verankert wurden – auch wenn die chinesische Regierung nicht immer entsprechend handelte. Nach dem 1965 vollzogenen Bruch mit der Sowjetunion aufgrund ideologischer Differenzen und Führungsfragen konnte China in Afrika seine eigene Ideologie propagieren. Nach ihr war die Landbevölkerung Träger der Revolution, während nach der sowjetischen Ideologie diese Rolle dem städtischen Proletariat zukam. Der chinesische Zugang war aus Sicht vieler Regierungen und Befreiungsbewegungen im damals weitgehend ländlich geprägten Afrika anschlussfähiger.

Chinas Interesse an Afrika war wie das anderer Staaten nicht selbstlos. Die Regierung kämpfte weltweit für einen größeren Einfluss, gegen die internationale Anerkennung von Taiwan und um dessen ständigen Sitz im UN-Sicherheitsrat, den es 1971 auch bekam. Gute Beziehungen zu Afrika waren hierbei wichtig, denn seit der Dekolonisation war Afrika zu einem wichtigen Stimmblock in der

UN-Generalversammlung geworden. Bis heute verweigert China allen Staaten, die Taiwan anerkennen, die Unterstützung. Burkina Faso, Liberia, Senegal und der Tschad unterstützten lange Taiwan, ehe sie Verbindungen mit China aufnahmen. 2020 war Eswatini das letzte afrikanische Land, dass Taiwan offiziell anerkannte und keine Beziehung zu China hatte, welches jedoch starken Druck auf das Land ausübte, seine diplomatischen Beziehungen mit Taiwan zu beenden.

Frankreich

Frankreich nahm (und nimmt) eine Sonderrolle ein. Denn anders als Belgien, Großbritannien und Portugal zog es sich nicht aus seinen ehemaligen Kolonien zurück. Selbst mit Guinea stellte es 1975 wieder bilaterale Beziehungen her, nachdem es zuvor zu einem Bruch zwischen den Ländern gekommen war (▶ Kap. 2). Präsident de Gaulle konnte damit erfolgreich den Eindruck vermitteln, das Frankreich zwar aus imperialistischer Sicht auf dem absteigenden Ast war, aber gleichzeitig international aufstieg.[11] Für Frankreich waren (und sind) seine Einflusssphäre in Afrika wichtig, um einen globalen Führungsanspruch zu verteidigen. »Ohne Afrika würde sich Frankreich nackt wiederfinden, wenn man es so nennen kann, reduziert auf das Hexagon [die geographische Form Frankreichs] und den Rang einer Mittelmacht, die keinen anderen Anspruch hätte, als so gut wie möglich zu überleben.«[12]

Die französische Regierung bediente sich vieler Strategien, um ihren Einfluss in den ehemaligen Kolonien auszuüben: Militär- und Geheimdienstoperationen, militärische Präsenz, Wirtschaftsverträge, die Frankreich eine ökonomische Hegemonie einräumten, und eine gemeinsamen Währung, die von Paris aus ohne lokale Mitsprache kontrolliert wurde.[13] Französische Botschafter nahmen an lokalen Kabinettssitzungen teil und afrikanische Regierungen erfragten mitunter die Zustimmung Frankreichs, ehe sie Entscheidungen trafen.[14] Frankreichs Politik gegenüber seinen ehemaligen Kolonien basierte dabei auf einer starken Personalisierung der Beziehungen.[15] Auf der einen Seite standen die afrikanischen Präsidenten und auf der Seite Frankreichs *Monsieur Afrique*, Jacques Foccart, der maßgeblich am Erhalt oder Sturz etlicher Regierungen in Afrika beteiligt war.[16] In Gabun z. B. kam es 1964 zu einem Putsch, durch den der Frankreich zugewandte autoritär regierende Präsident Léon M'Ba abgesetzt wurde. Ohne gefragt zu werden, entsandte die französische Regierung 600 Soldaten, um M'Ba wieder ins Amt zu helfen. Die Uranbestände in Gabun, die für Frankreich strategische Bedeutung hatten, sowie Investitionen in die Ausbeutung anderer Ressourcen trugen zu dieser Entsendung bei.[17] Als M'Ba zwei Jahre später starb, spielte Frankreich bei der Wahl des Nachfolgers eine Schlüsselrolle. Der auskorene Omar Bongo war 1958 in die französische Kolonialverwaltung eingetreten und erschien frankophil. Bongo war sicherlich kein Lakai Frankreichs, denn er setzte auch seine eigenen Forderungen durch und drohte gelegentlich, stärker mit den USA zusammenzuarbeiten. Dennoch war er für Frankreich hilfreich, weil er *Le Clan des gabonais*, einen Clan, der sein Regime stützte, nicht zerstörte und damit die Interessen einiger einflussreicher Menschen in Frankreich und Gabun schützte.[18]

Wie das Einschreiten für M'Ba suggeriert, beließ es Frankreich nicht immer bei diplomatischem oder wirtschaftlichem Druck. Zwischen 1960 und 1991 schritt es über 30 Mal militärisch in 16 seiner ehemaligen Kolonien ein, was Adekeje Adebajo dazu veranlasst, Frankreich als einen »pyromaniac fireman« zu bezeichnen.[19] Frankreich betrachtete es als sein »natürliches Recht«,[20] in seinen ehemaligen Kolonien einzugreifen, und viele sahen diese Gebiete als Frankreichs *chasse gardée*, also privates Jagdgebiet. Dies hält teilweise bis heute an, wie die Interventionen in Mali 2013 und der Zentralafrikanischen Republik 2014 suggerieren (▶ Kap. 11).

Liberal-kosmopolitische Ordnung 1990–2000

Der langsame Abstieg der Sowjetunion als Supermacht fand sein Ende mit dem Mauerfall in Berlin 1989 und der Auflösung der Union in ihre Teile 1991. Damit endete auch der Kalten Krieg, was viele spürbare Konsequenzen in Afrika hatte. Eine davon war, dass die Instabilität der Staaten deutlicher sichtbar wurde und es zu mehr innerstaatlichen Konflikten kam (▶ Kap. 10). Eine andere Konsequenz war, dass der Kampf zwischen den Supermächten um Einflusssphären in Afrika endete. Dieser hatte dazu geführt, dass sich autoritäre Regierungen an der Macht halten konnten – oder sogar mit Hilfe der Supermächte bzw. Frankreich eingesetzt wurden. Nun mussten sich die autoritären Herrscher Fragen nach der Einhaltung demokratischer Standards, guter Regierungsführung, Menschenrechten und Rechtsstaatlichkeit – was ich zusammenfassend eine »liberal-kosmopolitische Ordnung« nenne[21] – gefallen lassen, denn die USA und ihre Verbündeten verbanden eine mögliche Unterstützung zunehmend mit Forderungen hiernach. Sie nutzten zur Durchsetzung dieser Forderungen auch internationale Organisationen wie die UN, die Weltbank und den Internationalen Währungsfonds (IWF), die fest in der Hand der USA und ihrer westlichen Verbündeten waren.

Die Demokratisierungsaktivitäten, die mit pro-demokratischen Massenbewegungen in den Ländern in Verbindung standen, konzentrierten sich auf die Staaten, in denen ein Bürgerkrieg zu Ende gegangen war. Diese Staaten waren schwach und konnten nicht selbstständig die Demokratie wahren und eines ihrer wichtigsten Element, namentlich Wahlen, durchführen. So begann eine »Ära der Demokratieabhängigkeit«,[22] die mit der Durchführung der Wahlen durch die UN zur verfassungsgebenden Versammlung in Namibia 1989 begann und ihren vorläufigen Höhepunkt in den Präsidentschaftswahlen 2007 in Kongo-Kinshasa fand, als eine UN-Operation mit mehr als 16 000 Soldaten die Wahlen dort absicherte. Demokratieabhängigkeit bedeutet hier, dass Staaten aufgrund schwacher Kapazitäten und den Folgen von Bürgerkriegen nicht in der Lage waren, eine Demokratisierung ohne Hilfe von außen zu stemmen.[23]

Die USA waren der Staat, der die Demokratisierung in Afrika forcierte und dabei in den 1990er-Jahren entschlossener auftrat als noch während des Kalten

Kriegs. Ab 1974 hatte es zwar die Regelung gegeben, Unterstützung für andere Länder sei an Menschenrechtsschutz gebunden.[24] Diese Bedingung spiegelte sich jedoch, wie oben gezeigt, in der Realität nicht immer wider. 1992 beendeten die USA ihre Hilfe für Mobutu, den lange unterstützten kongolesischen Präsidenten. Die grundsätzliche Überlegung war nun, dass in Staaten mit demokratischen Strukturen, Entwicklungshilfe besser wirken konnte und damit langfristig auch für die US-Wirtschaft hilfreich war.

Die pro-demokratische Politik der USA und anderer westlicher Staaten wirkte im Kern über vier Kanäle:[25] Erstens hatten die Strukturanpassungsprogramme der Weltbank und des IWF in den 1980er-Jahre, die u. a. die Regierungen zum Sparen zwangen (▶ Kap. 5), den Nebeneffekt, dass Teile der Bevölkerung mit der wirtschaftlichen Situation so unzufrieden wurden, dass sie hiergegen auf die Straße gingen und Reformen verlangten.[26] Zweitens gab es direkte Hilfe für die Demokratisierungsbemühungen. So wurden Wahlen finanziert, was in einigen Staaten zur oben beschriebenen Demokratieabhängigkeit führte. Drittens wurde die Demokratisierung über die Unterstützung lokaler und transnational agierender NGOs gefördert. Wenngleich solche Organisationen seit dem Ende des Zweiten Weltkriegs in Afrika präsent waren, dauerte es bis in die 1980er- und 1990er-Jahre hinein, ehe sie großflächig aktiv wurden, mehr Personal rekrutierten und teils staatliche Funktionen übernahmen.[27] Denn durch die Strukturanpassungsprogramme wurden afrikanische Staaten u. a. dazu gedrängt, staatliche Institutionen und Sozialausgaben abzubauen. Internationale und lokale, vom Ausland finanzierte NGOs füllten die entstehenden Lücken.[28] Hinzu kam, dass es in dieser Euphoriephase im Westen nach Ende des Kalten Kriegs nicht nur ein Interesse an der Verbreitung der liberal-kosmopolitischen Ordnung gab, sondern auch die finanziellen Mittel dafür zur Verfügung standen.[29] Letztlich und wohl am entscheidendsten war, dass Hilfe der westlichen Staaten an Bedingungen geknüpft wurde. Dieser Hebel funktionierte deshalb, weil es zu den USA und ihren westlichen Verbündeten in den 1990er-Jahren keine Alternativen mehr gab, die in ähnlichem Umfang bereit waren, afrikanische Staaten zu unterstützen.

Jedoch nicht alle Staaten in Afrika demokratisierten sich in den 1990er-Jahren. In Uganda, das seit 1986 von Yoweri Museveni regiert wurde, blieben Parteien mit der Begründung verboten, dies würde helfen, den Frieden nach dem Bürgerkrieg dauerhaft zu sichern. Joshua Rubongoya spricht in diesem Zusammenhang auch von der »Pax Musevenica«, ein Frieden, den der Präsident nach Jahren blutiger Auseinandersetzungen in Uganda etabliert hatte.[30] Der ugandische Präsident verstand es, die gewalttätige Geschichte seines Landes und den Wunsch der internationalen Gemeinschaft nach Stabilität in Uganda für seine Zwecke zu nutzen. »Wäre das Manipulieren von ausländischen Regierungen ein Sport, wäre Präsident Museveni aus Uganda der Weltmeister und Olympiasieger.«[31] Museveni widersetzte sich bis 2005, ehe er dem Druck, Parteien wieder zulassen, nachgab, ein Referendum über die Wiedereinführung eines Mehrparteiensystems abhielt und sich so wieder die Unterstützung westlicher Geber sicherte. Ihm kam dabei auch zu Gute, dass der Fokus der USA und anderer westlicher Staaten hinsichtlich der Demokratieentwicklung auf den post-sowjetischen Staaten in Osteuropa, dem Balkan und Lateinamerika lag und Afrika eher eine Nebenrolle spielte.[32]

Demokratisierung und die Forderung des Westens hiernach waren nicht eindeutig, denn in einigen Fällen waren den westlichen Staaten autoritäre Regierungen lieber, vor allem in Nordafrika (und im Nahen Osten). So war der Druck auf die nordafrikanischen Staaten, die liberal-kosmopolitische Ordnung zu implementieren, in den 1990er-Jahren gering, denn die Sorge ging um, zu viel Druck könnte destabilisierend wirken und US-Interessen zuwider laufen.[33] In Algerien wurde 1988 zwar ein Mehrparteiensystem eingeführt, doch als sich bei den Wahlen 1991 in der ersten Wahlrunde abzeichnete, dass die *Front islamique du salut* (FIS), eine islamistische Partei, gewinnen würde, griff das Militär ein und stoppte die zweite Wahlrunde (▶ Kap. 10). Wenngleich Frankreich und die USA öffentlich zur Ruhe mahnten und die Fortsetzung der Wahlen forderten, zeigte sich, dass beide und andere europäische Staaten die nun regierende Junta unterstützten.[34] In gewisser Weise ist dieser Fall ein Vorbote dessen, was nach dem Arabischen Frühling und der Wahl Mohamed Morsis, einem Mitglied der Muslimbruderschaft, zum ägyptischen Präsidenten, zu sehen war.

Neue Realitäten seit 2000

Zwei Faktoren beendeten die Phase, in der die USA und ihre Verbündeten die Politik in Afrika größtenteils diktieren konnten. Der erste Faktor war der islamistische Terrorismus (und für die europäischen Staaten zusätzlich die Migration aus Afrika), der sie zu mehr Kooperation mit afrikanischen Regierungen zwang. Stabilität und strategische Interessen rückten wieder mehr in den Mittelpunkt und die liberal-kosmopolitische Ordnung trat dahinter zurück. Der zweite Faktor war die Rolle Chinas in Afrika und in geringerem Ausmaß die Rolle Indiens, Saudi-Arabiens und der Türkei.

Der mit Chinas Interesse an Afrika einsetzende neue Wettlauf um Afrika unterscheidet sich trotz Ähnlichkeiten vom imperialen Wettlauf, der etwas mehr als 100 Jahre vorher stattfand, in drei Punkten: Erstens, afrikanische Länder sind nun als Staaten anerkannt, was ihnen eine gewisse Verhandlungsmacht gibt, die sie zuvor nicht hatten.[35] Zweitens, nicht-afrikanische Akteure wenden heute keine Waffengewalt mehr an, um die lokale Bevölkerung zu kontrollieren. Letztlich geht es in dem Wettlauf nicht mehr um eine Rivalität zwischen imperialen Staaten. Es sind auch nicht mehr nur westliche Unternehmen wie British Petroleum, Shell oder Total, sondern auch verstärkt indische Unternehmen wie Reliance Industries und Tata, brasilianische Unternehmen wie Companhia Vale do Rio Doce, malaysische Unternehmen wie Petronas und insbesondere staatliche oder private Unternehmen aus China wie Huawei, die Sunshine Group und Tecno, die Teil des Wettlaufs sind. Neben Firmen im Rohstoffsektor, die im ersten Wettlauf die größte Rolle spielten, investieren zunehmend auch IT-, Dienstleistungs-, und Kommunikationsunternehmen wie Microsoft, Uber und Orange in Afrika oder Autobauer wie Mercedes, Renault, Toyota und Volkswagen oder der chinesischer Herrsteller Geely, der seit 2018 in Tunesien produziert.

Chinas Aufstieg und das (erneuerte) Interesse anderer Staaten

Wie oben gezeigt, ist China kein neuer Akteur in Afrika.[36] Seit dem Jahr 2000, als das erste *Forum on China-Africa Cooperation* stattfand, haben das chinesische Interesse an und der Einfluss des Landes in Afrika jedoch massiv zugenommen, sodass wir von einer neuen Phase des chinesischen Engagements in Afrika sprechen können (▶ Kap. 6). Die chinesische Regierung verfolgt drei Ziele. Neben der Ein-China-Politik (siehe oben) und dem Zugang zu strategisch wichtigen Rohstoffen (siehe unten) geht es China darum, seine Rolle als neue Supermacht zu unterstreichen und seine Einflusssphäre auszuweiten.[37] Neben der chinesischen Regierung und den chinesischen Staatsunternehmen sind auch chinesische Privatunternehmen und Migrantinnen und Migranten in Afrika aktiv. Howard French geht angesichts der stetig steigenden Zahl chinesischer Migrantinnen und Migranten in Afrika so weit, Afrika als »Chinas zweiten Kontinent« zu bezeichnen, in dem eine Mio. Migranten ein neues Empire bauen würden.[38] Chinas Rolle in Afrika löste heftige, bis heute andauernde Diskussionen aus. Dabei lassen sich drei Denkschema erkennen: China wird entweder als Entwicklungspartner, als wirtschaftlicher Konkurrent oder als Kolonialmacht gesehen.[39] Letzteres Motiv erhält Nahrung durch die Fertigstellung einer Militärbasis in Djibouti 2017, der ersten chinesischen Militärbasis außerhalb Chinas, und durch die Tatsache, dass die gegenwärtigen Aktivitäten chinesischer Akteure den Vorläufern des imperialen Wettlaufs trotz der oben beschriebenen Unterschiede ähneln.

Die chinesische Regierung weiß, dass sie als neue Kolonialmacht wahrgenommen wird, und geht mit zweierlei Strategien dagegen vor. Zum einen ist die chinesische Führung mit vielen hochrangigen und mehrtägigen Besuchen in Afrika so präsent wie kaum eine andere Regierung und lädt Afrikas politische Führung regelmäßig nach China ein. So vermittelt sie den Eindruck eines Dialogs unter Partnern auf Augenhöhe. Zum anderen bedient sich China wie Großbritannien, Frankreich und die USA auch (▶ Kap. 3) Fernsehkanälen, um ein bestimmtes Bild Chinas in Afrika (und darüber hinaus) zu propagieren.[40] Dazu werden Trainings für afrikanische Journalistinnen und Journalisten angeboten und Stipendien für die Ausbildung von Afrikanerinnen und Afrikanern in China vergeben.[41] Mit anderen Worten, die chinesische Regierung setzt vor allem auf Softpower, d. h. auf Anreize statt Zwang.[42] Es liegt jedoch nahe, dass ein politisches und wirtschaftliches Schwergewicht wie China gelegentlich auch die Muskeln spielen lässt und nicht alleine auf Softpower setzt. Der Fall Simbabwe macht dies deutlich. Dessen Militärchef Constantino Chiwenga besuchte Peking kurz vor dem Staatsstreich, der 2017 zum Sturz Mugabes führte. Dies legt den Schluss nahe, dass sich die Puschisten von der chinesischen Führung Unterstützung für ihr Vorhaben einholten.[43] Und in der Tat drängte nach der Präsiden-

71

tenwahl 2018 die chinesische Regierung trotz von der EU geäußerter Bedenken darauf, das Wahlergebnis zu respektieren und Proteste hiergegen zu beenden. Mit dieser Position stellte sie sich hinter Emmerson Mnangagwa, den neuen Präsidenten. Dieser wurde von Chinas Präsident Xi Jinping zuvor bei einem Besuch als »alter Freund« bezeichnet. Mnangagwa war bereits zur Zeit des Freiheitskampfes zum Guerillatraining in China gewesen, was auch ein Hinweis darauf ist, dass die Bande, die im Freiheitskampf geknüpft wurden, sehr tragfähig sein können, vor allem dann, wenn sie mit Wirtschafts- und Politikinteressen kompatibel sind.[44]

Chinas Kooperation mit afrikanischen Staaten ist anders als die westlicher Staaten. Letztere knüpfen ihre Unterstützung häufig immer noch an politische und wirtschaftliche Auflagen, die im *Washington Consensus* festgelegt und später teils revidiert wurden. Dieser »Konsens« verlangt tiefgreifende Reformen als Gegenleistung für finanzielle Unterstützung (▶ Kap. 5 und ▶ Kap. 6). Das chinesische Modell das Kooperation, das auch als »Beijing Consensus« bezeichnet wird, will den chinesischen Ansatz, die eigene Wirtschaft anzukurbeln, auf andere Länder übertragen.[45] Dieser Ansatz beinhaltet neben einer straffen Führung nach innen eine pragmatische Wirtschaftspolitik, die Innovation fördert. Während China von wirtschaftlicher Kooperation mit Afrika spricht, sprechen westliche Staaten von Entwicklungshilfe oder Entwicklungszusammenarbeit und betonen damit das Abhängigkeitsverhältnis.

Auch Brasilien, Indien, Japan, Saudi-Arabien und die Türkei haben zunehmend wirtschaftliche und geopolitische Interessen in Afrika. So hat Indien große wirtschaftliche Interessen in Afrika als Rohstofflieferant und Absatzmarkt. Überdies strebt es einen ständigen Sitz im UN-Sicherheitsrat an, wofür es die Stimmen afrikanischer Staaten braucht. Brasiliens Politik gegenüber Afrika ist zwar stark wirtschaftlich geprägt, hat aber auch eine geopolitische Dimension, die sich ebenfalls an der Frage eines ständigen Sitzes im Sicherheitsrat bemerkbar macht.[46] Wie Indien beäugt Japan den Aufstieg Chinas in der ostasiatischen Region (und darüber hinaus) argwöhnisch und ist bemüht, durch eine ausgestreckte Hand Richtung afrikanischer Staaten Chinas Einfluss dort entgegenzuwirken.[47] Die japanische Regierung versucht gar, eine Alternative aufzubauen zu Chinas »neuer Seidenstraße«, einem großangelegten Projekt zum Auf- und Ausbau von Handelsnetzen und Infrastruktur, das China mit Ländern in Afrika, Asien und Europa verbinden soll. Die japanische Regierung versucht also, Chinas Strategie zu durchkreuzen und die multipolare Weltordnung aufrechtzuerhalten.[48] Auch deshalb unterhält Japan seit 2011 eine Militärbasis in Djibouti. Die aktive Afrika-Politik der Türkei – Präsident Recep Tayyip Erdoğan war z. B. einer der ersten ausländischen Regierungschefs, der Somalia 2011 besuchte – ist auch mit der faktischen Abweisung der EU, die Türkei in ihren Reihen aufzunehmen und der daraus resultierenden türkischen Politik, anderswo Partner zu finden, zu erklären. Ebenso spielt die Vision einer Großtürkei, die an das osmanische Reich anknüpft, eine Rolle. Erdoğan verfolgt den ambitionierten Plan, die Türkei zu einer »Gestaltungsmacht ersten Ranges« in Afrika werden zu lassen.[49] Zu diesem Zweck hat seine Regierung seit 2013 auf dem Kontinent 13 weitere Botschaften und Konsulate eröffnet und ist mit insgesamt 38 Repräsentanzen weitläufiger vertreten als Großbritannien, das 36 Botschaften und Konsulate unterhält.[50] Saudi-Arabien, das nicht genug landwirtschaftliche Fläche hat, um seine Bevölkerung zu versorgen, kauft Land vor allem in Äthiopien und im Sudan[51] und ist bestrebt seinen Einfluss am Horn von Afrika auszubauen. Saudi-Arabien plant, sich zum Logistik- und Schiffverkehrsknotenpunkt weiterzuentwickeln, und braucht hierfür Stabilität am Horn von Afrika. Dafür ist Frieden zwischen Äthiopien und Eritrea (▶ Kap. 10) zentral, sodass es die Wiederannäherung beider Länder massiv unterstützte.[52] Auch Saudi-Arabien hat einen militärischen Stützpunkt in Djibouti, das zu einem Ort geworden ist, in dem sich gut ablesen lässt, welche Staaten Interessen in Afrika haben: Neben China, Japan, Saudi-Arabien und der Türkei haben auch Frankreich, Italien und die USA Militärbasen dort.

Russland versucht ebenso, ein einflussreicher Akteur in Afrika zu werden. Präsident Vladimir Putins Bemühungen, enge Beziehungen zum Kontinent aufzubauen, mündete im Oktober 2019 im ersten Russland-Afrika-Gipfel in Sochi, wohin Putin mehr als 40 afrikanische Staats- und Regierungschefs einlud, den Stil Chinas kopierend. Bei diesem Treffen wurde u. a. über Handel und Investitionen gesprochen – aber mehr noch über Waffenkäufe, denn Russland ist der größte Waffenlieferant für Afrika. Doch trotz des Gipfels spielt Russland bislang eine eher untergeordnete Rolle in Afrika und das obwohl es sich zunehmend in Krisen und Konflikte einmischt, wie in der Zentralafrikanischen Republik, wo es eine schwache Regierung stützt und im Gegenzug Minenlizenzen erhält.[53] In der Tat hat Russland trotz jahrelanger Lobbyarbeit noch keine Militärbasis in Djibouti.

Nach seinem Rückzug nach der Dekolonisation begann Großbritannien unter Tony Blair sich ab 1997 wieder mehr für Afrika zu interessieren. Das britische Militär intervenierte im Bürgerkrieg in Sierra Leone 2000 und mischte sich in die Landreform in Simbabwe im gleichen Jahr ein, in deren Kontext weiße Farmer enteignet wurden (▶ Kap. 7). Außerdem war Großbritannien neben Frankreich und den USA die treibende Kraft hinter der NATO-Intervention in Libyen 2011. Das Interesse an afrikanischen Staaten wurde während den Brexit-Verhandlungen weiter verstärkt. In ihrem Bemühen, die Handelspartner zu diversifizieren und die Abhängigkeit von der EU zu schmälern und ein »global Britain« zu schaffen, setzt die britische Regierung auch auf Afrika.[54] Zu diesem Zweck reiste die Premierministerin Theresa May 2018 in die ehemaligen Kolonien Kenia, Nigeria und Südafrika, um den Handel anzukurbeln – und um zu tanzen. Ihr Nachfolger Boris Johnson setzte diesen Ansatz fort und lud Anfang 2020 einige afrikanische Staatschefs und Regierungsvertreter bzw. -vertreterinnen zu einem Gipfeltreffen ein, der zu mehr britischen Investitionen in und Handeln mit Afrika führen sollte.

Kriegen gegen den Terror

Die ab 1990 verstärkt voranschreitende Globalisierung führte u. a. dazu, dass Menschen mobiler wurden und damit auch Konflikte einer Weltregion in anderen unmittelbar wirken. Bis dahin wurden eher außerafrikanische Konflikte nach Afrika getragen – nun ging es auch in die andere Richtung. Die Erkenntnis, dass schwache Staaten in Afrika ein Nährboden für islamistischen Terror sein können, ist nur das bekannteste Beispiel.

Bedingt durch die geographische Nähe zu Frankreich und die aktive Rolle der französischen Regierung in Algerien war der algerische Bürgerkrieg (1991–1998) ein Vorläufer für das Überschwappen von Konflikten aus Afrika. Eine der Konfliktparteien, die islamistische Terrorgruppe *le Groupe Islamique Armé*, entführte 1994 ein Air France-Flugzeug und verübte zwischen 1995 und 1996 eine Serie von Bombenanschlägen in der Pariser Metro und in Nahverkehrszügen, bei denen rund ein Dutzend Zivilisten getötet und über 200 verletzt wurden. Die Gruppe begründete ihre Anschläge damit, dass die französische Regierung das von ihr bekämpfte algerische Militärregime unterstützte.[55]

Bereits zuvor, in den 1980er- und frühen 1990er-Jahren, gab es u. a. in der US-Regierung die Sorge vor einem Aufstieg islamistischer Fundamentalisten.[56] Kurze Zeit nach den Anschlägen von Paris und noch bevor der islamistische Terror am 11. September 2001 die USA in einem nicht gekannten Ausmaß erreichte, waren US-Einrichtungen in Afrika zum Angriffsziel geworden. In den Hauptstädten Kenias und Tansanias wurden am 7. August 1998 nahezu zeitgleich auf die US-Botschaften Anschläge verübt, bei denen insgesamt 224 Kenianer und Kenianerinnen und Tansanier und Tansanierinnen sowie zwölf US-Amerikaner und -Amerikanerinnen starben. Als Vergeltung feuerten die USA Marschflugkörper auf Ziele im Sudan (und in Afghanistan), wo sie Ausbildungslager der al-Qaida vermuteten. Dies waren die ersten sichtbaren Zeichen des Kriegs gegen den Terror. Dieser hatte aber schon vorher im Sudan, einem Rückzugsort al-Qaidas, begonnen, wo die USA mit Verhandlungen und Sanktionen versuchte, Osama bin Laden zu fassen.[57]

Nach dem 11. September änderte sich die US-Politik gegenüber Afrika radikal. Die Gefahr vor dem Terror ersetzte die Gefahr vor dem Kommunismus als Kampfparole und die USA reaktivierten die Taktik des Kalten Kriegs.[58] Die USA wurden also wieder auf dem Kontinent aktiv. Die Gründung des Afrika Kommandos der Vereinigten Staaten (AFRICOM) in Stuttgart, das seit 2008 US-Militäreinsätze in Afrika koordiniert, zeigt dies genauso, wie die gesteigerte US-Truppenpräsenz in Afrika, wo die USA u. a. in Djibouti und Niger Militärbasen unterhalten.

Mittels der NATO und der EU setzten nach dem 11. September auch andere westliche Staaten ihre sicherheitspolitischen Interessen in Afrika durch. Ab 2005 leistete die NATO in *out of area*-Einsätzen logistische Hilfe bei Operationen der AU in Somalia und im Sudan, zwei Staaten, die als Rückzugsorte für Terroristen gelten. Außerdem unterstützte sie die Sicherung des Seewegs am Horn von Afrika, der für den internationalen Handel wichtig ist, durch die groß angelegte *Operation Ocean Shield*. Parallel gab es in allen drei NATO-Einsatzorten auch EU-Operationen mit ähnlichen Mandaten. Überdies entsandten etliche europäische Staaten Truppen im Kontext von EU-Operationen nach Mali (2013) und in die Zentralafrikanische Republik (2014) und unterstrichen damit ihre Bereitschaft, sich sicherheitspolitisch in Afrika zu engagieren (▶ Kap. 11). Ähnliches gilt für

China und Indien. Das letztgenannte Land ist seit Jahren bei Friedensoperationen in Afrika aktiv und China wird auf diesem Feld auch zunehmend zu einem wichtigen Akteur. 2019 war China der zweitgrößte Geldgeber für UN-Friedensmissionen,[59] gab 100 Mio. für die Afrikanische Friedens- und Sicherheitsarchitektur aus und hatte so viele Soldaten in Afrika im Einsatz wie kein anderes permanentes Mitglied des UN-Sicherheitsrats.[60]

Migration und Migrationsängste in Europa

Die Gefahr des islamistischen Terrorismus in Europa wird überschattet von und gleichzeitig verbunden mit der jüngsten sicherheitspolitischen Herausforderung aus Sicht der europäischen Staaten, namentlich der Migration aus Afrika. Inspiriert von der biblischen Apokalypse veröffentlichte der französische Schriftsteller Jean Raspail 1973 den Roman *Le Camp des Saints* und 1990 sendete die BBC den Film *The March*. Beide handeln fiktiv vom massenhaften Zustrom von Menschen aus Afrika Richtung Europa und antizipierten damit die Bilder, die später an den Zäunen der spanischen Enklaven Ceuta und Melilla, auf der italienischen Insel Lampedusa oder von überfüllten Booten auf dem offenen Meer entstanden. Mit dem Arabischen Frühling 2010/2011 stiegen die Zahlen der Migrantinnen und Migranten so stark, dass die bereits zuvor bestehende Migrationsbewegung Richtung Europa nun auch von der breiten europäischen Öffentlichkeit wahrgenommen und als Problem betrachtet wurde. Bis 1999 waren die Zäune um Ceuta und Melilla einfach überwindbar, ehe sie finanziert durch die EU zu Bollwerken ausgebaut wurden, was zuerst zum »schmutzigen Geheimnis« der EU wurde, bevor sie auf dem Höhepunkt der sogenannten »Flüchtlingskrise« 2015 als gutes Beispiel für die Abschreckung von Migrantinnen und Migranten galten.[61] Dies zeigt gut, wie sich die Aufmerksamkeit und der Diskurs in Europa verschoben.

Der Arabische Frühling verdeckte, dass ein Gutteil der Migrantinnen und Migranten nicht aus Nord-, sondern aus Subsaharaafrika kam. Die Europäische Grenzschutzagentur zählte von Januar 2009 bis September 2018 insgesamt 818 096 vom dem, was sie als »illegale Grenzübertritte« aus afrikanischen Ländern bezeichnet. An der Spitze stehen Migrantinnen und Migranten aus Eritrea (126 000 registrierte illegale Grenzübertritte), Nigeria (103 000) und Somalia (65 000). Bei einer geschätzten Einwohnerzahl von 4,3 Mio. im Jahr 2010 ist die Migration aus Eritrea besonders auffällig (▶ Kap. 7). Ähnliches gilt für Gambia mit knapp 45 000 Migrantinnen und Migranten bei 1,6 Mio. Einwohnern. Dem gegenüber sind die Zahlen aus den nordafrikanischen Ländern für den gleichen Zeitraum gering: Aus Ägypten kamen gut 22 000, aus Algerien knapp 47 000, aus Libyen knapp 5 000, aus Marokko fast 50 000 und aus Tunesien 50 000 Migrantinnen und Migranten.[62]

So dramatisch die Bilder aus Sicht der EU waren und so groß der Ansturm gewesen zu sein scheint, muss man das Bild eines Exodus aus Afrika aber auch hinterfragen. Statistisch gesehen sind seit 1960 in absoluten Zahlen zwar viermal so viele Menschen aus ihren Herkunftsländern aus Afrika abgewandert, doch gleichzeitig ist auch die Bevölkerung in gleichem Maße gewachsen, sodass sich der prozentuale Anteil der Migrantinnen und Migranten an der Gesamtbevölkerung kaum verändert hat.[63] Gleichwohl stieg der Anteil derer, die nicht in anderen afrikanischen Ländern blieben, sondern nach Europa, Asien oder Nordamerika kamen. 2017 lebten 9,1 Mio. Menschen, die in Afrika geboren wurden, in der EU (inklusive Großbritannien), 5,1 Mio. davon waren aus Nordafrika und 4,0 Mio. aus Subsaharaafrika. In Asien – vor allem in den Golfstaaten – lebten 4,4 Mio. Menschen zumeist aus Ägypten und Ostafrika und weitere 2,6 Mio. lebten in den USA und Kanada.[64] Trotz dieser Fakten und der damit verbundenen Relativierung hat sich der Diskurs verschoben, der Druck migrationsfeindlicher Parteien erhöht und damit auch die politische Haltung der europäischen Regierungen verändert, was zu einer neuen Politik gegenüber afrikanischen Staaten geführt hat, auf die ich unten zurückkomme.

Rohstoffe, Land und Zukunftsmärkte

Neben geo- und sicherheitspolitischen Überlegungen spielen wirtschaftliche Interessen eine zentrale Rolle bei der Positionierung externer Akteure gegenüber afrikanischen Staaten. Während des imperialen Wettlaufs waren Gold, Kautschuk und Palmöl von wirtschaftlichem Interesse. Während des Kalten Kriegs waren es fossile Brennstoffe und Uran. Danach kamen Bauxit und seltene Erden, die für die moderne Industrie notwendig sind, hinzu. Im Jahr 2017 produzierten afrikanische Länder 8,7 % des weltweiten Rohöls mit Algerien, Angola und Nigeria als größte Produzenten. Zudem trugen 2017 afrikanische Staaten, insbesondere Ägypten, Algerien, Libyen und Nigeria, zusammen 6,1 % zur weltweiten Gasproduktion bei.[65] Im Jahr 2015 produzierten drei afrikanische Länder rund 12,1 % des weltweiten Urans mit Namibia und Niger an der Spitze, gefolgt von Südafrika.[66] In Afrika lagern 7,5 % der weltweit gesicherten Ölreserven und 7,1 % der gesicherten Gasreserven[67] sowie 18 % der Uranreserven.[68] Auch andere für die Industrie zentrale Rohstoffe gibt es in großen Mengen in Afrika. Im Jahr 2016 kamen 11,5 % des weltweit produzierten Bauxits, das für die Aluminiumproduktion gebraucht wird, aus Afrika, namentlich aus Ghana, Mosambik, Sierra Leone, Tansania und vor allem aus Guinea, das alleine 10,7 % des weltweiten Bauxits produzierte. 63,1 % des weltweit in Minen gewonnenen Kobalts, das u. a. für die Herstellung von Akkus verwendet wird, stammt aus Afrika. Größter Einzelproduzent ist Kongo-Kinshasa mit 53,8 % der weltweiten Kobaltmenge. Zudem stammen 30,5 % der weltweit produzierten Diamanten aus 17 afrikanischen Ländern, wobei Botsuana mit 17,2 % der größte Produzent ist, gefolgt von Kongo-Kinshasa (10,2 %) und Angola (7,4 %).[69] Schokoladenliebhaber sollten ferner wissen, dass 60 % der weltweiten Kakaoproduktion aus zwei afrikanischen Ländern stammt: Côte d'Ivoire und Ghana.[70]

Dieser Rohstoffreichtum ist nicht gleichmäßig auf dem Kontinent verteilt. Während Kongo-Kinshasa und Südafrika über große und breit gefächerte Rohstoffvorräte verfügen, haben Länder wie Äthiopien, Burkina Faso, Mauritius und Ruanda kaum Rohstoffe. Manch rohstoffarme Staaten haben dafür ein anderes beliebtes Gut: Land. Einige dieser Staaten sind sogenanntem *landgrabbing* ausgesetzt. Darunter versteht man die Kontrolle über ein größeres als lokal übliches Gebiet zu Spekulationszwecken oder zur Ausbeutung. Dies geschieht zuungunsten einer ökologisch sinnvollen Bewirtschaftung und der Menschenrechte.[71] Externe Akteure akquirieren Land im großen Stil für die Produktion von Biokraftstoffen oder Nahrungsmittel.[72] Dieser Umstand hat zu einer politischen und akademischen Debatte geführt. Für einige hat *landgrabbing* inzwischen ein so großes Ausmaß angenommen, dass sie von einer »stillen Rekolonisation Afrikas« sprechen.[73] Insbesondere China wird als großer Käufer oder Pächter von Land in Afrika gesehen und es gibt teils atemberaubende Zahlen über das Ausmaß chinesischer Käufe oder Pachtverträge, sodass manche von einem »nackten Imperialismus«[74] sprechen. Deborah Bräutigam zeigt jedoch auf Basis intensiver Feldarbeit, dass es zwar ein zunehmendes Interesse chinesischer Investoren an afrikanischem Land gibt, doch dieses Interesse bislang nicht in einer faktischen Landnahme gemündet hat. Die wahren Zahlen lägen nämlich deutlich niedriger und die Landnahme sei problembehafteter als berichtet.[75]

Mit steigenden Lohnkosten in China und anderen asiatischen Staaten sehen ausländische Investoren zunehmend auch afrikanische Staaten als mögliche Produktionsstätten. In Äthiopien und Mauritius wird für Marken wie H&M, Hugo Boss, Nike und Tommy Hilfiger Kleidung produziert und Autos werden in Ägypten, Algerien, Marokko, Kenia und Südafrika sowie seit 2018 in Ruanda und seit 2019 in Ghana gebaut. Neben Unternehmen aus westlichen Staaten und China sind auch welche aus Indien, der Türkei und weiteren Staaten vertreten. Sonderwirtschaftszonen wie in Äthiopien, Djibouti, Mauritius, Nigeria und Ruanda sind für ausländische Investitionen attraktiv, denn in solchen Zonen gelten für ausländische Unternehmen profitable Regeln.[76] Der Gesamtwert der industriell gefertigten Güter vergrößerte sich zwischen 2000 und 2016 überall in Afrika, abgesehen von wenigen Staaten wie Burundi und Simbabwe. In Nigeria und Kongo-Brazzaville vervierfachte sich der Wert der gefertigten Industriegüter; in Äthiopien verfünffachte sich der Wert sogar nahezu.[77] Diese Zahlen verdecken jedoch, dass der Anteil der Industriegüter am Bruttoinlandsprodukt (BIP) in den meisten Ländern sank[78] und häufig weiter eine Abhängigkeit von Rohstoffen besteht.

Gleichzeitig stiegen zwischen 2000 und 2016 die Konsumausgaben in Afrika stark. Mit Ausnahmen wie Eritrea und Malawi, die einen Ausgabenrückgang zu verzeichnen hatten, war dieser Trend in fast allen Ländern des Kontinents zu beobachten; im Schnitt kam es zu einer Verdopplung der Ausgaben.[79] Wirtschaftsberatungsunternehmen schwärmen daher vom afrikanischen Markt und identifizieren Ägypten, Algerien, Angola, Ghana, Kenia, Libyen, Marokko, Nigeria, Sudan, Südafrika und Tunesien als wichtige Märkte und sehen überdies Äthiopien, Mosambik und Uganda als Zukunftsmärkte (▶ Kap. 6).[80] Dieses Narrativ wird häufig mit der Entstehung einer neuen Mittelschicht verknüpft, deren Existenz zwar nicht in Frage steht, deren positiver Effekt auf politische und wirtschaftliche Veränderungen aber schon.[81] Afrika hat für die Wirtschaft und den Konsum eine vorteilhafte Alterspyramide mit mehr jungen als alten Menschen und mit Menschen, die mehr von moderner Technik und Telekommunikation profitieren möchten. Während einige die Risiken – vor allem die politische Instabilität – sehen, betonen andere die Chancen und sprechen gar von einem Afrikaboom, der maßgeblich von China und im Schlepptau anderer Länder des Globalen Südens angeheizt wird und bei dem westliche Staaten bedroht seien, den Anschluss zu verlieren (▶ Kap. 6).

Neue Afrikapolitik?

Diese neuen Realitäten führten dazu, dass westliche Staaten ihre Politik gegenüber afrikanischen Staaten veränderten. Dies wird auf vielen Feldern sichtbar. So hatten die USA und ihre Verbündeten lange auf die Weltbank und den IWF gesetzt, um ihre Forderungen und ihre Interessen durchzusetzen. Mittels der *New Development Bank*, die von den BRICS Staaten, also Brasilien, Russland, Indien, China und Südafrika, getragen wird, (und mit der für dieses Buch weniger relevanten Asiatischen Infrastrukturinvestmentbank) untergräbt China die Strategie westlicher Staaten.[82] Mit der Kapitelerhöhung des IWF im Jahr 2015 stieg auch Chinas Einfluss in dieser Organisation – während der Einfluss afrikanischer Staaten sank, da sie die Kapitalerhöhung nicht mittragen konnten und folglich ein geringeres Stimmgewicht bekamen. Die Weltbank reagierte auf die chinesische Politik: Jeder Prozentpunkt mehr, den China an finanzieller Hilfe für afrikanische Staaten zur Verfügung stellte, führte dazu, dass die Weltbank 15 % ihrer Auflagen an afrikanische Länder strich.[83]

Trotz Kapitalerhöhung und mehr Einfluss dort braucht China die Weltbank und den IWF nicht zwangsläufig. Zwischen 2000 und 2010 verlieh die staatliche *China Exim Bank* 67 Mrd. US-Dollar an Afrikakrediten, 12 Mrd. US-Dollar mehr als die Weltbank.[84] Die chinesischen Kredite für Afrika haben inzwischen ein so großes Volumen angenommen, dass sich einige nicht nur über ein Schuldenproblem, das China schafft, Gedanken machen, sondern auch über die Abhängigkeiten, die gegenüber China herrschen. So hat Djibouti einen Schuldenstand gegenüber China von rund 100 % seines BIP. Dies ist sicherlich das Extrembeispiel, aber Angola, Äthiopien, Kongo-Brazzaville, Mosambik, Niger, Sambia, Simbabwe und Südsudan erreichen ebenso signifikante Prozentsätze.[85]

Neben der Weltbank und dem IWF nutzten (und nutzen) europäische Staaten die EU und ihre Vorläufer als Vehikel für ihre politischen und wirtschaftlichen Beziehungen zu Afrika (▶ Kap. 5). Seit 2000 finden regelmäßig EU-Afrika-Gipfel der Staats- und Regierungschefs statt. Im Jahr 2007 wurde dann die EU-Afrikapolitik mit der *Joint Africa-EU Strategy* auf eine neue Ebene gehoben. Die EU-Politik gegenüber Afrika hat mit dieser gemeinsamen Strategie einen Referenzrahmen, der Themen wie Frieden und Sicherheit, Migration, Handel und Klimawandel mit abdeckt. Die intensive Diskussion, wie man Migration aus Afrika eindämmen könnte, die nach der »Flüchtlingskrise« von 2015 geführt wurde, führte u. a. zu mehr Entwicklungszusammenarbeit mit afrikanischen Staaten mit dem Ziel, der Bevölkerung eine bessere Perspektive vor Ort zu bieten, sodass sie erst gar nicht migrieren wollen. Dieses Streben kulminierte in einem Vorschlag Deutschlands, einen »Marshallplan für Afrika« aufzulegen. Neben diesen hehren Zielen schreckten die EU und europäische Regierungen, die deutsche eingeschlossen, nicht davor zurück, an autoritäre und semi-demokratische Regierungen in Afrika heranzutreten und diese dazu zu bringen, die Migrationsströme einzudämmen. So reiste Angela Merkel 2016 nach Äthiopien, Mali und Niger und unternahm weitere Afrikareisen, wie die nach Algerien im September 2018, mit dem Ziel, die Regierungen dort dazu zu bewegen, ihre Grenzen besser zu schützen und Migrantinnen und Migranten an der Überfahrt zu hindern bzw. sie erst gar nicht ans Mittelmeer kommen zu lassen. Die nordafrikanischen Staaten von Marokko bis Ägypten wurden zu wichtigen Kooperationspartnern und europäische Staaten banden sich eng an sie – unabhängig von Fragen nach Demokratie, guter Regierungsführung und Rechtsstaatlichkeit. Die europäischen Regierungen mussten feststellen, dass die NATO-geführte Intervention in Libyen und der erzwungene Sturz Gaddafis eine negative Folge hatten, denn Gaddafi war derjenige, der mit den europäischen Staaten kooperiert hatte, um die Migration über das Mittelmeer einzudämmen. Nun musste die EU die neue libysche Regierung stärken, die vor der schier unmöglichen Aufgabe steht, den nach der Intervention kollabierten Staat wieder aufzubauen. Für den Sudan, gegen dessen damaligen Präsidenten al-Bashir ein Haftbefehl vom Internationalen Strafgerichtshof wegen Kriegsverbrechen und Verbrechen gegen die Menschlichkeit vorlag, hat die EU 2015 ein 115 Mio. Euro Hilfsprogramm eingerichtet. Die Milizen, die 2003 am Völkermord in Darfur beteiligt waren (▶ Kap. 11), werden nun dafür eingesetzt, die Flüchtenden davon abzuhalten, die sudanesische Grenze Richtung Libyen und damit Richtung Mittelmeer zu verlassen.[86] Die Politik der europäischen Staaten war in einem gewissen Umfang erfolgreich, wie die sinkenden Zahlen für Migrantinnen und Migranten zeigen. Offensichtlich ist das Vertrauen in die neue Politik, Migration in die Mittelmeeranrainerstaaten erst gar nicht zuzulassen, so groß, dass Spanien 2018 beschloss, seine Grenzanlagen in Ceuta und Melilla zu verkleinern.[87]

Auch die Rhetorik der EU verändert sich zusehends. In seiner *State of the Union*-Rede im September 2018 sprach der EU-Kommissionschef, Jean-Claude Junker, von Afrika und Europa als Zwillingskontinente, rief dazu auf, die Beziehungen weniger durch die Brille der Entwicklungshilfe zu sehen, und stellte ein Freihandelsabkommen zwischen der EU und Afrika in Aussicht.[88] Ob ein solches Freihandelsabkommen hilfreich sein wird, ist fraglich. Der ghanaische Ökonom Kwabena Otoo hält bildhaft fest: »Wir können mit den subventionierten Produkten aus Europa nicht mithalten. Freihandel zwischen Europa und Afrika, das ist wie ein Fußballspiel zwischen Real Madrid und der Schulmannschaft von Boli Bamboi.«[89]

In Frankreich setzte unter Präsident Nicolas Sarkozy langsam eine Politik ein, die afrikanischen Regierungen stärker auf Augenhöhe zu betrachten.[90] Diese Politik setzte sich unter Präsident François Holland fort und fand ihren vorläufigen Höhepunkt in Präsident Emmanuel Macrons Algerienreise im Dezember 2017. Er warb dafür, ein neues Kapitel der Beziehungen zwischen seinem Land und der ehemals wichtigsten Kolonie aufzuschlagen, nachdem er zuvor gestanden hatte, das koloniale Gebaren Frankreichs sei ein »Verbrechen gegen die Menschlichkeit, eine wahre Barbarei« gewesen.[91] Auch die Rolle der vergessenen afrikanischen Soldaten im Ersten Weltkrieg (▶ Kap. 2) wurde offiziell gewürdigt, als am 100. Jahrestag des Endes des Kriegs im November 2018 am Triumphbogen die beninisch-französische Sängerin Angelique Kidjo vor den versammelten Staats- und Regierungschefs bzw. -chefinnen und der Weltöffentlichkeit eine Hommage an die Kolonialsoldaten sang. Parallel dazu begann Macron, über die Rückgabe von kolonialer Beute nachzudenken. Diese neue Rhetorik und Symbolik werden allerdings von einer Unterstützung für die Regierungen in den ehemaligen Kolonien begleitet, die unabhängig von deren Bereitschaft ist, demokratische Standards zu wahren wie z. B. im Tschad.

Auch die USA veränderten ihre Haltung. Wenngleich viele geglaubt hatten, dass Präsident Barack Obama Afrika mehr zuneigt sei, war seine Politik gegenüber dem Kontinent kaum idealistisch, sondern pragmatisch.[92] So war beispielsweise die Kritik seiner Regierung an der Machtübernahme durch Abdel Fattah al-Sisi in Ägypten gering. Stabilität erschien wichtiger als die demokratischen Versprechungen des Arabischen Frühlings.[93] Noch deutlicher wird der Eigeninteressen betonte Ansatz der USA in der Strategie gegenüber Afrika des Präsidenten, der auf Obama folgte, die einer seiner nationalen Sicherheitsberater, John Bolton, wie folgt beschrieb: »Die USA werden die Unabhängigkeit anderer Nationen respektieren. [...] Wir ziehen jedoch eine Linie, sollte die Unterstützung unsere Interessen und Bürger gefährden.«[94] Dies folgt der »America-First-Doktrin« und erkennt gleichzeitig an, dass man im Wettbewerb mit China und anderen Staaten einen pragmatischeren Ansatz gegenüber Afrika anwenden müsse, um diese Wettbewerber zu kontern. Gleichwohl signalisierte Obamas Nachfolger mit seiner abfälligen Bemerkung, afrikanische Staaten seien »Dreckslochländer«, auch sein Desinteresse an bzw. seine Abneigung gegenüber dem Kontinent.

Trotz der weiterhin starken Position Frankreichs, den Bemühungen der EU und der aktiv in Afrika agierenden USA in der post-9/11 Ära genießt der Westen kein Monopol mehr auf die Beeinflussung der Zukunft Afrikas.[95] Eine Konsequenz daraus ist, dass die seit den 1970er-Jahren beschriebene Nord-Süd Beziehung überlagert oder gar ersetzt wird durch eine Süd-Süd- und Süd-Ost-Beziehung, die von Fantu Cheru und Cyril Obi auch als »die ersten guten Nachrichten für Afrika seit dem Ende der bipolaren Ordnung«[96] gepriesen wird, weil sie das Abhängigkeitsverhältnis afrikanischer Staaten von ihren ehemaligen Kolonialmächten und den USA auflösen könne. Für Beobachterinnen und Beobachter ist allerdings klar, dass afrikanische Länder mehr als eine weitere Option brauchen, mit wem sie verhandeln oder Geschäfte machen können. »Sie brauchen auch die Wahl, ihre Politiker und Politikerinnen auszusuchen.«[97] Über die Fragen, ob sich afrikanische Staaten wirtschaftlich und politisch in eine neue Abhängigkeit begeben und ob Demokratie im westlichen Sinne zwingend notwendig ist, ist eine heftige Diskussion entbrannt und es wird noch einige Zeit dauern, bis wir eine solide Einschätzung geben können, die freier von politischem und ökonomischem Wunschdenken ist, das die Diskussion derzeit allzu häufig prägt.

5 Wirtschaftliche Entwicklung, 1960–2000

Menschen prägen die Wirtschaft und werden von ihr geprägt. Die wirtschaftliche Situation bestimmt über den Lebensstandard der Menschen mit, die keine Subsistenzwirtschaft betreiben und ist deshalb ursächlich für relativen Wohlstand oder Armut. Kapitel 3 hat gezeigt, dass die Kolonialzeit in der Summe eine ökonomische Revolution war und dass die neuen Eliten diese Entwicklung nicht zurückdrehen wollten. Die afrikanischen Staaten waren nun nominell unabhängig und als solche Teil des internationalen Wirtschaftssystems. Trotz großer Hoffnungen kam es nach der Dekolonisation allerdings nur in wenigen Staaten zu einem wirtschaftlichen Aufschwung. In diesem Kapitel will ich einige der Gründe dafür besprechen und konzentriere mich dabei auf historische und strukturelle Herausforderungen, wie die unvorteilhafte Geografie, Abhängigkeiten von der ehemaligen Kolonialmacht bzw. anderen nicht-afrikanischen Staaten und den (ausbleibenden) Weichenstellungen der neuen politischen Führung, ehe ich einige afrikanische und nicht-afrikanische Strategien für mehr Wirtschaftswachstum diskutiere. Hierbei liegt mein Fokus auf der Phase bis ca. zum Jahr 2000, denn, wie ich in Kapitel 4 dargestellt habe, setzte dann der neue Wettlauf um Afrika ein und veränderte die wirtschaftliche Situation, die ich im nachfolgenden Kapitel besprechen werde.

Afrikas wirtschaftliche Entwicklung: ein erster Blick

Betrachtet man die gesamtwirtschaftliche Entwicklung Afrikas ab dem afrikanischen Jahr 1960 sieht man, dass es ab Ende der 1960er- bis zu Beginn der 1980er-Jahre einen wirtschaftlichen Aufschwung gab. Dem folgte eine Rezession, eine Phase der Stagnation und eine weitere Rezession, ehe ab Mitte der 1990er-Jahre wieder ein wirtschaftliches Wachstum einsetzte, das noch andauert. Diese erste Bestandsaufnahme verdeckt, dass einige Länder wie Côte d'Ivoire, Ghana, Mauretanien, Nigeria, Ruanda, Sierra Leone, Simbabwe, Südafrika und Togo dieses Gesamtbild zwar widerspiegeln, andere Länder hingegen deutlich von ihm abweichen. Während die Wirtschaft von Ägypten, Algerien, Benin, Burkina Faso, Botsuana, Kenia, Lesotho, Marokko, Mali und Tunesien sowie von den Seychellen seit den frühen 1960er-Jahren kontinuierlich wuchs, gab es in Kongo-Kinshasa, Liberia, Madagaskar, Niger, Tschad, Sambia und in der Zentralafrikanischen

Republik kontinuierliche Schrumpfungen der Wirtschaft ab den 1960er-Jahren. Weiterhin zeigt diese erste Bestandsaufnahme nicht, dass das Gesamtwirtschaftswachstum Afrikas im weltweiten Vergleich gering ist. 1960 lag das durchschnittliche pro-Kopf BIP weltweit bei 3 690 US-Dollar. In Afrika lag er bei 1 320 US-Dollar. Bis 1990 verdoppelte sich der weltweite Durchschnitt nahezu auf 7.170 US-Dollar, in Afrika waren es 1 458 US-Dollar. 2017 lag das durchschnittlich pro-Kopf BIP weltweit bei 10 636 US-Dollar, während es in Afrika bei 1 980 US-Dollar lag.[1]

Historische und strukturelle Herausforderungen

Viele afrikanische Staaten sahen (und sehen) sich historischen und strukturellen Herausforderungen gegenüber, die es schwermachten (und machen), die Wirtschaft anzukurbeln. Die Probleme, die aus der Kolonialzeit nachwirken wie die auf die Kolonialwirtschaft ausgerichtete Infrastruktur und die mangelnde Ausbildung der Kolonialbevölkerung, habe ich bereits in Kapitel 3 besprochen. Zu diesem historischen Erbe kommen strukturelle Herausforderungen, die größtenteils mit der unvorteilhaften Geografie einzelner afrikanischer Länder zusammenhängen. Denn Klima, Bodenbeschaffenheit, Topografie und das Auftreten von tropischen Krankheiten tragen ihren Teil dazu bei, dass das Wirtschaftswachstum in etlichen Regionen gehemmt ist.[2] Die Landwirtschaft in Afrika ist beispielsweise durch unregelmäßigen, übermäßigen oder ausbleibenden Niederschlag und hohe Verdunstung stark beeinträchtigt. Wenngleich sich hier in den letzten Jahrzehnten einiges verändert hat, gibt es immer noch wenig künstliche Bewässerungssysteme und die landwirtschaftliche Produktion bleibt deshalb vielerorts vom natürlichen Niederschlag abhängig. Dürren wie in der Sahel Anfang der 1970er-Jahre kosteten bis zu 100 000 Menschenleben.[3] Maßnahmen hiergegen zu finden, ist nicht so einfach, wie es scheint. Viele Pflanzen nutzen die Veränderungen der Tageszeiten über das Jahr hinweg als Stimulus, um zu blühen. Aufgrund der Äquatornähe gibt es in Afrika solche Veränderungen kaum. Zudem brauchen viele Pflanzen eine kühlere und trockene Jahreszeit; beides ist in Afrika vielerorts kaum gegeben.[4] Vor diesem Hintergrund ist es schwierig Pflanzen, die in anderen Erdteilen Hauptnahrungsmittel sind, in Afrika anzubauen und so die Nahrungsvielfalt und -sicherheit zu erhöhen.

Auch wegen den schwierigen Anbaubedingungen war die Nahrungssicherheit in den 1970er- und 1980er-Jahren höchst kritisch[5] – und ist es teils bis heute wie die Dürre 2018 am Horn von Afrika zeigt. Zwischen 1971 und 1980 stieg die Nahrungsmittelproduktion in Afrika zwar jährlich um 1,8 %, doch auch die Bevölkerung wuchs. Ein jährliches Bevölkerungswachstum von 2,9 % fraß die landwirtschaftliche Mehrproduktion nicht nur auf, sondern forderte sogar eine noch höhere Produktion.[6] Diese Zahlen täuschen über die unterschiedliche Situation in den einzelnen Ländern hinweg. Während Benin, Burkina Faso, Burundi, Côte d'Ivoire, Eswatini, Gabun, Guinea-Bissau, Kamerun, Mali, Niger, Ruanda und Tunesien pro Kopf gerechnet im Zeitraum 1971–1980 eine jährliche Steigerung der Nahrungsmittelproduktion hatten, war die Situation in Algerien, Ghana, Mosambik und Namibia mit jeweils über 3 % Verlust pro Kopf verheerend.[7] Dies hing auch mit niedrigeren Produktivitätsraten pro Hektar und der ausbleibenden Nutzung von verfügbarem Land zusammen. In der Folge waren etliche Länder auf Nahrungsmittelimporte und -spenden angewiesen, die häufig langfristig negativ wirkten, weil sie lokale Märkte zerstörten.

HIV/AIDS und tropische Krankheiten wie Malaria, die aufgrund der geographischen Lage afrikanische Länder besonders hart treffen, wirken sich ebenfalls negativ auf die Wirtschaft aus. Nimmt man die unmittelbaren medizinischen Kosten und die Verluste bei der Produktivität zusammen, dann verlor Afrika 1987 schätzungsweise 0,8 Mrd. Dollar oder 0,6 % des BIP durch Malaria.[8] Kaum weniger folgenreich ist HIV/AIDS. Wenngleich die Auswirkungen dieser Epidemie auf die afrikanische Wirtschaft Gegenstand von Diskussionen unter Wissenschaftlerinnen und Wissenschaftlern sowie Entscheidungsträgerinnen und -träger sind, zeigen die meisten Studien eine deutlich negative Auswirkung der Krankheit auf die Wirtschaft in erster Linie durch den Aus- und Wegfall von Arbeitskräften. Für Subsaharaafrika lässt sich für die frühen 1990er-Jahre eine Reduktion des pro-Kopf BIP-Wachstums durch HIV/AIDS von 0,15 % errechnen; in den zehn am stärksten betroffenen Ländern sogar um ein Drittel.[9] Die Prognosen, HIV/AIDS führe zu einer tiefgreifenden Wirtschaftskrise, bestätigten sich allerdings nicht. Die Krankheit wirkte sich bedeutend weniger auf die Wirtschaft aus als zunächst gedacht. Die Szenarien der 1990er-Jahre führten jedoch dazu, dass Gelder für die HIV/AIDS-Bekämpfung mobilisiert werden konnten, da viele Regierungen in Afrika und darüber hinaus sowie NGOs und andere zivilgesellschaftliche Gruppen sie als eine Notwendigkeit sahen, um die wirtschaftliche Lage vor einer negativen Entwicklung zu schützen.[10]

Ich möchte den Untersuchungszeitraum dieses Kapitels kurz verlassen, um zu zeigen, dass in mancher Hinsicht Gleiches für den Ebolaausbruch 2013–2016 in Westafrika galt, der vor allem Guinea, Liberia und Sierra Leone betraf. Im Oktober 2014 schätzte die Weltbank, dass die Epidemie bis zu 32,6 Mrd. US-Dollar des BIP bis Ende 2015 kosten würde. Einen Monat später schätzte sie die Zahl auf 3–4 Mrd. und 2016 gegen Ende der Krise schätzte sie den BIP-Verlust auf 2,8 Mrd.[11] Die Epidemie, die 11 300 Menschenleben kostete, führte zu einer verstärkten Ebolaprävention vor allem durch Impfen. Gleichzeitig wurden wenige Lehren gezogen und die Gesundheitsversorgung vor Ort bleibt schlecht ausgestattet und unterfinanziert, um mit einem erneuten Ausbruch umzugehen.[12] Dies war in Westafrika der Fall wie auch sonst in Afrika, wie der Ebolaausbruch 2019 in Kongo-Kinshasa nahelegt.

Von HIV/AIDS und Ebola ist nicht der ganze Kontinent betroffen. Während HIV/AIDS ein zentrales Problem im südlichen Afrika und in Zentralafrika darstellt, ist ihr Ausmaß in West- und Nordafrika deutlich geringer.[13] Die Ebola führte bislang in nur vier Ländern zu einer Gesundheitskrise und auch in diesen Ländern war dies nicht allerorts in gleichem Maße der Fall. So war z. B. in Kongo-Kinshasa nur ein sehr kleiner Teil des Landes betroffen.

Andere geographische Probleme sind die Lage und Größe vieler Länder sowie die Entfernung zum Seehandel, woraus wirtschaftliche Probleme resultieren.[14] Die vielen Binnenstaaten, die Sahara als Barriere zu den Märkten in Europa, die im Verhältnis zur Landmasse kurze Küstenlinie und die Tatsache, dass nur 21 % der Bevölkerung in 100 km Entfernung zum Meer oder einem schiffbaren Fluss wohnen (in den USA sind es 67 % und in Westeuropa 89 %), wirken sich negativ auf die Handelsmöglichkeiten vieler afrikanischer Staaten aus und sind schwierig bis unmöglich zu überwinden.[15] Äthiopien wurde z. B. mit der Unabhängigkeit Eritreas 1993 (▶ Kap. 2) zum Binnenstaat und mit Ausbruch des Kriegs zwischen den beiden Staaten und dem Konflikt im benachbarten Somalia blieb nur noch der Hafen in Djibouti als nächstgelegener Seehafen, zu dem der Transport von Gütern allerdings Tage dauerte. Dies ist einer der Gründe, warum sich Ethiopian Airlines zu einer der wichtigsten Fluglinien Afrikas und der Hauptstadtflughafen Bole zu einem bedeutenden afrikanischen Drehkreuz entwickelten. Um die Kosten für den Transport zu senken und größere Mengen zu transportieren, baute die äthiopische Regierung mit chinesischer Hilfe die alte Bahnlinie nach Djibouti aus und weihte die neue Strecke Anfang 2018 ein. Damit verkürzte sich die Transportdauer auf rund zehn Stunden. Während zwischen Äthiopien und Djibouti der Transport deutlich einfacher und schneller geworden ist, ist die Überquerung des Flusses Kongo, welcher die beiden Hauptstädte der Demokratischen Republik Kongo (Kinshasa) und der Republik Kongo (Brazzaville) voneinander trennt, bis heute nur mittels Fähren möglich. Pläne, eine 1,6 km lange Brücke zu bauen, haben das Planungsstadium nie verlassen.[16]

Historische, strukturelle und geographische Gründe führen zu einer allgemein schwierigen Ausgangslage, sind aber nicht alleine für die wirtschaftlichen Probleme verantwortlich, wie das Beispiel Mauritius zeigt. Die Inselgruppe befindet sich mitten im Indischen Ozean und ist über 2 300 km vom afrikanischen Festland sowie gut 1 000 km von Madagaskar entfernt. Aufgrund dieser geographischen Lage ist die Inselgruppe in vielerlei Hinsicht benachteiligt. Eine extreme Abhängigkeit von Zuckerexporten machte das Land, das wenige natürliche Ressourcen hat, wirtschaftlich angreifbar. Der Wirtschaftsnobelpreisträger James Maede gab 1961 daher eine sehr düstere Prognose für die Entwicklung des Landes ab.[17] Die Dinge kamen jedoch anders. Mauritius handelte zuerst gute Zuckerquoten mit der Europäischen Wirtschaftsgemeinschaft (EWG) aus und übernahm dann das taiwanesische Erfolgsmodell und baute mit der Textilverarbeitung eine exportorientierte Industrie auf. Parallel wurde der Tourismussektor stark ausgebaut. In einem dritten Schritt kopierte Mauritius Singapur als Finanzplatz und platzierte sich als Brücke zwischen Asien und Afrika (die Bevölkerung umfasst rund zwei Drittel Indisch stämmige, rund ein Drittel sind Kreolen und es gibt einen kleinen Anteil, die aus Europa und China abstammen). Im jüngsten Schritt nahm sich Mauritius Bangalore zum Vorbild und versuchte, das Land in eine *Cyber Island* umzuwandeln.[18] Nicht unbedeutend für Mauritius' wirtschaftlichen Aufstieg sind die parallel stattfindende Demokratisierung, die Existenz funktionierender staatlicher Institutionen sowie Investitionen in Bildung.[19] Mauritius hat seinen geographischen Nachteil in einen Vorteil umgemünzt und wird von den in Afrika verstärkt aktiven Ländern China und Indien als Brücke genutzt.

Abhängigkeiten

Wenngleich es Mauritius gelang, sich von der Abhängigkeit des Zuckers zu befreien, war (und ist) die anhaltende Konzentration auf den Export von natürlichen Gütern in Afrika nicht überraschend. Zum einen war die koloniale Wirtschaft darauf ausgerichtet, und die postkoloniale Zeit war schlicht eine Fortsetzung davon. Zum anderen verkaufen sich natürliche Ressourcen auch wenn es zum Versagen staatlicher Institutionen kommt und bringen weiter Einnahmen.[20] So blieben die meisten Volkswirtschaften vom Export von Rohstoffen oder von der Agrarproduktion abhängig und die postkolonialen Regierungen stellten selten die Weichen für eine Diversifikation der Exportgüter. Ghana hing nach der Unabhängigkeit weiterhin von Kakao ab, Sambia von Kupfer und Ägypten, Sudan sowie Tschad von Baumwolle.[21] Mit Funden von fossilen Brennstoffen gewannen Algerien, Angola, Äquatorialguinea, Libyen und Nigeria ein bedeutendes Exportgut. Die mangelnde Diversität machte die Wirtschaften dieser Länder stark vom Weltmarktpreis für das jeweilige Gut abhängig und damit die Wirtschaft verwundbar.

Veränderungen im Weltwirtschaftssystem beeinflussten die afrikanische Wirtschaft. Infolge des Vietnam-Kriegs in den 1970er-Jahren geriet die Vormachtstellung der USA in ökonomischen Fragen ins Wanken. Die Aufhebung des Goldstandards und die Ölkrisen der 1970er-Jahre setzten vielen Ländern zu und stießen die Weltwirtschaft und mit ihr die afrikanische Wirtschaft in eine Rezession. Der Ölpreisschock traf jedoch nicht alle Staaten Afrikas gleich. Exporteure von fossilen Brennstoffen wie Algerien, Angola, Gabun und Nigeria profitierten sogar, während die Staatsverschuldung der meisten anderen Staaten anstieg und deren Devisenreserven kleiner wurden. Die häufige Überbewertung afrikanischer Währungen hemmte den Außenhandel zusätzlich. Veränderungen im Weltmarkt wirkten sich auf die Produktion bestimmter Güter wie Kakao- und Kaffee aus. In Côte d'Ivoire hingen in den 1980er-Jahren bis zu 60 % der Exporteinahmen und 40 % der Einnahmen der Regierung vom Verkauf von Kakao und Kaffee ab. Die Produzenten hatten einen garantierten Abnahmepreis. Der Verfall des Weltmarktpreises für Kaffee und Kakao führte dazu, dass die Regierung die Produzenten subventionieren musste, denn sie erhielt weniger im Verkauf als sie an die Produzenten zahlte. Letztlich musste sie den Abnahmepreis für beide Produkte halbieren, was Auswirkungen auf die Wirtschaft, die sozioökonomische Entwicklung und Investitionen in die Zukunft wie in die Bildung hatte. Schließlich führte dies zu einer Abhängigkeit von internationalen Gebern.[22]

Alte Kolonial- und neue Supermächte

Während des Kalten Kriegs war es vor allem die Abhängigkeit von der ehemaligen Kolonialmacht und zunehmend auch von anderen westlichen Staaten, die die wirtschaftliche Entwicklung der afrikanischen Länder bestimmte. Tabelle 1 zeigt die jeweils fünf wichtigsten Absatzmärkte ausgewählter afrikanischer Länder sowie das Volumen der weltweiten und innerafrikanischen Exporte. Hier wird deutlich, dass die ehemalige Kolonialmacht häufig die größte Exportdestination war. Für die ehemaligen britischen Kolonien gilt dies jedoch nur für den Zeitraum unmittelbar nach der Unabhängigkeit, denn anders als bei den ehemaligen französischen und belgischen Kolonien schwand die britische Vormachtstellung in ihren ehemaligen Kolonien recht schnell. Ägypten, das schon in der Frühphase der Dekolonisation unabhängig wurde, fällt ganz aus dem Muster heraus, da es keine Abhängigkeit von der ehemaligen Kolonialmacht aufweist.[23] Auch für Äthiopien war die Kurzzeitbesatzungsmacht Italien nicht der wichtigste Handelspartner. Ägypten und Äthiopien sind in einer weiteren Hinsicht interessant: Während für die meisten afrikanischen Staaten europäische Länder und die USA die Hauptabnehmer der Exporte waren, wiesen Ägypten und Äthiopien eine größere Diversifikation der Exportdestinationen auf. Bei Äthiopien sieht man die seit Jahrhunderten andauernde wirtschaftliche Verflechtung mit der arabischen Halbinsel und bei Ägypten die starken wirtschaftlichen Verbindungen mit der ehemaligen Sowjetunion und deren Satellitenstaaten. Auch Kenia weist eine Besonderheit auf, denn hier waren die Hauptexportdestinationen die Nachbarstaaten Uganda und Tansania, was wesentlich an der Existenz der Ostafrikanischen Gemeinschaft (1967–1977) lag (▶ Kap. 8). Kenia ist hier eine Ausnahme, denn Tabelle 1 illustriert auch, dass der innerafrikanische Handel insgesamt schwach ausgeprägt war. Die Daten verdeutlichen zudem, dass die Sowjetunion während des Kalten Kriegs nicht annähernd die Bedeutung der USA als Handelspartner erlangte.

Während für viele afrikanische Staaten die ehemaligen Kolonialmächte, die europäischen und nordamerikanischen Staaten sowie Japan als Exportdestinationen von größter Bedeutung waren, kann man im Gegenzug nicht sagen, dass für diese Staaten der Import vom Gütern aus Afrika wichtig war. Lediglich die ölexportierenden Länder Algerien, Libyen und Nigeria fielen in den Handelsstatistiken dieser Staaten ins Gewicht. Frankreich z. B. bezog 1975 aus den ölexportierenden Ländern Algerien 1,4 %, Libyen 0,04 % und Nigeria 1,6 % seiner Waren. Aus dem gesamten restlichen Afrika bezog es insgesamt 4,7 % der Waren. Ähnliches galt für Deutschland, das insgesamt 7,7 % seiner Importe aus Afrika bezog. Italien bezog 7,8 % seiner Importe aus Afrika, Großbritannien 7,7 % und die USA 8,6 %. Die Sowjetunion bezog nur 5,4 % ihrer Importe aus Afrika.[24]

Die Handelspolitik der Industriestaaten wirkte Versuchen, die afrikanische Wirtschaft zu stärken, entgegen. So waren z. B. die Agrarsubventionen und das Multifaserabkommen entwicklungsfeindlich und festigten die wirtschaftliche Dominanz der Industrieländer zu Lasten der Länder im Globalen Süden. Die EWG machte den Schutz europäischer Landwirte zu einer Priorität, um angesichts der

Abhängigkeiten

Tab. 1: Exporte (Güter, Werte der Exporte free of board) ausgewählter Länder mit den jeweils fünf größten Handelspartnern, Afrika allgemein und der Welt insgesamt (in Mio. US-Dollar).[25]

	1950		1960		1970		1980		1990	
Ägypten										
1.	Großbritannien	109,40	Sowjetunion	88,70	Sowjetunion	293,01	Italien	872,41	Sowjetunion	408,10
2.	Indien	62,80	China	44,50	German DR	45,34	Jemen	248,93	Italien	315,75
3.	USA	44,30	Jugoslawien	38,80	Indien	41,35	USA	234,03	USA	221,84
4.	Italien	42,80	Indien	38,70	ČSSR	36,22	Israel	182,30	Israel	167,86
5.	Frankreich	42,20	ČSSR	37,20	Italien	25,31	Niederlande	175,18	Niederlande	163,64
Afrika		0,90		19,10		52,53		40,52		125,47
Welt		500,90		566,80		772,97		3045,87		2585,19
Algerien										
1.	Frankreich	243,20	Frankreich	318,70	Frankreich	540,20	USA	7509,64	Italien	2254,00
2.	Großbritannien	18,80	Großbritannien	21,70	Deutschland	129,70	Frankreich	2091,95	USA	2118,08
3.	Deutschland	13,00	Deutschland	10,70	Sowjetunion	49,00	Deutschland	1942,06	Frankreich	1910,10
4.	Marokko	8,70	Italien	7,00	Italien	42,50	Italien	922,56	Niederlande	1027,10
5.	Niederlande	5,80	Madagaskar	5,40	Großbritannien	41,50	Niederlande	817,50	Belgien & Lux.	757,26
Afrika		31,30		16,90		49,40		135,03		497,87
Welt		322,20		392,30		1000,50		15621,25		11008,84

5 Wirtschaftliche Entwicklung, 1960–2000

Tab. 1: Exporte (Güter, Werte der Exporte free of board) ausgewählter Länder mit den jeweils fünf größten Handelspartnern, Afrika allgemein und der Welt insgesamt (in Mio. US-Dollar).[24] – Fortsetzung

Äthiopien

	1950		1960		1970		1980		1990	
1.	3,50	USA	27,20	USA	59,61	USA	77,11	Deutschland	51,75	Djibouti
2.	2,30	Italien	6,10	Deutschland	8,90	Djibouti	48,47	Japan	43,71	Großbritannien
3.	1,60	Großbritannien	4,50	Italien	7,60	Italien	43,07	Djibouti	35,31	Italien
4.	1,50	Saudi Arabien	3,90	Saudi Arabien	6,67	Sowjetunion	39,22	USA	31,73	Sudan
5.	0,40	Sri Lanka	3,50	Japan	6,64	Deutschland	35,97	Saudi Arabien	29,92	Niederlande
Afrika	5,40		3,80		8,40		56,72		37,33	
Welt	34,70		73,90		122,73		424,73		294,20	

Côte d'Ivoire

	1950		1960		1970		1980		1990	
1.		Frankreich	79,22	Frankreich	153,09	Frankreich	680,81	Niederlande	426,39	
2.		USA	22,74	USA	87,56	Niederlande	426,99	Italien	245,35	
3.		Algerien	13,54	Deutschland	45,02	Italien	360,7	Frankreich	209,30	
4.		Niederlande	9,13	Niederlande	42,45	Deutschland	268,98	Deutschland	193,02	
5.		Italien	6,34	Italien	40,33	USA	259,87	USA	167,03	
Afrika			35,46		33,45		587,92		936,55	
Welt			151,19		467,34		3131,62		2812,62	

Abhängigkeiten

Tab. 1: Exporte (Güter, Werte der Exporte free of board) ausgewählter Länder mit den jeweils fünf größten Handelspartnern, Afrika allgemein und der Welt insgesamt (in Mio. US-Dollar).[24] – Fortsetzung

	1950		1960		1970		1980		1990	
Guinea-Bissau										
1.						Portugal	2,70	Portugal	3,01	Spanien	12,91
2.						Kap Verde	0,10	Spanien	2,80	Indien	12,77
3.						Deutschland	0,10	Schweiz	2,56	Portugal	2,63
4.						Angola	0,10	Kap Verde	0,68	Großbritannien	1,31
5.						Niederlande	0,10	Niederlande	0,62	Cote d'Ivoire	1,00
Afrika							0,20		2,06		1,61
Welt							3,20		11,09		34,11
Kenia										
1.	Großbritannien	20,40	Großbritannien	27,00	Uganda	46,75	Uganda	178,91	Uganda	190,35
2.	USA	6,40	Deutschland	18,30	Großbritannien	43,64	Großbritannien	158,61	Großbritannien	143,79
3.	Deutschland	4,80	USA	11,00	Tansania	41,31	Deutschland	150,99	Deutschland	95,05
4.	Südafrika	2,60	Japan	5,70	Deutschland	19,11	Singapur	82,72	Ruanda	75,25
5.	Indien	2,50	Italien	4,40	USA	18,96	Italien	63,97	Pakistan	60,43
Afrika		6,00		9,00		121,20		377,86		432,68
Welt		55,00		109,70		303,14		1387,45		1116,20

89

Tab. 1: Exporte (Güter, Werte der Exporte free of board) ausgewählter Länder mit den jeweils fünf größten Handelspartnern, Afrika allgemein und der Welt insgesamt (in Mio. US-Dollar).[24] – Fortsetzung

	1950		1960		1970		1980		1990	
Kongo-Kinshasa										
1.	Belgien & Lux.	159,30	Belgien & Lux.	238,90	Belgien & Lux.	310,80	Belgien & Lux.	1213,80	Belgien & Lux.	563,06
2.	USA	35,10	USA	64,70	Angola	126,40	Schweiz	106,70	USA	240,91
3.	Großbritannien	29,30	Großbritannien	37,10	Italien	84,40	Großbritannien	74,30	Deutschland	131,96
4.	Deutschland	6,80	Frankreich	29,30	Großbritannien	53,60	USA	50,30	Italien	92,55
5.	Südafrika	6,40	Deutschland	23,20	Frankreich	51,40	Frankreich	30,50	Simbabwe	81,75
Afrika		10,80		13,70		173,20		9,10		106,01
Welt		267,40		475,30		735,40		1513,80		1353,28
Nigeria										
1.	Großbritannien	200,00	Großbritannien	220,00	Großbritannien	350,50	USA	7485,40	USA	5568,57
2.	USA	36,90	Niederlande	58,20	Niederlande	208,90	Niederlande	2134,20	Spanien	942,33
3.	Niederlande	4,00	USA	43,70	USA	142,30	Deutschland	1372,90	Niederlande	936,49
4.	Deutschland	3,10	Deutschland	35,00	Frankreich	105,80	Frankreich	1360,70	Deutschland	593,18
5.	Kamerun	1,10	Italien	19,60	Deutschland	83,10	Großbritannien	1057,40	Großbritannien	299,83
Afrika		2,70		3,20		14,80		327,00		672,08
Welt		250,00		461,80		1239,30		17221,70		10273,08

sowjetischen Bedrohung während des Kalten Kriegs unabhängig zu bleiben. Das daraus resultierende Subventionssystem schützte nicht nur den europäischen Markt, sondern machte die subventionierten Landwirtschaftsprodukte auch international wettbewerbsfähig. Afrikanische Landwirte hatten (und haben) hierdurch einen doppelten Nachteil: erschwerter Zugang ihrer Produkte zum geschützten europäischen Markt und Nichtmithaltenkönnen mit den Preisen der subventionierten europäischen Erzeugnisse. Japan und die USA unterstütz(t)en ihre Landwirtschaft ähnlich. Die Konsequenz für afrikanische Staaten ist, dass Möglichkeiten für Wachstum und sozioökonomische Entwicklung untergraben wurden.[26] Das Gleiche gilt für die Textilindustrie in afrikanischen (und mehr noch die asiatischen) Ländern, die unter dem Multifaserabkommen von 1974 litten, denn dieses erlaubt den Industrieländern die Einfuhr von Textilgütern zum Schutz ihrer eigenen Textilindustrie zu reduzieren. Weil die Textilindustrie als Ausgangspunkt für die Industrialisierung gilt und weil die ehemaligen Kolonien einen Wettbewerbsvorteil in diesem Sektor haben, da die Textilproduktion arbeitsintensiv und daher besser geeignet für Länder mit niedrigen Löhnen und Sozialabgaben ist, hatte dieses Abkommen verheerende Auswirkungen auf diese Entwicklungsländer.[27]

Die europäische Handelspolitik manifestierte das Abhängigkeitsverhältnis Afrikas von Europa ebenso. Als die Verhandlungen zur Gründung der EWG begannen, war Afrika noch weitgehend kolonisiert. Die französische Regierung erkannte, dass sie anders als in Nordafrika in ihren Kolonien in Subsaharaafrika langfristig einflussreich bleiben konnte.[28] Deshalb pochte sie bei den Verhandlungen mit den anderen europäischen Staaten darauf, dass ihre Kolonien auch Zugang zum europäischen Markt haben sollten, was am Ende auch geschah. Der Grundstein für eine gesamteuropäische Handelspolitik mit den Staaten Afrikas war gelegt.

Nach der Dekolonisation musste eine neue Form der Handelsbeziehungen gefunden werden. Mit der Ausnahme radikaler Staaten wie Guinea wollten die nun unabhängigen Staaten mit dem europäischen Markt eng verbunden bleiben. Daraus entwickelte sich ein Assoziierungsabkommen, das 1964 im kamerunischen Yaoundé unterzeichnet und 1971 um vier Jahre verlängert wurde.[29] Das Abkommen sollte eine Freihandelszone auf- und Handelshemmnisse abbauen. Dass es sich dabei um eine französische Initiative handelte, ist bestens an der Zusammenstellung der Länder sichtbar, mit denen das Abkommen geschlossen wurde, denn dies waren fast ausnahmslos ehemalige französische Kolonien. Ein Teil des Abkommens waren Entwicklungshilfezahlungen. Während dies für Frankreich aufgrund der Kolonialgeschichte »natürlich« und profitabel war, weil es fortan nicht alleine zahlen musste, war das Abkommen für Deutschland – dem anderen wirtschaftlichen Schwergewicht der EWG – doch bemerkenswert, denn die politischen und wirtschaftlichen Interessen lagen nicht einmal zwei Jahrzehnte nach dem Zweiten Weltkrieg und dem Naziregime woanders. Obwohl die Mehrheit der afrikanischen Staaten das Yaoundé-Abkommen unterschrieb, waren die Kritiker unüberhörbar, allen voran Touré und Nkrumah. Letzterer beschrieb das Assoziierungsabkommen als »kollektiven Neokolonialismus des gemeinsamen Europäischen Marktes«.[30]

Aufgrund der beschriebenen Abhängigkeiten gewannen zwei Konzepte an Bedeutung: Einerseits wurde die Dependenztheorie entwickelt, die von einer Hierarchie zwischen Metropole und Peripherie ausgeht und annimmt, dass die Entwicklung der Peripherie, also den Entwicklungsländern, gehemmt ist.[31] Sie stützt sich auf die These von Raúl Prebisch und Hans Singer, dass sich die *terms of trade* der Länder verschlechtern, die Primärgüter exportieren, wohingegen sich die *terms of trade* für die Industrieländer verbessern.[32] Ab den 1960er-Jahren hatten sich die *terms of trade* für afrikanische Staaten in der Tat verschlechtert, d. h. viele mussten eine größere Menge eines Gutes exportieren, um die gleiche Menge eines anderen Gutes zu importieren. Für Madagaskar und Togo war diese Entwicklung besonders negativ, was am fallenden Preis für Kaffee- und Kakaobohnen lag.[33]

Andererseits gewann das Konzept des Neokolonialismus an Relevanz (▶ Kap. 2), das die Beziehungen zwischen ehemaligen Kolonien und den Kolonialmächten sowie die Abhängigkeiten der Kolonien beschreibt.[34] Die fortwährende wirtschaftliche Bedeutung der ehemaligen Kolonialmächte wird im Fall Frankreichs besonders deutlich. Die lokale Währung der ehemaligen Kolonien, der CFA-Franc, blieb an den französischen Franc gebunden und Teile der Währungsreserven der vormaligen Kolonien, die im Währungsverbund organisiert waren und sind, lagern bei der französischen Zentralbank. Durch Kooperationsverträge sicherte sich Frankreich zudem privilegierte Lieferungsbedingungen für Rohstoffe und stellte sicher, dass die ehemaligen Kolonien, Importe aus anderen Ländern als Frankreich einschränkten. So wird in der Zusammenschau mit den in Kapitel 4 dargestellten Einmischungen Frankreichs François-Xavier Verschaves Aussage nachvollziehbarer, die Beziehungen zwischen Frankreich und seinen ehemaligen afrikanischen Kolonien seien statt des propagierten Bild des »Françafrique« zutreffender als »Mafiafrique«[35] zu bezeichnen.

Die Konzepte Dependenztheorie und Neokolonialismus vereint, dass beide die ehemaligen Kolonien – die fortan als Entwicklungsländer bezeichnet wurden – den ehemaligen Kolonialmächten (und anderen stärkeren Staaten wie den USA) auf konzeptioneller Ebene unterordnen. Dass beide Konzepte keinesfalls aus der Luft gegriffen sind, legen die obigen Zahlen nahe. So überrascht es nicht, dass sich insbesondere der Neokolonialismus als Begriff bis in die Gegenwart hält, wenngleich er an Prominenz verloren hat – auch weil er zunehmend als Rechtfertigungsstrategie und Strategie zum Überdecken des eigenen Versagens afrikanischer Regierungen verwendet wird, wie das Beispiel Mugabe zeigt. Letzterer galt lange als anglophil, liebte Cricket, trug englische Anzüge, pflegte gute Kontakte zu Arthur Soames, dem letzten britischen Gouverneur in Südrhodesien, und zu dessen Sohn, einem Tory-Abgeordneten im britischen Unterhaus, und trauerte dem Abgang von Margaret Thatcher nach, weil er ihr dankbar war für die Organisation der Unabhängigkeit Simbabwes.[36] 1997 wurde in Großbritannien die Tory-Regierung von der Labour-Regierung unter Blair abgelöst und damit eine neue, offensive und nicht von einer historischen Verantwortung getragene Politik gegenüber den ehemaligen Kolonien eingeläutet, die mit der Anmerkung der Ministerin Clare Short, sie sei Irin und damit selbst einst kolonisiert gewesen, einen Ausdruck fand. Zeitgleich stand Mugabe innenpolitisch unter Druck, brachte eine umstrittene Landreform in Gang und begann seine Tiraden gegen die ehemalige Kolonialmacht, wie bei der UN-Vollversammlung 2002, als er Großbritannien und die Blair-Regierung wüst beschimpfte und sich Einmischung verbat.[37]

Entwicklungszusammenarbeit

Wirtschaftliche Zusammenarbeit bestand nach der Dekolonisation wesentlich aus Entwicklungshilfe, also finanzieller oder technischer Hilfe für ärmere Staaten und deren Bevölkerung. Auch hier werden die Abhängigkeiten von westlichen Staaten deutlich. Tabelle 2 zeigt den Nettofluss finanzieller Hilfen in einige ausgewählte Länder (in Jahren, in denen die Rückzahlungen überwogen, können negative Zahlen entstehen). Die Tabelle zeigt u. a., dass die Hilfen von 1971 bis 1990 anstiegen, dass die ehemalige Kolonialmacht häufig die größte Summe zur Verfügung stellte und dass sich die USA zu einem wichtigen Geber entwickelten, was auch für Japan und in geringerem Umfang für einige OPEC Staaten zutrifft. Die Tabelle verdeutlicht überdies, dass internationale Organisationen wie die Weltbank als Geldgeber immer wichtiger wurden und dass europäische Staaten mehr Geld über die EWG-Kommission Richtung Afrika lenkten. Letztlich zeigt sich, dass auch die 1964 gegründete Afrikanische Entwicklungsbank als multilateraler Geber aktiv wurde. Die zur Verfügung gestellten Summen dieser Bank standen allerdings hinter den Summen anderer weit zurück (siehe unten).

Tab. 2: Gesamt-Netto der öffentlichen Entwicklungszusammenarbeit (in Mio. US-Dollar).[38]

	Algerien			Ghana			Kongo-Kinshasa		
	1971	1980	1990	1971	1980	1990	1971	1980	1990
Australien	–	0,1	–	0,2	0,7	0,8	–	–	0,1
Belgien	0,3	4,1	2,3	–	0,1	0,2	56,7	169,7	95,4
Dänemark	0,1	–	-0,3	0,2	-0,4	3,2	2,0	0,9	–
Deutschland (BRD)	0,8	28,6	5,4	6,5	26,2	66,0	0,8	36,8	112,4
Finnland	–	–	0,1	–	–	0,5	–	–	0,4
Frankreich	89,6	75,3	122,2	1,1	3,3	11,7	4,2	39,4	174,2
Großbritannien	0,1	0,8	0,7	16,0	34,8	22,3	0,2	1,3	3,4
Italien	8,0	0,5	9,3	–	0,5	10,5	0,1	0,6	145,1
Japan	–	4,8	0,3	0,3	2,5	71,9	0,7	39,4	44,1
Kanada	4,2	0,2	1,1	7,7	13,9	28,4	0,9	13,5	14,3
Niederlande	–	0,6	1,9	0,3	4,8	24,8	–	1,9	3,9

Tab. 2: Gesamt-Netto der öffentlichen Entwicklungszusammenarbeit (in Mio. US-Dollar). – Fortsetzung[38]

	Algerien			Ghana			Kongo-Kinshasa		
Norwegen	–	0,3	0,1	0,1	1,2	0,6	0,1	0,2	0,2
Österreich	3,0	0,5	23,1	–	0,1	2,0	0,1	-0,2	2,0
Schweden	–	2,4	19,2	–	0,4	2,0	0,2	2,0	–
Schweiz	0,2	0,5	0,5	0,1	0,2	3,7	0,1	0,6	1,0
USA	0,1	-1,0	–	17,0	19,0	13,0	12,0	11,0	32,0
Afrikanische Entwicklungsbank	–	–	–	–	–	2,9	–	–	38,0
EWG	5,1	0,6	21,2	0,1	8,6	19,6	20,2	23,0	53,7
Weltbank	–	–	0,3	3,4	9,4	185,4	2,1	19,6	73,0
IWF	–	–	–	–	28,9	–	–	37,6	–

Durch die Zahlung von bi- und multilateraler Hilfe wurde die Welt geteilt in Geber und Empfänger.[39] Afrikanische Staaten standen auf der Empfängerseite und waren abhängig von den Gebern. Das Gefühl, keine wahre Unabhängigkeit erreicht zu haben, machte sich breit und wurde durch die Tatsache, dass die Weltbank und der IWF im Wesentlichen eine Institutionalisierung der US-Vorherrschaft waren und ab den 1980er-Jahren ihre Strukturanpassungsprogramme durchdrückten (siehe unten), weiter gestärkt.

(Ausbleibende) Weichenstellungen

In den Jahren nach der Unabhängigkeit standen wirtschaftspolitische Entscheidungen nicht oben auf den Prioritätenlisten der neuen Regierungen. Wie oben und in Kapitel 3 dargestellt, setzten die postkolonialen Regierungen die Wirtschaftspolitik der Kolonialmächte zunächst fort. Vielerorts schien Nkrumahs Motto »Seek ye first the political kingdom and all things shall be added unto you« handlungsleitend. Da die Dekolonisation in die Zeit des Kalten Kriegs fiel, wurden die neuen Staaten rasch in die Konfrontation zwischen dem kapitalistischen und kommunistischen Wirtschaftsmodell hineingezogen. Während sich einige Staaten wie Äthiopien, Benin, Kongo-Brazzaville und die ehemaligen portugiesischen Kolonien vom Kommunismus angezogen fühlten, entwickelten andere wie Algerien, Ghana, Guinea und Tansania einen »afrikanischen Sozialismus« und wieder andere Länder, zu denen Côte d'Ivoire, Nigeria, Kenia, Kongo-Kinshasa und Marokko zählten, sympathisierten mit dem kapitalistischen Modell. Und es gab Staaten wie Ägypten, die von einem Modell zum anderen wechselten.[40]

Die neue politische Führung traf mitunter Entscheidungen, die die Wirtschaft schwächten. So wurden in etlichen Ländern Betriebe verstaatlicht, was häufig deren Effizienz senkte und private Investoren aus dem Ausland abschreckte. In Guinea z. B. führte die überstürzte Verstaatlichung vieler Betriebe zu einem deutlichen Rückgang der Produktion.[41] In Mosambik kam es zu einer selektiven Verstaatlichung, die vor allem der eigenen Bevölkerung schadete. Sie traf Letztere, nicht aber das große Kapital vor allem aus Apartheid-Südafrika.[42] Hinzu kam, dass viele Regierungen zu ihren oder zugunsten ihrer Klientel in die Wirtschaft eingriffen. Klientelismus führte zur Aufblähung des öffentlichen Sektors sowie zu Korruption und Steuervermeidung. Im Extremfall Kongo-Kinshasa wanderte viel von dem, was erwirtschaftet wurde, direkt in die Hände von Präsident Mobutu, dem damals fünftreichsten Menschen der Welt, der mehr von Kongos Reichtum stahl als König Leopold.[43] Es gab aber auch Staatschefs wie Tansanias Julius Nyerere, Burkina Fasos Thomas Sankara und Guinea's Touré, die sich nicht persönlich bereicherten. Sankara ging sogar soweit, Fahrräder und Renault 5 (ein sehr kleines Auto – Anmerkung für die Generation SUV) als Dienstwagen für sich und seine Minister zu nutzen, was eine Erklärung dafür ist, warum er auch noch Jahrzehnte nach seinem Tod im Land und darüber hinaus beliebt ist.[44]

Industrialisierung war eine der Strategien, um wirtschaftlichen Aufschwung zu erzeugen. Im Nachhinein betrachtet ist diese Strategie jedoch doppelt gescheitert. Durch die Fokussierung auf den Industriesektor wurde der Agrarsektor, der häufig der wichtigste Wirtschaftszweig war, vernachlässigt und brach ein. In Mauretanien z. B. konzentrierte sich die Regierung – die unter dem Einfluss der französischen Regierung und deren Interessen stand – auf den Abbau und die Aufbereitung von Eisenerz und Kupfer und stärkte den Minensektor. Der Landwirtschaft samt Viehhaltung schenkte sie wenig Beachtung, obwohl von den geschätzt 600 000 wirtschaftlich aktiven Menschen im Land 400 000 mit der Viehhaltung und 160 000 in der Landwirtschaft beschäftigt waren.[45] Dürren und hohe Steuern trieben die Bevölkerung in die Arbeit in den Minen. Die landwirtschaftliche Produktion brach ein und weil in den Minen die Arbeitsbedingungen und die Bezahlung miserabel waren, konnte auf dieser Basis auch kein wirtschaftlicher Aufschwung von unten erfolgen.[46] Wie an diesem Beispiel zu sehen ist, konnte dieser Sektor vielerorts kaum Fuß fassen. Über diesen Fall hinaus trug auch die oben dargestellte entwicklungsfeindliche Politik der Industrieländer dazu bei, dass die Industrialisierung scheiterte. 1960 kamen 7,2 % des BIP in Ostafrika aus dem produzierenden Gewerbe. Zehn Jahre später waren es 10,3 %. In Westafrika war die Steigerung im gleichen Zeitraum leicht höher, von 6,3 % auf 11,1 %. In Nordafrika hingegen sank der Anteil sogar von 14,8 % auf 13,3 %.[47]

Rentierstaaten

Rohstoffreichtum dient nicht automatisch dem Wohle der Wirtschaft und der Menschen. Rentierstaaten können entstehen. Diese zeichnen sich dadurch aus, dass Renten die Wirtschaft dominieren, dass diese Renten von außerhalb der lokalen Wirtschaft stammen, dass nur Wenige am Generieren dieser beteiligt sind und dass die Regierungen ihre Hauptempfänger sind.[48] Zu den afrikanischen Rentierstaaten zählen Angola, Gabun, Ghana, Nigeria, Uganda und der Südsudan. Diese Länder hängen primär von den Renten des Ölverkaufs ab.

Rentierstaaten unterliegen häufig einem Ressourcenfluch, d. h. dem Paradox, dass das Wirtschaftswachstum und die sozioökonomische Entwicklung trotz des Reichtums an natürlichen Ressourcen hinter den Möglichkeiten bleiben.[49] Dieses Phänomen ist kaum von der Hand zu weisen, wenngleich es »für jedes Nigeria oder Venezuela auch ein Norwegen oder Botsuana gibt«,[50] was bedeutet, dass es auch Länder gibt, die ihren Ressourcenreichtum zum Nutzen der Wirtschaft einsetzen und die breite Bevölkerung davon profitieren lassen. Dennoch wuchs laut einem Weltbankbericht im Zeitraum 1960–2000 das pro-Kopf BIP in Entwicklungsländern weltweit mit wenig natürlichen Ressourcen zwei- bis dreimal so schnell wie das in ressourcenreichen Ländern.[51] Ein Paradebeispiel für den Ressourcenfluch ist Kongo-Kinshasa. Obwohl dieses Land eines der ressourcenreichsten Länder der Erde ist, rangierte es 2018 beim pro-Kopf BIP auf Platz 179 von 182 und beim *Human Development Index* auf Platz 179 von 189 (▶ Tabelle 5).

Es gibt viele Gründe für den Ressourcenfluch. Die Verwendung der Einnahmen – insbesondere die mangelnde Bereitschaft, Teile der Einnahmen aus dem Ressourcenverkauf zu sparen anstatt auszugeben – scheint ein zentraler Erklärungsfaktor zu sein.[52] Weiterhin wird angenommen, dass das politische System eine Rolle spielt. Parlamentarische Systeme verwenden Einnahmen produktiver, weil sie repräsentativer sind und die Regierungen stärker von den Parlamenten abhängen.[53] Daneben wirkt sich die Qualität der Institutionen aus, denn in Staaten, in denen Eigentumsrechte nicht gut geschützt werden und in denen eine hohe Korruption herrscht, ist das Investitionsklima schlechter und es ist nicht attraktiv, in andere Sektoren als den Rohstoffsektor zu investieren.[54] Auch der Ressourcentyp und die zum Abbau benötigten Techniken sind wichtig.[55] Ebenso scheint ein Erklärungsfaktor zu sein, ob die Staaten früh oder spät industrialisiert wurden. Denn je früher ein Staat industrialisiert wurde, desto besser ist die Qualität seiner Institutionen. Und je stärker diese entwickelt sind, desto eher wirken sie sich positiv auf das Wirtschaftswachstum und die Einkommensverteilung aus, was den Ressourcenfluch abzufedern vermag oder erst gar nicht aufkommen lässt. Können Staaten von den Einnahmen des Ressourcenverkaufs leben, haben sie keine Notwendigkeit, ein Steuersystem zu errichten, das sie der Bevölkerung erklären müssen und für das sie deren Unterstützung brauchen. So können sie auf diesem Wege auch nicht-staatliche Institutionen und deren Akzeptanz stärken. Sind die staatlichen Institutionen schwach, stehen unkontrollierten Ausgaben der Regierung, Patronage und Selbstbereicherung Tür und Tor offen.[56] Besonders gut lässt sich dieses Phänomen in sogenannten »Petro-Staaten« wie

Nigeria beobachten. Nigeria war bei der Dekolonisation noch ein Nahrungsmittelexporteur und hatte einen Industriesektor (Textil- und Möbelherstellung). Die Ölfunde in den 1970er-Jahren führten dazu, dass in- und ausländische Investitionen vornehmlich in den Ölsektor flossen und andere Sektoren vernachlässigt wurden. Die Kredite, die die Regierung aufnahm, führten zu einer hohen Verschuldung und die politische Instabilität, die sich in etlichen Staatsstreichen zeigte (▶ Tabelle 6), ebnete den Weg für die Ausbeutung des Staates.[57] Die Folge ist, dass Nigeria nicht mehr reich an Öl ist, sondern abhängig vom Öl.[58]

Mit dem Ressourcenfluch geht häufig die sogenannte »Holländische Krankheit« einher, die sich in Afrika zu einer »chronischen Malaise«[59] entwickelt hat. Sie besagt, dass Wirtschaften, die von einem Exportgut (zumeist Öl) abhängen, einen Außenhandelsüberschuss generieren, infolge dessen die eigene Währung aufgewertet wird, was dazu führt, dass Importe billiger und Exporte teurer werden. Dies schwächt die Produktion im Land und hat negative Auswirkungen auf die Wirtschaft. Es gibt aber auch Staaten wie Botsuana, die dank eines starken industriellen Sektors die Holländische Krankheit abwenden konnten.[60] Die Diversifikation der Wirtschaft ist dennoch schwierig, denn die Gewinne des Ressourcensektors lassen Investitionen in andere Sektoren nicht lukrativ erscheinen. Aufgrund der finanziellen Attraktivität zieht der Ressourcensektor zudem die talentiertesten Arbeitskräfte an, deren Kreativität und Ideen in anderen Sektoren fehlen.

Jenseits der hier gebotenen Erklärungen, waren und sind politische Instabilität und Kriege, auf die ich ausführlich in Kapitel 9 und 10 zurückkommen werde, ebenfalls Wachstumshemmnisse; sie kosten bis zu 2 % Wirtschaftswachstum pro Jahr.[61] In einem solchen Klima tritt der Schutz des Privateigentums in den Hintergrund und teilweise wird das Privateigentum konfisziert. Hinzu kommt, dass private Gruppen ihre Ressourcen zur Abschreckung in der Kriegsführung einsetzen.[62] Der marktorientieren Privatwirtschaft sind damit die Grundlagen entzogen und Investoren abgeschreckt.

Initiativen und Strategien für Wirtschaftswachstum

Es gab etliche Initiativen und Strategien zur Stärkung der afrikanischen Wirtschaft. Einige kamen aus Afrika selbst, andere von außerhalb. Zu diesen Initiativen und Strategien zählen die *United Nations Conference on Trade and Development* (UNCTAD), die Gruppe der 77 (G77), die Brandt-Kommission, die Handelspolitik der europäischen Staaten, der *Lagos Plan of Action* der OAU und der Berg Report der Weltbank.

UNCTAD, G77 und Brandt-Kommission

Die UN erklärten die 1960er-Jahre zur Entwicklungsdekade und gründeten die UNCTAD, um den Handel zwischen reichen und armen Ländern zu fördern. Die UNCTAD bot Entwicklungsländern ein Forum, ihre Positionen gegenüber den Industrieländern wirksamer zu vertreten.[63] Unter der Führung lateinamerikanischer Staaten und Jugoslawien gründeten die Entwicklungsländer die G77, um sich in der UNCTAD und darüber hinaus besser zu koordinieren.[64] Anfangs umfasste die Gruppe die namensgebenden 77 Mitglieder; 2015 war sie auf 134 Mitglieder angewachsen und umfasste alle Staaten des Globalen Südens. Der afrikanische Einfluss innerhalb der G77 war (und ist) allerdings gering, lediglich Ägypten und Algerien hatten Gewicht.[65] Vor allem China, Indien und Jugoslawien dominierten die Gruppe. Aus finanziellen Gründen, aus Skepsis gegenüber der UNCTAC und G77 sowie aufgrund von Misstrauen und schlechter Kommunikation zwischen anglo- und frankophonen Ländern gab es zunächst nur wenige Treffen der afrikanischen G77-Mitglieder.[66]

Die G77 stieß in den 1960er- und 1970er-Jahren mit ihrer Forderung nach einer neuen Weltwirtschaftsordnung eine Debatte über das Abhängigkeitsverhältnis des Globalen Südens vom Globalen Norden und die Dominanz der Industrieländer an. Doch dem Thema nachhaltige Entwicklungszusammenarbeit wurde während des Kalten Kriegs seitens westlicher Staaten nur wenig Beachtung geschenkt. Und obwohl die G77 zwar theoretisch groß genug war, um international Einfluss zu haben, war sie nicht homogen und einig genug, um mit ihren Forderungen durchzudringen. Nyerere nannte die G77 gar eine »Gewerkschaft der Armen.«[67] Westliche Staaten betrachteten die G77-Positionen als unrealistisch. Die G77 wiederum sah die Ablehnung des Westens, eine neue Weltwirtschaftsordnung zu schaffen, als Versuch, Zeit zu kaufen und den Status quo zu wahren.[68]

Im Zusammenhang mit den Appellen der G77 stehen andere Initiativen wie die Arbeit einer Kommission unter dem ehemaligen deutschen Kanzler Willy Brandt. Diese arbeitete zwischen 1978 und 1980 einen Bericht aus, der zu mehr Kooperation zwischen dem Globalen Norden und dem Globalen Süden aufrief und einen Appell für eine gerechtere Weltwirtschaftsordnung enthielt. In dieser Phase, in der Margaret Thatcher und Ronald Reagan regieren und sich deren wirtschaftsliberale Positionen zunehmend international durchsetzen, konnten diese Vorschläge jedoch genauso wenig auf fruchtbaren Boden fallen wie die Appelle der G77.

Auch wenn die G77 und die Brandt-Kommission mit ihren Forderungen nicht durchdrangen, legten ihre Plädoyers für eine neue Weltwirtschaftsordnung einen Grundstein für intensivere Handelsbeziehungen innerhalb des Globalen Südens und förderten einen Dialog zwischen gewichtigen Staaten des Globalen Südens, wie die IBSA-Gruppe, die die gleichgesinnten Staaten (»like-minded states«) Indien, Brasilien und Südafrika umfasst. Zusätzlich lieferten sie viele Argumente, die die Debatte bis heute prägen. Die G77 wurde durch den Zusammenbruch Jugoslawiens und mehr noch durch die Entstehung der BRICS erheblich geschwächt. Die BRICS ersetzten nicht nur die IBSA, sondern beendeten auch die Führungsrollen der BRICS-Staaten in der G77.[69] Gegenwärtig sind es die BRICS, die aktiv eine multipolare post-westliche Weltordnung schaffen möchten und die anders als die G77 die Möglichkeiten haben, dies zu erreichen.[70]

Postkoloniale europäischen Handelspolitik

Die Handelspolitik der EWG erfuhr mit dem Beitritt Großbritanniens einen Wandel, denn für dessen Regierung war es wichtig, dass auch *Commonwealth*-Mitglieder von europäischer Wirtschaftshilfe profitierten.[71] Auch veränderte sich, dass die afrikanischen Staaten ihre Verhandlungsmacht erhöhten, indem sie sich – auch durch niederländisches und britisches Bestreben – mit den karibischen und pazifischen Staaten zusammenschlossen. Die Gruppe der AKP-Staaten (Afrika, Karibik und Pazifikstaaten) umfasste zunächst 46 Länder.

Die europäischen Staaten waren bei den Verhandlungen zu den Yaoundé-Abkommen noch defensiv und wollten den Anschein einer neokolonialen Politik vermeiden. In den späten 1960er-Jahren, als sie mit den AKP-Staaten ein neues Handelsabkommen aushandelten, waren sie ohne diesen Zwang.[72] Gleichzeitig organisierten sich die AKP-Staaten besser und konnten sich mehr Gehör verschaffen. In diesem Klima wurde die Lomé-Konvention als Nachfolgeabkommen des zweiten Yaoundé-Abkommens von 1971 ausgehandelt. Bereits das Verschwinden des Wortes »Assoziierung« wurde als eine Zeitenwende verstanden. Ob diesen Worten auch Taten folgten, stand auf einem anderen Blatt. Im Nachhinein betrachtet ist es vor allem bemerkenswert, dass die afrikanischen Staaten mit einer Stimme sprachen, wodurch sie ihre Verhandlungsmacht erhöhten. Es hatte sich eine »politisch, psychologisch und institutionell beachtlichere afrikanische Gruppe«[73] gebildet, die unter der Ägide Nigerias die Verhandlungen führte. Die 1975 verabschiedete Lomé-Konvention garantierte einen über Quoten geregelten Zugang von Landwirtschaftsprodukten und Mineralien in die EWG sowie Entwicklungshilfen. Die Konvention war so angelegt, dass selbst Präsident Touré sie unterzeichnete. Sie wurde dreimal verlängert, ehe sie 2000 auslief und durch das Cotonou-Abkommen ersetzt wurde (▶ Kap. 6).

Innerafrikanische Initiativen

Parallel zu den G77-Vorschlägen gab es Vorschläge seitens afrikanischer Staaten, die Wirtschaft anzukurbeln. Darunter war die Idee, durch regionale Wirtschaftsgemeinschaften Wirtschaftswachstum zu stimulieren. Durch die frühe Gründung der *Southern African Customs Union* 1910 gab es eine längere Tradition an regionalen Zusammenschlüsse in Afrika. Nach der Dekolonisation gab es Versuche, an diese Tradition anzuknüpfen und regionale Verbünde zu schaffen, wie z. B. ein Handelsabkommen zwischen Ghana und Burkina Faso, einen 1962 von Ägypten, Algerien, Burkina Faso, Ghana, Guinea, Mali und Marokko gegründeten Gemeinsamen Afrikanischen Markt und die oben erwähnte Ostafrikanische Gemeinschaft. Bis auf die *Southern African Customs Union* waren diese Initiativen jedoch nur von kurzer Dauer bzw. wurden erst gar nicht implementiert. Stattdessen entstanden andere Verbünde wie die *Economic Community of West African States* (ECOWAS). Bis zu intensiven Reformprozessen, der in den 1990er-Jahren begann, waren diese Organisationen meist schwach, auch weil die politische Führung nicht vollständig dahinter stand.[74] Aus wirtschaftlicher (und politischer) Sicht blieben die meisten regionalen Gemeinschaften hinter den Erwartungen zurück (▶ Kap. 8).[75]

Einer der wichtigsten Fürsprecher für regionale Wirtschaftsgemeinschaften war die *Economic Commission for Africa*. 1947 hatten die Kolonialmächte noch den indischen Vorschlag für eine solche Kommission als UN-Unterorganisation abgelehnt. 1958 wurde dann trotz Widerständen der Kolonialmächte eine solche Kommission gegründet mit dem Ziel, eine Denkfabrik für die Entwicklung Afrikas zu sein.[76] Aus Sicht der Kommission und ihrem Chef Adebayo Adedeji (1975–1991) gab es fünf Prinzipien, auf denen die Entwicklung Afrikas aufbauen sollte: nationale Eigenständigkeit; lokal verwurzeltes und autonomes Wirtschaftswachstum samt Diversifikation; Demokratisierung der Entwicklung; Bekämpfung der Massenarmut, Massenarbeitslosigkeit und eine faire Einkommensverteilung sowie regionale Wirtschaftsintegration durch Kooperation.[77]

Aus einer Enttäuschung über westliches Verhalten heraus unterstützte die Kommission den Appell für eine neue Weltwirtschaftsordnung und entwickelte mit der OAU den *Lagos Plan of Action* (1980). In diesem diagnostizierte die OAU, dass Afrika marginalisiert sei und der Kontinent strukturelle Probleme von den Kolonialmächten geerbt habe. Diese seien nur mit finanzieller Unterstützung durch externe Geber zu beseitigen. Um jedoch mittel- und langfristig unabhängig zu werden, erklärte die afrikanische Führung kollektive Selbstständigkeit zum Ziel. Ökonomische Integration innerhalb des Kontinents sollte hierbei helfen. Eines der zentralen Argumente war, dass Afrika nur als Block wirtschaftlichen Erfolg haben könne. Deshalb sollte bis zum Jahr 2000 eine afrikanische Wirtschaftsgemeinschaft geschaffen werden.[78] Selbstkritik der Staats- und Regierungschefs wie die Einsicht, falsche wirtschaftspolitische Entscheidungen getroffen zu haben, gab es kaum. Von außen wurde der Plan daher als ein utopisches Dokument, das mehr eine Hoffnungserklärung sei, kritisiert.[79]

Die afrikanischen Bemühungen, größere ökonomische Unabhängigkeit zu erlangen, hatten noch eine weitere Säule, namentlich die Afrikanische Entwicklungsbankgruppe, die 1966 ihre Arbeit begann.[80] Anfangs konnten nur afrikanische Staaten Mitglieder werden. Dadurch waren die finanziellen Spielräume allerdings begrenzt, weshalb ab 1982 auch andere Staaten beitreten konnten. Die Bank finanzierte etliche Entwicklungsprojekte u. a. in den Bereichen Landwirtschaft, Transport, Gesundheit, Bildung und Umwelt, bot technische Hilfe an und forschte. Die Bank war jedoch ineffektiv und korrupt und trat kaum mit eigenen Initiativen hervor.[81] Auch weil sie keine eigene Entwicklungstheorie präsentierte, spielte sie immer nur die zweite Geige hinter der Weltbank und dem IWF.[82]

Die Übermacht der Weltbank, die Dominanz westlicher Staaten und die Abhängigkeit von den Industrieländern setzten nicht nur der Afrikanischen Entwicklungsbankgruppe zu, sondern auch allen anderen afrikanischen Initiativen. Der ohnehin kleine Personalkörper vieler afrikanischer Regierungen konzentrierte sich auf die Weltbank und die Einwerbung von Fördergeldern dort. Die afrikanischen Initiativen verloren zunehmend an Bedeutung. Die afrikanischen Staaten schwenkten auf den neoliberalen Kurs der Weltbank und des IWF ein. Die afrikanischen Institutionen hatten nicht die Kapazitäten, Autonomie und die Fähigkeit, Verantwortung zu übernehmen und um sich durchzusetzen.[83]

Weltbank und Internationaler Währungsfond

Bereits 1981 hatte die Weltbank ihre Agenda im *Berg Report* ausbuchstabiert. Dieser Gegenpol zum *Lagos Plan of Action* ging mit der afrikanischen Führung und ihren wirtschaftspolitischen Entscheidungen hart ins Gericht. Der Bericht rief zu einer Anpassung der Wechselkurse, einem Fokus auf die Entwicklung des Agrarsektors und besserem Wirtschaftsmanagement auf. Weiterhin forderte er wegen der Wettbewerbsfähigkeit den öffentlichen Sektor, vielerorts durch Klientelismus aufgebläht, zu verkleinern. Die historischen und strukturellen Herausforderungen in Afrika blieben hingegen weitgehend unerwähnt.[84]

Bei allem inhaltlichen Dissens zwischen dem *Lagos Plan of Action* und dem *Berg Report* gibt es auch eine nicht direkt ausgesprochene gemeinsame Erkenntnis, nämlich dass Afrikas wirtschaftliche Misere auch damit zu tun hat, dass der Kontinent (ungewollt) in das von Europa und Nordamerika dominierte kapitalistische System integriert wurde und es dabei Anpassungsschwierigkeiten gab. Während die Weltbank dies als unumkehrbar betrachtete und Lösungen von afrikanischen Staaten und internationalen Gebern forderte, bedienten sich viele afrikanische Staats- und Regierungschefs und Intellektuelle am marxistischen Gedankengut und suchten darin einen Ausweg aus dem System.[85] Amílcar Cabral, der die Befreiungsbewegung im heutigen Guinea-Bissau anführte, und Sékou Touré sind zwei Beispiele hierfür. Diese erbittert geführte Debatte zwischen Vertretern der kapitalistischen und der marxistischen Ordnung war ein Spiegelbild des Kalten Kriegs und machte einen Kompromiss in dieser Phase unmöglich. Die Akteure sprachen aneinander vorbei.

Während es seitens afrikanischer Staaten kaum Schritte gab, den *Lagos Plan of Action* zu implementieren, schritten die Weltbank und der IWF voran und verschärften ihre Politik. Durch den Niedergang der Sowjetunion konnten die westlichen Staaten, die Weltbank und der IWF ihre Forderungen leichter durchsetzen; eine Alternative war für afrikanische Regierungen in den 1990er-Jahren nicht in Sicht (▶ Kap. 4). Die Politik der Weltbank und des IWF, die im Kern als Gegenleistung für finanzielle Unterstützung Strukturanpassungen von den afrikanischen Staaten verlangte, wurde im Nachhinein als *Washington Consensus* bezeichnet.[86] Dieser hatte zehn Elemente: Haushaltsdisziplin, Reduzierung oder Priorisierung der öffentlichen Ausgaben, Steuerreformen, marktbestimmte Zinssätze, marktorientierte Wechselkurse, Handelsliberalisierung, ausländische Direktinvestitionen, Privatisierung, Deregulierung, Eigentumsrechte.[87]

Dieser sogenannte »Konsens«, der keinesfalls auf Zustimmung der afrikanischen Staaten beruhte, war darauf angelegt, dass die Märkte frei operieren konnten und sich der Staat so weit wie möglich aus der Wirtschaft heraushält. Mit der Umsetzung des *Washington Consensus* machte die postkoloniale Wirtschaftsgeschichte eine Kehrtwende: Nachdem viele unabhängige Staaten auf Industrialisierung und Marktintervention gesetzt hatten, sollte nun der Markt alleine regieren. Vorbei war die Zeit wirtschaftspolitischer Souveränität für die afrikanischen Regierungen.

In den 1990er-Jahren hatten sich die Weltbank und der IWF weitgehend durchgesetzt. Da viele afrikanische Staaten die finanzielle Unterstützung brauchten, mussten sie sich den Bedingungen der Institutionen unterwerfen, wie etwa Niger. Das Land machte sich aufgrund mangelnder Alternativen in den 1970er-Jahren von der Uranproduktion abhängig und finanzierte mit dem Uranexport den Ausbau des öffentlichen Sektors. Als Anfang der 1980er-Jahre der Uranpreis abstürzte, folglich die Steuereinnahmen sanken und die Regierung der Auffassung war, dass dies nicht so bedeutend sei, lieh sie Geld am internationalen Kapitalmarkt. Steigende Zinsen und der weitere Rückgang der Urannachfrage führten zu einer größeren Staatsverschuldung, sodass die Regierung letztlich den Bedingungen der Weltbank und dem IWF zustimmte, um mittels Strukturanpassungen aus der Misere zu kommen, was letztlich nur bedingt gelang.[88]

Wie Niger nahm die große Mehrheit afrikanischer Staaten an Programmen der Weltbank und des IWF teil. Im Jahr 2004 gab es nur sieben afrikanische Länder, die nie an einem an Bedingungen geknüpften Programm des IWF teilgenommen hatten: Angola, Botsuana, Eritrea, Eswatini, Libyen, Namibia und die Seychellen.[89] Die Tatsache, dass afrikanische Länder in solche Programme eintraten, lag nicht nur in ihrer Abhängigkeit, sondern auch am mangelnden Willen afrikanischer Staaten – und der internationalen Gemeinschaft –, afrikanische Vorschläge umzusetzen.

6 Wirtschaft, sozioökonomische Entwicklung und Entwicklungszusammenarbeit

Kaum etwas haben die Probleme und Erfolge der afrikanischen Wirtschaft so gut zusammengefasst wie zwei vielzitierte Titelgeschichten des *Economist*. Während dieses Magazin Afrika im Jahr 2000 als den »hoffnungslosen Kontinent«[1] beschrieb, entschuldigte sich die Redaktion 13 Jahre später dafür und sprach vom »hoffnungsvollen«, aufstrebenden Kontinent.[2] In der ersten Titelgeschichte standen die vielen teils blutigen Konflikte und menschlichen Tragödien im Mittelpunkt; 2013 hingegen war der Blick auf das wirtschaftliche und demographische Potential Afrikas gerichtet. Dieses Bild des aufstrebenden Afrikas griff u. a. auch die damalige IWF-Direktorin, Christine Lagarde, auf und sprach 2014 von bemerkenswerten Errungenschaften und einer spannenden Zeit für Afrika.[3]

Die messbare Wirtschaftsleistung hat sich in den vergangenen Jahren erhöht und auch aus demographischen Gründen (Afrika hat mehr junge als alte Menschen) ist das Bild des aufstrebenden Kontinents mit Potential tragfähig. Man hätte dieses Bild – zumindestens das eines Kontinents mit Potential – allerdings auch schon im Jahr 2000 zeichnen können, denn die strukturellen Faktoren waren zu dieser Zeit ähnlich. Dies liefert einen Hinweis, dass sich die Perspektive auf die wirtschaftliche und politische Lage Afrikas (im Westen) verändert hat und heute mehr die Chancen gesehen werden und die Risiken in den Hintergrund treten. Dies hängt vor allem mit dem wirtschaftlichen Interesse Chinas, Indiens und anderen aufstrebenden Staaten zusammen, die einen neuen Wettlauf um Afrika begonnen haben (▶ Kap. 4) und damit nicht nur dazu beitragen, die Wirtschaft auf dem Kontinent wachsen zu lassen, sondern auch das Bild Afrikas zu verändern.

Veränderungen

Nach dem Kalten Krieg hielten die Weltbank und der IWF weiter an ihren Strukturanpassungsprogrammen fest und afrikanische Staaten waren von den Zahlungen dieser Institutionen abhängig (▶ Kap. 5). Auch westliche Regierungen verbanden ihre Hilfen an die Forderung nach einer liberal-kosmopolitischen Ordnung. Gleichzeitig begann man, weniger über die Köpfe der afrikanischen Regierungen und Menschen zu entscheiden; stattdessen sollten sie an Entscheidungsprozessen teilhaben. Die erste Einladung für afrikanische Staats- und Regierungschefs zu einem G8-Gipfel (Gleneagles 2005) suggeriert dies. Dies war nur ein Ausdruck für *African ownership*, also die Teilhabe afrikanischer Akteure bzw. die (Mit-)Verantwortung selbiger für getroffene Entscheidungen. *African ownership* wurde zu einem Schlagwort: Die afrikanische Führung insistierte darauf, internationale Organisationen predigten sie und viele nicht-afrikanische Akteure versteckten sich dahinter. Das Konzept war so omnipräsent, »dass es mehr als überrascht, dass die simple Frage, wer es eigentlich besitzt, nicht gestellt wurde.«[4] Zuvor, 1991, hatte die Kamerunerin Axelle Kabou in einer Streitschrift provokativ formuliert, dass Afrika weder arm noch ohnmächtig sei. Damit stellte sie sich gegen das damals vorherrschende Bild einer Welt geteilt in Geber und Nehmer, in entwickelte Länder und Entwicklungsländer sowie in arme und reiche Länder und kritisierte das Versagen der afrikanischen Eliten.[5] Das Konzept *African ownership* kann als eine Reaktion auf die Debatte über »Afrikas Schicksal« gesehen werden, für die Kabous Streitschrift einen wichtigen Impuls geliefert hatte. *African ownership*, vor allem die von nicht-afrikanischen Akteuren geförderte, war jedoch vor allem rhetorisch und die Abhängigkeit insbesondere von westlichen Staaten setzte sich fort.

Viele waren davon überzeugt, dass nur mit drastischen Schritten die Probleme in Afrika zu beseitigen waren. Zu diesen Problemen gehörte die vergleichsweise schwache Wirtschaftsleistung, die vielerorts einer wirtschaftlichen Misere glich und von sozioökonomischen Herausforderungen begleitet wurde, die u. a. in Armut, schlechter Gesundheitsversorgung, schlechten Bildungschancen, niedriger Lebenserwartung und schwieriger Nahrungssicherheit ihren Ausdruck fanden. Der Ökonom Paul Collier schlug 2006 vor, es mit einem »Big Push« zu versuchen, denn, so seine Analyse, inkrementelle Schritte hätten bis dato nicht dazu geführt, die Wirtschaft und die sozioökonomische Entwicklung nachhaltig anzukurbeln. Stattdessen sei eine größere Kraftanstrengung nötig, um vier Fallen zu entkommen, nämlich Konflikten, Korruption, Abhängigkeit von Primärgütern und zersplitterten Gesellschaften.[6]

Der große Schuldenerlass, auf dem G8-Gipfel in Gleneagles beschlossen, ist als ein solch großer Schritt zu verstehen. Die zuvor im Jahr 2000 verabschiedeten UN-Millenniumsentwicklungsziele (MDGs) waren ebenso ein Versuch, mit einer großen Kraftanstrengung die sozioökonomischen Herausforderungen in Afrika (und darüber hinaus) anzugehen. Durch sie sollten u. a. die Armut in der Welt halbiert, die Bildungschancen verbessert und die Säuglings- und Müttersterblichkeitsrate gesenkt werden (siehe unten). Die EU hatte auch Großes vor, als sie durch das Cotonou-Abkommen – das Nachfolgeabkommen zur Lomé-Konvention (▶ Kap. 5) – anstrebte, ihre wirtschaftlichen Beziehungen mit den AKP-Staaten auf eine neue Ebene zu hieven. Sie begann *Economic Partnership Agreements* mit regionalen Wirtschaftsgemeinschaften zu etablieren und so Freihandelszonen zwischen der EU und afrikanischen Regionen zu schaffen, um Entwicklung dort nachhaltig zu fördern und Armut zu reduzieren. Wenngleich mit anderen Intentionen gestartet, hatten all diese Vorschläge und Politiken eines gemeinsam: Sie festigten das Bild einer in Geber und Nehmer geteilten Welt und setzten Abhängigkeitsverhältnisse fort.

China, das zunächst primär ökonomische Interessen in Afrika verfolgte, verhielt sich anders. Die chinesische Regierung stellte keine Bedingungen und es gab keine abwertende Rhetorik gegenüber afrikanischen Staaten. Im Gegenteil, die chinesische Regierung hofierte die Führung afrikanischer Länder regelrecht (▶ Kap. 4). Chinas wirtschaftliches (und später sichtbares geopolitisches) Interesse und der neue Wettlauf um Afrika brachten eine einschneidende Veränderung, denn von nun an hatten die westlichen Regierungen und die internationalen Institutionen und Organisationen, die sie als Vehikel zur Durchsetzung ihrer Interessen nutzen, kein Monopol mehr. Mit dem nahezu kometenhaften Erscheinen Chinas – und Indiens in dessen Windschatten – in Afrika und deren wirtschaftlichen Interessen an dem Kontinent kam es faktisch zu einem »Big Push« – nur eben einem anderen als von Collier oder westlichen Regierungen angedacht. Damit änderte sich auch die Perspektive, denn nun wurde dem Potential mehr Beachtung geschenkt als den Risiken.

Waren zunächst die Augen auf die chinesische Regierung und deren Interessen gerichtet – sie war der Akteur und afrikanische Staaten passive Empfänger –, werden zunehmend auch die afrikanischen Regierungen in den Blick genommen. So relativiert Obert Hodzi Chinas Rolle in Afrika und argumentiert, dass afrikanische Eliten darüber entscheiden, ob und wie chinesische Unterstützung in ihren Ländern wirken kann. Er verweist darauf, dass wirtschaftliche Unterstützung nicht automatisch greift, sondern davon abhängt, wie sie durch nationale Vertreterinnen und Vertreter in deren Ländern eingesetzt wird. Deshalb, so seine These, ist das Narrativ, China entwickle Afrika, nicht korrekt, denn die nationalen Eliten tragen dazu bei, ob dies geschehen kann oder nicht.[7]

Die Folgen des Aufstieg Chinas waren in der westlichen Entwicklungspolitik spürbar, denn um das Feld nicht vollständig China und anderen Staaten zu überlassen, die keine oder weniger kritische Fragen und Bedingungen stellten, mussten die westlichen Staaten ihre Strategie ändern. Wie in Kapitel 4 gezeigt, reduzierte die Weltbank ihre Bedingungen und westliche Regierungen folgten einem ähnlich pragmatischen Kurs. So war fortan nicht mehr von Demokratisierung als Bedingung für Hilfszahlungen die Rede, sondern von guter Regierungsführung. Dieser pragmatische Ansatz, dessen sicherheitspolitische, geostrategische und ökonomische Komponenten eng miteinander verwoben sind, ist derzeit die Linse, durch die Regierungen die Herausforderungen der afrikanischen Wirtschaft und mögliche Lösungsstrategien diskutieren. Diese Debatte wird von einem postkolonialen und reflexiven Ansatz begleitet, der seine Wurzeln in Afrika hat und der vor allem unter Wissenschaftlerinnen und Wissenschaftlern, Politikerinnen und Politikern sowie Intellektuellen diskutiert wird. Nach diesem Ansatz soll sich Afrika politisch und wirtschaftlich emanzipieren und selbstbewusst in die Zukunft schauen (▶ Kap. 7). Dieser Ansatz wurde in der Vision einer Afrikanischen Renaissance deutlich, die der südafrikanische Präsident Thabo Mbeki in den späten 1990er-Jahre propagierte und die in der *New Partnership for African Development* mündete (▶ Kap. 8).

Mehr Handelspartner

Nach 1990 kam es zu einer Diversifizierung der Handelspartner, die ab 2000 nochmals deutlich zunahm und so die Abhängigkeit der afrikanischen Wirtschaft von westlichen Staaten senkte. Afrikanische Staaten handelten nicht mehr nur mit nicht-afrikanischen Staaten, sondern betrieben auch mehr Handel untereinander. Tabelle 3 zeigt dies mittels der Handelszahlen Kenias mit Uganda, den Zahlen von Guinea-Bissau, das mit Ghana, Nigeria und Togo regen Handel treibt, Äthiopiens Handelszahlen mit Somalia und Sudan sowie Kongo-Kinshasas Handel mit Sambia. Außerdem wird durch die Tabelle deutlich, dass China, Indien und Südkorea als Exportdestinationen für afrikanische Güter eine wichtigere Rolle spielen. Aber auch Länder wie die Schweiz, die Türkei oder Pakistan tauchen in den Listen der wichtigsten Handelspartner auf.

Tab. 3: Exporte (Güter, Werte der Exporte free of board) ausgewählter Länder mit den jeweils fünf größten Handelspartnern, Afrika allgemein und der Welt insgesamt (in Mio. US-Dollar).[8]

	Ägypten					
	2000		2010		2017	
1.	Italien	764,92	Italien	2224,27	UAE	2596,50
2.	USA	399,76	USA	1692,13	Italien	2385,10
3.	Niederlande	299,27	Saudi Arabien	1673,30	USA	1946,00
4.	Frankreich	278,52	Spanien	1660,28	Großbritannien	1387,00
5.	Israel	265,97	Indien	1268,84	Türkei	1039,20
Afrika		232,02		4417,41		2232,80
Welt		4771,26		26579,11		23295,60
	Algerien					
	2000		2010		2017	
1.	Italien	4418,36	USA	13827,32	Italien	5980,62
2.	USA	3425,76	Italien	8778,25	Spanien	4469,18
3.	Frankreich	2920,74	Spanien	5908,64	Frankreich	4099,82
4.	Spanien	2329,69	Niederlande	4163,53	USA	3242,36
5.	Niederlande	1658,14	Frankreich	3776,02	Brasilien	2144,18
Afrika		560,53		3036,17		2228,51
Welt		21953,69		57000,17		34372,06

Tab. 3: Exporte (Güter, Werte der Exporte free of board) ausgewählter Länder mit den jeweils fünf größten Handelspartnern, Afrika allgemein und der Welt insgesamt (in Mio. US-Dollar). – Fortsetzung

	Äthiopien					
	2000		2010		2017	
1.	Somalia	97,07	Deutschland	265,29	Sudan	962,82
2.	Deutschland	94,30	China	241,76	Schweiz	433,58
3.	Japan	56,52	Somalia	224,12	China	346,39
4.	Djibouti	49,72	Niederlande	173,42	Somalia	285,84
5.	Saudi Arabien	38,62	Saudi Arabien	146,49	Niederlande	274,19
Afrika		160,96		444,61		1437,66
Welt		571,46		2193,13		4225,43
	Côte d'Ivoire					
	2000		2010		2017	
1.	Frankreich	547,00	Niederlande	1450,73	Niederlande	1394,33
2.	Niederlande	357,69	USA	1063,89	USA	930,48
3.	USA	304,54	Ghana	794,61	Frankreich	759,88
4.	Mali	207,69	Frankreich	708,73	Belgium	758,35
5.	Italien	171,79	Nigeria	664,31	Deutschland	685,44
Afrika		1200,85		3394,42		3367,35
Welt		3580,70		10272,42		11793,5
	Guinea-Bissau					
	2000		2010		2017	
1.	Indien	84,38	Indien	132,11	Indien	256,91
2.	Uruguay	53,64	Togo	8,06	Vietnam	80,03
3.	Singapur	30,92	China	3,88	Nigeria	14,70
4.	Senegal	3,37	Singapur	2,81	Togo	7,19
5.	Südkorea	3,10	Cote d'Ivoire	2,01	Ghana	4,64
Afrika		5,15		12,69		35,29
Welt		179,86		154,24		380,88

Tab. 3: Exporte (Güter, Werte der Exporte free of board) ausgewählter Länder mit den jeweils fünf größten Handelspartnern, Afrika allgemein und der Welt insgesamt (in Mio. US-Dollar). – Fortsetzung

	Kenia					
	2000		2010		2017	
1.	Uganda	317,50	Uganda	632,23	Pakistan	619,4
2.	Großbritannien	244,90	Großbritannien	489,28	Uganda	597,95
3.	Tansania	145,61	Tansania	404,26	USA	457,24
4.	Pakistan	131,10	Niederlande	327,45	Niederlande	424,59
5.	Niederlande	95,73	USA	269,29	Großbritannien	372,91
Afrika		777,91		2067,75		2007,52
Welt		1737,20		4733,26		5747,04
	Kongo-Kinshasa					
	2000		2010		2017	
1.	Belgium	716,05	China	2326,74	China	3106,94
2.	USA	225,19	Sambia	1194,32	Sambia	1701,63
3.	Finnland	78,64	USA	515,38	Südkorea	543,83
4.	Niederlande	33,94	Belgium	276,47	Finnland	480,28
5.	Italien	26,73	Saudi Arabien	184,27	Italien	254,27
Afrika		20,39		1369,61		2008,07
Welt		1169,71		5353,11		7841,04
	Nigeria					
	2000		2010		2017	
1.	USA	11494,88	USA	26583,52	Indien	14952,33
2.	Indien	3918,60	Indien	18444,75	USA	5979,48
3.	Spanien	2345,31	Brasilien	6485,84	Spanien	3250,18
4.	Frankreich	1656,58	Spanien	3715,99	China	2782,27
5.	Italien	1116,94	Frankreich	3252,99	Frankreich	2694,68
Afrika		1901,74		7436,99		5622,18
Welt		27156,87		82799,28		49335,23

Blickt man auf alle afrikanischen Staaten zusammen, zeigt sich, dass sich das Exportvolumen nach China zwischen 2000 und 2017 um 1 423,7 % erhöht hat; nach Indien war es ein Zuwachs von 412,6 % und nach Südkorea 228,9 %. Dies ist eine weit überdurchschnittliche Steigerung angesichts der Tatsache, dass das Gesamtvolumen aller Exporte afrikanischer Staaten (in die ganze Welt) nur um 187,0 % gestiegen ist. Kurzum, insbesondere China ist wichtig geworden, was mit dessen eigenem Wirtschaftswachstum und der Notwendigkeit, die eigene Industrie mit Rohstoffen zu versorgen, erklärt werden kann. Tabelle 4 legt die Summen der Exporte und Importe aus bzw. nach Afrika im Jahr 2017 dar und verdeutlicht zugleich, dass die ehemaligen Kolonialmächte trotz der zunehmenden Bedeutung Chinas und Indiens die wichtigsten Handelspartner blieben – allerdings nur, wenn man sie zusammen mit anderen europäischen Staaten als ein Handelsblock betrachtet (EU inklusive Großbritannien), mit dem 30,3 % aller Exporte und Importe gehandelt wurden. China folgte deutlich dahinter mit 13,7 % vor Indien und den USA.

Tab. 4: Gesamt Netto aus OECD Staaten (in Mio. US-Dollar).[9] Importe beziehen sich auf Güter, den Wert der Importe, die Kosten, die Versicherung und die Fracht (CIF) in US-Dollar. Exporte beziehen sich auf Güter, den Wert der Exporte und free on board (FOB) in US-Dollar.

Rang	Land	Import	Export	Gesamt	% von weltweit gesamt
1	EU	153 064	127 541	280 605	30,3 %
2	China	73 375	51 138	124 513	13,5 %
3	Indien	22 221	35 613	57 835	6,3 %
4	USA	23 979	26 563	50 542	5,5 %
5	Japan	10 240	6 597	16 836	1,8 %
6	Brasilien	8 467	4 954	13 422	1,5 %
7	Russland	9 291	1 151	10 442	1,1 %
	Welt	512 087	413 096	925 182	100 %

Mehr Konsum

Neben der Diversifizierung der Handelspartner und dem steigendem inner-afrikanischen Handel trägt der gesteigerte Konsum in Afrika dazu bei, wirtschaftliche Veränderungen herbeizuführen. Im Jahr 2008 standen die Konsumausgaben in allen afrikanischen Staaten zusammen bei 860 Mrd. US-Dollar. 2015 waren es bereits 1 420 Mrd. US-Dollar. Die Prognose für 2025 liegt bei 2 100 Mrd. US-Dollar[10] und für 2030 bei 2 500 Mrd. US-Dollar.[11] Gleichzeitig vergrößert sich die afrikanische Mittelschicht und es gibt immer weniger Menschen, die unterhalb der Armutsgrenze (1,90 Dollar am Tag) leben (▶ Tab. 5).[12] Das bedeutet, dass sich immer mehr Menschen Konsumgüter leisten können. Die Bierproduktion zeigt diese Konsumveränderungen beispielhaft. Immer mehr Menschen in Afrika bevorzugen industriell gefertigtes statt selbstgebrautem Bier. Diesen Trend erkennend und befeuernd investieren westliche Getränkehersteller vermehrt in Afrika. SABMiller, eine ursprünglich südafrikanische Firma, die in den letzten Jahrzehnten international expandierte und zum zweitgrößten Bierproduzenten der Welt wurde, sieht im afrikanischen Markt großes Potential. Dort hat das Unternehmen seine höchsten Wachstumsraten. Mitte der 2010er-Jahre nahm SABMiller an, dass der Markt für selbstgebrautes Bier bis zu viermal höher war als der für industriell hergestelltes Bier. Bei seinem Versuch, Konsumenten von industriell gebrautem Bier zu überzeugen, hat SABMiller einige Konkurrenten, die ähnlich gute Geschäfte wittern. Um die Nachfrage zu bedienen und ihre Produkte für die Kunden attraktiver zu machen, brauen Bierhersteller nicht nur Lagerbier, sondern auch verstärkt Bier basierend auf Sorghum oder Maniok.[13]

Die Konsumausgaben sind nicht gleich über den Kontinent verteilt. Auch aufgrund der Einwohnerzahl erzeugen die Menschen in Ägypten, Nigeria und Südafrika zusammen mehr als die Hälfte der Konsumausgaben des gesamten Kontinents.[14] Weiterhin lukrativ in Bezug auf die Konsumausgaben gelten Algerien, Angola, Äthiopien, Ghana, Kenia, Marokko, der Sudan, Tansania und Tunesien.[15] Zu den Hauptgründen für die steigenden Konsumausgaben zählen die voranschreitende Urbanisierung, das Bevölkerungswachstum, die demographische Entwicklung, das Wachstum der Mittel- und Oberschicht sowie die Ausbreitung von Informations- und Kommunikationstechnologien und die Formalisierung der Märkte.[16] Letztlich sind mehr ausländische Investitionen ein Treiber für mehr Konsum.

Mehr ausländische Direktinvestitionen

Die Investitionen im Biermarkt sind ein Spiegelbild der gesamten ausländischen Direktinvestitionen (FDI) in Afrika. Sie blieben bis Anfang der 1990er-Jahre auf einem niedrigen Niveau, ehe sie bis 2004 stark anstiegen. So stieg zwischen 1990 und 2004 der Wert der FDI von 2,845 Mrd. auf 17,725 Mrd. US-Dollar. Zwischen 2004 und 2016 explodierten die FDI dann regelrecht; sie stiegen auf 53,189 Mrd. US-Dollar ehe sie wieder fielen. 2018 waren die Staaten, die am meisten FDI erhielten Ägypten und Südafrika, wo die Investitionen nicht nur im Rohstoffsektor getätigt wurden, sondern auch in den Bereichen Lebensmittelverarbeitung, Immobilienmarkt und erneuerbare Energien.[17] Hauptgründe für den Anstieg der FDI in Afrika waren die chinesischen Investitionen dort, die Investitionen von Firmen anderer Staaten nach sich zogen, sowie der Ölpreis, der es attraktiv machte, in die afrikanische Ölwirtschaft zu investieren. Der Verfall des Ölpreises und die weltweit nachlassende Nachfrage nach Konsumgütern sind die Hauptgründe für den Einbruch nach 2016, der sich durch schwierige makroökonomische Bedingungen weiter verschärfen könnte. Die gegenwärtigen Unsicherheiten werden u. a. ausgelöst durch die Handelspolitik des 45. US-Präsidenten und dessen Handelsstreit mit China, den Brexit und populistische Regierungen in Ländern wie Brasilien, Indonesien, Italien und Mexiko und nicht zuletzt durch die bei der Fertigstellung des Manuskripts gerade heraufziehenden wirtschaftlichen Folgen der Corona-Krise.

Auch Unternehmen afrikanischer Staaten investieren in andere afrikanische Staaten. 2017 stiegen z. B. die FDI aus Marokko und Südafrika in andere afrikanische Ländern um je rund 65 %, was die Expansionsinteressen der dort ansässigen

Firmen zeigt.[18] Der südafrikanische Lebensmittelhändler Shoprite hat z. B. Geschäfte in 15 afrikanischen Ländern und ist damit der größte Lebensmittelhändler des Kontinents. Der südafrikanische Telekommunikationskonzern MTN operiert in 20 Ländern, ist der elftgrößte seiner Art in der Welt und generiert in Nigeria, seinem wichtigsten Markt, rund ein Drittel seines Umsatzes.[19]

Der FDI-Anstieg in Afrika ist zwar enorm, wird aber durch die Tatsache relativiert, dass der Anteil an den weltweit getätigten FDI 2018 gerade mal bei rund 3,5 % lag.[20] Ein Grund für den geringen Anteil findet sich im *Ease of Doing Business Index* der Weltbank, der anhand von zehn Indikatoren wie das Procedere, ein Unternehmen zu gründen, Baugenehmigungen und Elektrizitätszugang zu erhalten und Eigentum einzutragen, zeigt, ob es im weltweiten Vergleich eher einfach oder schwierig ist, Geschäfte in einem Land zu machen. Unter den ersten 100 Ländern in dem Ranking fanden sich im Jahr 2018 zwar neun afrikanische Länder, namentlich Mauritius (Platz 25), Ruanda (41), Marokko (69), Kenia (80), Botsuana (81), Südafrika (82), Sambia (85), Tunesien (88) und die Seychellen (95). Auf den letzten Plätzen 170–190 finden sich allerdings auch 13 afrikanische Staaten wie Eritrea, Kongo-Kinshasa, Libyen, Somalia, Südsudan und die Zentralafrikanische Republik.[21] Die hohen bürokratischen und infrastrukturellen Hürden sowie Risiken durch juristische und monetäre Fragen, die afrikanische Staaten an Investoren stellen, tragen dazu bei, dass die FDI in den Ländern, die auf den hinteren Plätzen sind, gering bleiben. Politische und sicherheitsrelevante Gründe (▶ Kap. 7 und ▶ Kap. 9) sind überdies für das Investitionsklima nicht zuträglich. Die Nachbarstaaten Burundi und Ruanda, die eine ähnliche Geschichte und Größe sowie vergleichbare strukturelle Herausforderungen haben, zeigen die unterschiedlichen Dynamiken, die sich entfalten können. Während Ruanda nach dem Genozid 1994 eine Phase politischer Stabilität einleitete und die Regierung sich für Investitionen offen zeigt, herrscht in Burundi politische Instabilität vor. So überrascht es nicht, dass Ruanda mehr FDI erhält als Burundi,[22] was mit der Eröffnung eines Volkswagenwerks 2018 in Ruanda nochmals unterstrichen wurde.

Mehr privatwirtschaftliche Aktivitäten

Die Privatwirtschaft und deren Rahmenbedingungen wurden nach der Implementierung der Strukturanpassungsprogramme (▶ Kap. 5) und der damit einhergehenden Liberalisierung der Märkte, die von einem weiteren Rückgang der Subsistenzwirtschaft begleitet wurde, immer wichtiger. In den 1990er-Jahren wurde deutlicher, dass Afrika auch deshalb ökonomisch hinter anderen Weltregionen anstand, weil es dort neben schwachen staatlichen Institutionen auch ein schwach ausgeprägtes Eigentumsrecht und schlecht funktionierende Märkte gab, was in der Summe dazu führte, dass die Bevölkerung wenig Anreize zur Wirtschaftsentwicklung hatte.[23] Eine konstruktive Zusammenarbeit zwischen Politik und Privatwirtschaft kann die Chancen auf wirtschaftliche Entwicklung erhöhen. Historisch betrachtet gab es (bislang) drei Punkte, an denen sich die Beziehung zwischen der Privatwirtschaft und den afrikanischen Staaten entschieden hat:

während der Kolonialzeit, in der Phase nach der Unabhängigkeit und letztlich in der Phase der durch die Weltbank und IWF ausgelösten Reformen.[24]

Während z. B. in Mauritius die postkolonialen Regierung die Privatwirtschaft unterstützte und die Einnahmen aus der Zuckerindustrie nutzte, um den Staat und die Wirtschaft des Landes auf eine solide Grundlage zu stellen, die die Voraussetzung für das spätere Wirtschaftswachstum war, wählten andere Länder einen anderen Weg. In Guinea und Ghana z. B. war die Privatwirtschaft kaum als Wirtschaftsmotor geeignet, weil sie durch die sozialistischen Systeme, die nach der Unabhängigkeit etabliert wurden, schwach war. Hinzu kam, dass in vielen Ländern, Macht in wirtschaftlichen Fragen als politische Macht verstanden wurde (und wird) und deshalb die Privatwirtschaft ausgebremst wurde (und wird).[25]

Dagegen zielten die Strukturanpassungsprogramme, die bereits in den 1980er-Jahren aufgelegt wurden, indem sie eine Privatisierung von Staatsunternehmen vorsahen und so positiv auf die Wirtschaftsentwicklung wirken sollten. Die Regierung in Ghana setzte in ihrer Entwicklungsstrategie ab Mitte der 1980er-Jahren maßgeblich auf den Ausbau des privaten Sektors und schuf 2001 eigens ein *Ministry of Private Sector Development*, das dutzende Programme für den Privatsektor koordinierte mit dem Ziel, ein »Golden Age of Business« zu erschaffen.[26] Die Strukturanpassungsprogramme waren gut 15 Jahre nach ihrem Beginn nämlich nicht so erfolgreich wie gedacht, denn private Unternehmen investierten weniger als erhofft, was vor allem daran lag, dass sie wenig Vertrauen in staatliche Institutionen und die rechtliche Absicherung ihrer Investitionen hatten. Zudem fürchteten sie eine Einmischung der Regierung in ihre Geschäfte.[27] Nach Jahren politisch und wirtschaftlich schwieriger Bedingungen, scheuten sich augenscheinlich viele zu investieren.

Dieses Bild hat sich in den vergangenen Jahren jedoch gewandelt. In Ghana steigen die Investitionen seit 2000; im Jahr 2018 überholte das Land sogar Nigeria als größten FDI-Empfänger in Westafrika.[28] Noch deutlicher wird dieses Wachstum im vormals kommunistischen Äthiopien wo seit der Spätphase der Regierungszeit von Meles (1995–2012) die Wirtschaft floriert. Die politische und wirtschaftliche Öffnung durch Ministerpräsident Abiy Ahmed (seit 2018) hat der Wirtschaft weiteren Auftrieb verliehen. Dies hängt neben den Investitionen in große Infrastrukturprojekte – die Eisenbahnlinie nach Djibouti (▶ Kap. 5) und die *Grand-Ethiopian-Renaissance*-Talsperre, ein riesiger Staudamm, an den das größte Wasserkraftwerk Afrikas angeschlossen sein wird, stechen hier besonders hervor – vor allem mit dem Ausbau der Privatwirtschaft zusammen. In der äthiopischen Privatwirtschaft dominiert der Niedriglohnsektor, was Äthiopien für FDI interessant macht, auch weil die Lohnkosten in China und anderen asiatischen Ländern steigen.[29] Die Schuhindustrie ist nur ein Feld, in dem zunehmend in Äthiopien investiert wird – nicht nur von europäischen Investoren, sondern auch von chinesischen.

Während Äthiopien und Ghana Investoren anziehen, schrecken andere Länder Investoren ab, wie die simbabwische Regierung, die immer wieder mit Enteignungen drohte und teils auch vollzog, so wie 2000, als im Zuge der Landreform die Farmen Weißer besetzt und enteignet wurden, oder wie 2016, als einige Diamantenminen unter staatliche Kontrolle gestellt und Abbaulizenzen entzogen wurden.³⁰ Die Folge ist ein weiterer FDI-Rückgang und die Schließung von Läden ausländischer Firmen, wie der Schnellimbisskette KFC oder dem Bekleidungshaus Edgar. Diese Entwicklungen konnte Präsident Mnangagwa nicht aufhalten, obwohl die Hoffnungen auf einen wirtschaftlichen Wiederaufstieg Simbabwes bei seiner Machtübernahme 2017 groß waren.³¹

Mehr entwickelt als oft angenommen

Ein weiteres Phänomen ist in einigen afrikanischen Staaten zu beobachten: *leapfrogging* (wörtlich: Bockspringen), d. h. das Auslassen einzelner Stufen im Entwicklungsprozess. So nutzten einige afrikanische Staaten moderne Technologie und radikale Innovationen, um auf- und teils zu überholen. Ein Beispiel ist, dass vielerorts das Festnetztelefon übersprungen und stattdessen direkt auf mobile Kommunikation gesetzt wurde. 2016 hatten zwei Fünftel der Bevölkerung in Subsaharaafrika ein Mobiltelefon, allerdings mit großen Unterschieden zwischen den Ländern: in der Zentralafrikanischen Republik hatten 22 % ein Mobiltelefon, in Kongo-Kinshasa 26 %, in Côte d'Ivoire 53 % und in Südafrika 68 %.³² Das Gleiche gilt für Bezahlsysteme mittels Mobiltelefonen, durch die das Eröffnen von Bankkonten übersprungen wird. M-Pesa, ein mobiles Bezahlsystems in Ägypten, Ghana, Kenia, Kongo-Kinshasa, Lesotho, Mosambik und Tansania, hatte Ende 2019 bereits 37 Mio. aktive Nutzer und 400 000 aktive Händler.³³ Es gibt auch *leapfrogging* in den Bereichen Transport und Seuchenbekämpfung, indem z. B. Drohnen zur Lieferung von Blutkonserven und Medizin eingesetzt werden wie in Ruanda oder zur Malariabekämpfung auf Sansibar. Kurzum, Afrika ist weiter entwickelt als meist angenommen wird.³⁴

Mehr Korruptionsbekämpfung

Erst mit dem Ende der Unterstützung durch die Supermächte nach 1990, rückte das Thema Korruption in den Mittelpunkt der Diskussion zu den Gründen der wirtschaftlich und sozioökonomisch schwierigen Lage in den meisten Ländern Afrikas (und darüber hinaus). Ehemaliges Weltbankpersonal wie etwa Peter Eigen wurde zu zentralen Figuren der Anti-Korruptionsbewegung aus der heraus *Transparency International* entstand, eine NGO, die sich weltweit der Korruptionsbekämpfung widmet, also dem Kampf gegen den Missbrauch von Macht für private Vorteile.³⁵ Korruption wirkt investitions- und innovationshemmend, denn Investoren haben wenig Interesse in Länder mit hoher Korruption zu investieren – außer der wirtschaftliche Profit überwiegt, wie z. B. in Kenia, wo es trotz chronischer Korruption Investitionen gibt. Investoren bleiben hingegen eher von Mosambik fern, denn dort zeigt sich Korruption u. a. in Bestehungsgelder für Entscheidungsträgerinnen und -träger, der Forderung der politischen Elite nach ökonomischen Renten, Patronage und darin, dass Bürokraten, Polizisten und Krankenpfleger sowie ihre weiblichen Pendants für ihr (Nicht-)Handeln Bestehungsgelder annehmen.³⁶ Dies ändert sich allerdings seitdem im Norden des Landes große Gasfelder entdeckt wurden. Länder mit hoher Korruption haben häufig Schattenwirtschaften, durch die dem Staat Steuereinnahmen entgehen und die den informellen Sektor fördern (siehe unten). Letztlich kann die Qualität der Bildung und der Gesundheitsvorsorge sinken, weil Personal und Ausstattung für Schüler und Schülerinnen bzw. Patientinnen und Patienten zu teuer werden. Auch im Kleinen wirkt sich Korruption negativ aus: Straßenkontrollen oder Geld für Stempel erhöhen die Kosten für Transport oder behördliche Verfahren. Diese sogenannte »petty corruption« ist in vielen Ländern allgegenwärtig, wie auch in einem der größten Flüchtlingscamps der Welt im kenianischen Dadaab, wo Flüchtende lokale Sicherheitsleute für eine bevorzugte Behandlung bestechen.[37]

Korruption macht auch vor den wohlhabenderen afrikanischen Ländern keinen Halt, wie die diversen Anklagen gegen den ehemaligen südafrikanischen Präsidenten Jacob Zuma oder mehrere hochrangige Politiker in Mauritius zeigen. Afrika zählt im Ranking von *Transparency International* als die Region mit der höchsten Anzahl von Korruptionsfällen. Und dennoch gibt es in Afrika einige Länder, in denen die Korruption als ein eher kleineres Problem wahrgenommen wird wie in Botsuana und Namibia. Und Côte d'Ivoire sowie Senegal gehören zu den Ländern, die in den vergangenen Jahren ihre Werte signifikant verbessert haben.[38]

Korruption ist aus Perspektive der Handelnden rational, weil sie eine Möglichkeit der Einkommensgenerierung bietet und einer für sie nachvollziehbaren Logik von Verhandeln, Schenken, Solidarität, räuberischer Autorität und der Umverteilung von Geldern folgt.[39] Die Politik ist hingegen in ihrer Rhetorik eindeutig und will die Korruption beenden. So hielt die AU 2003 fest, Korruption habe verheerende wirtschaftliche und soziale Folgen, und rief zum entschiedenen Kampf hiergegen auf.[40] Auch China nimmt sich verstärkt dem Thema an und fragt afrikanische Regierungen hiernach, sodass ein Mitglied einer von Präsident Uhuru Kenyatta angeführten kenianischen Delegation festhielt: »Es ist, wie mit der Weltbank zu sprechen.«[41]

Großangelegte Korruption geht häufig mit Raffgier einher oder wird von der politischen Führung zum Machterhalt verwendet. Jüngere Beispiele sind der (ehemals marxistische) angolanische Langzeitpräsident José Eduardo dos Santos und seine Tochter Isabell dos Santos, die erste Dollarmilliardärin Afrikas, König Mohammed VI. aus Marokko, der kamerunische Präsident Paul Biya, der Präsident Äquatorialguineas, Teodoro Obiang Nguema Mbasogo, oder König Mswati III. aus Eswatini, einer der letzten absolutistischen Herrscher der Welt.[42] Es mag wenig wundern, dass Äquatorialguinea, Eswatini und Marokko zu den 15 Ländern gehören, die die *African Union Convention on Preventing and Combating Corruption* nicht ratifiziert (und teils auch nicht unterschrieben) haben; Angola ratifizierte die Konvention erst nach dem Ende der dos-Santos-Ära 2017.[43]

Informelle Wirtschaft und informelle Arbeit

Afrika ist die Weltregion mit der am stärksten ausgeprägten informellen Wirtschaft. Unter dem informellen Sektor der Wirtschaft bzw. informeller Arbeit versteht man die Produktion von Gütern oder das Anbieten von Dienstleistungen mit dem Ziel, Einkommen zu generieren. Es gelten keine geschriebenen Regeln und die Arbeitsbeziehungen in diesem Sektor basieren nicht auf einem Vertrag, sondern auf Gewohnheit und persönlichen Beziehungen. Die »Unternehmen« des Sektors sind nicht formalisiert und nicht behördlich registriert. Folglich sind die in diesem Sektor Aktiven einer Reihe von persönlichen und ökonomischen Risiken ausgesetzt, da ihre Arbeit keinen Schutzregelungen – von Arbeitszeiten bis hin zu Arbeitssicherheit – unterliegt und sie kein Sicherheitsnetz haben wie den Zugang zu Sozialversicherungen oder Arbeitsgerichten. Diese Menschen sind Willkür und einem höheren Armutsrisiko ausgesetzt und so ist es kein Wunder, dass sie informeller Arbeit mehrheitlich nicht freiwillig nachgehen. Überdies wirkt sich der informelle Sektor negativ für den Staat aus, dem Steuereinnahmen entgehen, die für Infrastruktur, sozialpolitische Maßnahmen oder sonstige staatliche Aufgaben verwendet werden könnten. Die Länge und Komplexität von Registrierungsprozessen, eine schwache und teils ineffektive Justiz sowie die Fähigkeit von einflussreichen Akteuren, Regeln und Gesetze zu umschiffen, tragen dazu bei, dass Menschen und Firmen im informellen Sektor aktiv sind.[44]

Beispiele für informelle Arbeitende sind Müllsammlerinnen und -sammler in den Metropolen, die Müll nach Wiederverwertbaren oder Selbstnutzbaren durchsuchen. Häufig unerkannt von ihrer Umgebung tragen sie mit ihrer Arbeit, die sie selten über die Armutsgrenze hievt, zum Müllmanagement und zum nachhaltigen Leben in den Städten bei.[45] Ein weiteres Beispiel sind diejenigen, die die Zuteilung der Fahrgäste auf Taxis/Kleinbusse arrangieren.[46] Straßenhändlerinnen und -händler oder Hausangestellte, die ihr Einkommen nicht versteuern und keine vertragliche Beziehung zu ihren Auftraggebern haben, sind ebenfalls informelle Arbeitende. Der informelle Sektor umfasst Einzelpersonen, aber auch Netzwerke von teils grenzüberschreitenden Händlern und Firmen. Diese Firmen sind u. a. im Transport, im Groß- und Einzelhandel sowie in der Musik- und Filmverbreitung aktiv.[47]

Das Ausmaß des informellen Sektors ist enorm; in manchen Ländern macht er gut die Hälfte des BIPs aus.[48] In Nigeria gibt es geschätzte 700 000 informelle Läden, die Erfrischungsgetränke verkaufen, aber nur 31 Läden der bekannte Supermarktketten Spar, Shoprite, Massmarts und Game.[49] Doch innerhalb Afrikas gibt es große Unterschiede. Im südlichen Afrika arbeiten 40,2 % der Beschäftigten im informellen Sektor, in Nordafrika sind es 67,3 % und in Westafrika 92,4 %. In Angola, Benin, Burkina Faso, Ruanda und Tschad sind mit je über 94 % die meisten Arbeitenden im informellen Sektor tätig. Die Kap Verde und Südafrika haben mit 46,5 % bzw. 34,0 % die niedrigsten Anteile. Besonders betroffen sind junge Menschen im Alter 15–24 sowie ältere Menschen über 65 Jahren. Und es gibt ein starkes Stadt-Land-Gefälle, das im südlichen Afrika am stärksten ausgeprägt ist. Hier arbeiten 57,1 % der Landbevölkerung im informellen Sektor; bei der städtischen Bevölkerung sind es 32,7 %.[50] Trotz dieser Zahlen ist das Thema Informalität in den Städten virulenter, weil hier neben dem Zugang zu Arbeit auch der Zugang zu einem sicheren Unterschlupf und zur Nahrungsversorgung erschwert ist. Dadurch sind »informelle Städte« entstanden.[51] Wenig überraschend sinkt mit jedem Bildungsabschluss das Risiko, im informellen Sektor arbeiten zu müssen. Es liegt auf der Hand, dass die genannten Zahlen unsicher sind – auch weil eine Reihe von Ländern durch die Internationale Arbeitsorganisation, von der die Zahlen stammen, erst gar nicht erfasst wird. Nichtsdestotrotz geben sie einen guten Einblick in die Situation und zeigen die Größe und Bedeutung des informellen Sektors.

Wenngleich der informelle Sektor eine dauerhafte Herausforderung für die meisten afrikanischen Staaten ist, wird dieser in wirtschaftlich und politisch schwierigen Zeiten größer, wie der Fall Ägypten suggeriert. Dort stieg nach der Revolution von 2011 die Zahl der Straßenhändler sprunghaft an und Geldwechsler auf der Straße machten gute Geschäfte. Diese Vergrößerung des informellem Sektors hing einerseits mit weniger Kontrolle durch den Staat in der post-Mubarak Phase zusammen und andererseits mit dem wirtschaftlichen Abschwung dieser Phase, durch den es schwieriger wurde, im formalen Sektor den Lebensunterhalt zu verdienen.[52]

In Bezug auf die Gesamtzahl aller Erwerbstätigen sind mehr Frauen (89,7 %) als Männer (82,7 %) im informellen Sektor beschäftigt.[53] Dies steht im Kontrast zum weltweiten Durchschnitt und impliziert, dass die Arbeitskraft von Frauen im formalen Sektor weniger genutzt wird. Damit verbunden sind negative Folgen für die Wirtschaft, denn statistisch gibt es einen Zusammenhang von Gleichstellung der Geschlechter und Wirtschaftswachstum. Die Länder, in denen Frauen und Männer stärker juristisch und faktisch gleichgestellt sind, haben ein größeres Wirtschaftswachstum. Gleichstellung wird daher als Stimulus für die Wirtschaft gesehen.[54] Diese Aussagen gelten für Subsaharaafrika. Für Nordafrika hingegen zeigt sich ein sogenanntes *gender equality paradox*, d. h., dass die Bemühungen der dortigen Regierungen, durch Bildung und Gesundheitsversorgung Frauen zu stärken, nicht dazu geführt haben, dass diese vermehrt am wirtschaftlichen (und politischen) Leben teilhaben.[55] Während einige intuitiv auf die Rolle des Islam verweisen würden, um dies zu erklären, gibt es vergleichende Studien, die zeigen, dass nicht die Religion der verursachende Faktor ist, sondern die Existenz von Öl. Denn der Ölsektor ist männerdominiert und da er in Ländern mit Ölvorkommen so stark ist, wirkt er sich auf die Frauenbeschäftigung nachhaltig aus.[56]

Der informelle Sektor wird verstärkt als Problem für die wirtschaftliche Entwicklung wahrgenommen. Die Internationale Arbeitsorganisation ist bestrebt, Menschen aus dem informellen Sektor zu holen bzw. ihre Arbeit zu formalisieren,[57] und auch einige afrikanische Regierungen versuchen, die faktische Parallelwirtschaft einzudämmen.[58] Hernando de Sotos Arbeiten zum informellen Sektor zeigen einerseits das ungenutzte wirtschaftliche Potential des Sektors und andererseits die fehlende Möglichkeit der Menschen, Zugang zur Gerichtsbarkeit zu haben, was sie von Eigentumsrechten ausschließt und damit auch von der Option, kreditfinanziert ihr Geschäftsmodell auszubauen.[59] De Sotos zentrale These ist, dass die Staaten mit erfolgreichen Wirtschaften einst eine Transformation durchlaufen haben, die ein formelles und einheitliches Eigentumsrecht etablierte und dies Voraussetzung für erfolgreiches Wirtschaften war. Weder die Kolonialmächte noch die meisten postkolonialen Regierungen Afrikas führten diese Transformation durch. In einigen Staaten wie Äthiopien oder Tansania gehört Land gar ausschließlich dem Staat. Dort wo es ein formelles Eigentumsrecht und einen allgemeinen Zugang zur Gerichtsbarkeit gibt wie in Südafrika oder Mauritius, ist die Wirtschaft erfolgreich, was de Sotos These stärkt und gleichzeitig erklärt, warum informelle Arbeit, ihr Potential und ihre Formalisierbarkeit zunehmend ins Blickfeld rücken.

Sozioökomische Entwicklung

Die angesprochenen wirtschaftlichen Schwierigkeiten und die aus informeller Arbeit resultierenden Probleme spiegeln sich im *Human Development Index* des UN-Entwicklungsprogramms wider. Dieser Index bildet die Situationen in den Bereichen Gesundheit, Wissen und Lebensstandard ab, indem er Daten zu Lebenserwartung, Schulbildung und Wirtschaftsleistung auswertet (▶ Tab. 5). Von den 38 Ländern, die 2018 laut *Human Development Index* einem »geringen Entwicklungsstand« hatten, sind alle bis auf sechs Ausnahmen in Afrika. Es gibt aber auch sieben afrikanische Staaten – die Seychellen, Mauritius, Algerien, Tunesien, Botsuana, Libyen und Gabun (in der Reihenfolge ihrer Rangzahlen) –, die einen hohen Entwicklungsstand haben, und 14 weitere Länder, die einen mittleren Entwicklungsstand haben (Somalia und die Westsahara werden nicht betrachtet).[60]

Diese großen Unterschiede zwischen den einzelnen afrikanischen Ländern bestätigen sich auch bei anderen Indikatoren für den Entwicklungsstand, wie z. B. beim Anteil derer, die unter der Armutsgrenze (1,90 Dollar pro Tag) leben, und der Kindersterblichkeits- oder Alphabetisierungsrate. Während 2012 in Madagaskar 77,6 % der Bevölkerung von weniger als 1,90 Dollar pro Tag lebte, waren es in Algerien und Mauritius je 0,5 %. Während 2017 in der Zentralafrikanischen Republik statistisch 87,6 von 1 000 Kindern vor ihrem ersten Geburtstag starben, waren es in Libyen nur 10,6 Kinder. Und während 2012 in Niger nur 15,5 % der Bevölkerung alphabetisiert waren, waren es in Südafrika 94,4 % (▶ Tab. 5).

Diese Zahlen zeigen nicht den Unterschied innerhalb der Länder. Der Gini-Koeffizient bildet diese Unterschiede teils ab, indem er zeigt, ob die Einkommen eines jeden Erwachsenen in einem Staat gleich hoch sind oder nicht. Sind die Einkommen gleich hoch, nimmt der Koeffizient einen Wert von 0 an. Erhält hingegen *eine* Person das gesamte Einkommen, so nimmt der Koeffizient den Wert 100 an. Wie Tabelle 5 darlegt, gibt es eine starke Ungleichverteilung der Einkommen in einigen Ländern. Botsuana, Namibia und Südafrika gehören weltweit zu den Staaten, in denen die Einkommensverteilen am wenigstens gleich ist, wohingegen in Ägypten, Algerien sowie São Tomé und Príncipe die Einkommensverteilung ausgeglichener ist.

6 Wirtschaft, sozioökonomische Entwicklung und Entwicklungszusammenarbeit

Tab. 5: Wirtschaftliche und sozioökonomische Entwicklung in Afrika. Die Zahlen in den Klammern geben die Jahreszahlen der jüngstmöglichen Angaben an.[61]

	BIP pro Kopf (2018)[61]	Lebenserwartung bei Geburt in Jahren (2018)	Säuglingssterblichkeitsrate pro 1 000 Lebendgeburten (2018)	Jährliches Bevölkerungswachstum in % (2018)	Gini-Index	Alphabetisierungsrate in %[62]	Armutsrate in %[63]	Human Development Index (2017)
Ägypten	2 907	71,66	18,1	2,03	31,8 (2015)	71,2 (2018)	1,3 (2015)	0,70
Algerien	4 816	76,50	20,1	2,01	27,6 (2011)	81,4 (2018)	0,5 (2011)	0,75
Angola	3 230	60,38	51,6	3,28	42,7 (2008)	66,0 (2014)	30,1 (2008)	0,58
Äquatorialguinea	10 602	58,06	62,6	3,65	–	95,0 (2014)	–	0,59
Äthiopien	570	65,87	39,1	2,62	39,1 (2015)	51,8 (2017)	30,8 (2015)	0,46
Benin	896	61,17	60,5	2,73	47,8 (2015)	42,4 (2018)	49,5 (2015)	0,51
Botsuana	8 031	68,81	30	2,20	53,3 (2015)	87,7 (2015)	16,1 (2015)	0,72
Burkina Faso	710	60,77	49	2,87	35,3 (2014)	41,2 (2018)	43,7 (2014)	0,42
Burundi	211	60,90	41	3,17	38,6 (2013)	68,4 (2017)	71,8 (2013)	0,42
Côte d'Ivoire	1 693	57,02	59,4	2,55	41,5 (2015)	43,9 (2014)	28,2 (2015)	0,49
Djibouti	–	65,89	49,8	1,56	41,6 (2017)	–	17,1 (2017)	0,48
Eritrea	–	65,54	31,3	1,9 (2011)	–	76,6 (2018)	–	0,44
Eswatini	4 820	58,32	43	1,01	51,5 (2009)	88,4 (2018)	42,0 (2009)	0,56
Gabun	9 077	65,84	32,7	2,60	38,0 (2017)	84,7 (2018)	3,4 (2017)	0,70
Gambia	519	61,44	39	2,95	35,9 (2015)	50,8 (2015)	10,1 (2015)	0,46
Ghana	1 807	63,46	34,9	2,19	43,5 (2016)	79,0 (2018)	1,3 (2016)	0,59
Guinea	943	60,71	64,9	2,83	33,7 (2012)	32,0 (2014)	35,3 (2012)	0,46
Guinea-Bissau	622	57,67	54	2,49	50,7 (2010)	45,6 (2014)	67,1 (2010)	0,46

Sozioökomische Entwicklung

Tab. 5: Wirtschaftliche und sozioökonomische Entwicklung in Afrika. Die Zahlen in den Klammern geben die Jahreszahlen der jüngstmöglichen Angaben an.[60] – Fortsetzung

	BIP pro Kopf (2018)[61]	Lebenserwartung bei Geburt in Jahren (2018)	Säuglingssterblichkeitsrate pro 1000 Lebendgeburten (2018)	Jährliches Bevölkerungswachstum in % (2018)	Gini-Index	Alphabetisierungsrate in %[62]	Armutsrate in %[63]	Human Development Index (2017)
Kamerun	1 498	58,51	50,6	2,61	46,6 (2014)	77,1 (2018)	23,8 (2014)	0,56
Kap Verde	3 787	72,57	16,7	1,16	47,2 (2007)	86,8 (2015)	8,1 (2007)	0,65
Kenia	1 202	65,91	30,6	2,31	40,8 (2015)	81,5 (2018)	36,8 (2015)	0,59
Kongo-Brazzaville	2 652	63,91	36,2	2,58	48,9 (2011)	80,3 (2018)	37,0 (2011)	0,61
Kongo-Kinshasa	419	60,03	68,2	3,23	42,1 (2012)	77,0 (2016)	76,6 (2012)	0,46
Lesotho	1 402	52,95	65,7	0,80	54,2 (2010)	76,6 (2014)	59,7 (2010)	0,52
Liberia	541	63,30	53,5	2,45	35,3 (2016)	48,3 (2017)	40,9 (2016)	0,44
Libyen	7 529	72,52	10,2	1,48	–	86,1 (2004)	–	0,71
Madagaskar	433	66,31	38,2	2,67	42,6 (2012)	74,8 (2018)	77,6 (2012)	0,52
Malawi	517	63,28	35,3	2,64	44,7 (2016)	62,1 (2015)	70,3 (2016)	0,48
Mali	778	58,45	62	3,01	33,0 (2009)	35,5 (2018)	49,7 (2009)	0,43
Mauritanien	1 349	64,46	51,5	2,78	32,6 (2014)	53,5 (2017)	6,0 (2014)	0,52
Mauritius	10 579	74,51	13,6	0,05	35,8 (2012)	91,3 (2018)	0,5 (2012)	0,79
Marokko	3 357	76,22	19,2	1,25	39,5 (2013)	73,8 (2018)	1,0 (2013)	0,67
Mosambik	539	59,31	54	2,91	54,0 (2014)	60,7 (2017)	62,4 (2014)	0,44
Namibia	6 073	63,02	29	1,88	59,1 (2015)	88,3 (2011)	13,4 (2015)	0,65
Niger	399	61,60	48	3,82	34,3 (2014)	30,6 (2012)	44,5 (2014)	0,35
Nigeria	2 396	53,95	75,7	2,59	43,0 (2009)	62,0 (2018)	53,5 (2009)	0,53

6 Wirtschaft, sozioökonomische Entwicklung und Entwicklungszusammenarbeit

Tab. 5: Wirtschaftliche und sozioökonomische Entwicklung in Afrika. Die Zahlen in den Klammern geben die Jahreszahlen der jüngstmöglichen Angaben an.[60] – Fortsetzung

	BIP pro Kopf (2018)[61]	Lebenserwartung bei Geburt in Jahren (2018)	Säuglingssterblichkeitsrate pro 1000 Lebendgeburten (2018)	Jährliches Bevölkerungswachstum in % (2018)	Gini-Index	Alphabetisierungsrate in %[62]	Armutsrate in %[63]	Human Development Index (2017)
Ruanda	826	68,34	27	2,64	43,7 (2016)	73,2 (2018)	55,5 (2016)	0,52
Sambia	1 672	63,04	40,4	2,91	57,1 (2015)	86,7 (2018)	57,5 (2015)	0,59
São Tomé und Príncipe	1 297	69,93	24,4	1,88	30,8 (2010)	92,8 (2018)	32,3 (2010)	0,59
Senegal	1 547	67,38	31,8	2,78	40,3 (2011)	51,9 (2017)	38,0 (2011)	0,51
Seychellen	14 385	74,30	12,4	0,95	46,8 (2013)	95,9 (2018)	1,1 (2013)	0,80
Sierra Leone	474	53,90	78,5	2,14	34,0 (2011)	34,5 (2018)	52,2 (2011)	0,42
Simbabwe	1 322	60,81	33,9	1,41	43,2 (2011)	88,7 (2014)	21,4 (2011)	0,53
Somalia	–	56,71	76,6	2,83	–	–	–	–
Südafrika	7 440	63,54	28,5	1,36	63,0 (2014)	87,0 (2017)	18,9 (2014)	0,70
Sudan	1 856	64,88	42,1	2,39	35,4 (2009)	60,7 (2018)	14,9 (2009)	0,50
Südsudan	–	57,37	63,7	0,60	46,3 (2009)	34,5 (2018)	42,7 (2009)	0,39
Tansania	957	64,48	37,6	2,98	37,8 (2011)	77,9 (2015)	49,1 (2011)	0,54
Togo	672	60,49	47,4	2,45	43,1 (2015)	63,7 (2015)	49,2 (2015)	0,50
Tschad	813	53,71	71,4	3,02	43,3 (2011)	22,3 (2016)	38,4 (2011)	0,40
Tunesien	4 402	76,31	14,6	1,15	32,8 (2015)	79,0 (2014)	0,3 (2015)	0,73
Uganda	710	62,52	33,8	3,72	42,8 (2016)	76,5 (2018)	41,7 (2016)	0,52
Zentralafrikanische Republik	385	52,24	84,5	1,52	56,2 (2008)	37,4 (2018)	66,3 (2008)	0,37

Millenniums- und nachhaltige Entwicklungsziele

Die Armutsbekämpfung, die Senkung der Säuglingssterblichkeitsrate und die Ausweitung der Grundschulbildung standen seit 2000 u. a. im Fokus der Entwicklungsbemühungen der UN, die die Millenniumsentwicklungsziele (MDGs), acht internationale Entwicklungsziele, die bis 2015 erreicht werden sollten, verabschiedeten. So sollten im Vergleich zu 1990 die Zahl der weltweit in Armut lebenden Menschen halbiert werden, alle Kinder eine Grundschule besuchen können, die Gleichheit zwischen den Geschlechtern vorangetrieben werden, die Säuglingssterblichkeitsrate um zwei Drittel und die Sterblichkeitsrate von Müttern um drei Viertel gesenkt werden, die weitere Ausbreitung von HIV/AIDS gestoppt sein, für ökologische Nachhaltigkeit gesorgt und eine globale Partnerschaft für Entwicklung aufgebaut werden.

Die Verabschiedung der MDGs war der Vorbote der weitreichenden Initiativen, die über das Jahr 2005, das der britische Premierminister Blair zum »Jahr Afrikas« ausrief, hinweg gestartet wurden. Hierzu zählte neben dem Schuldenerlass durch die G8 und die Einladung der Führung afrikanischer Länder zu deren Gipfel (siehe oben) auch die Neuauflage der *Live Aid*-Konzerte, die 1985 Gelder für die Beseitigung der Folgen der Dürre in Äthiopien gesammelt hatten. 2005 fanden die Konzerte nicht mehr nur in Philadelphia und London statt, sondern auch in Barrie (Kanada), Berlin, Chiba (Japan), Cornwall (Großbritannien), Edinburgh, Moskau, Paris, Rom und im südafrikanischen Johannesburg. Mit geschätzten 1,7 Mio. Zuschauerinnen und Zuschauern und weiteren 2–3 Mrd., die die Liveübertragungen verfolgten, wurden sie das größte Musikereignis der Geschichte. Die weltweite Akzeptanz der Entwicklungsziele brachte die sozioökonomische Entwicklung zurück auf die internationale Tagesordnung und mobilisierte die Menschen.[62] Zu keinem anderen Zeitpunkt seit der Dekolonisation hat Afrika – vor allem Subsaharaafrika – so viel internationale Aufmerksamkeit erhalten wie im Sommer 2005. Die Erwartungen waren hoch, der Wille der westlichen Regierungen zu investieren ebenfalls und die afrikanischen Staats- und Regierungschefs trugen ihren Teil zur Euphorie bei, indem sie auf ihre *New Partnership for African Development* (NEPAD, ▶ Kap. 8) und die damit verknüpften Hoffnungen samt *African ownership* verwiesen.

Die öffentliche Entwicklungszusammenarbeit und öffentliche Hilfe verdoppelten sich zwischen 2004 und 2017 durch eine große Kraftanstrengung von 82 Mrd. auf 162 Mrd. US-Dollar weltweit und die afrikanischen Staaten profitierten davon. Äthiopien, einer der größten Empfänger, erhielt 2004 noch 1,8 Mrd. US-Dollar; 2017 waren es 4,1 Mrd.[63] Solche Geldflüsse sorgten vielerorts für eine weitere Abhängigkeit vom Ausland. Eine Vielzahl an lokalen Akteuren wie Ministerien, Unternehmen, NGOs und (angehende) Geschäftsleute suchte nach Finanzierungsmöglichkeiten und Abgeordnete der nationalen Parlamente sahen es als eine ihrer zentralen Aufgaben an, Entwicklungsprojekte für ihre Wahlkreise zu sichern.

Dass die ehrgeizigen MDGs und ihre Unterziele nicht vollumfänglich erreicht werden konnten, ist weder verwunderlich noch sollte es enttäuschen, denn das Erreichte zeigt deutliche Veränderungen und man darf die im Vergleich zu anderen Weltregionen schwierigere Ausgangsbasis für Afrika nicht unbeachtet lassen.⁶⁴ Hinsichtlich der Beseitigung extremer Armut kam es in Subsaharaafrika zu einer Senkung um 28 %, was gleichzeitig aber auch bedeutete, dass 47 % der Bevölkerung weiterhin in extremer Armut lebte. Auch bezüglich der Grundschulbildung gab es Fortschritte in Subsaharaafrika, wo die Rate von 52 % auf 60 % stieg – und doch weit hinter der Zielmarke von 80 % zurückblieb. Die Kindersterblichkeitsrate sank in Subsaharaafrika von 179 je 1 000 Kinder auf 86.⁶⁵ Gleichzeitig muss konstatiert werden, dass im Zeitraum 2014–2016 in keiner anderen Weltregion so viel unterernährte Menschen lebten wie in Subsaharaafrika (23 %); in Nordafrika waren es unter 5 %. Ein paar weitere Zahlen, die nicht in unmittelbaren Zusammenhang mit den MGDs stehen, verdeutlichen den Entwicklungsstand weiter: 427 Mio. Menschen in Subsaharaafrika erhielten zwar zwischen 2000 und 2015 Zugang zu sauberem Trinkwasser. Doch blieben 695 Mio. Menschen ohne sanitäre Versorgung.⁶⁶ 2012 waren 730 Mio. auf Biomasse zum Kochen angewiesen und ganze 620 Mio. Menschen in Subsaharaafrika hatten keinen Zugang zur Stromversorgung; der Energieverbrauch dieser Menschen lag pro Kopf im Durchschnitt bei weniger als dem, was eine 50 Watt Lampe verbraucht.⁶⁷

2015 war als Enddatum der MDGs. Um eine nachhaltige Entwicklung in allen Staaten weiter zu fördern, wurden 17 nachhaltige Entwicklungsziele als Vision formuliert, die bis 2030 erreicht werden sollen. Zu den Zielen gehören das Ende von Armut und Hunger, Gleichstellung der Geschlechter sowie ein gesundes Leben, Bildung, Wasser- und Sanitärversorgung, moderne Energie und menschenwürdige Arbeit für alle. Hinzu kommen Maßnahmen gegen den Klimawandel, wie Plastiktütenreduktion und Aufforstung.⁶⁸

Effektivität und Diskussionen

Über die Effektivität von Entwicklungshilfe wird seit den 1960er-Jahren gestritten. Der Ökonom Jeffrey Sachs vertritt die These, dass die oben und in Kapitel 5 beschriebenen strukturellen Schwierigkeiten Afrikas überwunden werden können und es hierzu nur weiterer finanzieller Mittel bedarf.⁶⁹ Paul Collier argumentiert, dass Hilfe maßgeschneidert sein muss. Da Geographie, Konflikt und schlechte Regierungsführung die Hauptursachen für eine schwierige sozioökomische Situation seien, gälte es, die Hilfe so zu planen und zu implementieren, dass sie diesen Ursachen entgegenwirken könne.⁷⁰ In den 1970er-Jahren war Péter Bauer einer der ersten, der Entwicklungshilfe kritisierte, weil sie aus seiner Sicht für die Entwicklungsländer nicht hilfreich sei.⁷¹ Nicolas van de Walle verwies später darauf, dass ausländische Hilfe Wirtschafts- und Politikreformen nicht fördere, sondern sie eher verhindere. Die Strukturanpassungsprogramme der 1980er- und 1990er-Jahre hatten die staatlichen Institutionen eher ausgehöhlt und den soziökomischen *Status quo* gefestigt.⁷² Angesichts der Globalisierung und einer zunehmenden internationalen gegenseitigen Abhängigkeit schlug der ehemalige Bundespräsident Horst Köhler vor, Entwicklungszusammenarbeit eher als »Interdependenzpolitik« zu verstehen und entsprechend neu auszurichten.⁷³

Die Kritik an der Entwicklungspolitik wird auch von einigen afrikanischen Autorinnen und Autoren geteilt. James Shikwati etwa spricht sich vollständig gegen Entwicklungshilfe aus, weil diese Abhängigkeitsverhältnisse fördere sowie Unternehmergeist und Handelsbeziehungen zwischen Nachbarstaaten unterdrücke. Stattdessen stütze sie nur die herrschenden Eliten.[74] Dambisa Moyo hält fest, dass sich afrikanische Entwicklungsländer in einem Teufelskreis befinden, in dem die Abhängigkeit von Entwicklungshilfe, Korruption, Marktverzerrungen und Armut zu nichts führe, als von Hilfe abhängig zu sein.[75] Shikwati und Moyo stimmen in den Chor derjenigen mit ein, die mehr Selbstbewusstsein der Menschen in Afrika fordern und die die Opferrolle hinter sich lassen wollen. Dies steht in unmittelbarem Zusammenhang mit dem Zustand staatlicher Institutionen, des politischen Systems und der herrschenden Elite, auf die das folgende Kapitel eingeht.

7 Staaten, politische Systeme und Akteure

Seit der Dekolonisation ist ein komplexes Set an politischen Systemen in Afrika entstanden. Einige Länder demokratisierten sich vor allem in den 1990er-Jahren, während andere unter autoritärer Herrschaft blieben. Einige demokratisierte Länder unternahmen Anstrengungen, ihre Demokratie zu stärken, während andere ihre Demokratisierungsbemühungen untergruben. Neopatrimoniale Systeme – also Systeme, in denen die politische Führung als Patrone staatliche Ressourcen nutzen, um die Loyalität ihrer Klienten zu erhalten – sind verbreitet, aber es gibt auch Staaten ohne solche Systeme. Und während es Staaten mit funktionierenden Institutionen gibt, gibt es auch einige Gebiete, die kaum Staaten genannt werden können, weil staatliche Institutionen nicht (mehr) funktionieren. Es gibt jenseits der Präsidenten und Präsidentinnen viele Akteure, die in diesen politischen Systemen aktiv sind. Zu ihnen gehört die restliche Regierung, die öffentliche Verwaltung, Parlamentsmitglieder, das Militär, Richterinnen und Richter, traditionelle Führer und NGOs. All diese werde ich in diesem Kapitel vorstellen, nachdem ich den Staat, die politische Ordnung und Machterhaltsstrategien besprochen habe.

Staaten

State Building in Afrika ist auch sechs Jahrzehnte nach dem Afrikanischen Jahr 1960, dem Höhepunkt der Dekolonisation, immer noch in vollem Gange und nur wenige Staaten sind im westlichen Verständnis konsolidiert. 1982 argumentierten Robert Jackson und Carl Rosberg, man solle anstatt Verfassungen oder Parteiprogrammen eher Machiavelli oder Hobbes lesen, um die Politik in Afrika zu verstehen.[1] Daniel Posner und Daniel Young hielten dann 25 Jahre später fest, die größte Veränderung seit dem Ende des Kalten Kriegs sei der Versuch der afrikanischer Führung, ihre politischen Ziele durch formal institutionalisierte Kanäle zu erreichen.[2] Daraus schlossen sie, dass es große Fortschritte bei der Institutionalisierung der Staaten gab. 2018 befanden sie dann, dass es nur noch wenig Autoritarismus gäbe.[3] Der Rückgang von Staatsstreichen (▶ Kap. 9) und die Einbindung von Parlamenten in Entscheidungsprozesse mögen dieses Argument belegen. Ich argumentiere aber eher im Sinne derer, die die von Posner und Young beschriebenen Entwicklungen zwar anerkennen, aber nicht überbewerten wollen. Denn während der Ausbau staatlicher Institutionen voranschreitet, dient dieser häufig der Legitimierung und nicht der Machtbeschränkung der nicht immer demokratisch gewählten Regierenden.[4] Dass sich afrikanische Staaten noch in einer Konsolidierungsphase befinden und die Institutionalisierung voran- und zurückschreitet, zeigt sich in den vielen, häufig substantiellen Verfassungsänderungen, die Charles Manga Fombad dazu bringen, von einer nicht enden wollenden Geschichte der Verfassungsänderungen zu sprechen.[5]

Die Messlatte, die westliche Beobachterinnen und Beobachter an Staaten und ans *State Building* in Afrika (und anderen postkolonialen Gebieten) anlegen, ist die klassische Sichtweise der westlichen Staatstheorie. Hiernach hat ein Staat drei Elemente: Staatsgebiet, Staatsvolk und Staatsgewalt.[6] Nach diesem Verständis von Staaten gibt es ein festgelegtes und von anderen Staaten anerkanntes Territorium, in dem eine Bevölkerung lebt, die eine rechtliche Beziehung zu diesem Staat unterhält, die durch Staatszugehörigkeit ihren Ausdruck findet. Innerhalb des Staatsgebiets und über das Staatsvolk herrscht die Staatsgewalt, die durch staatliche Institutionen wie Regierung, öffentliche Verwaltung, Polizei, Militär, Parlament und Gerichte verkörpert wird.

Da die gegenwärtigen Staaten Afrikas kolonialen Ursprungs und nicht über Jahrhunderte von innen heraus geformt worden sind und da in diesem Prozess die Bevölkerung ihnen gegenüber nicht Loyalität erlernte, fühlen sich die juristisch als Staatsangehörige bezeichneten Menschen nicht zwangsläufig mit »ihrem« Staat verbunden und empfinden diesen in manchen Fällen auch nicht als legitim (▶ Kap. 3). Dort, wo der Staat nicht als legitim wahrgenommen wird, finden häufig Umbrüche und innerstaatliche Fragmentierung statt. Diese Staaten sind vielfach Pulverfässer wie Kongo-Kinshasa, ein von Kriegen und Aufständen geschütteltes Land. In solch wenig konsolidierten Staaten kommt es zu einem Prozess des Austarierens der Beziehung zwischen der Bevölkerung und ihrem Staat. Dieser Prozess kann auch in Separationen enden, wie die Fälle Biafra (Nigeria), Katanga (Kongo-Kinshasa), Puntland und Somaliland (beide Somalia) zeigen (▶ Kap. 9).

In einigen Ländern Afrikas fehlen (teilweise) staatliche Institutionen bzw. sie sind nicht funktionsfähig und wirken nicht oder nur wenig über die Hauptstädte hinaus. Länder wie Somalia oder die Zentralafrikanische Republik, in denen es kaum eine Staatsgewalt (jenseits der Hauptstädte) gibt, oder Länder wie Kongo-Kinshasa, wo der Staat das Gewaltmonopol nicht innehat, sind kaum mehr als leere Hüllen, in denen Kernfunktionen des Staates, wie für die Sicherheit der Bevölkerung zu sorgen, nicht gewährleistet sind. Libyen ist ein weiteres Beispiel. Gaddafi hatte das Land zwar gewaltvoll zusammen gehalten, doch er baute kaum staatliche Institutionen auf, die der Bevölkerung öffentliche Güter im wohlwollenden Sinne zur Verfügung stellten.[7] Stattdessen waren der Staat und seine Institutionen so konstruiert, dass sie weder Gaddafi überstehen, noch ihn herausfordern konnten.[8] Es überraschend daher nicht, dass die neue politische Führung nach Gaddafis Sturz 2011 vor einer doppelten Herausforderung stand: einerseits staatliche Institutionen aufzubauen und andererseits das Land zusammenzuhalten. Beide Aufgaben sind so schwierig, dass knapp zehn Jahre nach Gaddafis Sturz kaum von einem funktionierenden Staat in Libyen gesprochen werden kann. Stattdessen ist Libyen in mehrere Teile zerfallen, die selbst nur mühsam in der Lage sind, nach innen zu funktionieren. Mit dem westlichen Verständnis sind solche Territorien kaum als funktionierende Staaten zu bezeichnen, weshalb diese häufig als »failing« oder »failed« bezeichnet werden.

Sind Staaten stärker institutionalisiert, haben es diejenigen, die versuchen, die Staatsgewalt für ihre Zwecke einzusetzen, schwieriger. Es ist schon fast zynisch, dass die starke Institutionalisierung des Staates während der Apartheid in Südafrika die institutionelle Grundlage für den post-Apartheidstaat bildet, der resistent gegenüber Versuchen ist, seine Institutionen zu unterminieren. Der Apartheidstaat entfaltete seine Souveränität auf dem gesamten Staatsgebiet und auf dieser Durchdringung – die für die schwarze Bevölkerungsmehrheit keinesfalls wohlwollend war – baut der heutige Staat auf. Auch anderswo haben sich die staatlichen Institutionen als wehrhaft gegenüber Versuchen der Regierungen erwiesen, sie für ihre Zwecke zu manipulieren. Ein frühes Beispiel findet sich auf Mauritius, wo die Regierung von Premierminister Seewoosagur Ramgoolam nach Aufständen 1971 den Notstand ausrief. Nicht wenige fürchteten, Mauritius würde in ein autoritäres System abgleiten. 1976 waren die verfassungsrechtlichen Möglichkeiten der Regierung ausgeschöpft und sie war gezwungen, Wahlen abzuhalten und führten diese auch durch, denn es gab keinen Konsens, jenseits der Verfassung zu regieren.[9] Neuere Beispiele für wehrhafte staatliche Institutionen finden sich u.a. in Nigeria und im Senegal, wo sich die Parlamente weigerten, einer Amtszeitverlängerung der Präsidenten Olusegun Obasanjo und Abdoulaye Wade zuzustimmen, oder in Kenia und Malawi, wo die obersten Gerichte Wahlen annulierten (siehe unten). Es sind diese Beispiele, die Posners und Youngs Argument der voranschreitenden Institutionalisierung von Staaten nähren.[10] Nigeria zeigt jedoch auch, dass es funktionierende und nicht-funktionierende staatliche Institutionen gleichzeitig innerhalb eines Staates geben kann, denn wie die Situation in Nordnigeria nahelegt (▶ Kap. 9), ist die Regierung nicht fähig, auf dem gesamten Staatsgebiet das Gewaltmonopol zu verteidigen. So wie es im Kolonialstaat »Souveränitätslücken« gab (▶ Kap. 3), gibt es diese auch noch heute.

Dennoch zeigen sogar schwache Staaten eine erstaunliche Funktionsfähigkeit, besonders bei der Kontrolle über den Geldfluss aus dem Ausland, vor allem von Entwicklungshilfezahlungen, was durch Frederick Coopers Metapher der *gatekeeper states* gut beschrieben wird.[11] In solchen Staaten gibt es eine schwache Kontrolle nach innen und eine Abhängigkeit von außen. Die postkoloniale Führung hatte solche Staaten von den Kolonialmächten geerbt und die negativen Auswirkungen verstärkt, denn seit der Dekolonisation gibt keine externe Kraft mehr (d.h. die Kolonialmacht), die das Tor – oder *gate* – kontrolliert. Stattdessen gab (und gibt) es Gerangel innerhalb des Staates um diese Kontrolle. Damit hängt zusammen, dass auch die nicht-konsolidierten Staaten das dritte Element der klassischen Drei-Elemente-Lehre von Staaten vorweisen können, nämlich ein Staatsgebiet. Das Vorhandensein dieses Elements hilft zu erklären, warum viele Territorien trotz immenser Herausforderungen in Bezug auf das Staatsvolk und die Staatsgewalt landläufig als Staaten betrachtet werden – und warum sie Entwicklungszahlungen empfangen. Denn jedes Land in Afrika hat ein Staatsgebiet. So existieren diese Staaten zwar auf dem Papier durch die von den Kolonialmächten geformten Gebiete und erhalten durch die Anerkennung anderer Staaten oder internationaler Organisationen externe Souveränität, die auch »negative Souveränität«[12] oder »international legal sovereignty«[13] genannt wird. Gleichzeitig wirken diese Staaten aber kaum nach innen. Ihnen mangelt es an interner Souveränität oder »positiver Souveränität«,[14] also der Fähigkeit der Regierung, öffentliche Güter der Bevölkerung zur Verfügung zu stellen sowie auf dem Staatsgebiet die Kontrollfunktion und das Gewaltmonopol auszuüben.

Dies alles verdeutlicht, dass *State Building* ein Prozess ist; ein Prozess, der kaum irgendwo abgeschlossen ist, denn Staaten sind mehr atmende Wesen als statische Konstruktionen – in Afrika und darüber hinaus. Veränderungen werden zwangsläufig kommen. An Ideen für die künftige Ausgestaltung afrikanischer Staaten mangelt es nicht und es setzt ein Prozess ein, in dem mehr und mehr Vorschläge von afrikanischen Akteuren kommen. Die sozioökonomische Entwicklung mit einem Mechanismus der gegenseitigen Kontrolle der Demokratisierungs- und Konsolidierungsbemühungen durch den *African Peer Review Mechanism* (▶ Kap. 8) zu verbinden, ist ebenso erwähnenswert, wie die Versuche, Staatsstreiche einzudämmen und damit die Rechtsstaatlichkeit zu stärken (▶ Kap. 9). Darüber hinaus skizzieren immer mehr afrikanische Intellektuelle den Staat von morgen. Sie sprechen von der Notwendigkeit, dass Afrika für sich selbst entscheiden muss, was es will. Dabei soll es überlegen, sich stärker an lokalen Konzepten des Zusammenlebens wie *Ubuntu*, *Nofalye* oder *Imihigo* zu orientieren, die Individuen als Teil einer Gemeinschaft sehen und Humanismus sowie das Wohlergehen jedes Einzelnen fördern. In jedem Fall aber, so eine zentrale Forderung, sollen sich die Staaten emanzipieren.[15]

Politische Ordnung und Demokratisierung

Es lassen sich vier große Umbrüche der politischen Systeme in Afrika seit der Dekolonisation erkennen, die ein komplexes Set an politischen Systemen auf dem Kontinent schufen. Der erste Umbruch kam noch durch die Kolonialmächte, namentlich die Machtübergabe an die nationalen Eliten und die Installation demokratischer Strukturen, die eine Machtverteilung in den postkolonialen Staaten vorsahen (▶ Kap. 2 und ▶ Kap. 3).

Dem folgte ein zweiter Umbruch, der diese Strukturen auflöste. Die Mechanismen, die in Sambia zur Machtkonzentration beim Präsidenten Kenneth Kaunda führten, sind exemplarisch für etliche Fälle im postkolonialen Afrika. Nachdem Kaunda die Opposition zunächst nur kritisiert hatte, wurde er zusehends unwillig, sie zu tolerieren. In einem Umfeld, in dem es keine Demokratieerfahrung oder -tradition gab, wurde die Opposition schließlich verboten und ein Einparteiensystem etabliert.[16] Die Ideologie wurde monopolisiert und jeder, der Kaundas Ideologie widersprach, wurde als Feind des Landes betrachtet. Der Präsident führte die verbliebene Partei, die kaum programmatische Arbeit machte, sondern um seine Vorstellungen aufgebaut war. Kaunda kontrollierte die Kandidatenaufstellung bei anstehenden Wahlen und stellte so sicher, dass keine Person aufstieg, die ihm gefährlich werden konnte. Wenn nötig wurden Regeln über Nacht geändert und so unliebsame Kandidaten und Kandidatinnen von Wahllisten ausgeschlossen. Von den Kolonialmächten lernend benutzte Kaunda die Strategien »Zuckerbrot und Peitsche« sowie »Teile und Herrsche«. Parallel kam es zum Aufbau eines Personenkults um Kaunda.[17]

Auf Basis dieses Mechanismus etablierten sich in den Jahren nach der Dekolonisation die »Big Men« – also autokratische, korrupte und häufig auch totalitär denkende Männer (siehe unten) – in Afrika und untergruben die Versuche der Kolonialmächte, eine Machtverteilung zu sichern. Es gab nur wenige Ausnahmen wie Botsuana und Mauritius. Häufig wurden die »Big Men« von den ehemaligen Kolonialmächten, den USA oder der Sowjetunion unterstützt, die ihre Einflusssphären wahren bzw. ausbauen wollten. Während Präsidenten wie Kaunda oder Senghor im Senegal autoritär aber weitgehend ohne Gewalt regierten, gab es auch brutale Präsidenten wie Idi Amin in Uganda oder Francisco Macías Nguema in Äquatorialguinea, der jedwede Opposition im Stile des kambodschanischen Gewaltherrschers Pol Pot erbarmungslos unterdrückte. Vielfach rechtfertigten sich autoritäre Herrscher damit, dass nur so stabile politische Verhältnisse geschaffen werden konnten. Die Demokratie fiel – auch aufgrund internationaler Zwänge wie dem Kalten Krieg (▶ Kap. 4) – der politischen Stabilität zum Opfer. Das Resultat des zweiten Umbruchs war, dass sich Mehrparteiensysteme in Ein- oder Kein-Parteiensysteme verwandelt hatten und Macht personalisiert wurde; es gab eine Phase der »Bigmanity«.[18] Äthiopien und Liberia, die einzigen beiden nicht kolonisierten Länder hatten bereits einen autoritär regierenden Präsidenten bzw. Kaiser im Amt, als die meisten anderen Staaten unabhängig wurden.

Der dritte Umbruch kam mit dem Ende des Kalten Kriegs, der zusammen mit den heraufziehenden Konflikten (▶ Kap. 10) und dem Scheitern, die Staaten zu konsolidieren und wirtschaftlich zu entwickeln, das Ende der »postkolonialen Phase« einleitete. Der Begriff »postkolonial« wurde fortan weniger verwendet.[19] Die Metamorphose der Staaten setzte sich fort[20] und eine Demokratisierungswelle erfasste etliche Länder in Subsaharaafrika; 16 Staaten, die zuvor kein Mehrparteiensystem hatten, hielten bis 1994 Wahlen ab.[21] Die nordafrikanischen Länder wurden erst Jahre später durch den Arabischen Frühling 2010/2011 von dieser Welle berührt. Ausgehend von Benin 1991 setzten sich in Teilen Afrikas demokratische Strukturen durch. Zumeist beginnend mit Massenprotesten und internationalem Druck, Oppositionsparteien zuzulassen, sahen viele Präsidenten es als eine Notwendigkeit, das politische System zu öffnen und Reformen durchzuführen mit dem Ziel, selbst an der Macht zu bleiben.[22] In der Tat waren sie insbesondere dann geneigt, Reformen durchzuführen, wenn sie sich davon versprachen, selbst im Amt bleiben zu können oder aber wenn die Kosten für die Aufrechterhaltung ihrer autoritären Herrschaft zu hoch wurden.[23]

Ein Beispiel für diesen dritten Umbruch ist Ghana. Ab Mitte der 1960er-Jahre schwankte das Land zwischen Militär- und zivilen Regierungen und war wirtschaftlich instabil. 1981 kam Hauptmann Jerry Rawlings durch einen Staatsstreich an die Macht, verbot Parteien und begann mit Hilfe der Weltbank und des IWF, die Wirtschaft anzukurbeln. Einige Versuche von Rawlings waren erfolgreich, andere nicht. Er brachte Wirtschaftswachstum und politische Stabilität, versäumte es aber, einen nationalen Ethos zu schaffen. Die politische Stabilität kam durch die längste ununterbrochene Phase einer Regierung seit Nkrumah, aber der Wunsch nach Wandel war im Land dennoch spürbar.[24] Da Parteien verboten waren, organisierten sich die Menschen in Klubs. Überdies wurden Gewerkschaften und Kirchen zu wichtigen Foren, um Unzufriedenheit mit Rawlings Strukturanpassungsprogrammen auszudrücken. Rawlings lehnte lange Mehrparteienwahlen ab, gab aber 1991 nach, als er einen Fahrplan für eine neue Verfassung vorschlug, die 1992 bei einem Referendum mit 92 % angenommen wurde und ein Mehrparteiensystem vorsah. Obschon es unterschiedliche Auffassungen gibt, warum Rawlings Parteien wieder erlaubte,[25] hat sich die Ansicht durchgesetzt, dass Rawlings die Transformation gut meisterte und durch weithin anerkannte freie und faire Wahlen an der Macht blieb.

Die Ereignisse in Ghana und in Benin sowie in Südafrika, wo die Apartheid endete und demokratische Wahlen stattfanden, führten dazu, dass viele in dieser Phase von einer stetig voranschreitenden Demokratisierung afrikanischer Länder ausgingen. Die Einführung von Amtszeitbeschränkungen wurde als ein Beispiel dafür gesehen, dass selbst die »Big Men« bereit waren, ihren Abgang vorzubereiten – eine Entwicklung, die von westlichen Ländern goutiert wurde. Eine Beobachtung stützte die These der voranschreitenden Demokratisierung: Während es zuvor kaum ehemalige Herrscher gab, die weiter in den Ländern, die sie einst regierten, lebten, weil sie fliehen mussten, getötet wurden oder im Amt starben, wurde ihre Anwesenheit ein zunehmend sichtbares Phänomen.[26]

In einigen der Länder, die sich in den 1990er-Jahren demokratisierten, gab es nach 2001 und insbesondere nach 2010 eine Rückkehr zu autoritären Strukturen, was den vierten großen Umbruch darstellt.[27] Während z. B. Benin und Ghana dem Demokratisierungspfad weiter folgten, entwickelten sich andernorts hybride Regime, die Elemente von Demokratie und Autokratie vereinen und sich durch starke Präsidenten auszeichnen, sodass das Konzept *presidentialism* an Bedeutung gewann.[28] Die Annahme, China habe seinen wirtschaftlichen Aufstieg aufgrund einer straffen politischen Führung geschafft, trug zur Rückkehr autoritärer Strukturen bei – zumindest lieferte es eine gute Rechtfertigungsstrategie. Tansania ist ein gutes Beispiel, um diese Rückkehr zu autoritären Strukturen zu zeigen. Wenngleich die Wahlen von 2015 ein scheinbarer Meilenstein für die Demokratie waren, weil die Opposition so viele Stimmen wie nie zuvor erhielt, können sie als Auftakt einer autoritären Herrschaft von John Pombe Magufuli verstanden werden.[29] Der Präsident und seine Partei schlossen den politischen Raum, indem sie die Rede-, Presse- und Versammlungsfreiheit einschränkten und weniger tolerant gegenüber der Opposition und abweichenden Meinungen wurden. Es war jedoch zunächst weniger der Präsident, der diese Agenda vorantrieb, sondern seine Partei, die *Chama Cha Mapinduzi*, die seit der Unabhängigkeit regiert. Ihre Politik folgte der Logik, dass dominante Parteien dann autoritärer werden, wenn die Opposition erstarkt, denn sie wollen an der Macht bleiben.[30]

Die Wiederabschaffung von zuvor eingeführten Amtszeitbeschränkungen oder gewiefte Interpretationen der Verfassung stehen ebenso für die teilweise Abschaffung der demokratischen Strukturen während des vierten Umbruchs. Abbildung 3 zeigt, wo es gesetzlich festgeschriebene Amtszeitbeschränkungen gab und wo es diese noch gibt bzw. wo sie wieder abgeschafft wurden. Dadurch wird der Trend zur Einführung und Wiederabschaffung deutlich, wie etwa im Senegal. Hier gab es zwischen 1970 und 2016 ein Hin und Her in Bezug auf die Amtszeitbeschränkung, zumeist um den politischen Wettbewerb zu liberalisieren und gleichzeitig einzudämmen; folglich waren die Reformen zu den Amtszeiten immer Teil eines größeren Reformpaketes.[31] Nimmt man an, dass Demokratie die Ursache für Amtszeitbeschränkungen ist und nicht umgekehrt, verwundert das Bild der gegenwärtigen Situation nicht.[32] Um die demokratische Fassade auch gegenüber den Geldgebern zu wahren, wurden die Regierenden immer kreativer, genauer und umfassender bei der Rechtfertigung der Abschaffung der Amtszeitbeschränkungen.[33] Eine Folge (oder vielleicht auch Fun-Fact) dieser Entwicklung ist, dass afrikanische Präsidenten älter werden. Waren sie 1980 durchschnittlich 52 Jahre alt, stieg das Durchschnittsalter 2019 auf 66 Jahre.[34]

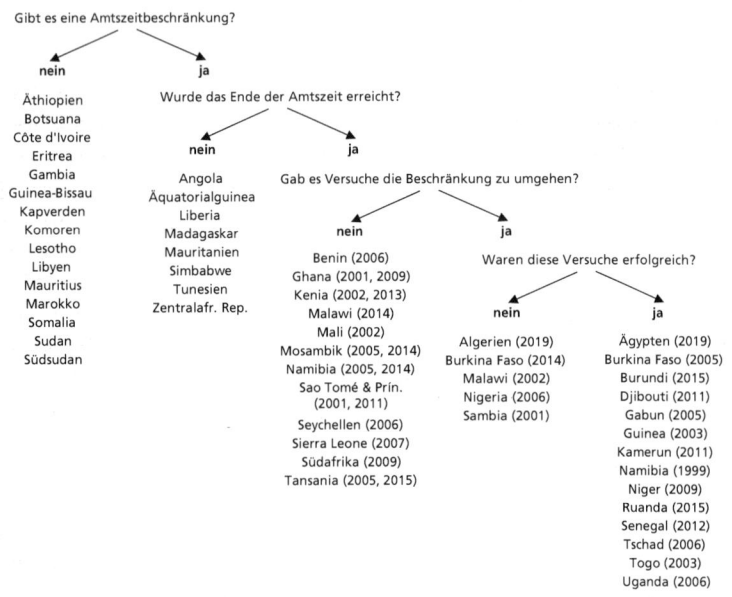

Abb. 3: Amtszeitbeschränkungen in Afrika.[35]

Der Arabische Frühling und die Phase danach ließen die nordafrikanischen Staaten den dritten und vierten Umbruch in kürzerer Zeit durchlaufen. Das Resultat war jedoch dasselbe. In Ägypten kam es nach dem Sturz das demokratisch gewählten Präsidenten Morsi zu einer Abwicklung der demokratischen Institutionen, die wenige Monate zuvor nach dem Sturz Hosni Mubaraks erst eingeführt wurden. In Tunesien hingegen konnten sich die durch den Arabischen Frühling erkämpften demokratischen Strukturen halten. In Algerien und Marokko reagierten die Regierungen mit Reformen – und warnten in Algerien vor einer Rückkehr des Bürgerkriegs – und entgingen damit dem Sog des Arabischen Frühlings.

Die Ereignisse in Nordafrika spiegeln die Erkenntnis wider, dass es einen erheblichen Unterschied zwischen den ersten beiden Umbrüchen und den letzten beiden gibt. Während die Nationalisierung von Macht im Zuge der Dekolonisation alle und das Ausbilden von autoritären Systemen mit »Big Men« an der Spitze fast alle Staaten Afrikas erfasste, gab es die Demokratisierung und ihre teilweise Umkehrung in nur je einem Teil der Staaten. So ist die Situation für Analysten – insbesondere für Demokratieforscherinnen und -forscher – unübersichtlicher geworden, was Gabrielle Lynch und Gordon Crawford gut zusammenfassen, wenn sie von einer »Realität der gegensätzlichen Trends« sprechen.[36]

Strategien zum Machterhalt

Wie in anderen Weltregionen auch, strebt die politische Führung in Afrika danach, an der Macht zu bleiben. Operiert sie in demokratischen Systemen versucht sie, durch Taten und Argumente die Wählerinnen und Wähler von sich zu überzeugen. Anders verhält es sich in autoritären Systemen. Das Repertoire für den Machterhalt autoritär Herrschender hat im Kern vier Elemente, die meist in einer Kombination angewandt werden: den Aufbau eines neopatrimonialen Herrschaftssystems samt Patronagenetzwerk, um die Bevölkerung in einem Abhängigkeitsverhältnis zu halten; Gewalt oder Androhung von Gewalt gegen (potentielle) Widerständler; Wahlmanipulation zur Wahrung einer demokratischen Fassade und eine kulturelle Säule, um die Bevölkerung zu indoktrinieren.

Neopatrimoniale Herrschaft und »Big Men«

Der Begriff Neopatrimonialismus ist trotz gelegentlicher Kritik das am häufigsten verwendete wissenschaftliche Konzept zur Beschreibung und Erklärung der politischen Ordnung in etlichen Ländern Afrikas.[37] Das Konzept hat seinen Ursprung in der Herrschaftstypologie von Max Weber, der drei Herrschaftstypen beschreibt, von denen zwei hier relevant sind: die traditionelle und die rational-legale Herrschaft. Die traditionelle Herrschaft basiert auf einem Glauben in die seit jeher vorhandene Ordnung und Herrengewalt. In enge Verbindung mit traditioneller Herrschaft bringt Weber das Konzept Patrimonialismus, worunter er u. a. den Aufbau eines persönlichen Verwaltungs- (und Militär-)Stab für die Herrschenden versteht, mittels dessen sie die Bevölkerung untertänig machen.[38] In diesen Systemen herrscht ein Individuum durch Macht und Prestige und betrachtet die Bevölkerung, die keine eigenen Rechte hat, als einen Teil seines Haushalts. Die Macht ist bei den Herrschenden personalisiert. Anders verhält es sich mit der rational-legalen Herrschaft, die die heutigen westlichen Staaten prägt und auch »Herrschaft der Bürokratie« genannt wird. Hier sind die Herrscherenden auf andere Art legitimiert und es gibt eine andere Verbindung zwischen ihnen und dem Verwaltungsstab. In der rational-legalen Herrschaft legitimieren sich die Herrschenden durch Legalität, d. h. sie kommen durch rechtsstaatliche Verfahren an die Macht. Die öffentliche Verwaltung legitimiert sich genauso und zusätzlich durch Kompetenz.[39] Da in den Staaten Afrikas sowohl Elemente der rational-legalen Herrschaft als auch des Patrimonialismus zu finden sind, führte Samuel Eisenstadt in den frühen 1970er-Jahren den Begriff Neopatrimonialismus ein, um diese hybride Form zu kennzeichnen.[40] Diese Form der Herrschaftsausübung ist auch deshalb im postkolonialen Afrika so dominant, weil die Abneigung der Herrschenden, zwischen einem privaten und einem offiziellen »Ich« zu unterscheiden, vielerorts mit der Organisation vorkolonialer Gesellschaften übereinstimmt.[41]

Mit dem Fokus auf das Individuum an der Spitze verdeutlicht das Konzept Neopatrimonialismus, dass Patronagenetzwerke an eine Person gebunden sind und der Wegfall der Person an der Spitze auch Veränderungen im Netzwerk zur Folge haben kann bis hin zum Zusammenbruch des Netzwerks. Neopatrimoniale Systeme sind also abhängig von Einzelpersonen und damit für Umbrüche anfälliger als institutionalisierte Systeme, die unabhängig von Einzelnen funktionieren.[42] Umso wichtiger ist es für diejenigen an der Spitze des Patronagenetzwerks, ihre Macht abzusichern und keine Konkurrenz zuzulassen, die ihre Position gefährden und ihr Netzwerk ins Wanken bringen könnte. Potentielle Konkurrenz wird daher häufig neutralisiert.[43]

Das Phänomen Neopatrimonialismus steht im Zusammenhang mit dem Phänomen der »Big Men«.[44] Dieses ursprünglich aus der Anthropologie stammende Konzept konzentriert sich auf diejenigen, die einem Patronagenetzwerk vorstehen.[45] Es charakterisiert den »Big Man« als einen Mann, der sich Macht angeeignet oder erworben und Reichtum angehäuft hat. Er verteilt in seinem Netzwerk Teile der Macht und des Reichtums und wird im Gegenzug unterstützt. Die Unterstützung hilft ihm wiederum, mehr Reichtum anzuhäufen, da er nun weitere wirtschaftliche Ressourcen ausbeuten kann.[46] Der »Big Man« bedient sich zu den lokalen sozialen Vorstellungen passenden Statussymbolen. Diese führen zusammen mit seinem Status als reicher und mächtiger Mann dazu, dass seine Anhänger und Anhängerinnen eine Beziehung zu ihm pflegen wollen. Er muss sie also nicht zwangsläufig kontrollieren oder mit Gewaltanwendung zu Handlungen zwingen, denn seine Unterstützerinnen und -unterstützer, die in den Bereichen Wirtschaft, Sicherheit und sozialer Absicherung profitieren wollen, wenden sich ihm meist von alleine zu. Die Personalisierung der Macht nutzt der »Big Man« teils schamlos für die eigenen Zwecke aus. Mobutu, der ehemalige Präsident Kongo-Kinshasa, ist ein Paradebeispiel dafür. Er gab 1988 in einem Interview unumwunden zu: »Ich habe eine Menge Geld. Nach meinen Schätzungen sind es insgesamt etwas weniger als 15 Mrd. CFA. Ist das für jemanden, der 22 Jahre lang das Staatsoberhaupt eines großen Landes war, eine so exorbitante Summe?«[47]

Die Personalisierung von Macht schafft ein Paradox.[48] Durch seine Verweigerung, den Staat, dem er vorsteht, zu konsolidieren, sägt der »Big Man« an dem

Ast, auf dem er sitzt, indem er staatliche Institutionen aushöhlt und abseits von Patronage und Gewalt keine institutionelle Grundlage mehr hat, sich im Amt zu halten. In solchen personalisierten Systemen gibt es keine *checks and balances* mehr, weil der Staat ein informelles System ist.

Wahlen dienten (und dienen) dazu, eine demokratische Fassade zu wahren, sind in neopatrimonialen Systemen aber so gesteuert, dass der »Big Man« im Amt bleibt – entweder durch Manipulation und Gewalt oder, wenn das Patronagenetzwerk effektiv genug ist, auch ohne diese Mittel (siehe unten). Die demokratische Fassade hat für den »Big Man« eine wichtige Funktion. Aufgrund der schwachen Institutionen können die »Big Men« nicht das gesamte Staatsgebiet kontrollieren. Durch politische Partizipationsmöglichkeiten wie Wahlen versuchen sie, erst gar keinen Druck aus der Bevölkerung aufkommen zu lassen, denn diesen können sie nicht mehr zwangsläufig kontrollieren, sollte er stärker wird. So waren demokratische Elemente selbst in der Hochzeit der autoritären Herrschaft in den 1970er-Jahren in den autoritärsten Systemen vorhanden.[49] Es ist selbsterklärend, dass das Überwinden solch neopatrimonialer Systeme schwierig ist, weil diese tief in der Gesellschaft verwurzelt sind und den Staat aushöhlen. So wird auch klar, dass ein solches System als eines der größten Hindernisse bei der Demokratisierung der betroffenen Staaten gilt.[50] Die folgenden zwei Beispiele verdeutlichen dies.

In Simbabwe verlor Präsident Mugabe in den 1990er-Jahre stark an Popularität und eine von ihm vorgeschlagene Verfassungsänderung scheiterte 2000 bei einem Referendum. Ungefähr zur selben Zeit und damit im Zusammenhang stehend wurde die Oppositionspartei *Movement for Democratic Change* (MDC) gegründet, die den Widerstand gegen Mugabe kanalisieren konnte. Gleichzeitig geriet Mugabe innerhalb seiner eigenen Partei, ZANU-PF, unter Druck. Zu dieser Zeit wurde das Land faktisch von einem inoffiziellen Gremium, dem *Joint Operational Command* (JOC), regiert, in dem u. a. die oberste Militärführung, die Polizei- und die Geheimdienstchefs sowie der Zentralbankchef unter Mugabes Führung zusammenkamen.[51] Bei den Ereignissen nach dem gescheiterten Referendum 2000 werden zwei Elemente der neopatrimonialen Systemen sichtbar: das Bedienen des Patronagenetzwerks und das Sicherstellen, dass niemand die Position des »Big Man« gefährdet. Kriegsveteranen forderten, die langversprochene Landreform endlich umzusetzen. Mugabe sah in der Erfüllung dieser Forderung einen Weg, diese wichtige Klientel zu bedienen, und ließ im Jahr 2000 in einer gut orchestrierten Aktion die Farmen Weißer besetzen. So wurden plötzlich auch Menschen zu Kriegsveteranen, die schon aufgrund ihres Alters gar nicht am Befreiungskampf in den 1960er- und 1970er-Jahre teilnehmen konnten. Die gewaltsame Landumverteilung diente vor allem dazu, Mugabes Netzwerk zu befriedigen und den Widerstand von unten einzudämmen. Den Widerstand innerhalb der Führungsriege seiner Partei unterdrückte Mugabe durch Absetzung derer, die seine Macht in Frage stellten. Im November 2004 hatten sich einige Führungsfiguren der Partei in Tsholotsho getroffen, um über die zukünftige Führung der Partei zu sprechen. Mugabe erfuhr von diesem Treffen und suspendierte die Teilnehmer aus der Partei. Ebenso in Ungnade fielen Jonathan Moyo (siehe unten) und Emmerson Mnangawa. Letzterem gelang die Rückkehr in die Führung des Landes und ins JOC. Dies geschah auch, weil Mnangagwa für Mugabe gefährlich war – wie der erfolgreiche Staatsstreich 2017 zeigt – und Mugabe daher bevorzugte, ihn in seinen inneren Zirkel einzubinden, als ihn auszuschließen.

Mnangagwa wurde zu einer wichtigen Säule für Mugabes Machtabsicherung und gilt als die zentrale Figur der *Operation Murambatsvina* (Müllentsorgung), die das Ziel hatte, »illegal« errichtete Gebäude in den Slums des Landes zu zerstören, in denen der MDC seine Hochburgen hatte. Das implizite Ziel der Operation war es, die Bevölkerung so einzuschüchtern, dass die Wahlen 2008 zu Mugabes Gunsten ausgehen würden (▶ Kap. 9). Trotz der Gewalt erhielt der MDC bei den Wahlen ein starkes Ergebnis, was – zusammen mit internationalem Druck – Mugabe letztlich zwang, eine Regierung mit dem MDC zu bilden. Diese Regierung war den Langzeitwirkungen eines neopatrimonialen Systems ausgesetzt, namentlich den ausgehöhlten staatlichen Institutionen und der Fähigkeit derer, die das Netzwerk kontrollieren, ihre Macht abzusichern. So kontrollierte die ZANU-PF die Schlüsselstellen der neuen Regierung und damit das Regierungshandeln. Die alten Seilschaften arbeiteten weiter und ließen den MDC-Ministern und -ministerinnen keine Chance, ihre Arbeit gut zu verrichten. ZANU-PF und Mugabe mussten nur die Zeit bis zur nächsten Wahl aussitzen, um dann wieder alleine an die Macht zu kommen. Der MDC hatte seine Chance, die Bevölkerung mit Regierungshandeln zu überzeugen, nicht nutzen können; Mugabe und sein Netzwerk hatten dies sichergestellt. Denn der MDC war so darauf konzentriert, gegen den ZANU-PF Teil der Regierung zu kämpfen, anstatt sich mit seinem Wahlkampf zu beschäftigen oder sich um seine Wählerinnen und Wähler zu kümmern, dass Mugabe und seine ZANU-PF die folgenden Wahlen kaum mehr manipulieren mussten.[52]

Auch in Kamerun gibt es unter dem seit 1982 regierenden Präsident Biya ein gut funktionierendes Patronagenetzwerk. Regierungspositionen und Beförderungen werden nicht nach Kompetenz vergeben, sondern nach dem Plan, verschiedene Personen und Gruppen einzubinden.[53] Mit Zeremonien und der Übernahme der Kosten für Familienfeiern werden auch »einfache« Leute bedacht. Gut klingende Titel wie »Sonderbeauftragter für parlamentarische Angelegenheiten an der Präsidentschaftskanzlei« helfen, sich Menschen gewogen zu halten.[54] Lilian Ndangam beschreibt, wie Patronage im Detail funktioniert. Sie erläutert, dass alle Journalistinnen und Journalisten des Landes *gombo*, d. h. Geld oder Vergünstigungen, annehmen und sich so beeinflussen lassen, über was und wen sie wie berichten.[55] Die Folgen solcher Patronage sind gravierend. Da Journalisten durch ihre Berichterstattung Ereignisse beschreiben, in größere Zusammenhänge einbetten und bewerten, haben sie eine wichtige Kontrollfunktion der Regierung, die durch *gombo* effektiv ausgehöhlt wird. Demokratisierungsbemühungen werden so untergraben und es festigt sich das neopatrimoniale System.

Gewalt und Einschüchterung

Es gibt vermutlich kein Land auf der Welt, in dem es im Zuge politischer Auseinandersetzungen oder bei Einsätzen der Sicherheitskräfte nicht auch einmal zu

Gewalt kam und dabei gar Menschen getötet wurden. Gewalt und Einschüchterung beziehen sich im Folgenden daher eher auf das System, das hinter der Gewalt oder ihrer Androhung steht. Wenn Gewalt oder ihre Androhung stetig und systematisch eingesetzt werden, um Menschen unter Druck zu setzen, eine bestimmte Handlung zu vollziehen oder zu unterlassen, entsteht eine Kultur der Angst, die Menschen dauerhaft den staatlichen oder informellen Institutionen unterordnet, von denen diese Angst ausgeht.

In kaum einem anderen afrikanischen Staat sind Gewalt oder ihre Androhung ein so häufig eingesetztes Mittel der politischen Kontrolle wie in Eritrea unter Präsident Isaias. Die *Eritrean People's Liberation Front* (EPLF) unter Isaias' Führung lehnt es trotz anderslautender Versprechungen während des Befreiungskampfes ab, andere Parteien zuzulassen. Diejenigen, die nicht für die EPLF im Befreiungskampf bis heute gekämpft hatten, durften zwar nach Eritrea zurückkehren, aber nur als Privatpersonen und nicht als Mitglied einer zur EPLF konkurrierenden Bewegung. In einer ersten Unterdrückungswelle unmittelbar nach der Unabhängigkeit, schafften es Isaias und sein engster Zirkel, durch Gewalt und Gefängnisstrafen meuternde Soldaten, Kriegsveteranen und sämtliche zivilgesellschaftliche Gruppen zum Schweigen zu bringen. In einer zweiten Welle der Gewalt, die 2001 nach dem Krieg gegen Äthiopien (1998–2000) ausbrach, ließ Isaias eine Gruppe hochrangiger Politiker und Intellektueller verhaften, die u. a. Menschenrechte, eine unabhängige Justiz sowie freie und faire Wahlen gefordert hatten. Sie wurden nie wieder gesehen. Studierende, die sich für die Freilassung einer ihrer Anführer einsetzten, wurden deportiert und die Universität wurde geschlossen. Von den Terroranschlägen des 11. September verdeckt, schaffte Isaias die Pressefreiheit ab und warf Journalisten aus dem Land. Der Präsident kontrolliert nun das Land zusammen mit einer kleinen Clique, deren Mitglieder ihm an politischer Macht nicht ebenbürtig sind.[56] Teil des Unterdrückungssystems ist eine Wehrpflicht bzw. ein nicht-militärischer Dienst, der auch als Zwangsarbeit bezeichnet wird. Dieser war bei seiner Einführung 1995 noch auf 18 Monate begrenzt und sollte dem Wiederaufbau des Landes dienen. 2002 wurde das Zeitlimit fallengelassen. Zu dieser Form des Dienstes sagen die UN, er würde die Arbeitenden auf unbestimmte Zeit ausbeuten und versklaven.[57]

Die Bevölkerung durfte bis zum Frieden mit Äthiopien 2018 das Land nicht verlassen und Grenzwachen hatten einen Schießbefehl, »eine Macht, die sie oft ausnutzen, um Flüchtenden Geld oder Sex abzuringen.«[58] Als die Grenze nach dem Friedensschluss mit Äthiopien geöffnet wurde, fragten sich einige, ob diese Öffnung kam, um Gegner des Regimes loszuwerden.[59] Es gibt keine Organisation in Eritrea, die nicht von der EPLF kontrolliert wird, kein mobiles Internet und damit auch kaum Möglichkeiten, einen Protest zu organisieren. Die Bemühungen, eine Verfassung zu verabschieden, wurden 2000 auf Eis gelegt. Bis heute gab es keine Wahlen und seit 2002 auch keine Parlamentssitzung mehr. Es gibt jedoch Anzeichen, dass sie die Dinge verändern könnten, denn der Friede mit Äthiopien und die Tatsache, dass von Äthiopien keine militärische Gefahr mehr ausging, führen dazu, dass Isaias seine wichtigste Rechtfertigung für seine repressive Politik verloren hat.[60] So lange jedoch die Wehrpflicht besteht und die Massenflucht anhält, sollten wir nicht von einer nachhaltigen Veränderung ausgehen.

Eritrea ist zusammen mit Äquatorialguinea unter Francisco Macías Nguema, Uganda unter Idi Amin oder Namibia, Südafrika und Südrhodesien unter den Minderheitsregimen sicherlich ein besonders drastisches Beispiel für systematische Gewaltandrohung und -anwendung der Regierung, um an der Macht zu bleiben. Häufiger als eine solche breit angelegte Gewaltandrohung und -anwendung findet eine punktuelle Gewaltanwendung z. B. im Kontext von Wahlen statt, wie bei der oben dargestellten *Operation Murambatsvina* in Simbabwe.

Wahlmanipulation

Wahlen sind ein wichtigstes Instrument der Legitimierung nach innen gegenüber der Bevölkerung und nach außen gegenüber anderen Regierungen. Deshalb werden sie auch in autoritären Systemen immer wieder abgehalten und durch Manipulation sichergestellt, dass die Opposition sie nicht gewinnen kann. Neben Gewalt und deren Androhung im Kontext von Wahlen (▶ Kap. 9) gibt es subtilere Methoden, eine Wahl zu beeinflussen: Das »Handbuch der Wahlfälschung hat drei Kapitel und deckt den Wahlkampf, die Organisation des Urnengangs und die Auszählung ab.«[61] Oppositionsparteien bekommen weniger und schlechtere Sendeplätze im staatlichen Rundfunk und Fernsehen sowie in Zeitungen, um ihr Programm und ihre Ziele zu präsentieren. Überdies werden Oppositionsvertreterinnen und -vertreter daran gehindert, im Wahlkampf aufzutreten, indem man sie oder ihre Fahrerinnen bzw. Fahrer verhaftet. Behördenleiter und -leiterinnen können ihren Angestellten befehlen, die Amtsinhaberin oder den Amtsinhaber zu wählen und diejenigen, die die Opposition wählen, entlassen. Sollte es einen wirtschaftlichen Notstand oder gar eine Nahrungsmittelknappheit geben, kann mit gezielter Unterstützung die Loyalität der Anhängerinnen und Anhänger der Regierenden gestärkt werden. Während des Urnengangs kann es mehrfach registrierte, tote und plötzlich nicht mehr registrierte Wähler geben. Die Briefwahl, die Zuschnitte der Wahlkreise sowie die Erreichbarkeit und die Öffnungszeiten von Wahllokalen eröffnen weitere Spielräume für Manipulation. Auch der Zwang, die Stimme in der Heimatstadt abzugeben, kann zu Verzerrungen führen. Sollten diese Maßnahmen nicht ausreichen, können noch die Stimmauszählung in den Wahllokalen selbst, die Übermittlung der Ergebnisse an die nationale Wahlkommission und dort das Zusammenzählen der Ergebnisse manipuliert werden.

Von 143 Präsidentenwahlen, die zwischen 1990 und 2011 in Afrika stattfanden, gelten 25 als frei *und* fair, also 17,5 %. Für 118, also 82,5 %, treffen diese Attribute laut Sylvia Bishop und Anke Hoeffler nicht zu. Für weitere 22 Wahlen liegen keine vollständigen Daten vor. Für die Einschätzung, ob Wahlen frei waren, wurden von den Autorinnen sieben Indikatoren berücksichtigt: die gesetzlichen Bestimmungen, die Leistungsfähigkeit der Wahlbehörde, die Unabhängigkeit der Wahlbehörde, die tatsächliche Möglichkeit, an der Abstimmung teilzunehmen, das Wählerregister, die Wahlkampagne und der Medienzugang.

Für die Frage, ob die Wahlen fair waren, wurden drei weitere Indikatoren betrachtet: der Wahlprozess, die Rolle von Offiziellen und die Stimmauszählung.⁶² Blickt man nur auf die Kriterien, die eine Auskunft über die Fairness der Wahl geben, zeigt sich ein anderes Bild, als beim Blick auf freie *und* faire Wahlen. Denn demnach waren 46 % der 143 Präsidentenwahl fair und 54 % nicht. Dennoch unterstreichen die Zahlen, dass unfreie und unfaire Wahlen im genannten Zeitraum, mehr Regel als Ausnahme sind.

Kultur und Machtabsicherung

Machtabsicherung kann auch einen kulturellen Aspekt haben. Kabou argumentiert:

> »Die afrikanischen Diktaturen sind vor allem kulturelle Diktaturen. Unsere Autokraten wissen das so gut, dass sie keinerlei politisches Konzept ausgearbeitet haben, das die Mentalität der Bevölkerung für die Außenwelt öffnen könnte. Die gesamte Kulturpolitik Afrikas seit der Unabhängigkeit betont die traditionellen Werte: Respekt vor dem Chef, Ehrfurcht vor dem Alter, Furcht vor den Oberschichten und den übernatürlichen Kräften, Verehrung des Geldes und abgöttisch Verklärung einer vorkolonialen Vergangenheit.«⁶³

Diese kulturellen Elemente werden von einer kultischen Verehrung der Regierenden begleitet. Sie wird darin sichtbar, dass Straßen und Gebäude deren Namen tragen und überall Bilder von ihnen hängen. Staatsoberhäupter sehen sich gerne als unersetzlich und lassen sich vom Volk nur allzu gerne breitschlagen, weiter im Amt zu bleiben, anstatt in den Ruhestand zu gehen, so wie Denis Sassou Nguesso, Präsident von Kongo-Brazzaville, der 2016 sagte, sein Volk habe sich geweigert, ihn in den Ruhestand gehen zu lassen.⁶⁴ Togos Präsident Gnassingbé Eyadéma (1967–2005) sah sich gar als Superheld und ließ Comics mit ihm in dieser Rolle drucken. Seinen Personenkult nährte er u. a. aus der Geschichte, dass er 1974 als einziger Passagier einen Flugzeugabsturz überlebte (obwohl in Wahrheit weitere Passagiere ebenfalls überlebten) und er deshalb übermenschliche Kräfte habe. Banalitäten werden zu Nachrichten und das Staatsoberhaupt erscheint so tagtäglich in den lokalen Zeitungen als große Macherin bzw. als großer Macher.⁶⁵ Ein Paradebeispiel hierfür ist Ugandas Präsident Museveni, dessen Handeln des Vortags in der *New Vision*, dem Propagandainstrument der Regierung, bzw. ihrer Onlineausgabe nachzulesen ist, wie an dem Tag, an dem diese Zeilen entstanden. An diesem 13. Februar 2019 erfahren wir, dass Museveni am Vortrag beim AU-Gipfeltreffen war und dort seine – schon oft zuvor vorgetragenen – Gedanken zur politischen und wirtschaftlichen Integration Afrikas präsentiert hat. Statt einer Zusammenfassung finden wir den Wortlaut der gesamten Rede.⁶⁶

In den Ländern, in denen ein Befreiungskampf stattgefunden hat, wie in Simbabwe oder Namibia, kommt eine Verehrung der Helden des Befreiungskampfes hinzu. Auf monströsen *Heroes Acres* werden die Beisetzungen dieser nationalen Helden in einem Staatsakt durchgeführt. Dabei wird an die heroischen Akte des Befreiungskampfes erinnert und die Jugend eingeschworen, nicht nur die Helden des Kampfes zu verehren, sondern auch ihr Werk zu verteidigen. Eine andere Form der Verehrung findet in Eswatini statt, wo einmal im Jahr junge Mädchen – nicht immer freiwillig – ihre Keuschheit und Jungfräulichkeit zelebrieren, indem sie in einer längeren Zeremonie vor König Mswati III. tanzen, der bei dieser Gelegenheit weitere Mädchen als Ehefrauen aussucht und unter Verweis auf Kultur und Tradition die Frauen faktisch degradiert.[67]

Die vorherrschende politische Kultur – von den »Big Men« bewahrt und genutzt – ist eine, die Männer über Frauen stellt. Mbembe hält fest, dass die Macht in dem, was er »Postkolonie« nennt, männlich und die *polis* das Äquivalent einer Männergesellschaft ist, nach deren Verständnis von Sexualität und damit zusammenhängend von der Funktion der jeweiligen Geschlechtsteile die Frau dem Mann untergeordnet ist.[68] Die Ausbreitung des Islam und des Christentums sowie die Kolonisation sind zentrale Erklärungsfaktoren, warum Frauen die gewichtige Rolle verloren haben, die sie vor dieser Phase in Politik und Gesellschaft besessen hatten.[69] Überdies wurden Frauen nach der Dekolonisation vielerorts bewusst depolitisiert und wenn überhaupt in Frauenorganisationen der Regierungsparteien organisiert.[70] Hierdurch wurden sie Teil des Patronagenetzwerks, das der jeweilige »Big Man« unterhielt.

Dennoch waren (und sind) Frauen politisch aktiv.[71] Jedoch stiegen sie, wie der Fall Bibi Titi, die während des Befreiungskampfes in Tansania aktiv war und später an der Seite von Präsident Nyerere arbeitete, zeigt, lange nicht in die erste Reihe ihrer Bewegungen oder Regierungen auf, sondern agierten eher im Hintergrund.[72] So gab es bis zur Wahl von Ellen Johnson-Sirleaf als Präsidentin Liberias 2006 lediglich drei Übergangspräsidentinnen, namentlich Carmen Pereira in Guinea-Bissau (1984), Sylvie Kinigi in Burundi (1993–1994) und Ruth Perry in Liberia (1996–1997), die allerdings nicht durch Wahlen ins Amt kamen.[73] Vor dem Jahr 2000 gab es lediglich neun Frauen, die als Kandidatinnen für Präsidentenämter in Afrika antraten.

Die Wahl von Präsidentinnen wie John-Sirleaf in Liberia oder Joyce Banda in Malawi (2012–2014) sowie die Ernennung von Catherine Samba-Panza als Übergangspräsidentin der Zentralafrikanischen Republik (2014–2016) sind deutliche Signale für einen Paradigmenwechsel in manchen afrikanischen Ländern, der für eine zunehmende Stärkung der Position der Frauen in der Politik steht. Noch bedeutender erscheinen Verfassungs- und Gesetzesänderungen, wie z. B. in Marokko 2011 und 2012. Im Kontext des Arabischen Frühlings forderten Aktivistinnen und Aktivisten dort erst Verfassungsänderungen ein, d. h. eine Stärkung der Frauenrechte, den Abbau von Diskriminierung und die Unteilbarkeit von Menschenrechten zwischen den Geschlechtern. Ein Jahr später wurde in Folge einer hitzigen Diskussion, die sich an einem konkreten Fall entzündet hatte, auch ein Gesetz abgeschafft, dass es Männern ermöglichte, nach einer Vergewaltigung durch die Heirat mit ihrem Opfers einer Strafe zu entgehen.[74] Diese politischen Veränderungen werden von immer mehr Forschung in Bezug auf feministische Fragen begleitet (und vorbereitet), die auf die Veränderungen aufmerksam macht bzw. ihre Notwendigkeit erklärt.[75] Denn wie in Kapitel 6 erwähnt, ist die Gleichbehandlung der Geschlechter auch ein zentraler Erklärungsfaktor für sozioökonomische Entwicklung.

Weitere Akteure

Bis hierhin könnte man wegen meines Fokus auf Bigmanity und neopatrimoniale System den Eindruck gewinnen, dass nur Staatschefs und -chefinnen – und in manch wenigen Fällen Premierminister oder Monarchen – für die Ausübung politischer Macht entscheidend sind. Trotz ihrer Prominenz und Bedeutung gibt es aber auch weitere Akteure in den politischen Systemen Afrikas, die ebenfalls Einfluss haben. Die wichtigsten von ihnen werde ich im Folgenden vorstellen.

Regierung

Die Zentralisierung der Regierungsgeschäfte im Präsidentenamt ist eine Folge der Kolonialzeit; die Größe der Kabinette hingegen hängt mit den neopatrimonialen Systemen zusammen. Mit durchschnittlich mehr als 28 Mitgliedern im Jahr 2018 sind die afrikanischen Kabinette relativ groß. Während die Inselstaaten Komoren mit zehn und São Tomé und Príncipe sowie Kap Verde mit je zwölf Mitgliedern die kleinsten Kabinette Afrikas hatten (Malawi hatte mit 15 Mitgliedern das kleinste Kabinett des Festlands), gab es in Kamerun mit 59 und in Kongo-Kinshasa mit 48 Mitgliedern die größten Kabinette des Kontinents. Wenn wir auch Staats- und stellvertretende Ministerinnen und Minister berücksichtigen würden, hätte Uganda mit 80 Mitgliedern das größte Kabinett.[76]

Die Verteilung von Ministerämtern wird häufig zur Befriedigung der oberen Ränge des Patronagenetzwerks oder bestimmter Gruppen der Bevölkerung genutzt. Die Zusammensetzung des simbabwischen Kabinetts während der Einheitsregierung (2009–2013) illustriert dies. Insgesamt umfasste im Jahr 2009 das Kabinett 41 Personen (inklusive Präsident und Stellvertreter) sowie 15 stellvertretende Minister, von denen ungefähr die Hälfte aus den Reihen der ZANU-PF und die andere Hälfte aus den Reihen des MDC stammte, der seinerseits zwei Fraktionen hatte.[77] Hier wird einerseits das Phänomen sichtbar, dass Kabinette in einer Phase nach Krisen oder Konflikten aufgebläht werden, um hierüber Bevölkerungsgruppen einzubinden. Das Kabinett Kenias nach den von massiver Gewalt überschatteten Wahlen Ende 2007 zeigt das gleiche Muster. Anderseits wird deutlich, dass Mugabe die vielen Kabinettsposten auch nutzte, um ihm gegenüber loyale Personen mit Ministerämtern zu versorgen und so das Patronagenetzwerk zu füttern. Es ist bezeichnend, dass im Jahr 2009, rund 30 Jahre nach Simbabwes Unabhängigkeit, immer noch 58 % der ZANU-PF-Kabinettsmitglieder selbst aktiv am Befreiungskampf teilgenommen haben.[78]

Eine der Strategien von Staatschefs und -chefinnen, ihr Netzwerk aufrecht zu halten, ist eine ständige Rotation der Ministerinnen und Minister. So kamen unter Mugabe zwischen 1994 und 2012 insgesamt 99 Minister und Ministerinnen zum Einsatz.[79] Auch in anderen Staaten ist dies gängige Praxis. Meist werden Ministerinnen und Minister oder Premierminister, die unter einem das politische System dominierenden Staatsoberhaupt dienen, wegen »schlechter Regierungsarbeit« gefeuert. In Guinea-Bissau gab es zwischen 2000 und 2019 nicht weniger als 20 Wechsel im Amt des Premierministers, wobei immer wieder ehemalige Premierminister erneut ernannt wurden. In vielen Ländern wie in Ägypten, Kamerun, Kongo-Kinshasa, Simbabwe oder Sudan wurde nach der Unabhängigkeit der Posten des Premierministers zwischendurch abgeschafft und später wieder eingeführt.

Öffentliche Verwaltung

Die öffentliche Verwaltung in Afrika ist kolonialen Ursprungs und hat keine vorkoloniale Tradition. Es waren die Kolonialmächte, die Elemente rational-legaler Herrschaft nach Afrika brachten.[80] Die Verwaltung ist bis auf wenige Ausnahmen wie Südafrika eher schwach. Dies hat mehrere Gründe. Jonathan Moyo, später eine wichtige politische Figur in Simbabwe (siehe oben), befasste sich 1992 in einer der wenigen wissenschaftlichen Arbeiten über Bürokratie in Afrika mit der Rolle selbiger für die Entwicklung der afrikanischen Staaten. Er hielt fest, dass in den Bürokratien Menschen arbeiten, die aus seiner Sicht einerseits nicht die Fähigkeiten haben, abstrakte Modelle zu entwickeln und Managementprozesse zu entwerfen und anderseits nicht die Möglichkeit haben, diese Modelle und Fähigkeiten auch zu nutzen. Die Mitglieder der Bürokratie hätten ein Patronagesystem, jedoch keinen sachlichen, unpersönlichen, öffentlichen Dienst entstehen lassen.[81]

Jenseits von Moyos Erklärung zählen die geringe Wirtschaftsleistung und fehlgeleitete Reformprozesse – insbesondere die Strukturanpassungsprogramme – zu den Gründen, warum die öffentliche Verwaltung schwach ist.[82] Hinzu kommt, dass die Bezahlung von qualifizierten und technisch versierten Mitgliedern der oberen Ränge der Verwaltung so gering ist, dass viele entweder in den Privatsektor abwandern oder das Land ganz verlassen.[83] Jean-Pierre Olivier de Sardan zeigt in einer Analyse von mehreren westafrikanischen Staaten, dass die schlechte Bezahlung der Bürokratinnen und Bürokraten für die ansonsten mit Prestige verbundenen Position dazu führt, dass nicht nur Korruption ein chronisches Problem wird, sondern dass es auch zu einer Kultur der Straflosigkeit und einem Motivationsmangel kommt.[84] Da es kaum Verwaltungsschulen und auch wenig lokal verankerte universitäre Forschung und Lehre zum Thema gibt, zeichnet sich eine Umkehrung dieses Trends nicht ab.[85] In Kongo-Kinshasa z. B. ist die öffentliche Verwaltung mehr Teil der Probleme des Landes als deren Lösung. Wegen ihres Unwillen, eine Entwicklungsagenda oder Reformprozesse umzusetzen, und ihrer mangelnden Fähigkeit, finanzielle Ressourcen zu mobilisieren und zu verwalten, hat die Verwaltung dort ihre Legitimität verloren.[86] Und selbst in Südafrika, dem Land mit der vielleicht am besten funktionierenden Verwaltung des Kontinents, gibt es einen Trend, mehr nach politischen Überlegungen zu rekrutieren und zu befördern als auf Basis von Qualifikation[87] – ein Trend, der seit Cyril Ramaphosa Präsident ist, versucht wird einzudämmen.

Es scheint, als ob sich Verwaltungen vielerorts weniger als Dienstleister für die Bevölkerung sehen, denn als Instrumente der Regierenden. So verweisen Daten des Afrobarometers darauf, dass sich die Bevölkerung nicht gut von Beamtinnen und Beamten behandelt fühlt. Im Schnitt aller Länder der Befragungsrunde 2016–2018 gaben 19,7 % an, mit keinem, 24,1 % mit ein wenig, 29,1 % mit einigem und 23,3 % mit viel Respekt behandelt worden zu sein. Hierbei gibt es beachtliche Unterschiede zwischen den Ländern. In Kap Verde und Lesotho haben die Menschen zu über zwei Drittel entweder einigen oder viel Respekt erfahren, wohingegen Gabun das gegenteilige Bild aufweist.[88] Dieser Vergleich legt nahe, dass es einen Zusammenhang mit dem Ausmaß des Neopatrimonialismus gibt, denn während in Kap Verde und Lesotho der Neopatrimonialismus wenig ausgeprägt ist, ist dies in Gabun deutlicher der Fall.[89]

Aufgrund dieser Befunde verwundert es nicht, dass manche Überlegungen anstellen, eine neue öffentliche Verwaltung zu formen, die mehr den lokalen Bedürfnissen entspricht und sich weniger an der rational-legalen Herrschaft im Sinne Webers orientiert.[90] Gleichzeitig – und diesem Ansinnen entgegenlaufend – setzt sich häufig der von externen Geldgebern unterstützte Trend fort, die öffentlichen Verwaltungen stärker an westliche Standards anzugleichen, wie die Gründung des *Chalimbana Local Government Training Institute* in Sambia zeigt, in dem mittels ausländischer Unterstützung angehende Verwaltungsangestellte ausgebildet werden.

Legislative und Parteien

Die Rolle und der Einfluss von Parlamenten auf politische Entscheidungen variieren stark in Afrika. Es gibt starke Parlamente wie in Benin, Burkina Faso, Mauritius oder Südafrika.[91] Im Letzteren ist das Parlament der Ort für intensive Debatten und eine Institution, mittels derer die Opposition die Regierung zur Verantwortung ziehen kann. Andere Parlamente hingegen sind schwach wie in Eswatini, Guinea-Bissau, Libyen, Sudan oder Tschad.[92] Haben Parlamente wenig Einfluss, können sie auch nicht zur Festigung der Demokratie beitragen.[93]

Dort, wo afrikanische Parlamente schwach sind, herrschen häufig drei Gründe vor. Erstens gibt es einen autoritären Charakter des politischen Systems mit zentralisierter Macht, der dem Parlament wenig oder gar keinen Raum für Mitsprache lässt. Solche Systeme setzen den Parlamentsmitgliedern bestimmte Anreize. Eine Befragung von 883 Abgeordneten in 17 Ländern (Benin, Botsuana, Burkina Faso, Ghana, Kenia, Lesotho, Malawi, Mali, Mosambik, Namibia, Nigeria, Sambia, Simbabwe, Senegal, Südafrika, Tansania und Uganda) hat gezeigt, dass nur 10 % der Parlamentsmitglieder angaben, ihre wichtigste Aufgabe sei es, die Regierung zu kontrollieren. Unterdessen gaben 19 % an, die wichtigste Aufgabe sei die Repräsentation der Bevölkerung; 9 % sahen Gesetzesformulierung und 25 % das Debattieren und Verabschieden von Gesetzen als wichtigste Aufgabe. Bedeutender in den Augen der Befragten ist hingegen die Unterstützung für ihre Wählerschaft: 2 % sahen die Sicherung von Geldern für den Wahlkreis, 4 % Hilfe bei persönlichen Problemen und 29 % die Entwicklung ihres Wahlkreises als wichtigste Aufgabe.[94] Kurz: Die Kontrollfunktion der Regierung, die in einem System mit Machtverteilung und gegenseitiger Kontrolle der Exekutive und Legislative vorhanden sein sollte, ist nicht das zentrale Interesse der Parlamentsmitglieder.

Diese Ergebnisse erklären sich mit der kolonialen Geschichte und dem neopatrimonialen Charakter der politischen Systeme. Diese bieten Anreize für Parlamentsmitglieder, sich bei geringer Bezahlung und schlechter Personalausstattung vor allem um ihre Klientel (und ihre Wiederwahl) zu kümmern und nicht um die Kontrolle der Regierung – von der sie abhängig sind – oder um das Mitregieren durch Gesetzgebungsverfahren. Veränderungen kommen dann, wenn es eine kritische Masse an reformorientierten Parlamentsmitgliedern gibt und diese mehr finanzielle Mittel und eine bessere Personalausstattung erhalten. So können sich die Parlamente von innen heraus stärken, was bestenfalls von der Ernennung einer/eines Parlamentsvorsitzenden flankiert wird, die/der eine solche Reformagenda mitträgt wie eine Untersuchung von sechs afrikanischen Staaten (Benin, Ghana, Kenia, Nigeria, Südafrika und Uganda) zeigt.[95]

Der zweite Grund, warum Parlamente häufig schwach bleiben, ist die Fragmentierung der Opposition, die es verhindert, sich schlagkräftig der Regierung entgegen zu stellen. Ende 2019 gab es in Marokko 33 Parteien, die bei den letzten Wahlen eine wichtige Rolle gespielt haben. In Algerien waren es 32, in Senegal und Tunesien je 25, in Liberia 23, in Burkina Faso 21 und in Äthiopien 13.[96] Nach einer längeren Phase der Einparteiensysteme und der Experimente mit Kein-Parteiensystemen wie in Eswatini und Uganda gibt es abgesehen von Eritrea und der Westsahara keine Einparteiensysteme mehr in Afrika, sondern Mehrparteiensystem. Dort ist die Opposition auch aufgrund bislang ausgebliebener Konsolidierungsprozesse meist zersplittert, allerdings selten entlang ethnischer Linien, denn ethnische Zugehörigkeit spielt bei der Parteipräferenz bis auf wenige Ausnahmen wie Kenia oder Südsudan keine signifikante Rolle.[97]

Letztlich sind viele Parteien schwach, weil sie selten programmatisch arbeiten und oft lediglich ein Unterstützerverein der Parteispitze sind. Es gibt neben ethnischen Parteien auch Parteien, die darauf ausgerichtet sind, Allianzen zwischen Ethnien zu knüpfen, Parteien, die versuchen, die gesamte Bevölkerung anzusprechen, Parteien, die programmorientiert sind, und letztlich Parteien, die auf eine Person ausgerichtet sind.[98] Nur wenn Regierungsparteien eine solide Bürokratie haben und Programmarbeit leisten, können sie als Gegengewicht zum Staatsoberhaupt, das aus ihren Reihen stammt, funktionieren.[99] Hiervon gibt es allerdings nur wenige wie den ANC in Südafrika, der maßgeblich über die Regierungspolitik mitentscheidet und sogar in der Lage ist, einen Wechsel im Präsidentenamt herbeizuführen, wie die Rücktritte der Präsidenten Mbeki und Zuma suggerieren. Auch in Ghana sind die Parteien gut organisiert, im ganzen Land verwurzelt und werden als legitim gesehen.[100] Abgesehen von diesen und ein paar weiteren Ausnahmen bleibt allerdings der Befund, dass Parteien das schwächste Glied afrikanischer Demokratien sind.[101]

Militär

Das Militär – historisch betrachtet eine wesentliche Anti-Verfassungskraft[102] – ist ein nicht zu unterschätzender Faktor, der anders als in Europa oder Nordamerika mehr nach innen als nach außen wirkt. Mauritius ist das einzige afrikanische

Land ohne eine stehende Armee. Das Militär nimmt seit der Dekolonisation in zweierlei Form immer wieder Einfluss auf das Handeln der Regierung. Einerseits droht es Staatsstreiche an oder führt sie selbst aus, wodurch entweder eine zivile Regierung auf Linie gebracht oder eine neue Regierung eingesetzt wird. Andererseits nimmt das Militär durch das Einsetzen von Regierungschefs aus seinen Reihen direkt die Macht in die Hand, so wie 2013 in Ägypten nach dem Sturz von Mohamed Morsi. Von den 91 Staats- und Regierungschefinnen und -chefs, die zwischen 1989 und 2014 im Amt waren, hatten 45 % umfangreiche Erfahrung im staatlichen Militär oder in einer Rebellengruppe.[103]

Stephen Akintoye beobachtete in den 1970er-Jahren, dass das Militär, welches die Regierenden stürzte, meist eine Abneigung gegen den ausschweifenden Lebensstil der Regierenden hatte und »anders« sein wollte. Es versprach, die Korruption zu bekämpfen, gegenüber allen Gerechtigkeit walten zu lassen, politische Gefangene freizulassen, eine Form von nationaler Aussöhnung auf den Weg zu bringen, die Wirtschaft zu stärken und so schnell wie möglich eine zivile Regierung einzusetzen. Im Gegenzug forderten sie Vertrauen, die Zusammenarbeit der Bevölkerung mit ihnen und dass die Bevölkerung das Recht nicht in die eigene Hand nehme.[104] Wenngleich es heute eine klare Positionierung gegen Staatsstreiche gibt und ihre Zahl geringer wird, trifft Akintoyes Beschreibung immer noch zu, wie der Sturz Blaise Compaorés in Burkina Faso 2014 zeigt (▶ Kap. 9). Das Militär, das von der Bevölkerung zumeist nicht als Teil der politischen Klasse gesehen wird, verkörpert für viele die Hoffnung, autoritär Regierende loszuwerden. Das Militär kann Treiber und Erfüllungsgehilfe dieser Hoffnungen sein – und neue Regierende hervorbringen. Ein weiterer Punkt, der bereits in den 1970er-Jahren galt, gilt ebenfalls noch heute: Einige Militärregierungen erfüllen ihr Versprechen, alsbald einer zivilen Regierung Platz zu machen, nicht. Historische Beispiele sind Gamal Abdel Nasser in Ägypten, Compaoré in Burkina Faso, Amin in Uganda, Mengistu in Äthiopien und al-Bashir im Sudan. Teodoro Obiang Nguema Mbasogo in Äquatorialguinea, der 1979 durch einen Staatsstreich an die Macht kam, regiert immer noch.

Judikative

In einer der wenigen politikwissenschaftlichen Arbeiten zu afrikanischen Gerichten stellte Karen Mingst 1988 fest, dass die relative Ignoranz der Politikwissenschaft gegenüber afrikanischen Gerichten vier Gründe habe. Erstens reflektiere sie die relative Bedeutungslosigkeit der Gerichte. Zweitens gäbe es eine vorherrschende politische Kultur, die auf den Erfahrungen des autoritären Kolonialstaats aufbaut, in dem es keine Gerichte gab oder die Kolonialbevölkerung keinen Zugang hierzu hatte. Drittens waren die Herausforderungen in der postkolonialen Phase so groß (siehe oben und ▶ Kap. 3), dass die Stärkung von Gerichten keine Priorität hatte. Letztlich sei durch die Abhängigkeit von außen (▶ Kap. 4 und ▶ Kap. 5) kaum davon auszugehen, dass die Staaten Afrikas selbst autonome Institutionen aufbauen konnten, wozu Gerichte gehören.[105] An diesen Einschätzungen hat sich wenig geändert, wenngleich Rechtsstaatlichkeit und damit die Bedeutung von Gerichten in vielen afrikanischen Demokratien und hybriden Systemen auf dem Vormarsch sind[106] – was allerdings hauptsächlich internationalem Druck und der von außen herangetragenen Forderung nach Rechtsstaatlichkeit geschuldet ist. Die Fortentwickelung von unabhängigen Gerichten spiegelt sich im Mo Ibrahim Index für Justizunabhängigkeit wider. Dessen Wert ist seit der Ersterfassung 2008 im Durchschnitt für ganz Afrika leicht angestiegen.[107]

Die empirische Realität ist allerdings komplexer als diese Zahlen glauben machen und wie die Beispiele Kenia und Südafrika zeigen. Präsident Zuma lud den sudanesischen Präsidenten al-Bashir 2015 zu einem AU-Gipfel nach Südafrika ein, obwohl Südafrika verpflichtet war, al-Bashir in Haft zu nehmen und nach Den Haag zu überstellen, wo der Internationale Strafgerichtshof einen Haftbefehl gegen ihn ausgestellt hatte. Davon unbeirrt gewährte die Zuma-Regierung al-Bashir Zutritt nach Südafrika. Ein Gericht in der Hauptstadt entschied, dass al-Bashir das Land nicht mehr verlassen dürfe. Doch die Regierung ignorierte das Urteil und brachte den sudanesischen Präsidenten in Eile außer Landes. Vermutlich hängt mit diesem Vorfall Zumas überraschende Entscheidung zwei Jahre später zusammen, den Internationalen Strafgerichtshof zu verlassen.[108] Diese Entscheidung wurde vom obersten Gericht kassiert. Es urteilte, das Parlament hätte zu dieser Entscheidung gehört werden müssen, weshalb sie nichtig sei. Dieses Mal beugte sich Zuma und Südafrika blieb Vertragspartei des Internationalen Strafgerichtshof. Auch in Kenia bewies das oberste Gerichts eine Unabhängigkeit, als es 2017 die Präsidentenwahl annullierte, weil die Wahlkommission es versäumte hatte, die offiziellen Ergebnisse vor der Veröffentlichung zu verifizieren. In der ersten Entscheidung dieser Art in Afrika, ordnete das Gericht eine Wahlwiederholung an und die Kandidierenden akzeptierten das Urteil. Ähnliches wiederholte sich Anfang 2020 in Malawi, wo das Verfassungsgericht die Wahl von 2019 annullierte und eine neue Abstimmung ansetzte, die der Oppositionskandidat gewann. Während wir in Kenia, Malawi und Südafrika sehen, dass Gerichte eine Kontrollfunktion ausüben können und die Verfassung verteidigen, wird in anderen Ländern deutlich, dass Gerichte faktisch von der Regierung kontrolliert werden und in ihrem Sinne entscheiden. In Äquatorialguinea ging der Präsident 2015 sogar soweit, per Dekret die Gerichte aufzulösen, um so uneingeschränkt regieren zu können.

Traditionelle Führer

In vielen Ländern Afrikas – und darüber hinaus – gibt es nebeneinander funktionierende *governance* Systeme, d.h. neben den staatlichen Institutionen gibt es weitere Institutionen, die das Land politisch mitsteuern.[109] Traditionelle Führer sind in diesem Zusammenhang eine gewichtige Akteursgruppe, die gemeinsam mit staatlichen Institutionen vielerorts ein »mixed government« schaffen.[110]

Um die Bedeutung und Rolle traditioneller Führer in Afrika besser zu verstehen, müssen wir einen Blick in die Kolonialzeit werfen.[111] Die Kolonialmächte trugen nämlich dazu bei, dass diese Führer als ein Element der politischen Systeme die Kolonialzeit überstanden. Manche traditionellen Führer wurden gar erst durch die Kolonialmächte »erfunden«. Sie wurden für administrative Zwecke eingesetzt, weshalb Mahmood Mamdani auch von *administrative chiefs* spricht, die sich – wenngleich diese Aussage umstritten ist[112] – zu Dorfdespoten entwickelten.[113] Insbesondere das britische System der indirekten Herrschaft benötigte die traditionellen Führer, um die Souveränitätslücken, die es im Kolonialstaat gab, so weit wie möglich zu schließen, ohne selbst dafür die Mittel aufbringen zu müssen (▶ Kap. 1).

Mamdani argumentiert, dass anders als in den (Haupt-)Städten, in denen die Bevölkerung in direktem Kontakt mit entsandten Vertretern der Kolonialmacht stand, die Dörfer zumeist von lokalen traditionellen Führern kontrolliert wurden, die dort ihren Einfluss ausbauten. Während in vielen Kolonien die Bevölkerung in den Städten begann, sich gegen die europäischen Mächte zu organisieren, etablierten sich die traditionellen Führer auf dem Land und schufen und festigten Stammesidentitäten, die nachwirken und den postkolonialen Staat mit einem starken Unterschied zwischen Stadt und Land ausstatteten. In Ersteren schafften es die nationalistischen Bewegungen, den Regierungsapparat zu »afrikanisieren«, während in Letzteren Stammesdenken vorherrschte.[114] Vor allem auf dem Land spricht die Bevölkerung dem Staat nicht im gleichen Ausmaß Legitimität zu wie lokalen Institutionen, traditionelle Führern eingeschlossen, weshalb solche Führer ihre einflussreiche Rolle bewahren können und es zu parallelen *governance* Systemen kommt.[115]

Der Aufbau postkolonialer staatlicher Institutionen führte zu einer Situation, in der Traditionalismus, verkörpert durch die traditionellen Führer, mit Modernismus, verkörpert durch die neuen Regierungen und deren Bürokratien, in Berührung kam. Waren die traditionellen Führer stark genug, traten sie entweder in eine Allianz mit der neuen Staatsführung ein und wurden von ihr dazu genutzt, in die ländlichen Gebiete hineinzuwirken, oder es kam zu einer gegenseitigen Feindseligkeit, die oft bedeutete, dass es zu einem politischen Stillstand kam, denn die traditionellen Führer hatten lokal einen schwer zu dezimierenden Einfluss.[116]

Traditionelle Führer werden zunehmend von der Forschung entdeckt, nachdem sich der Blick während des Kalten Kriegs und der Hochphase der *Bigmanity* vor allem auf die Präsidenten gerichtet hatte.[117] Denn sie sind ein wichtiger Faktor[118] und die »*kgotla* [in Botsuana], die *Alake* [in Nigeria] und die Marabouts in Senegal üben Macht in ihren Gesellschaften aus, unabhängig von der einen oder anderen wissenschaftlichen Interpretation ihrer Rolle.«[119] Neuere Forschung und Umfragen bestätigen diese Perspektive. So zeigt sich, dass in 19 afrikanischen Ländern traditionelle Führer als legitim wahrgenommen werden und viele Befragte denken, dass ihnen eine gewichtigere Rolle zukommen sollte.[120] Afrobarometerdaten zeigen zudem, dass die Bevölkerung Vertrauen in die traditionellen Führer hat, wobei dieses Vertrauen in Burkina Faso, Mali, Niger und Senegal am stärksten ausgeprägt ist. Hier geben je mehr als 60 % der Befragten an, sie haben viel Vertrauen in traditionelle Führer.[121] Dies sichert Letzteren Einfluss, der in neopatrimonialen Systemen auch Geld wert sein kann, wie Nigeria demonstriert, wo traditionelle Führer erwarten, dass man sie gewogen hält. Ein Gouverneur sagte: »und Sie werden es als Korruption betrachten. Aber ich, ich würde das eher als politische Überlebensstrategie sehen, weil ich erst überleben muss, bevor ich unkorrumpierbar werde.«[122]

Die politische Führung eines Landes tut also gut daran, sich mit den traditionellen Führern gut zu stellen, da sie deren lokal verankerte Legitimität nutzen kann, um Unterstützung für die Regierung(spartei) zu mobilisieren.[123] Denn ähnlich wie die Kolonialregierungen kann sie ihre Herrschaft nicht auf das gesamte Staatsgebiet ausdehnen und braucht vor Ort, vor allem in den ländlichen Gebieten, Unterstützung, die die traditionellen Führer leisten können. Dieser Zustand kann wie im Fall von Nigeria dazu führen, dass Patronage und gegenseitige Abhängigkeit zu bestimmenden Faktoren werden. Es kann aber auch demokratiefördernd wirken, weil die nationalen Regierungen bemüht sind, so zu agieren, dass sie im Einklang mit den Positionen der traditionellen Führer die politische und sozioökonomische Entwicklung vorantreiben. In letzterem Fall kommt es zu einem Paradox: nicht-gewählte Individuen werden zu Demokratiegehilfen.[124]

Zivilgesellschaft und Nicht-Regierungsorganisationen

Im Lichte schwacher staatlicher Institutionen – ein Phänomen, das durch die Strukturanpassungsprogramme gestärkt wurde (▶ Kap. 4)[125] – wundert es nicht, dass nationale und transnationale Akteure wie Gewerkschaften, NGOs, Kirchen, Unternehmen und internationale Entwicklungsorganisationen wie die Weltbank vielerorts eine wichtige Rolle spielen, teils staatliche Aufgaben übernehmen und öffentliche Güter wie Gesundheitsversorgung und Bildung zur Verfügung stellen. Manche sprechen gar von einer »geteilten Regierung«[126] oder »twilight institutions«.[127]

Seit 1990 haben nationale zivilgesellschaftliche Akteure deutlich an Einfluss gewonnen. Große Summen an Entwicklungshilfe, die über NGOs in die Zielländer fließen, spielen eine wichtige Rolle bei dieser Entwicklung. Die sogenannte *NGOization* führt dazu, dass diese Organisationen Druck auf die Regierung ausüben können, insbesondere international agierende NGOs wie *Human Rights Watch* oder *Amnesty International*. Aber auch lokale NGOs beeinflussen Regierungshandeln. Gregory Mann geht zeitlich zurück und zeigt, wie weit der Einfluss von NGOs reichen kann. Er argumentiert in Bezug auf die Sahel, dass diese Organisationen unmittelbar nach der Dekolonisation die neue politische Führung umprogrammiert und so dazu beigetragen haben, dass es ein Phänomen der Nichtregierbarkeit in der Region gibt, welches die Bevölkerung fragen lässt, was die Regierung eigentlich sei, nachdem NGOs ihnen seit Jahrzehnten öffentliche Güter zur Verfügung stellen. Mit seiner historischen Analyse hilft er uns, die gegenwärtige Schwäche staatlicher Institutionen nicht nur als Versagen der lokalen Eliten oder als Folge der Wirtschaftspolitik der 1980er- und 1990er-Jahre zu sehen. Vielmehr liegt die Wurzel der oft diagnostizierten Nicht-Regierbarkeit nach seinem Befund in der frühen postkolonialen Phase und hängt mit der Rolle, die NGOs spielen, zusammen.[128] In Kenia zeigt sich ebenso der weitreichenden Einfluss von NGOs, namentlich durch die Integration früheren NGO-Personals in die Regierung, durch eine Zunahme der Stimmen, die im Entscheidungsprozess gehört werden, durch die Lobbyarbeit der NGOs und durch das Nachahmen von NGO-Handeln durch die Regierung. Hierdurch ist Kenias politischer Prozess demokratischer geworden.[129]

Da NGOs so einflussreich sind, nimmt es wenig Wunder, dass Regierungen wie die äthiopische mit harten Gesetzen versuchen, ihren Einfluss zurückzudrängen. Regierungen können hohe prozentuale Obergrenzen der Auslandsfinanzierung festlegen und damit die Arbeit der Organisationen erschweren. So werden Regierungen unliebsame NGOs los und schaffen sich ihnen gewogene NGOs, die nicht an kritischen Themen arbeiten. Doch nicht nur in den Ländern selbst, sondern auch darüber hinaus wird die Abhängigkeit von ausländischen Geldern kritisiert, da sie die Arbeit der NGOs auf lange Sicht behindert und der Idee der *African ownership* zuwiderläuft.[130] NGOs tragen laut dieser Kritik dazu bei, dass sich die afrikanische Bevölkerung nicht emanzipiert und stattdessen Abhängigkeitsverhältnisse aufrecht erhält und festigt.[131] Hinzu kommt, dass die Vielzahl von NGOs in afrikanischen Ländern, ihre mangelnde Koordination untereinander sowie ihr Wettstreit um Gelder mitunter zu dysfunktionalem Handeln führen, d. h. die eigentlichen Arbeitsziele werden nicht mehr erreicht.[132]

Doch nicht nur formale Organisationen können Meinungen kanalisieren und weitertragen. Moderne Kommunikationstechnologie und soziale Medien helfen der Zivilgesellschaft, sich auch ohne institutionelle Plattformen *ad hoc* zu organisieren. Dies wurde während des Arabischen Frühlings (2010–2011) oder bei Compaorés Sturz in Burkina Faso (2014) sichtbar, die beide von Massenprotesten begleitet wurden, die durch Onlinemobilisation befeuert wurden.[133] Was bereits 2009 im Iran deutlich wurde, zeigte sich im Arabischen Frühling erneut, nämlich die gesteigerte Organisationsfähigkeit und Geschwindigkeit der Massen durch die Nutzung von sozialen Medien, die die Vorstellung dessen, was möglich ist, verschoben.[134] So ist es wenig überraschend, dass manche Regierungen wie 2017 die von Biya in Kamerun das Internet abschalten, sobald sie die Gefahr von Protesten gegen sich wittern.

In demokratischen Ländern wie Südafrika werden soziale Medien ebenfalls genutzt, um Proteste zu organisieren. Die Studentenproteste, die 2015 unter dem Motto »Rhodes Must Fall« (#RMF) stattfanden – eine Referenz an eine Statue von Cecil Rhodes auf dem Campus der Universität Kapstadt, die die Studierenden niederreißen wollten, weil Rhodes das koloniale und rassistische Denken, das sie bekämpften, verkörperte – wurden mittels sozialer Medien organisiert. Die Studierenden nutzten diese Medien nicht nur für die Organisation ihres Protestes, sondern auch um politische Botschaften zu senden. Hierzu gehörten freier Hochschulzugang und die Dekolonisierung der Lehrpläne. Soziale Medien, insbesondere Twitter, schufen einen Raum für Diskussionen und eröffneten Wege für Jugendliche, daran teilzunehmen. Diese virtuelle Diskussion wurde in die herkömmlichen Medien transportiert und eröffnete eine breitere öffentliche Debatte. Die Studierenden waren letztendlich in der Lage, die Agenda der Medien zu bestimmen.[135] So markieren diese Proteste vielleicht eine neue »Post-Übergangsphase« der öffentlichen Kultur Südafrikas.[136]

Die Arbeit lokaler Gruppierungen ist nicht automatisch gleichzusetzen mit Arbeit gegen die Regierung oder einem Streben nach einer liberal-kosmopolitischen Ordnung. Immer wieder unterstützen zivilgesellschaftliche Akteure auch die Regierung und tragen autoritäre Systeme mit. Die Zivilgesellschaft kann also nicht nur Druck auf die Regierung ausüben, sondern Letzterer auch helfen, die Kontrolle zu behalten.[137] Beispiele sind Religionsgemeinschaften wie die katholische Kirche in Kongo-Kinshasa, die Mobutu mitstützte, oder die Pfingstkirchen in Nigeria. Solche Religionsgemeinschaften sind zunehmend einflussreich, insbesondere Pastor Temitope Balogun Joshua, zuweilen auch Prophet genannt, gilt nicht nur als der drittreichste Mann Nigerias, sondern hat auf dem ganzen Kontinent Bewunderer unter ihnen Regierende, die sich seine Beliebtheit zumindest indirekt zunutze machen. Solche *pastorpreneurs* wie Joshua haben Kontakte in die Staatsspitzen und helfen dieser auch bei heiklen Aufgaben wie Waffengeschäften.[138] Gleichzeitig sind Kirchen auch wichtige Foren des Widerstands gegen autoritäre Herrscher, wie der Fall Ghana zeigt.

Die Debatte um den Einfluss nicht staatlicher Akteure geht häufig mit der Beschreibung transnationaler Phänomene einher, also politischen, wirtschaftlichen und kulturellen Prozessen, die über die Grenzen eines Staates hinweg stattfinden. Eine Verbindung zur Globalisierung liegt nahe, denn diese eröffnet eine solche transnationale Perspektive und verweist darauf, dass »nichtstaatliche Akteure die Träger internationaler politischer Regelungen und Aktivitäten sind, ohne dass Staaten die Aufgabe an diese formal delegiert haben.«[139] James Ferguson argumentiert, dass die Unterscheidung zwischen den drei klassischen politikwissenschaftlichen Ebenen lokal, Staat und global – er nennt das eine »vertikale Topographie von Macht« – in Afrika zunehmend unter Druck gerät. Die oben beschriebene Schwäche von Staaten ist ein Teil der Erklärung, der andere ist, dass die lokale und die globale Ebene so stark in einen transnationalen Kontext eingebunden sind, dass es Staaten unmöglich wird, volle Souveränität auszuüben.[140] Der Einfluss von Minen- oder Ölfirmen auf der lokalen und globalen Ebene oder das Wirken von NGOs wie *Amnesty International* oder das Internationale Komitee des Roten Kreuzes unterstreichen das Argument. Transnationale Prozesse und nicht staatliche Akteure sind Teil eines Phänomens, das in der Literatur als *governance without government* (regieren ohne Regierung) bezeichnet wird. *Governance without government* gibt es nicht nur, aber vermehrt in den Gebieten mit schwacher Staatlichkeit,[141] wie in Somalia, wo es zwar keine Anarchie, aber eine Steuerungs- und Regelungsstruktur jenseits staatlicher Institutionen gibt, die von transnationalen Akteuren maßgeblich mitgetragen wird.[142] So können auch nicht-staatliche Akteure neben traditionellen Führern Teil einer »geteilten Regierung« werden.

8   Innerafrikanische Beziehungen

Politische und wirtschaftliche Kooperation innerhalb Afrikas hat eine lange Vorgeschichte.[1] Diplomaten wurden in einigen Regionen früh gegenseitig entsandt und Handel sowie Handelswege wurden gebietsübergreifend organisiert, vor allem zwischen den Küstenregionen und dem Hinterland.[2] In Westafrika schlossen sich immer wieder unterschiedliche Staaten und Gruppierungen zusammen und bildeten größere politische Einheiten, wie das Aschanti-Reich im heutigen Ghana oder die Sanhadscha Konföderation im heutigen Mauretanien.[3] Innerafrikanische Kooperation war also nichts Neues, als 1889 die britische Kapkolonie und der Oranje-Freistaat eine Zollunion gründeten, der Nukleus für die *Southern African Customs Union*, der wenige Jahre später auch die britischen Protektorate Bechuanaland (Botsuana) und Swasiland (Eswatini) sowie die Kolonie Natal beitraten. Ägypten, das einzige dekolonisierte Land zu dieser Zeit, wurde 1945 Gründungsmitglied der Arabischen Liga. Und kurz vor und unmittelbar nach der Unabhängigkeit gab es intensive Bestrebungen, eine Balkanisierung Afrikas zu verhindern (▶ Kap. 2), was dazu führte, dass u. a. die Mali Föderation kurzzeitig oder der Zusammenschluss Sansibars und Tanganjikas zu Tansania langfristig entstanden. Gleichzeitig gab es auch Bestrebungen, die Vereinigten Staaten von Afrika zu gründen. Diese Vision eines geeinten Afrikas speiste sich aus den seit Ende des 18. Jahrhunderts angestellten Überlegungen in der afrikanischen Diaspora, namentlich dem Panafrikanismus.[4]

Innerafrikanische Kooperation war also vielfältig und ist es bis heute. In diesem Kapitel werde ich mich auf die postkoloniale Phase konzentrieren, in der die unabhängigen Staaten – zumeist deren Präsident – teils enge, teils lose bilaterale Kontakte miteinander unterhielten (und unterhalten) sowie teils enge, teils lose intergouvernementale Organisationen gründeten. Zu Letzteren zählen auf kontinentaler Ebene die Organisation für Afrikanische Einheit (OAU) und ihre Nachfolgeorganisation die Afrikanischen Union (AU) sowie auf subregionaler Ebene regionale Wirtschaftsgemeinschaften wie die *Economic Community of West African States* (ECOWAS) oder die *Southern African Development Community* (SADC). In diesem Kapitel werde ich einige dieser Organisationen vorstellen und die Triebkräfte und Hürden für eine tiefergehende politische und wirtschaftliche Integration besprechen sowie unterschiedliche Erklärungsmodelle diskutieren.

Integrationsversuche und Integrationsverweigerung

In der Phase nach der Unabhängigkeit, die inmitten des Kalten Kriegs lag, hatte kein afrikanischer Staat globale Ambitionen; die Politik war vielmehr nach innen gerichtet.[5] Ägypten und Algerien sind zwei Ausnahmen, denn beide waren für die Bewegung der Blockfreien Staaten zentral und Algerien hatte überdies großen Einfluss in der UN.[6] Die Apartheidregierung in Südafrika war ebenfalls international aktiv, um ihre Rassenpolitik zu rechtfertigen und Unterstützung zu finden. Afrikanische Staaten hatten die Möglichkeit, an verschiedene Staaten oder internationale Organisationen anzudocken. So konnten sie enge Verbindungen zu ihrer ehemaligen Kolonialmacht halten, sich entweder den USA oder der Sowjetunion zuwenden, sich mit anderen vormaligen Kolonien in Afrika und anderen Weltregionen solidarisieren und Versuche unternehmen, doch noch eine Föderation afrikanischer Staaten zu schaffen. Ein Andocken an mehrere Staaten oder Gruppierungen schloss sich nicht aus und das praktizierten viele Staaten dann auch.

In dieser Phase, in der zumeist Einparteiensysteme und autoritäre Regime entstanden (▶ Kap. 7), war die Außenpolitik dem Staatschef vorbehalten. William Zartman hielt 1966 für Westafrika fest, dass die Außenpolitik zum Stillstand kam, wenn der Präsident anderen Tätigkeiten nachging oder im Urlaub war, weil es keine Alternative zu ihm gab.[7] Kurzum, Außenpolitik war zumeist personalisiert und wenig institutionalisiert. Dies war der Hintergrund, vor dem die afrikanischen Staats- und Regierungschefs die Möglichkeit einer politischen Integration des Kontinents diskutierten.

Ende der 1950er-, Anfang der 1960er-Jahre gab es zwei Lager zur Frage, wie eine kollektive Zusammenarbeit der unabhängigen Staaten Afrikas aussehen könnte. Einerseits gab es diejenigen, die sich gegen eine Balkanisierung Afrikas aussprachen und Versuche unternahmen, eine politische Integration der unabhängigen Staaten voranzutreiben, bis hin zum Ziel, die Vereinigten Staaten von Afrika zu schaffen. Diese eher radikalen Staaten und deren Regierungen, zu denen Ägypten, Ghana, Guinea, Mali und Marokko sowie die Exilregierung Algeriens gehörten, bildeten die *Casablanca Gruppe* unter der Führung von Ghanas Nkrumah und Guineas Touré. Diese Staaten wollten auch eine politische und wirtschaftliche Unabhängigkeit von den ehemaligen Kolonialmächten erlangen und sahen eine enge Kooperation untereinander als eine Möglichkeit hierzu. Obwohl sie ein gemeinsames Ziel verband, beäugten sie sich argwöhnisch, ging es doch auch um die Frage, wer den Vereinigten Staaten von Afrika vorstehen würde. Der *Casablanca Gruppe* gegenüber stand die *Monrovia Gruppe*, die Liberia und Nigeria sowie die meisten frankophonen Staaten umfasste. Sie traten nicht für einen afrikanischen Nationalismus, sondern für einen Nationalismus in den nun unabhängigen Ländern ein. Sie wollten sich auf ihre Staaten konzentrieren, an ihrer neugewonnenen Souveränität festhalten und waren skeptisch gegenüber Integrationsprojekten. Die Fronten waren verhärtet und eine Einigung zwischen den beiden Lagern war nahezu ausgeschlossen. In dieser Phase schwang sich der äthiopische Kaiser Haile Selassie zum Vermittler zwischen den beiden Blöcken auf und lud 1963 zu einer Konferenz nach Addis Abeba ein. Das Resultat dieser Konferenz war die Gründung der OAU.

Worauf sich alle afrikanischen Staaten einigen konnten, waren die Zwillingsziele der OAU: Freiheit und Einheit. Das Ziel Freiheit verband sich mit dem Aufruf, die verbliebenen Kolonien zu befreien und die weißen Minderheitsregime zu vertreiben. Der Begriff Einheit war dehnfähig, verwies aber kaum mehr auf die Vereinigten Staaten von Afrika, sondern mehr auf eine Solidarität zwischen afrikanischen Staaten. Faktisch hatte sich die *Monrovia Gruppe* mit ihren Forderungen durchgesetzt. Denn anderes als von Panafrikanisten wie Nkrumah erträumt, war die Gründung der OAU – mit den Kernprinzipien Schutz staatlicher Souveränität und das Nicht-Einmischen in die inneren Angelegenheiten anderer Staaten[8] – das vorläufige Ende der Vereinigten Staaten von Afrika. Die koloniale Grenzziehung wurde ein Jahr später, 1964, mit der Kairo Deklaration der OAU zementiert und die Staaten erkannten sich und ihre Souveränität gegenseitig an.[9] So muss die immer wieder geäußerte Annahme, die OAU sei die Institutionalisierung des Panafrikanismus in Frage gestellt werden. Viel eher war die OAU das vorläufige Ende der panafrikanischen Vision, die Vereinigten Staaten von Afrika zu schaffen, und war nicht mehr – aber auch nicht weniger – als der Auftakt für eine institutionalisierte multilaterale Kooperation aller afrikanischer Staaten.

Jenseits der OAU gab es noch weitere Integrationsprojekte, wie die Arabische Liga, die 1945 ebenfalls als ein postkoloniales Projekt gestartet war.[10] Heute gehören der Liga zwar elf afrikanische Staaten von Mauretanien bis Somalia an, doch sind der Nahe Osten und die arabische Halbinsel die Hauptschauplätze der Aktivitäten der Liga, sodass sie hier nicht ausführlich besprochen wird. Stattdessen will ich mich auf einige Parallelen zur OAU beschränken, um zu zeigen, dass die OAU kein Sonderfall der Geschichte war. So gab es in der Gründungsphase der Arabischen Liga ebenso ein Lager, das die Gründung eines panarabischen Staates befürwortete, und ein anderes, das sich für eine lose Verbindung der Staaten aussprach. Und genauso wie bei der OAU setzte sich das Lager durch, das nach weniger Integration und dafür nach mehr staatlicher Unabhängigkeit strebte. Beide Organisationen wären hierarchisch aufgebaut, von den Staatschefs getragen und hatten kaum Durchsetzungsmöglichkeiten gegenüber den Mitgliedstaaten. Wie die OAU auch verlor die Arabische Liga zusehends an Bedeutung. Wenngleich sie sich durch ihre Unterstützung der NATO-geführten Intervention in Libyen 2011 anstrengte, auf dem internationalen Parkett eine größere Rolle zu spielen, bleibt festzuhalten, dass ihre Institutionen schwach sind, was maßgeblich am Drängen der Mitglieder liegt, ihre Souveränität zu schützen.[11]

Parallel zur OAU und Arabischen Liga entstanden regionale Wirtschaftsgemeinschaften.[12] Wenngleich es bereits in den 1950er-Jahren Überlegungen in den Maghreb-Staaten gab, eine Wirtschaftsgemeinschaft zu gründen, dauerte es bis 1988, ehe die Union des Arabischen Maghreb gegründet wurde.[13] Deutlich früher kamen die Gründungen der Ostafrikanischen Gemeinschaft, die 1967 etabliert wurde, der ECOWAS (1975) und der *Economic Community of Central African States* (ECCAS, 1983), deren Vorläufer, eine Wirtschafts- und Zollunion, bereits 1964 gegründet worden war. Mit der Schaffung dieser regionalen Wirtschaftsgemeinschaften trugen die afrikanischen Staaten dem Vorschlag Rechnung, über regionale Integration eine wirtschaftliche Entwicklung anzustoßen (▶ Kap. 5). Am Horn von Afrika wurde 1986 die *Intergovernmental Authority on Drought and Development* als Reaktion auf die auftretenden Dürren (1974–1984) und deren massiven Folgen wie Hunger und Armut gegründet. Die Staaten im südlichen Afrika gründeten 1980 die *Southern African Development Coordination Conference*. Die *Frontline Staaten*, die so genannt wurden, weil diese unabhängigen Länder an Südafrika angrenzten, versuchten gemeinsam der südafrikanischen Apartheidregierung die Stirn zu bieten, nachdem mit der Unabhängigkeit Simbabwes 1980 der letzte Pufferstaat eine schwarze Regierung erhielt. Aus Sicht der *Frontline Staaten* musste ihr Bestreben, Südafrika (und Namibia) von der Apartheid zu befreien, von einer wirtschaftlichen Kooperation begleitet werden.[14] Die Ostafrikanische Gemeinschaft, die die Staaten Kenia, Tansania und Uganda umfasste, trieb in ihrer nur zehnjährigen Lebensdauer bis 1977 die wirtschaftliche Integration ihrer Mitglieder voran. Die anderen regionalen Wirtschaftsgemeinschaften hingegen blieben hinter den ökonomischen Hoffnungen zurück. Dies gilt auch für die Zeit nach 1980, als die OAU den *Lagos Plan of Action* verabschiedete, der die Notwendigkeit einer verstärkten Integration als zentralen Schritt zur wirtschaftlichen Unabhängigkeit und für einen wirtschaftlichen Aufschwung Afrikas betonte (▶ Kap. 5).

Hürden der Integration

Das Ausbleiben einer tiefgreifenden Integration innerhalb der regionalen Wirtschaftsgemeinschaften und der OAU hatte viele Gründe, die – nicht immer ganz trennscharf – in technische und ökonomische Aspekte einerseits und politische Aspekte anderseits unterteilt werden können. Zu den technischen Aspekten gehörte eine Abneigung afrikanischer Regierungen gegen einen freien Markt, gegen ausländische Investitionen sowie gegen schlecht ausgestaltete Strukturanpassungsprogramme der Weltbank und des IWFs, die zu stark national und nicht regional gedacht waren.[15] Darüber hinaus spielten eine geringe regionale Nachfrage nach Gütern und Dienstleistungen, schwache und unterschiedliche Industrialisierung in den Regionen, schlechte regionale Infrastruktur, ein geringes regionales Handelsvolumen und die Abwesenheit von Konfliktlösungsmechanismen eine Rolle.[16]

Das grundsätzlichere Problem lag im politischen Bereich, genauer gesagt beim strikten Festhalten an der staatlichen Souveränität und bei der daraus resultierenden Zurückhaltung afrikanischer Staats- und Regierungschefs, sich in einem regionalen oder kontinentalen Integrationsprozess zu engagieren. So konnten nur bi- und multilaterale Kooperationen entstehen, aber kein Integrationsprojekt in dem Sinne erfolgreich sein, als dass sich die Staaten so eng aneinandergebunden hätten, dass eine supranationale Organisation entstanden wäre. Die OAU war bewusst als schwache Organisation konzipiert.[17] Sie war von den Staats- und Regierungschefs getragen und hatte kaum Durchsetzungs- geschweige denn Sanktionsmöglichkeiten gegenüber ihren Mitgliedern. Das OAU-Sekretariat wurde mit wenig Rechten und Befugnissen ausgestattet. Der OAU-Generalsekretär hatte nicht einmal das Recht, an den Sitzungen der Staats- und Regierungschefs teilzunehmen.[18] Das strikte Festhalten an der staatlichen Souveränität und am Prinzip der Nichteinmischung, die mangelnde Bereitschaft, sich in der OAU zu engagieren, und das weitgehende Abdriften des Kontinents in autoritäre Herrschaft brachten der OAU bald die Kritik ein, ein »Club der Diktatoren« zu sein.

Differenzen

Obwohl die OAU die Einheit Afrikas anstrebte, zogen die afrikanischen Staaten nicht an einem Strang. Selbst bei einem der Zwillingsziele, nämlich »Freiheit«, gab es Uneinigkeit zwischen den Staaten und deren Führungen. Die OAU wurde zwar zu einem wichtigen Forum, um die anhaltende Kolonisation anzuprangern und die Dekolonisation vor allem in der Spätphase zu forcieren, und war gegenüber den weißen Minderheitsregierungen im südlichen Afrika rhetorisch kompromisslos.[19] Dies bedeutete jedoch nicht, dass alle Mitgliedstaaten die Befreiungskämpfe im südlichen Afrika unterstützten oder die dortigen Minderheitsregierungen wirtschaftlich und diplomatisch boykottierten.[20] Versuche des tansanischen Präsidenten Nyerere und Guineas Präsident Touré, die OAU-Mitgliedstaaten zu verpflichten, ein eigens eingerichtetes *African Liberation Committee* durch eine Abgabe finanziell zu unterstützen, scheiterten auch daran, dass andere Staatchefs den Fonds als tansanische Initiative sahen, die sie argwöhnisch beäugten.[21] So blieb der institutionelle Unterbau in der OAU zur Unterstützung der Befreiungsbewegungen schwach und die Unterstützung von Befreiungsbewegungen effektiv den einzelnen Mitgliedstaaten vorbehalten. Vor allem die radikalen nordafrikanischen Staaten Ägypten und Algerien wurden neben Ghana, Guinea und Tansania zu den wichtigsten Unterstützern der Befreiungsbewegungen. Nassers nationalistische Revolution in Ägypten und sein Einsatz für die Bewegung der Blockfreien Staaten wurden für viele spätere afrikanische Präsidenten wie Sam Nujoma oder Kenneth Kaunda zur Inspiration.[22] Auch Algeriens Führung schenkte dem Befreiungskampf große Bedeutung und wollte ihre Revolution und radikale antikoloniale Politik exportieren.[23] Algerien wurde daher zu einem wichtigen Rückzugsort und zur Ausbildungsstätte für Freiheitskämpfer aus Angola, Eritrea, Mosambik, Südafrika und Südrhodesien, unter ihnen die späteren Präsidenten Joaquim Alberto Chissano, Samora Machel und Nelson Mandela.[24]

Differenzen waren auch auf der bilateralen Ebene sichtbar. Die Staaten nahmen es mit dem Nicht-Einmischungsprinzip nicht immer so genau. Daran scheiterte letztlich auch die Ostafrikanische Gemeinschaft 1977, denn es kam zu gegenseitigen Einmischungen der Regierungen Tansanias und Ugandas in die internen Angelegenheiten des jeweils anderen Staates, die sogar in einem der raren zwischenstaatlichen Kriege in Afrika mündeten (▶ Kap. 10). Gaddafis Libyen war besonders aktiv und mischte sich in die inneren Angelegenheiten etlicher Staaten ein, unterstützte Regierungen und half, andere zu Fall zu bringen. Libyen besetzte 1973 sogar einen Teil des Tschads, Libyens südlichen Nachbar.[25]

Auf multilateraler Ebene hingegen hielten sich die OAU-Mitgliedstaaten an das Prinzip der Nicht-Einmischung. Es wurden keine Staats- und Regierungschefs eines anderen afrikanischen Landes durch das Kollektiv kritisiert – außer den weißen Minderheitsregimen. Einige wenige Präsidenten beklagten diesen Zustand. Im Kontext des Kriegs zwischen Tansania und Uganda kritisierte Nyerere 1978 die OAU scharf und verwies auf die tieferliegenden Probleme, als er sagte, wäre der ugandische Präsident Amin weiß, würden etliche Resolutionen gegen ihn verabschiedet. Schwarz zu sein hingegen bedeute, andere Schwarze töten zu dürfen.[26] Der nigerianische Präsident Olusegun Obasanjo sprang ihm später bei.[27] Faktisch passierte aber wenig. Selbst nach 1990, als Südafrika eine schwarze Regierung mit Mandela an der Spitze hatte, wurde dieser von den afrikanischen Staatschefs zurückgepfiffen, als er 1996 Nigerias damaligen Präsidenten Sani Abacha kritisierte, weil dieser innenpolitische Gegner hinrichten ließ. Die OAU beschrieb Mandelas Initiative als nicht-afrikanischen Weg, mit afrikanischen Problemen umzugehen.[28] Um seine Solidarität mit anderen afrikanischen Staaten zu unterstreichen, unterließ Mandela danach weitere Kritik.[29]

Ihre innere Zerstrittenheit und der Unwillen ihrer Mitglieder, gemeinsame Positionen zu finden, machten es der OAU schwer, politisches Gewicht zu entwickeln.[30] Folglich verstärkten die OAU und regionale Wirtschaftsgemeinschaften (sowie die Arabische Liga) den Eindruck, die Außenpolitik afrikanischer Staaten seien »Konklaven der Mächtigen.«[31] Die Kritik, die OAU sei ein »Club der Diktatoren«, war also nicht aus der Luft gegriffen. Doch viel wichtiger sind die Fragen, warum die Staaten offiziell auf der Einhaltung des Prinzips der Nicht-Einmischung pochten und welchen Profit sie aus ihrer OAU Mitgliedschaft ziehen konnten.

Politischer Profit

Die gegenseitige Unterstützung und das Prinzip der Nicht-Einmischung waren zentrale Elemente zur Wahrung der territorialen Integrität der Staaten – und zur Machtabsicherung ihrer Regierungen. Die OAU war hierbei außerordentlich hilfreich. Sie hatte entscheidenden Anteil daran, dass die kolonialen Grenzen unverändert blieben. Gleichzeitig brachte die OAU Anerkennung im Sinne von negativer Souveränität (▶ Kap. 7) und gab im Fall Westsahara einem kaum existierenden Staat internationale Anerkennung und damit politisches Gewicht. Für die politische Führung war das gegenseitige Praktizieren des Prinzips der Nicht-Einmischung profitabel. Verweigern nämlich andere Staats- und Regierungschefs die Anerkennung oder mischen sich durch die Unterstützung einer Rebellenbewegung aktiv in einen anderen Staat ein, geht dessen politische Führung das Risiko ein, die Macht zu verlieren. Auf Basis der Annahme, dass Staats- und Regierungschefs an der Macht bleiben wollen, mussten sie in einer volatilen Umgebung, die ihnen keine Garantie des Machterhalts bot, außenpolitisch vorsichtig agieren. Gute Beziehungen zur politischen Führung der umliegenden Länder waren zentral und die Absicherung der Macht durch die Anerkennung der OAU oder regionaler Wirtschaftsgemeinschaften war mindestens hilfreich.[32]

Gleichzeitig mussten sich die Staatschefs aber auch nach innen absichern, um internen Widerstand, der ihre Herrschaft gefährdete, entgegenzuwirken (▶ Kap. 7). Dieses interne und externe Austarieren führte Steven David dazu, von *omni-balancing* zu sprechen.[33] Während dieses Konzept für die meisten afrikanischen Länder anwendbar war (und teilweise noch anwendbar ist), gibt es auch Länder wie Botsuana und Mauritius, in denen ein solches *omni-balancing* nicht stattfinden muss, weil die Staatsführung demokratisch legitimiert ist und damit innenpolitischer Widerstand mit rechtsstaatlichen Mittel artikuliert werden kann, nicht aber mit der Durchführung eines gewaltsamen Umsturzes.

Für große Teile der afrikanischen Führung war regionale und kontinentale Kooperation also ein Mittel zum Zweck, um ihre innenpolitische Position zu stärken und die staatliche Souveränität zu schützen. Die Annahme, dass die gegenseitige Anerkennung, die im innenpolitischen Kontext in politische Macht übersetzt werden kann, von der politischen Führung gezielt für ihre Zwecke genutzt wurde (und wird), ist weitverbreitet.[34] Deshalb mussten die Sekretariate der Organisationen schwach, die Mitgliedstaaten und deren Regierungen im Verhältnis dazu stark und die staatliche Souveränität institutionell geschützt bleiben.[35] Es kommt zu einem scheinbaren Paradox: In der konventionellen Logik führt politische Integration zur Übertragung von Souveränität an die intergouvernementale Organisation. Ohne diese Übertragung von Souveränität, so die Annahme, kann eine internationale Organisation nicht handeln, weil sie keine Möglichkeiten und Befugnisse zum Handeln hätte.[36] Bei der OAU und anderen afrikanischen Regionalorganisationen hingegen führt(e) politische Integration aber zur faktischen Stärkung nationaler Souveränität; Frederik Söderbaum spricht in diesem Zusammenhang auch von »sovereignty-boosting«.[37] So drängt sich die Frage auf, ob es sich bei der OAU und den regionalen Wirtschaftsgemeinschaften überhaupt um politische, wirtschaftliche und soziale Integrationsprojekte handelte oder um lose Zusammenschlüsse von Staaten, die vor allem für die Staatsführung profitabel waren. Die OAU, die regionalen Wirtschaftsgemeinschaften und die Arabische Liga boten bis 1990 reichlich Nahrung für letztere Schlussfolgerung.

Zäsur, Veränderungen und neuer Kontext

Die 1990er-Jahre waren für die Politik in Afrika in vielerlei Hinsicht eine Zäsur und das nicht nur, weil mit dem Ende der Apartheid in Südafrika die OAU eines ihrer Zwillingsziele, die Freiheit afrikanischer Staaten, erreicht hatte. Mit dem Ende des Kalten Kriegs endete auch das Buhlen der Supermächte um Einflusssphären in Afrika (▶ Kap. 4). Die Globalisierung erhielt einen Schub, ein neuer Kriegstypus entstand, der die Grenze zwischen Krieg, organisiertem Verbrechen und massiven Menschenrechtsverletzungen verschwimmen ließ (▶ Kap. 10), und Konfliktmanagement wurde verstärkt internationalisiert. In diesem Kontext zerfiel Somalia und es kam zum Genozid in Ruanda und die internationale Staatengemeinschaft konnte beides nicht verhindern. Die UN mussten sich eingestehen, alleine nicht alle Krisen lösen zu können. Der UN-Generalsekretär Boutros Boutros-Ghali regte daher eine engere Kooperation der UN mit Regionalorganisationen im Konfliktmanagement an (▶ Kap. 11).[38] In Summe muss man feststellen, dass sich die internationale Umgebung, in der afrikanische Staaten ab 1990 agierten, radikal verändert hatte.

Diese umfassende Zäsur führte dazu, dass sich afrikanische Staaten außenpolitisch neu orientieren mussten. Diese Neuorientierung führte u. a. dazu, dass es in Afrika – wie andernorts auch – zu einer neuen Welle der Regionalisierung kam, der zweiten in Afrika seit der Dekolonisation.[39] Viele der regionalen Wirtschaftsgemeinschaften unterzogen sich Reformprozessen, erweiterten ihre Aufgaben und viele folgten Boutros-Ghalis Aufruf, indem sie ihre Mandate um den Bereich Sicherheitspolitik erweiterten.[40] Mit dem Beitritt Südafrikas wurde die *Southern African Development Coordination Conference* zur *Southern African Development Community* (SADC) und begann, Konfliktmanagementmechanismen zu entwickeln. Ähnliches gilt für die *Intergovernmental Authority on Drought and Development*, die 1996 zur *Intergovernmental Authority on Development* (IGAD) wurde. Auch die ECCAS in Zentralafrika etablierte Ende der 1990er-Jahre eine regionale Sicherheitsarchitektur. Bereits zuvor war es zur ersten humanitären Intervention durch afrikanische Staaten gekommen. Die ECOWAS in Westafrika bewegte sich 1991 zwar auf juristisch schwierigem Terrain, als sie im liberianischen Bürgerkrieg eingriff, denn ihre Verträge sahen eine solche Intervention nicht vor.[41] Dennoch wurde diese Intervention zum Sinnbild der aufstrebenden Doktrin »afrikanische Lösungen für afrikanische Probleme«. Das Resultat dieser Entwicklung war der Beginn einer polyzentrischen Sicherheitskooperation in Afrika (▶ Kap. 11).[42]

Andere regionale Wirtschaftsgemeinschaften hingegen beschränkten sich auf die wirtschaftliche Integration. So hat die im Jahr 2000 neugegründete Ostafrikanische Gemeinschaft (EAC) keine sicherheitspolitische Agenda. Die *Community of Sahel-Saharan States* entstand 1998 mit dem Ziel, eine Freihandelszone zwischen den Mitgliedsstaaten zu errichten. Obschon diese Gemeinschaft heute 29 Mitgliedsstaaten umfasst und damit numerisch als ein ernsthaftes Kooperationsprojekt aufgefasst werden kann, hat sie ihre Vergangenheit, ein Lieblingsprojekt Gaddafis gewesen zu sein, nie vollständig abschütteln können. Überdies machte sie geringe Fortschritte bei der Implementierung des Freihandels.[43] Ein ernsthafteres Integrationsprojekt ist der 1994 gegründete *Common Market for Eastern and Southern Africa* (COMESA), der inzwischen von Ägypten im Norden bis Simbabwe im Süden reicht und 19 Staaten umfasst, die eine Freihandelszone etabliert haben. Spätestens durch die zweite Regionalisierungswelle ist das Netz an regionalen Organisationen unübersichtlich geworden. Nimmt man nur die von der AU anerkannten regionalen Wirtschaftsgemeinschaften in den Blick entsteht Abbildung 4.

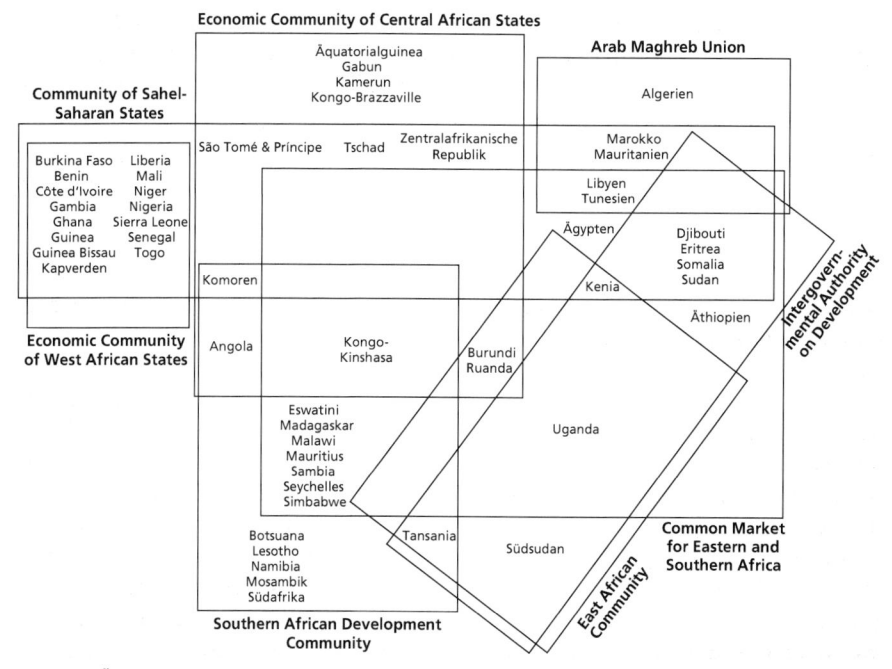

Abb. 4: Überlappende Mitgliedschaften in regionalen Wirtschaftsgemeinschaften. Diese Abbildung enthält nur von der Afrikanischen Union anerkannte regionale Wirtschaftsgemeinschaften.

Die afrikanischen Staats- und Regierungschefs kontrollierten die Außenpolitik ihrer Staaten inklusive der gegenüber der OAU und den regionalen Wirtschaftsgemeinschaften streng. Das gilt bis heute, denn Außenpolitik bleibt stark personalisiert und nur wenige afrikanische Staaten verfügen über einen ausgedehnten außenpolitischen Entscheidungs- und Implementierungsapparat. Reichere Staaten wie Ägypten, Algerien, Mauritius und Südafrika gehören zu denen, die größere Außenministerien und diplomatische Corps unterhalten. Andere Staaten hingegen können kaum jenseits ihrer eigenen Grenzen wirken, weil sie den bürokratischen Unterbau, Außenpolitik zu formulieren und zu implementieren, nicht haben. Es gibt zwar keine Zahlen, mittels derer man zuverlässig die unterschiedliche Größe der Außenministerien und des diplomatischen Corps zeigen kann, doch bietet das gesamtstaatliche Budget für Löhne und Gehälter der Staatsbediensteten ein Indiz für die Größe der außenpolitischen Bürokratie. Und hier zeigen sich eklatante Unterschiede. Während der Südsudan 2016 rund 0,12 Mrd. US-Dollar für Löhne und Gehälter ausgab, waren es im gleichen Jahr in Ghana rund 2,85 Mrd. US-Dollar, 8,56 US-Dollar 2015 in Angola[44] und 13,4 Mrd. US-Dollar 2018 in Marokko.[45]

Folglich kommt es zu einer reduzierten bzw. konzentrierten diplomatischen Präsenz vieler afrikanischer Staaten. Die vorhandenen Mittel für diplomatische Vertretungen werden häufig dort eingesetzt, wo sie für den Staat und vor allem für dessen Regierung am gewinnbringendsten wirken: in westlichen Staaten und China sowie in Sitzen internationaler Organisationen wie der UN. Bei Letzteren in New York und bei der EU in Brüssel haben alle afrikanischen Staaten (die Westsahara bleibt hier unberücksichtigt) eine Botschaft[46] und in Washington sowie Peking sind es jeweils 50 Staaten.[47] Bei der AU in Addis Abeba haben 48 Staaten (plus Äthiopien als Gastland) eine Botschaft.[48] In ökonomisch wichtigen afrikanischen Staaten wie Ägypten und Nigeria sind es 35 und in Angola 21. Im wirtschaftlich weniger starken Tschad gibt es hingegen nur zwölf afrikanische Botschaften (noch nicht einmal alle Nachbarstaaten haben eine Botschaft dort) und im Togo sind es acht dergleichen.[49] Gibt es keine Beziehungen zwischen Staaten auf untergeordneten Ebenen, sind die bilateralen Beziehungen zwischen ihnen effektiv Beziehungen zwischen den Staats- und Regierungschefs bzw. -chefinnen. Mit anderen Worten, was die Personalisierung der Außenpolitik betrifft, hat die Zäsur der 1990er-Jahre nicht überall Veränderungen gebracht; Außenpolitik bleibt vielerorts weiterhin der exklusive Bereich der obersten Staatsführung, auch weil es ein für sie profitables Politikfeld ist (siehe unten).

Afrikanische Union: Alter Wein in neuen Flaschen?

Im Jahr 1999 lud Gaddafi die afrikanischen Staats- und Regierungschefs nach Libyen ein, um über eine Reform der OAU zu sprechen.[50] Gaddafi ging dann allerdings einen deutlichen Schritt weiter, als von vielen Anwesenden erwartete worden war, indem er sich an Nkrumahs Ideen bediente und die sofortige Gründung der Vereinigten Staaten von Afrika vorschlug.[51] Die Anwesenden lehnten ab. Stattdessen stimmten sie für die Gründung der Afrikanischen Union, die nach einem dreijährigen Transformationsprozess 2002 ihre Arbeit aufnahm. Wie 1963 befürwortete die überwiegende Mehrheit einen eher losen Zusammenschluss. Die AU wurde also keine supranationale Organisation und ihre Konstituierende Akte nannte weiterhin den Schutz der Souveränität und die territoriale Integrität der Staaten als Ziele der Organisation. Und dennoch schufen die Staats- und Regierungschefs mit der AU eine deutlich veränderte Organisation zur OAU.[52]

Die Veränderungen zur OAU zeigen sich deutlich im Bereich Sicherheitspolitik. Es wurde eine afrikanische Friedens- und Sicherheitsarchitektur etabliert, die u. a. einen Friedens- und Sicherheitsrats, ein kontinentalen Frühwarnsystems, fünf regionale Eingreiftruppen und einen *Panel of the Wise* umfasst (▶ Kap. 11) und der Doktrin »afrikanische Lösungen für afrikanische Probleme« Rechnung trägt. Die Schaffung dieser Sicherheitsarchitektur ging einher mit dem Ende des strikten Festhaltens an staatlicher Souveränität und dem Ende des Prinzips der Nicht-Einmischung in die internen Angelegenheiten anderer Staaten. Denn Artikel 4h der Konstituierenden Akte der AU sieht vor, dass die AU in Mitgliedstaaten eingreifen darf, sollte es dort zu Kriegsverbrechen, Genozid und Verbrechen gegen die Menschlichkeit kommen. Ein Normwandel von Nicht-Einmischung hin zu Nicht-Gleichgültigkeit war auf dem Papier vollzogen.[53] Diese Veränderung folgte dem Trend, menschliche Sicherheit stärker im Völkerrecht zu verankern. Der AU kam hierbei eine Pionierrolle zu, denn sie war die erste Organisation weltweit, die die *responsibility to protect* – im AU-Kontext Prinzip der Nicht-Gleichgültigkeit genannt – verbindlich festhielt. Die Euphorie war groß in Afrika und darüber hinaus, dass nun durch die AU und die afrikanische Sicherheitsarchitektur eine neue Zeitrechnung für Afrika begänne und entsprechend stärker statteten die Staaten die AU in puncto Budget und Personal aus. Die OAU hatte 1990 ein Budget von rund 25 Mio. US-Dollar und 600 Mitarbeiterinnen und Mitarbeiter.[54] 2017 hatte die AU ein Budget von 769 Mio. US-Dollar, davon allein 131 Mio. US-Dollar für die AU-Kommission,[55] wo rund 1 450 Menschen beschäftigt waren.[56]

Mit den Bestrebungen, »afrikanische Lösungen für afrikanische Probleme« zu entwickeln und die multilaterale Zusammenarbeit in Afrika zu stärken sowie mit dem Versuch, der sozioökomischen Entwicklung einen neuen Schub zu geben, stand die Gründung der *New Partnership for African Development* (NEPAD) 2001 im Zusammenhang.[57] Diese Initiative basiert auf einer Reihe ähnlicher Vorschläge, die von den Präsidenten Algeriens, Nigerias, Senegals und Südafrika vorgelegt wurden. NEPAD steht insofern in der Tradition der in Kapitel 5 vorgestellten afrikanischen Initiativen, als dass sie die Stärkung des innerafrikanischen Handels betont. Diese war nun allerdings nicht mehr mit der Idee verbunden, die wirtschaftliche Autonomie Afrikas zu erlangen, sondern mit dem Bestreben, Afrika verstärkt in die Weltwirtschaft zu integrieren. Auch deshalb wurde NEPAD von den G8-Staaten, der EU und China begrüßt und unterstützt – und fand zeitgleich Kritiker und Kritikerinnen in afrikanischen Staaten und bei zivilgesellschaftlichen Gruppen, die NEPAD als eine faktische Unterstützung des *Washington Consensus* sahen. Hinzu kam, dass einige afrikanische Staaten NEPAD als Parallelstruktur zur AU betrachteten, weshalb sie beschlossen, NEPAD zu einem expliziten AU-Programm zu machen. Neun Jahre später, 2010, wurde das NEPAD-Sekretariat zugunsten der *NEPAD Planning and Coordinating Agency* abgeschafft und vollständig in die AU-Strukturen integriert.

Ein weiterer Grund der Skepsis einiger Staaten und deren Führung gegenüber NEPAD war, dass die Initiative nachhaltige wirtschaftliche Entwicklung mit guter Regierungsführung und Rechtsstaatlichkeit verknüpfte und Programme auflegte, die teilnehmenden Staaten und deren Regierungen hier stärker in die Pflicht nahm. Der *African Peer Review Mechanism* wurde zu einem herausragenden Element der NEPAD. Dieser Mechanismus ist eine doppelte Evaluation der teilnehmenden Staaten: einerseits eine Selbstevaluation der Staaten, die idealerweise einen breiten Dialog mit der Bevölkerung einschließt, und anderseits eine Evaluation durch das NEPAD-Sekretariat und eines afrikanischen Expertenpanels. Die Evaluation umfasst die Themenfelder Demokratie, Wirtschaftspolitik und -management, *cooperate governance* und sozioökonomische Entwicklung.[58] Der Länderbericht, der die interne und externe Evaluation zusammenführt, wird unter der politischen Führung der teilnehmenden Staaten diskutiert. Dieser Mechanismus und seine öffentlich zugänglichen, teils sehr kritischen Berichte sind ebenso bemerkenswert wie die Versuche einiger Regierungen, ihre Berichte zu verwässern, oder die Tatsache, dass 15 afrikanische Staaten erst gar nicht an der freiwilligen Evaluation teilnehmen.[59] Trotz aller Schwächen und Rückschläge bleibt festzuhalten, dass die Evaluationsprozesse die Bereitschaft einiger Regierungen, gute Regierungsführung anzubieten, unterstreichen – auch zum Wohlgefallen westlicher Geberländer.

Das neue Verständnis von Souveränität und die Bereitschaft, sich extern evaluieren zu lassen, führten aber nicht dazu, dass die Staaten verstärkt Souveränität gegenüber der AU abgaben und Letztere zu einer supranationalen Organisation machten.[60] Dies zeigt sich besonders gut an der *Grand Debate*. Gaddafi hielt bis in die späten 2000er-Jahre daran fest, die Vereinigten Staaten von Afrika zu gründen. Nach 1999 lancierte er immer wieder entsprechende Vorschläge, mittels derer er u. a. gemeinsame Minister für Verteidigung und Außenpolitik sowie für Transport und Kommunikation auf AU-Ebene oder gar ein *Union Government for Africa* etablieren wollte. Seine Vorschläge mündeten 2007 in einem AU-Gipfel in Ghanas Hauptstadt Accra (sinnigerweise die Wirkungsstätte des Panafrikanisten Nkrumah), der sich Gaddafis Vorschlägen explizit zuwandte. Die Staats- und Regierungschefs beschlossen, dass man an der Vision der Vereinigten Staaten von Afrika und dem *Union Government for Africa* als Zwischenziel langfristig festhalte, man aber zunächst die Auswirkungen dieser Pläne auf die staatliche Souveränität diskutieren müsse.[61] Gaddafis Vision war damit faktisch vom Tisch. Trotz weiterer Anstrengungen in seiner Zeit als AU-Vorsitzender (2009–2010) gab es keine Fortschritte hinsichtlich einer tiefgreifenden politischen Integration Afrikas – außer einer neuen AU-Flagge.

Antreiber und Hürden der Kooperation und Integration

Vor allem in der Gründungsphase haben sich etliche Staatschefs in die AU und NEPAD eingebracht; es wurde gar gefragt, ob der südafrikanische Präsident Mbeki »Afrikas Retter«[62] sei. Andere Staatsoberhäupter hingegen zeig(t)en wenig Interesse an der AU, was u. a. daran zu sehen ist, dass sie unregelmäßig an den AU-Gipfeltreffen teilnehmen. Für sie scheint es lediglich ein *Modus Operandi* zu sein, zur AU zu gehören. So ist es auch nicht verwunderlich, dass es bei der AU-Gründung keine Diskussion über die Frage gab, ob ein OAU-Mitglied AU-Mitglied werden soll oder nicht. Alle OAU-Mitgliedstaaten wurden direkt AU-Mitglieder und das obwohl die AU, wie oben gezeigt, in etlichen Punkten eine Zeitenwende beschreibt und von den nicht-demokratischen Staatschefs als eine Frontalattacke gesehen werden konnte, warb sie doch für Menschenrechte, die Konsolidierung demokratischer Institutionen und gute Regierungsführung. Für die Bereitschaft, trotzdem Teil der AU zu sein, kristallisierten sich zwei Erklärungsmodelle heraus: eines, dass sich auf Normen und Werte konzentriert, und ein realpolitisches.

Aus der einen Perspektive – im Kern eine konstruktivistische – sind Werte und Normen der Kit, der eine Regionalorganisation zusammenhält und auf der die politische (wirtschaftliche und soziale) Integration basiert. Laurie Nathan argumentiert, dass Regionalorganisationen zwar eine »externe Logik« haben müssen, und bezieht sich dabei auf die Interessen und materiellen Güter, die eine Regionalorganisation für Mitgliedstaaten attraktiv machen. Um eine Regionalorganisation jedoch langfristig voranzutreiben, braucht es auch eine »interne Logik«, also eine normative Kongruenz zwischen den Mitgliedstaaten. [63]

Das Argument, Regionalorganisationen hätten eine solche normative Basis, wird bei der Analyse der AU (und den regionalen Wirtschaftsgemeinschaften) häufig verwendet. So wird der Panafrikanismus und seit der AU-Gründung verstärkt das Prinzip der Nicht-Gleichgültigkeit, die menschliche Sicherheit oder die Verurteilung von nicht-verfassungsgemäßen Regierungswechseln als normative Basis der AU gesehen.[64] Es kam auch zur Wiederbelebung des Konzepts der Sicherheitsgemeinschaften aus den 1950er-Jahren. Eine solche Sicherheitsgemeinschaft ist eine Gemeinschaft von Staaten, die soweit integriert sind, dass Konflikte zwischen ihnen friedlich gelöst werden.[65] In der Anfangsphase der AU und vor dem Hintergrund, dass es kaum zwischenstaatliche Kriege in Afrika gab, gewannen das Konzept und der Fokus auf Normen und Werte an Prominenz.[66]

Diese Erklärungsmodelle bleiben allerdings den Nachweis schuldig, was genau die interne Logik der AU (und der regionalen Wirtschaftsgemeinschaften) ist und noch viel mehr, ob diese auch von allen Staaten in praktischer Politik geteilt werden.[67] Dass die OAU/AU eher das Ende und keine Institutionalisierung des Panafrikanismus war/ist, habe ich oben bereits ausgeführt. Die (Wieder)Aufnahme Marokkos 2017 in die AU ist ein weiteres Beispiel, um die Bedenken hinsichtlich einer geteilten Wertebasis zu illustrieren. Marokko war 1984 aus der OAU wegen der Westsaharafrage ausgeschieden. Durch sein koloniales Streben in der Westsahara hatte sich Marokko gegen einen Grundkonsens unter den afrikanischen Staaten gestellt, nämlich den, aufgrund der Geschichte eine klare anti-imperiale und anti-neokoloniale Haltung einzunehmen. Marokko verhielt sich 2017 in der Westsahara kaum anders als in den 1970er- und 1980er-Jahren. Insofern untergraben das Land und die für dessen Wiederaufnahme stimmendenden Staaten eine potentielle Wertebasis der AU, namentlich den Anti-Imperialismus. Auch das Prinzip der Nicht-Gleichgültigkeit, die menschliche Sicherheit und die Verurteilung von nicht-verfassungsgemäßen Regierungswechseln taugen wenig als normative Basis, wenn man auf die Inkonsistenzen bei ihrer Anwendung blickt. Wären diese Prinzipien so internalisiert, wie teils angenommen wird, wäre eine Intervention in Simbabwe nach den Wahlen 2008 ebenso unausweichlich gewesen wie bei einer ähnlichen Situation in Kenia 2007/2008 (▶ Kap. 9).

In einem anderen Punkt hilft uns eine konstruktivistische Perspektive allerdings weiter, denn durch sie wird deutlich, dass auch transnationale Akteure wie internationale Konzerne, NGOs und die Zivilgesellschaft die Gründung, Ausgestaltung und Weiterentwicklung von Regionalorganisationen beeinflussen können. Auf den Einfluss nicht staatlicher Akteure verweisen auch Arbeiten, die Marktkräfte als Treiber für regionale Integration sehen.[68] In dieser Logik entwickeln sich Regionalorganisationen aus wirtschaftlichen Bedürfnissen heraus. Diese Argumentation lässt sich auf die erste Gründungswelle der Regionalorganisationen anwenden, deren Ziel die ökonomische Unabhängigkeit nach der Dekolonisation war. Auch die Neugründung der ostafrikanischen EAC 1999 kann so erklärt werden. In dieser Gemeinschaft sehen viele neben der politischen Führung des Landes die Geschäftsinteressen als zentralen Treiber des Integrationsprojekts.[69]

Der realpolitische Ansatz zur Erklärung von kontinentaler und subregionaler Kooperation, Integration und Integrationsverweigerung lenkt den Blick auf die Rolle der politischen Führungen in den Mitgliedstaaten und steht in engem Zusammenhang mit den oben genannten Argumenten zum Nutzen der Organisationen für die Staaten und deren Staatschefs. Hiernach sind für viele Staaten die AU und regionale Wirtschaftsgemeinschaften zunächst ein Mittel zum Zweck. Der Nutzen ist nicht nur die oben erwähnte Machtabsicherung der politischen Führung, sondern auch ein monetärer für den Staat (und die politische Führung). Denn das Signalisieren der Unterstützung spezifischer Prinzipien wie Menschenrechtsschutz, gute Regierungsführung und Rechtsstaatlichkeit sind Voraussetzungen, um Gelder westlicher Geber zu erhalten (▶ Kap. 6). Vor diesem Hintergrund ist es opportun, der AU (und regionalen Wirtschaftsgemeinschaften) anzugehören. Zudem sind die AU und die regionalen Wirtschaftsgemeinschaften Akteure in der internationalen Politik geworden, die die Fähigkeit haben, *governance* in ihren Regionen – und teils darüber hinaus – zu beeinflussen.[70] Folglich können Staaten durch sie ihre Interessen artikulieren und umgesetzt sehen. Dies ist vor allem für kleine Staaten eine bekannte Strategie, sich Gehör zu verschaffen, und erklärt, warum die Botschaftsdichte, dort wo internationale Organisationen ihren Sitz haben, größer ist als anderswo.

Aus der Fähigkeit, *governance* in der Region beeinflussen zu können, könnte man schließen, dass die afrikanischen Organisationen einen supranationalen Charakter angenommen haben.[71] Allerdings sind die schwache finanzielle Ausstattung, die institutionelle Schwäche der AU und einiger regionaler Wirtschaftsgemeinschaften und die Abhängigkeit von den Mitgliedstaaten weiterhin Realität,[72] sodass wir eher von intergouvernementalen als von supranationalen Organisationen sprechen sollten. Dieses Argument nährt sich, wenn man den Aufbau und die Entscheidungsstrukturen afrikanischer Organisationen betrachtet. Jeffrey Herbst verweist auf ein Muster, nämlich dass diese Organisationen erstens relativ groß sind in Bezug auf ihre Mitgliedstaaten, dass sie zweitens sehr formal sind, dass sie drittens nicht-hierarchisch sind und somit alle Mitgliedstaaten gleich stellen und damit auch die Sekretariate schwach gehalten werden, und dass sie viertens darauf ausgelegt sind, die staatliche Souveränität zu achten.[73]

Mit diesem Blick auf die AU liegt das Argument nahe, dass Staaten und mehr noch deren politische Führung die Organisationen für ihre Zwecke nutzen. Man kann sogar so weit gehen zu argumentieren, dass der Aufbau, die Ausstattung und die Mandate der intergouvernementalen Organisationen in Afrika den Unwillen der Staaten und deren politischer Führung widerspiegeln, sich für eine tiefgreifende politische Integration zu engagieren. In diesem Sinne sind die Organisationen rational aufgebaut, denn sie folgen einer Logik der Integrationsvermeidung im politischen Bereich. Um klar zu sein: Integrationsvermeidung ist nicht gleichbedeutend mit Kooperationsverweigerung, denn wie die Afrikanische Friedens- und Sicherheitsarchitektur zeigt, findet eine intensive Kooperation in diesem Bereich statt.

In Bezug auf die ökonomische Integration ergibt sich ein integrationsfreudigeres Bild auf der subregionalen Ebene. Hier sind Währungs- und Zollverbünde sowie Freihandelsabkommen weitverbreitet und werden schrittweise implementiert. Doch auch hier zeigen sich Hürden, wie die Doppel- oder Mehrfachmitgliedschaft einiger Staaten in regionalen Wirtschaftsgemeinschaften (▶ Abb. 4). Eine tiefergreifende Integration innerhalb einer Wirtschaftsgemeinschaft wird hierdurch erschwert, denn Handelsabkommen unterschiedlicher Organisationen behindern sich teils gegenseitig oder schließen sich sogar aus.[74] An diesem Punkt setzt ein seit Jahren stattfindender Harmonisierungsprozess der drei Organisationen COMESA, EAC und SADC an. Diese haben sich zur *COMESA-EAC-SADC Tripartite* zusammengeschlossen und 2017 ein gemeinsames Freihandelsabkommen auf den Weg gebracht.

Gleichzeitig suggeriert die Mehrfachmitgliedschaft in anderen Fällen aber auch, dass Staaten nicht zwangsläufig hinter der Ausrichtung und den Programmen einer Organisation stehen. Die Mehrfachmitgliedschaft bietet damit die Möglichkeit, das Argument zu stärken, demzufolge die Staats- und Regierungschefs bzw. -chefinnen an möglichst vielen Organisationen teilnehmen, um ein Maximum an politischer Legitimation von außen zu bekommen[75] und um sogenanntes *forum-shopping* zu betreiben, also immer die Organisationen auszuwählen, die ein spezifisches Problem adressieren soll.[76]

9 Politische Krisen

Dieses Kapitel beschäftigt sich mit vier Typen von politischen Krisen: Sezessionen und deren Abwesenheit, verfassungswidrige Regierungswechsel und Versuche diese zu unterbinden, Gewalt im Kontext von Wahlen und die Gründe für deren Anstieg sowie Terrorismus und dessen Auswirkungen. Trotz ihrer unterschiedlichen Gestalt haben diese Krisen gemeinsam, dass sie staatliche Institutionen unterminieren, den Staat schwächen, die Wirtschaft hemmen und eine Gefahr für die Bevölkerung sein können. Solche Krisen wirken auch *State Building*-Bemühungen entgegen. Obwohl sie auf die Schwäche von Staaten zurückzuführen sind, gibt es gleichzeitig Hinweise darauf, dass Sezession, verfassungswidrige Regierungswechsel und Gewalt im Kontext von Wahlen mittel- und langfristig zu besser legitimierten Regierungen führen und die Demokratisierung vorantreiben können. Dies gilt für Terrorismus nicht.

Es ist wichtig, zu betonen, dass nicht alle afrikanischen Staaten von solchen Krisen betroffen sind. Von 54 Staaten haben 27 eine (versuchte) Sezession erlebt,[1] 45 sahen einen (versuchten) Staatsstreich[2] und in der Hälfte von ihnen gab es Gewalt im Kontext von Wahlen.[3] Zahlen für Terrorismus zu präsentieren ist schwieriger, was vor allem an der Definition des Begriffes liegt (siehe unten). Die folgende Analyse von Krisen darf diese Zahlen nicht überschatten und soll keinesfalls das Bild eines krisenanfälligen Kontinents zeichnen. Wenn überhaupt sollten wir von wenigen krisenanfälligen Staaten und einigen Ländern sprechen, die politische Krisen erlebt haben, die oftmals vor längerer Zeit stattfanden.

Sezessionen

Eine Sezession ist der Austritt einer politischen Einheit – hier ein sezessionister Staat – aus seinem Mutterland. Die materiellen Konsequenzen von Sezessionen sind durch ein verändertes Territorium, d. h. durch die veränderten Grenzen, unmittelbar sichtbar. Die Gründe für Sezession hingegen liegen tiefer. Angesichts des Alters afrikanischer Staaten, ihres kolonialen Ursprungs (▶ Kap. 3) und ihrer Schwäche und mangelnden Konsolidierung (▶ Kap. 7) erscheint es auf den ersten Blick überraschend, dass Sezessionen in Afrika selten sind. In nur zwei Fällen, Eritrea und Südsudan, waren Sezessionsversuche in dem Sinne erfolgreich, dass sich die abspaltenden Territorien internationale Anerkennung sichern konnten. Somaliland war in anderer Hinsicht erfolgreich. Denn dort funktionieren die staatlichen Institutionen und genießen einen demokratischen Ruf. Doch der Staat ist international nicht als solcher anerkannt.

Abspalten oder bleiben?

Die Gründe für Sezessionen sind vielfältig. Oft werden soziale und kulturelle Heterogenität der Bevölkerung eines Landes genannt, die Spannungen oder gar Bürgerkrieg verursachen können. Eine Sezession kann als »radikale Operation« die Lösung für solch einen Konflikt sein,[4] wie der Südsudan zeigt (siehe unten). Zu Sezessionen kommt es auch dann, wenn Teile der Bevölkerung diese als wirtschaftlich vorteilhaft betrachten.[5] Sezessionsversuche wie die in den ressourcenreichen Gebieten Biafra (Nigeria), Cabinda (Angola), Katanga und Süd-Kasai (beide Kongo-Kinshasa) nähren dieses Argument. Es gibt zudem Hinweise, dass ein niedriges Pro-Kopf-Einkommen und langsames Wirtschaftswachstum das Sezessionsrisiko erhöhen, weil diese Missstände in der Bevölkerung verstärken.[6] Weiterhin machen schwache staatliche Institutionen sowie politische und ökonomische Übergangsphasen Staaten für Sezessionen anfälliger.[7]

Vor diesem Hintergrund müsste man eine große Zahl von Sezessionen in Afrika erwarten. Es gibt jedoch ein »Sezessionsdefizit«.[8] Pierre Englebert und Rebecca Hummel verweisen auf die Schwäche der Staaten, die durch Sezessionen entstehen würden, insbesondere auf deren mangelnde interne Souveränität und ihre Abhängigkeit von externer Souveränität, d. h. internationale Anerkennung von außen, um dieses Defizit zu erklären. Erinnernd an Coopers Begriff der *gatekeeper states* (▶ Kap. 7) argumentieren sie, dass sich Sezessionsbewegungen nicht zwangsläufig abspalten wollen, denn dies würde nicht ihren Interessen dienen. Ein abgespaltener Staat würde nämlich keine internationale Anerkennung erhalten und deshalb könnten die Sezessionisten seine Ressourcen nicht für ihre Zwecke nutzen. So ist es für die sezessionistische Bewegung am Ende attraktiver, sich nicht abzuspalten, obwohl sie dann nicht unmittelbar von der Macht profitiert.[9] Mit anderen Worten, eine Kosten-Nutzen-Kalkulation steht einer Sezession entgegen.[10] Zugang zu einem schwachen existierenden Staat scheint für Sezessionisten gewinnbringender. Folglich ist die Androhung von Sezessionen vor allem ein Instrument in politischen Verhandlungen. Die Yoruba in Nigeria zeigen dies beispielhaft, denn trotz anderslautender Aussagen hatten sie »kein Interesse an einer Abspaltung von Nigeria, weil sie dies von ihrer Haupteinnahmequelle, den Öleinnahmen, abgeschnitten hätte.«[11] Beim Blick in die Geschichte sehen Sezessionsbewegungen, wie die in Biafra und Katanga, dass Sezessionen zu Bürgerkriegen oder internationalen Interventionen führen können. Letztere haben das Ziel, die territoriale Integrität wiederherzustellen. So wird den Sezessionsbewegungen die hohen Risiken, denen sie sich aussetzen, sollten sie mit ihren Bestrebungen voranschreiten, vor Augen geführt.

Afrikas Staaten und ihre Führung stärken sich gegenseitig und stellen die territoriale Integrität sicher. Dabei nutzen sie das völkerrechtliche Prinzip *uti possidetis* (wie ihr besitzt), das in diesem Kontext besagt, dass der territoriale *Status quo* zum Zeitpunkt der Dekolonisation bewahrt bleiben müsse. Die Kairo Deklaration von 1964 schreibt dieses Prinzip fest (▶ Kap. 3). Ernsthafte sezessionistische Bewegungen brauchen ein überzeugendes Argument im Einklang mit diesem Prinzip, um eine Chance auf Erfolg zu haben. Ansonsten ist internationale Anerkennung ausgeschlossen und eine Sezession nicht vorteilhaft. So überrascht es wenig, dass die meisten Sezessionsbewegungen ihre Ansprüche auf Argumente bauen, die in Verbindung zur Kolonialzeit stehen.[12] Eritrea gab z. B. an, eine italienische Kolonie gewesen zu sein, wohingegen Äthiopien keine war; die Westsahara betont, eine spanische Kolonie gewesen ist, wohingegen Marokko unter französischer Herrschaft stand; Somaliland gibt an, von Italien verwaltet gewesen zu sein und nicht von Großbritannien wie der Rest von Somalia (siehe unten); der Südsudan befand, dass Großbritannien ihn immer anders behandelte als den Nordsudan (siehe unten); und der ehemals britische Teil des heutigen Kameruns bezieht sich auf die Kolonialgeschichte als Grund für sein Handeln, dass sich gegen den früheren französischen Teil des Landes richtet. Es gibt also ein Muster, namentlich die Verwendung der Kolonialgeschichte, um ein überzeugendes Argument für einen legitimen Sezessionsanspruch vorzubringen, das mit dem *uti possidetis*-Prinzip im Einklang steht.

Unabhängig und anerkannt

Der Fall Südsudan zeigt, wie trotz des *uti possidetis*-Prinzips eine Sezession möglich ist und wie das Gleichgewicht zwischen territorialer Integrität und dem Recht auf Selbstbestimmung auch justiert werden kann.[13] Die Wurzeln der südsudanesischen Sezession und Unabhängigkeit reichen einige Jahrzehnte zurück. Der Norden des Sudans war mehrheitlich von arabischen Muslima und Muslimen, der Süden hingegen von schwarzen Christinnen und Christen bewohnt. Rund ein Jahrzehnt vor der Dekolonisation 1956 brachte die britische Regierung den Nord- und Südsudan zusammen. Auf der Juba-Konferenz von 1947 wurden die Nordsudanesen in dieser Frage konsultiert, die Südsudanesen hingegen nicht. Die folgende Verwendung nordsudanesischer Verwalter, um den Südsudan zu regieren, nährte eine Frustration dort und führte dazu, dass 1955 der Südsudan die Unabhängigkeit vom Sudan forderte. Die Spannungen mündeten in einen Bürgerkrieg, der bis 1972 dauerte, 500 000–700 000 Menschenleben kostete und zur Autonomie des Südsudans führte.[14]

Während der 1980er-Jahre stellte die sudanesische Regierung diese Autonomie zunehmend in Frage und versuchte, den Südsudan zu islamisieren, was zur Gründung der *Sudanese People Liberation Movement* führte, welche einen neuen Bürgerkrieg begann. Dieser Krieg gegen die sudanesische Regierung wurde im Laufe der Zeit komplexer und hatte etliche Konfliktlinien, die hier nicht näher erklärt werden können.[15] Bis zu seinem Ende 2005 kostete der Krieg mehr als zwei Mio. Menschenleben. Der Friedensvertrag von 2005 sah u. a. die Autonomie des Südsudan, das Ende der Scharia, die Teilung der Öleinnahmen zwischen dem Süden und dem Norden (Ersterer hat das Öl und Letzterer die Häfen, um es zu verschiffen) sowie ein Unabhängigkeitsreferendum bis zum Jahr 2011 vor.

In diesem Referendum stimmten 98,83 % für die Unabhängigkeit, die dann im Juli 2011 im Beisein internationaler Gäste – unter ihnen der sudanesische Präsident al-Bashir – vollzogen wurde. Die sudanesische Regierung erkannte den Südsudan an und andere Staaten taten dies auch. Der Südsudan wurde der 193. UN-Mitgliedstaat. Diese internationale Anerkennung bedeutet jedoch nicht, dass der Südsudan ein funktionierender Staat ist. Wie die politische Instabilität und der Bürgerkrieg, der 2012 ausbrach, verdeutlichen, sind die staatlichen Institutionen schwach und können solche Krisen weder verhindern noch bewältigen.

Neben den ethnischen, kulturellen und religiösen Argumenten erklärt vor allem das Leiden der südsudanesischen Bevölkerung, warum es zu dieser exzeptionellen Anerkennung des Südsudans als unabhängigen Staat kam, womit faktisch das *uti possidetis*-Prinzip gebrochen wurde. Überdies darf man die internationale Ächtung der sudanesischen Regierung von al-Bashir nicht vergessen, die islamistische Kämpfer beherbergte und unterstützte und unter deren Ägide ein Genozid in Darfur stattfand (▶ Kap. 10). Beides zusammen trug zur internationalen Akzeptanz der südsudanesischen Unabhängigkeitsforderungen bei. Die Befürchtung, dass das Unterminieren des *uti possidetis*-Prinzips zu mehr sezessionistischen Ambitionen in Afrika führen könnte, ist im Nachhinein betrachtet unbegründet gewesen.[16]

Souverän aber nicht anerkannt

Anders als der kriegsgeschüttelte Südsudan mit seinen schwachen staatlichen Institutionen ist Somaliland ein *de facto* existierender Staat mit funktionierenden Institutionen. Er erfährt jedoch keine internationale Anerkennung, obwohl er demokratischer ist und seine Regierung mehr Legitimität genießt als die in vielen anderen afrikanischen Staaten. Paradoxerweise wird aber das Mutterland, Somalia, als Staat anerkannt, trotz der dortigen offensichtlichen Schwäche staatlicher Institutionen.

Während der 1980er-Jahre entstand die *Somali National Movement* (SNM), eine Rebellenbewegung, die sich vor allem auf den Issaq Clan stützte, der im heutigen Somaliland lebt, ein Gebiet, das vormals das britische Somaliland war. Die SNM kämpfte gegen die systematische Diskriminierung durch den autoritären Präsidenten Somalias, Siad Barre, die genozid-ähnliche Züge gegenüber den Isaaq angenommen hatte.[17] Die SNM versuchte, Barres Regime zu stürzen, forderte aber nicht die Unabhängigkeit. 1991 änderten sich die Vorzeichen. Im Januar stürzte eine Rebellenkoalition, zu welcher der SMN gehörte, Barre und im Mai erklärten die Clanältesten die Unabhängigkeit Somalilands.

Die plötzliche Unterstützung einer Sezession hat etliche Gründe. Zu ihnen gehört, dass die Bevölkerung Somalilands eine solche Sezession angesichts der Zerstörungen forderte, die Barres Versuch, die SNM zu vernichten, hinterlassen hatte. Große Teile Somalilands lagen in Schutt und Asche. Die Koalition, die nach Barre in Somalia an die Macht kam, sprach nicht mit dem SNM über die Übergangsregierung, was in Somaliland Ängste schürte, dass sich die Diskriminierung fortsetzen würde. Zudem war der Versuch gescheitert, ein Großsomalia zu schaffen, das auch die Teile Äthiopiens und Kenias umfassen sollte, in denen ethnische Somalis leben. Die Erfahrungen während der Barre-Jahre und das Abwinken der Übergangsregierung in dieser Frage gaben wenig Anlass zu glauben, dass sich diese Vision in der näheren Zukunft erfüllen würde. Folglich wandten sich die Menschen in Somaliland von dieser Vision ab. Auch wirtschaftliche Fragen spielten eine Rolle. Einerseits führten das auseinanderfallende Somalia und der Bedeutungszuwachs der informellen Wirtschaft dazu, dass die Anreize der Menschen in Somaliland, mit Somalia wirtschaftlich zu interagieren, sanken. Die Unabhängigkeit bot ihnen mehr Kontrolle über ihren Handel und Wirtschaft und nährte die Hoffnung auf internationale Hilfe in einer Zeit, in der der Geldfluss nach Somalia zum Stillstand gekommen war.[18] Anderseits schien eine Kooperation mit Äthiopien – Somalilands südlichen Nachbarn – profitabel. Denn der Zugang zu den Weidegebieten im Haud, die sich in Äthiopiens Ogaden Region befinden, konnte eher durch eine Kooperation mit Äthiopien erschlossen werden als über andere Wege wie ein Großsomalia. In Äthiopien war es 1987 zum Sturz des Derg-Regimes gekommen, welches Barre unterstützt hatte, und der neue Premierminister Meles und seine Partei waren Somaliland wohlgesonnener.

Trotz dieser scheinbaren Logik hin zu einer Sezession war diese weniger rational geplant als vielmehr eine unbeabsichtigte Folge des Kampfes gegen Barre. Eine Analyse, was eine Unabhängigkeit überhaupt bedeute, wurde erst nach der Erklärung selbiger angestellt.[19] Die SNM war nicht darauf vorbereitet, einen Staat zu führen. In der Frühphase der Sezession sicherten sich die Clanältesten, die eine Sezession befürworteten, die Kontrolle über die staatlichen Ressourcen, was eine Sezession für sie vorteilhaft machte. Dann wählten sie jedoch eine Regierung, die ihre Rolle untergrub.[20] Die ursprüngliche Haltung der Clanältesten zugunsten einer Sezession ist vermutlich der Grund, warum der interne Widerstand gegenüber einer Unabhängigkeit marginal war. Erst nachdem vollendete Tatsachen geschaffen waren, begannen die Offiziellen, nach einer Rechtfertigung für ihre Unabhängigkeitserklärung zu suchen – und fanden sie in der Kolonialgeschichte. So argumentiert das Außenministerium, dass zwischen dem 26. Juni und dem 1. Juli 1960 Somaliland als ein souveräner Staat existierte, bevor es in eine Union mit Somalia, das ebenso die Unabhängigkeit in diesen Tagen erlangte, eintrat und die jetzt geforderte Unabhängigkeit daher nur die Auflösung eines Verbundes zwischen ansonsten souveränen Staaten sei.[21] Wenn die internationale Staatengemeinschaft das *uti possidetis*-Prinzip strikt anwenden würde, so das Argument, müsste sie Somaliland anerkennen.[22] Doch Somaliland wartet noch auf seine formale Anerkennung.

Nichtsdestotrotz unterstützen einige Staaten Somaliland und geben dem Gebiet damit eine Form der Anerkennung. So hat Äthiopien ein Handelsbüro in Somaliland. Die äthiopische Regierung sorgt sich um die Sicherheit an der Grenze zwischen Äthiopien und Somaliland sowie um die Ogaden Region, in der ethnische Somalis leben, und die Sezessionsbestrebungen dort. Es ist unwahrscheinlich, dass Äthiopien Somaliland formal anerkennt, weil es damit einen Präzedenzfall für die Ogaden Region schaffen würde. Für ihre Ablehnung und ihren Widerstand gegen ein Großsomalia – dies zeigt sich u. a. in der 63/64-Allianz, einem Verteidigungspakt mit Kenia mit dem Ziel, ein Großsomalia zu unterbinden, – ist die *de facto* Existenz von Somaliland hilfreich. Das Gleiche gilt für Kenia. Folglich ist es wenig überraschend, dass Kenia und Somaliland versuchen, den Handel zwischen ihnen anzukurbeln, was als eine faktische Unterstützung für Somaliland gewertet werden kann.[23]

Weitere (bislang) erfolglose Versuche

Es gibt etliche sezessionistische Bewegungen in Afrika, von den einige aktiver sind als andere. So glauben nur wenige daran, dass ein *Volkstaat* weißer Afrikaaner in Südafrika internationale Anerkennung erfahren könnte, wenngleich einige Afrikaanerinnen und Afrikaaner bereits ihre Afrikaaner Stadt Orania aufgebaut haben. Das Gleiche gilt für Namibias Caprivistreifen. Die Versuche der Tuareg, die Azawad Republik im Norden Malis zu gründen, zeigten hingegen erste Resultate. Mit dem Sturz Gaddafis 2011, dem dadurch entstehenden Sicherheitsvakuum in der Region und der Rückkehr schwer bewaffneter Tuareg, die Söldner Gaddafis waren, haben die Sezessionsbestrebungen dort Auftrieb erhalten. Anfangs eine Allianz mit islamistischen Gruppen eingehend nutzen die Tuareg 2012 die politische Instabilität in Mali, brachten den Norden unter ihre Kontrolle und erklärten ihre Unabhängigkeit, wenngleich es Zweifel gab, ob sie oder die Islamisten das Gebiet kontrollierten.[24] Nachdem die Tuareg ihre Kooperation mit den Islamisten, die ihrerseits auf Malis Hauptstadt Bamako vorrückten, beendet hatten, erkannte Frankreich die Bestrebungen der Tuareg gewissermaßen an, indem es die Tuareg nutzte, um den Islamisten die Kontrolle über Nord-Mali zu entziehen. Hierbei gab Frankreich den Tuareg in manchen Bereichen einen unerwarteten Freiraum, Autorität auszuüben.

Leitet man aus diesen Fällen, die Bedingungen ab, unter denen eine Sezession möglich ist, findet man vier zentrale Punkte: Erstens ist es für sezessionistische Bewegungen hilfreich, wenn ihre Territorien eine separate Kolonie war oder wenigstens eine signifikant andere Behandlung innerhalb einer Kolonie erfuhr. Zweitens trägt die Anerkennung der Abspaltung durch das Mutterland zum Erfolg der Sezession bei. Ohne sie ist die internationale Anerkennung unwahrscheinlicher. Die Sezession Eritreas verdeutlicht dies (▶ Kap. 2). Drittens scheint der ausgesprochene Wille der sich abgespalteten Bevölkerung (z. B. durch ein Referendum ausgedrückt) eine Voraussetzung für eine anerkannte Sezession zu sein.[25] Viertens ist die Unterstützung anderer Staaten hilfreich. Denn das Völkerrecht ist in Bezug auf Sezessionen neutral; nur ihre Konsequenzen werden international reguliert.[26]

Am Ende ist die Anerkennung einer Sezession eine politische Frage, wie die Anerkennung des Kosovo, aber die Nichtanerkennung Kataloniens durch die EU vor Augen führen.

Staatsstreiche

Staatsstreiche sind »illegale und offenkundige Versuche des Militärs oder anderer Eliten innerhalb des Staatsapparats die Exekutive abzusetzen.«[27] Diese Definition von Staatsstreichen – oder Coups – hat drei Elemente: ein Ziel, namentlich die oberste Exekutive, d. h. abhängig vom politischen System entweder die Staats- oder Regierungschefs bzw. -chefinnen, die Täter, zumeist Eliten des Landes, die oft, aber nicht ausschließlich dem Militär angehören und die Taktik, namentlich ein illegales, plötzliches und offenkundiges Vorgehen.

Bei Staatsstreichen kann Blut vergossen werden, sie können aber auch gewaltfrei sein. Ruth First hielt 1970 nach einer ersten Serie von Staatsstreichen im postkolonialen Afrika fest, dass »es sich als so ansteckend herausgestellt hat, diese Wegnahme der Regierungsgewalt durch bewaffnete Männer, und so mühelos. Hol' dir die Schlüssel zum Waffenlager, rücke aus den Kasernen aus, nimm den Radiosender, die Post und den Flughafen, verhafte den Präsidenten und du nimmst den Staat fest.«[28]

Zahlen, Fakten und Erklärungen

Zwischen 1950 und April 2019, also dem Zeitpunkt, an dem der sudanesische Präsident aus dem Amt geputscht wurde, gab es 206 versuchte Coups in Afrika.[29] Rund die Hälfte davon, 106, waren insofern erfolgreich, als dass die Täter für mindestens sieben Tage die Kontrolle innehatten. In 45 Staaten gab es Staatsstreiche bzw. Staatsstreichversuche und in nur neun keine, namentlich in Botsuana, Eritrea, Kap Verde, Malawi, Mauritius, Namibia, Südafrika, Südsudan und Tansania. Wie Abbildung 5 zeigt, gibt es große Unterschiede zwischen den Staaten, in denen ein Coup stattfand, denn es gibt Länder wie Senegal und Mosambik, die nur einen nicht erfolgreichen Staatsstreich vor geraumer Zeit (1962 bzw. 1975) erlebten und es gibt es Länder wie Burkina Faso mit acht versuchten Coups (sieben davon erfolgreich), Burundi mit elf Versuchen (fünf davon erfolgreich) und Sudan mit 15 Versuchen (fünf davon erfolgreich).

Die zuvor dargestellte Schwäche von Staaten und ihren Institutionen (▶ Kap. 7) kombiniert mit den (sozio)ökonomischen Problemen (▶ Kap. 5 und ▶ Kap. 6) sind ein guter Nährboden für *Coups*. Denn gute sozioökonomische Bedingungen führen nicht nur zu mehr Zufriedenheit bei der Bevölkerung, sondern befriedigen auch das Militär, welches dann weniger geneigt ist, einen Staatsstreich durchzuführen. Überdies zeigt sich, dass Coups unwahrscheinlicher werden, wenn das Militärs geschlossen agiert und sein Handeln durch Regeln begrenzt ist. Beides verhindert eine Desintegration des Militärs, die dazu führen könnte, dass sich unterschiedliche Teile des Militärs gegeneinander wenden.[30] Weiterhin ist anzunehmen, dass Amtszeitbeschränkungen der Staatsoberhäupter das Risiko eines Staatsstreiches senken, wohingegen lange Amtszeiten die Wahrscheinlichkeit dafür steigern. Die Stürze von Mugabe und al-Bashir 2017 und 2019 nach 37 bzw. 30 Jahren an der Macht verdeutlichen dies. Weniger intuitiv ist, dass Ent-

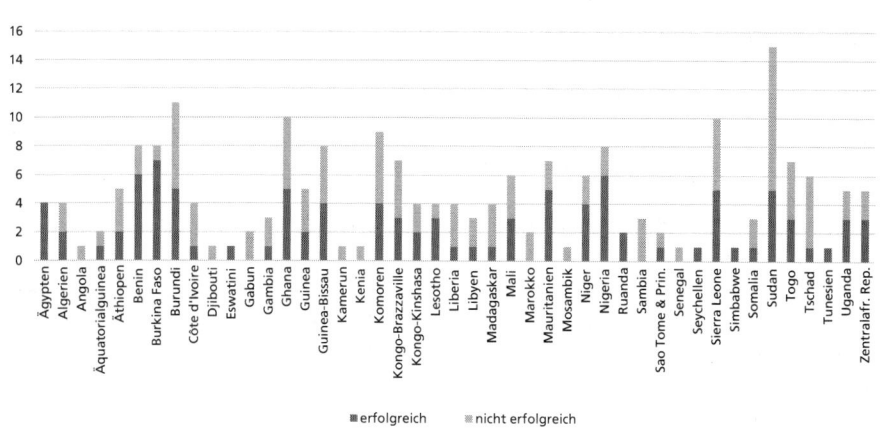

Abb. 5: Coups in Afrika.[31]

wicklungshilfe das Risiko von Coups erhöht.[32] Wenn die von Jonathan Powell und anderen vorgebrachte Annahme stimmt, dass die Verschwörer rational handeln und Kosten und Nutzen abwägen,[33] und wenn wir weiter annehmen, dass sie auf wirtschaftliche Renten aus sind,[34] kann man argumentieren, dass ihr Streben, die Macht im Staat zu erlangen, damit erklärbar ist, dass sie hierdurch Zugang zu staatlichen Ressourcen erhalten. Folglich werden Staatsstreiche wahrscheinlicher, wenn es größere Mengen an ausländischer Hilfe gibt.

Neben diesen strukturellen Faktoren gibt es fallspezifische Erklärungen für Staatsstreiche, die ich am Beispiel von Burkina Faso, dem Land mit den meisten erfolgreichen Coups, exemplarisch beleuchten will. Gleichzeitig zeigt der Fall, dass die vorgestellten strukturellen Faktoren ebenso große Erklärungskraft haben. Ich konzentriere mich hierbei auf die jüngsten Staatsstreiche der Jahre 1983, 1987, 2014 und 2015. In den frühen 1980er-Jahren wuchs der Widerstand gegen Präsident Jean-Baptiste Ouedraogo, der durch einen Staatsstreich an die Macht gekommen war. Höhere Militärs, allen voran Thomas Sankara und Blaise Compaoré, führten den Widerstand an. 1983 verhaftete die Regierung Sankara sowie zwei weitere Verbündete, Henri Zongo und Jean-Baptiste Lingani. Compaoré führte eine Revolte an, die seine Kameraden befreite.[35] Sankara war inspiriert von Fidel Castro und Che Guevara. Er lehnte Imperialismus ab, befürwortete den Panafrikanismus und ließ seine Politik hiervon leiten, was auch erklärt, warum er und seine Mitverschwörer einen Coup durchführten, der ihn dann 1983 an die Macht brachte. Der junge, revolutionäre und charismatische Sankara regierte gemeinsam mit Compaoré, Lingani und Zongo in den folgenden vier Jahren und setzte seine revolutionäre Agenda um, was auch die Umbenennung von Obervolta in Burkina Faso – Land der aufrechten Menschen – beinhaltete. Sankara war der Antityp des »Big Man«, lehnte präsidialen Luxus ab (▶ Kap. 7) und ging gegen Korruption vor.[36] Er stärkte die lokale Regierung und stellte die Rollen traditioneller Führer und von Gewerkschaften in Frage.[37] Seine Versuche, das neopatrimoniale System aufzulösen, führten jedoch dazu, dass er wichtige

Unterstützer verlor. Gleichzeitig wurde der Graben zwischen ihm und seinen drei Mitstreitern deutlich. Dies gipfelte 1987 in Sankaras Ermordung durch eine Compaoré gegenüber loyale Einheit, die Compaoré an die Macht brachte.[38] Da Sankara und seine Revolution in Burkina Faso beliebt waren, musste Compaoré die Ermordung rechtfertigen, ohne sich zu weit von Sankara und dessen Idealen zu entfernen.

Compaorés autoritäre Führung, sein Versuch, die Verfassung so zu ändern, dass er für eine weitere Amtszeit kandidieren konnte (2000 war eine Amtszeitbeschränkung eingeführt worden), sowie wirtschaftliche Probleme führten – nach 27 Jahren an der Macht – 2014 zu Massenprotesten. Im Oktober zündeten die Protestierenden Gebäude der Regierung, des Parlaments und der Regierungspartei an und rücken auf den Präsidentenpalast vor. Im Lichte dessen trat Compaoré wenige Tage später zurück. Zuvor dachte er noch, er könne für eine Übergangszeit an der Macht bleiben, nachdem er die vorgeschlagene Verfassungsänderung zurückgezogen hatte. General Honoré Nabéré Traoré versuchte, die Macht zu ergreifen, wurde jedoch durch Yacouba Isaac Zida ausmanövriert, einen anderen Militär, der sich mit den Protestierenden verbündet hatte, während Traoré dem geputschten Präsidenten nahestand. Zida ließ verlauten, das Militär habe eingegriffen, um Anarchie zu vermeiden und um demokratischen Wandel zu ermöglichen.[39] Am 18. November machte Zida für eine eher zivile Regierung unter Interimspräsident Michel Kafando Platz. Gemeinsam mit Zida, der Premier- und Verteidigungsminister wurde, ebnete Kafando den Weg für Wahlen, die im Oktober 2015 stattfinden sollten.

Am 17. September 2015, einige Wochen vor den geplanten Wahlen, führten Mitglieder der Compaoré gegenüber loyalen ehemaligen Präsidentengarde einen Coup durch, verhafteten die Übergangsregierung und übernahmen die Macht. Die Junta, angeführt von General Gilbert Diendéré, konnte ihre Macht jedoch nicht konsolidieren. Ermutigt durch den Sturz Compaorés gut ein Jahr zuvor gingen die Menschen wieder auf die Straße, um die Demokratie zu verteidigen.[40] Kaum weniger bedeutend war, dass zeitgleich Westafrikas Regierungen, die AU und die reguläre Armee Druck auf die Junta ausübten und ihr die Unterstützung verweigerten. Am 23. September rückte dann die reguläre Armee in die Hauptstadt Ouagadougou ein und forderte die Junta heraus. Die Übergangsregierung wurde wiederhergestellt und die Wahlen konnten stattfinden.

Demokratisierung, die Afrikanische Union und Weniger Staatsstreiche

Die Zahl der Staatsstreiche sinkt zusehends. Zwei Gründe gelten als ursächlich: die Demokratisierung und die Anti-Coup-Politik der AU. Es zeigt sich, dass demokratische Staaten weniger anfällig für Staatsstreiche sind, weil diese Staaten, ihre Institutionen und deren Regierung mehr Legitimität genießen.[41] Ebenso bedeutend ist, dass die AU eine strikte Politik gegen Staatsstreiche verfolgt. Die AU hat jedoch einen breiteren Blick und spricht von »verfassungswidrigen Regierungswechseln«, die verurteilt und wenn nötig sanktioniert werden müssen, um die verfassungsmäßige Ordnung wiederherzustellen vor allem dann, wenn sie sich gegen eine gewählte Regierung richten.[42] Das Verständnis der AU umfasst auch Interventionen von Söldnern, die Absetzung von Staatsoberhäuptern durch Rebellen oder bewaffnete Gruppen, die Verweigerung von Staats- und Regierungschefs, Macht nach einer verlorenen Wahl abzugeben, und Änderung der Verfassung, die mit der Idee von demokratischen Regierungswechseln unvereinbar sind.[43] Wenn ein solch verfassungswidriger Regierungswechsel stattfindet, suspendiert die AU das betreffende Land bis die verfassungsgemäße Ordnung wiederhergestellt ist. Wie der Coup in Burkina Faso 2015 zeigt, übte die Nichtanerkennung der Junta Druck auf diese aus und begünstigte die Wiederherstellung der verfassungsgemäßen Ordnung.

Es stellt sich die Frage, ob man zwischen guten und schlechten Staatsstreichen unterscheiden sollte, wobei Erstere unterstützenswert sind, weil sie zu mehr Demokratie führen können. Während des Arabischen Frühlings 2011 als Mubarak, Gaddafi und Ben Ali, die autoritären Präsidenten Ägyptens, Libyens und Tunesiens, abgesetzt wurden, drängte sich diese Frage auf. Dasselbe gilt für die Situation in Burkina Faso 2014, die von vielen deshalb auch nicht als Coup betrachtet wird. Die AU war in solchen Fällen zurückhaltender, die verfassungswidrigen Regierungswechsel zu verurteilen. Denn die AU musste letztlich auch die Frage beantworten, ob die verfassungswidrigen Regierungswechsel dort den Willen der Bevölkerung ausdrückten und Letztere keinen verfassungsgemäßen Weg sah, diesen auszudrücken. Diese Frage ist jedoch mit einer weiteren Frage verbunden, nämlich der, ob die Armee, die zumeist einschreitet, besser regiert. Hier wird – trotz Ausnahmen – deutlich, dass die Armee eher ungeeignet ist, den Übergang zu einer zivilen Regierung zu schaffen[44] und dass sie häufig schlechter regiert. Man denke nur an die autoritären Regierungschefs Ibrahim Babandiga und Sani Abacha in Nigeria, Idi Amin in Uganda und Jean Bedel Bokassa in der Zentralafrikanischen Republik.[45] Gleichwohl gibt es auch Begebenheiten wie die in Burkina Faso 2014, wo das Militär innerhalb weniger Tage Platz für einen zivilen Präsidenten machte und half, Wahlen zu arrangieren und durchzuführen. Und im Sudan sahen wir nach dem Sturz al-Bashirs Anfang 2019 und der Machtübernahme durch das Militär, dass sich Letzteres schrittweise zurückzog und schließlich bereit war, die Macht mit einer zivilen Regierung zu teilen. So erhärten sich die Hinweise, dass »demokratische Staatsstreiche« Demokratie bringen *können*, besonders dann, wenn die neuen Machthaber – u. a. durch die AU – dazu gedrängt werden, Wahlen abzuhalten.[46] Issaka Souaré weist dies empirisch nach, indem er zeigt, dass sich die Amtszeit derer, die durch einen Coup an die Macht kamen, seit 1990 deutlich verkürzt hat. Waren im Zeitraum 1990–2000 die Anführer von Staatsstreichen noch durchschnittlich 20,2 Monate an der Macht, waren es im Zeitraum 2002–2012 nur noch durchschnittlich 11,4 Monate.[47]

Gewalt im Kontext von Wahlen

Gewalt im Kontext von Wahlen, fortan Wahlgewalt genannt, ist ein seit der (Wieder-)Einführung von Mehrparteienwahlen in den 1990er-Jahren häufig zu beobachtendes Phänomen; 55 % aller afrikanischen Staaten haben eine solche Form von Gewalt erlebt.[48] Seit Kristine Höglund 2009 festhielt, dass Wahlgewalt als ein gesondertes Phänomen zu analysieren sei,[49] geht die Forschung intensiv auf dieses Thema ein, vor allem auf Motive, Timing, Akteure und Formen der Gewalt. Hiernach ist das Hauptmotiv für Wahlgewalt die Beeinflussung von Wahlen. Wichtig ist, dass diese Gewalt darauf abzielt, nicht nur die Wahl selbst zu beeinflussen, sondern auch die Wahlen abzusagen oder Wählerinnen und Wähler von den Wahlrunen fernzuhalten.[50] Diese Gewalt kann vor der Wahl, am Wahltag oder bevor die Gewählten ihr Amt antreten, stattfinden. Mimmi Söderberg Kovacs geht weiter und argumentiert, dass Wahlkampf im Grunde genommen ein alltäglicher Prozess sei. Folglich betrachtet sie jede Form von Gewalt, die darauf abzielt, die nachfolgende Wahl zu beeinflussen, als »the everyday politics of electoral violence.«[51] Diese Wahlgewalt wird u. a. von Bürgerinnen, Bürgern, Militär, Polizei, paramilitärischen Einheiten und Rebellengruppen verübt. Das Repertoire umfasst Schikanieren und Einschüchtern von Kandidatinnen und Kandidaten, deren engen Verbündeten, Wahlhelferinnen und -helfern sowie Wählerinnen und Wähler. Intensivere Formen der Wahlgewalt sind Randale, Bombenanschläge, Sachbeschädigung, Körperverletzung, physische Attacken und gezielter Mord.[52]

Erklärungen für Wahlgewalt

Wahlgewalt hängt unmittelbar mit den in Kapitel 7 besprochenen Themen zusammen, denn es gibt eine Verbindung zwischen ihr und der Ausgestaltung des politischen Systems, dem Funktionieren von Staaten, Patronage und der Koexistenz von parallelen (informellen) Regierungsformen. Weiterhin gibt es eine Verbindung zur Demokratisierung nach 1990 und der Tatsache, dass etliche Staaten hierauf nicht vorbereitet waren.[53] Seit der (Wieder-)Einführung von Mehrparteienwahlen steht für die Amtsinhaberinnen und -inhaber eine Menge auf dem Spiel. Diese manipulieren daher immer wieder Wahlen, wobei hierbei der Einsatz von Gewalt nur das dramatische Element ist (▶ Kap. 7). Sie und ihre Herausforderinnen und -forderer betrachten Wahlen häufig als die neuen »Schlachtfelder«,[54] auf denen sie um Macht und Kontrolle über den Staat und seine Ressourcen streiten. »Das Hauptproblem ist, dass obwohl sich die formellen institutionellen Mechanismen verändert haben, die darunterliegende Logik der Politik gleichgeblieben ist. Macht und Ressourcen sind noch immer im Zentrum konzentriert, was den Einsatz bei Wahlen erhöht, und Patronage ist immer noch die dominante Form politischer Mobilisierung.«[55]

In Ländern, deren Wahlsystem den Gewinnern die volle Macht zuschlägt, steigt die Wahrscheinlichkeit von Wahlgewalt, weil dort der Kampf um politische Macht intensiver ist angesichts der Risiken und des potentiellen Verlusts. Weiterhin zeigt dich, dass dort wo es funktionierende neopatrimoniale Systeme gibt, die Wählerinnen und Wähler für die Kandidatinnen und Kandidaten stimmen, von denen sie annehmen, sie haben die größte Fähigkeit, Patronagezahlungen zu verteilen. Deshalb werden Wahlen dort für die Kandidatinnen und Kandidaten teuer, denn wie die Wahl in Nigeria 2019 illustriert, kann der Kauf von Stimmen weitverbreitet sein.[56] Da die Ressourcen, die in einem Patronagesystem verteilt werden, hauptsächlich staatliche Ressourcen sind, ist Zugang zu diesen zu haben, etwas, was den Einsatz bei Wahlen weiter erhöht.

Nachdem in Kenia 1992 Mehrparteienwahlen wiedereingeführt wurden, ist Wahlgewalt dort eine politische Strategie geworden, um Gegnerinnen und Gegner von der Teilnahme an Wahlen abzuhalten. Die Akteure setzen wie Großbritannien während der Kolonialzeit auf eine Strategie des Teilens und Herrschens, was bedeutet, dass sie ethnische Gruppen gegeneinander ausspielen. Einige Gruppen profitieren von Patronagezahlungen und Investitionen in ihren Regionen, während andere leer ausgehen.[57] Mwai Kibaki, ein Kikuyu, kam 2002 ins Amt, hielt sich aber nicht an einen vor der Wahl geschlossenen Deal mit Raila Odinga, ein Luo, der vorsah, Letzteren zum Premierminister einer Koalition zu machen. Odinga gründete daraufhin eine neue Partei und nahm mit dieser an den Wahlen 2007 teil. Diese Wahlen wurden zu einer »41 zu 1-Angelegenheit«. Dies war der informelle Wahlslogan, der darauf hinwies dass die anderen 41 ethnischen Gruppen gemeinsam gegen die Kikuyu, die dominierende ethnische Gruppe, stehen sollten.[58] Kibaki traf Vorbereitungen, die Wahl unter allen Umständen »zu gewinnen«, indem er ihm gegenüber loyale Personen in Schlüsselpositionen am höchsten Gericht und in der Wahlkommission hievte.[59] Trotz offensichtlich weitverbreiteter Unregelmäßigkeiten, anderslautender Meinungsumfragen, ersten Wahlergebnissen, die ein anderes Ergebnis nahelegten, und einem Vorsitzenden der Wahlkommission, der selbst bezüglich des Wahlergebnisses unsicher war, wurde Kikabi mit knappem Vorsprung zum Wahlsieger erklärt. Die Gewalt und die Vergeltungsattacken, die darauf folgten, waren beispiellos. Mehr als 1 000 Menschen starben und hunderttausende wurden vertrieben, bis die Gewalt durch eine Machtteilungsvereinbarung zwischen Kibaki und Odinga beendet wurde.

Amtsinhaberinnen und -inhaber profitieren nicht nur vom Zugang zur politischen Macht und damit auch zu Ressourcen, sondern auch von der Immunität, die ihrem Amt innewohnt. Diese würden sie mit Verlassen des Amtes verlieren. Deshalb beteiligen sich einige Regierungen vor Wahlen an gewalttätigen Kampagnen, vor allem dann, wenn eine Wahlniederlage droht, wie im Fall von Simbabwe. Die von der Regierung durchgeführte *Operation Murambatsvina*, die zwar früher begann, aber erst vor den Wahlen 2008 intensiviert wurde, zielt darauf ab, Gebäude in illegal errichteten Townships zu zerstören, in denen die Opposition großen Zulauf hatte. Mindestens 700 000 Menschen verloren ihr zu Hause oder ihre Lebensgrundlage durch diese Operation.[60] Der Oppositionskandidat Morgan Tsvangirai wurde selbst Opfer von Gewalt. 2007 nahm ihn die Polizei fest und folterte ihn. Trotz der massiven Gewalt und weiterer Versuche, die Wahlen zu manipulieren, gewann Tsvangirai die erste Wahlrunde, verpasste aber den offiziellen Wahlergebnissen zufolge die absolute Mehrheit. Amtsinhaber Mugabe wurde zweiter. Da Mugabe und seine Gefolgsleute an früheren Gewalt- und Gräueltaten, wie die ethnische Säuberung im Matabeleland in den 1980er-Jahren – auch bekannt als *Gukurahundi*, eine Serie von Massakern an der Ndebele Bevölkerung, die die Opposition unterstützte[61] – beteiligt waren, benötigten sie ihre Ämter um sich vor Strafverfolgung zu schützen. Es gab 2008 eine Diskussion, ob man Mugabe Amnestie gewähren solle, falls er nach der ersten Wahlrunde freiwillig zurücktreten würde, aber es gab keine Diskussion darüber, diese Amnestie auf andere Führungspersönlichkeiten der Regierung oder Mugabes Partei auszuweiten.[62] »Mugabe«, so berichtete mir einer seiner früheren Kameraden Anfang 2009, »hätte sicherlich die Idee begrüßt, mit Würde aus dem Amt zu scheiden und sich zur Ruhe zu setzen. Aber ich glaube nicht, dass die Leute, die ihn in eine machtvolle Position gebracht haben, insbesondere das Militär und die Polizei, ihm erlaubt hätten, zurückzutreten.« Es waren diese gegenseitige Abhängigkeit und die politischen, wirtschaftlichen und vor allem persönlichen Risiken, denen sie sich ausgesetzt sahen, die dazu führten, dass die herrschende Clique ihre gewaltsame Kampagne fortsetzte, die zu noch mehr Toten führte und Tsvangirai letztlich veranlasste, nicht an der zweiten Runde der Wahlen teilzunehmen. So wurde Mugabe ohne Gegenkandidaten wiedergewählt. Er teilte erst die Macht mit Tsvangirai, nachdem Staaten der Region heftigen Druck auf ihn ausgeübt hatten (▶ Kap. 7).

In 95 % aller Fälle von Wahlgewalt findet diese im Vorfeld von Wahlen statt. In 24 % der Fälle gibt es Gewalt vor und nach den Wahlen. Und in 4 % der Fälle kommt es nur nach den Wahlen zu Gewalt. Dieselbe Statistik zeigt auch, dass Gewalt nach Wahlen intensiver und fataler ist.[63] Die oben beschriebene Krise in Kenia sowie die Phase nach der Wahl 2010 in Côte d'Ivoire bestätigen dieses Bild. In Côte d'Ivoire dauerte die Gewalt vier Monate und führte zu 3 000 Toten und mehr als einer Mio. Flüchtender.[64] In keinem anderen Fall von Wahlgewalt seit dem Jahr 1990 sind mehr Menschen gestorben.[65] Côte d'Ivoire war gerade dabei, sich von einem Bürgerkrieg zu erholen. Die UN überwachten und zertifizierten die Präsidentenwahlen 2010, die das Land wieder einen und die politische und wirtschaftliche Krise beenden sollte. Trotz einiger kleinerer Vorfälle waren die Wahlen bemerkenswert friedlich. Der Oppositionskandidat Alassane Ouattara gewann mit 54 % der Stimmen die zweite Wahlrunde. Der Amtsinhaber Laurent Gbagbo, der seit 2000 an der Macht war, wollte jedoch um jeden Preis an der Macht bleiben und hatte einflussreiche und mächtige Verbündete auf seiner Seite. Unter ihnen war die Verwaltung, die unter seiner Kontrolle stand, das staatliche Fernsehen, welches ein Vehikel für seine Hasskampagnen war, bewaffnete Unterstützerinnen und Unterstützer inklusive der höheren Ränge des Militärs, paramilitärische Bewegungen und der Verfassungsrat. Letzterer erklärte die Resultate der Wahl in einigen Bezirken für ungültig, was letztlich Gbagbos Wahlsieg bedeutete.[66] Gbagbo und Ouattara bildeten je eine Regierung und wurden in ihre Ämter eingeführt. Die meisten Staaten und alle relevanten internationalen Organisation inklusive der AU und der westafrikanischen ECOWAS betrachteten Ouattara als rechtmäßig gewählten Präsidenten, schickten einen Mediator und übten Druck auf Gbagbo aus, um ihn zum Rückzug zu zwingen. Mithilfe der UN, deren Truppen das Hotel bewachten, in dem sich

Ouattara aufhielt, und Frankreich, das ebenso Unterstützung leistete, drängten Outtaras bewaffnete Unterstützerinnen und Unterstützer Gbagbo und seine Gefolgsleute in die Defensive. Letztlich wurde Gbagbo verhaftet, womit auch die Gewalt endete.

Folgen von Wahlgewalt

Die Folgen von Wahlgewalt sind vielfältig und reichen von der Wiederaufnahme eines Bürgerkriegs wie in Angola 1992 und der Schwächung der Verbindung zwischen Wählerinnen und Wählern auf der einen Seite sowie Politikerinnen und Politikern auf der anderen Seite bis hin zu Rückschritten bei der Demokratisierung bzw. bei der Konsolidierung von Demokratie.[67] Gleichzeitig gibt es auch das Argument, dass sich Staaten trotz solcher Gewalt demokratisieren und ihre Institutionen gestärkt werden können. Daniel Ross blickt historisch auf diese Frage und erläutert, dass Gewalt ein integraler Bestandteil demokratischer Systeme und Ausdruck von Unzufriedenheit mit der Durchführung von Wahlen sei, die Verbesserungen der Wahlen nach sich ziehen und so die Demokratie langfristig stärken könne.[68] Staffan Lindberg hält alleine das wiederholte Abhalten von Wahlen für demokratiefördernd, unabhängig davon, ob die Wahlen mit Makeln behaftet sind oder nicht. Für ihn führen Mehrparteienwahlen zu einer Liberalisierung und ihre Wiederholung schafft entsprechende Anreize für politische Akteure. Zusammen führen diese zu einer Stärkung der Demokratie.[69] Die Wahlen in Nigeria 2019 können als ein Beispiel für diese Aussage gelten, denn im Vergleich zu vorherigen Wahlen, die von Gewalt überschattet waren, griffen weniger Menschen zu Gewalt, um die Wahl zu beeinflussen. Während sich Regierungsanhänger in einem Wahllokal brüsteten, sagte laut einem Zeitungsbericht ein ebenfalls anwesender Unterstützer der Opposition »Wenn unser Kandidat verliert, akzeptieren wir es […] Das Leben geht weiter.‹ Wenn der Rest der politische Klasse ähnliche Zurückhaltung zeigt, hätte Nigerias fehlerhafte Demokratie Fortschritte gemacht.«[70]

Terrorismus

Terrorismus zu definieren ist grundsätzlich schwierig, da es keine klare Trennlinie zwischen Terrorismus und dem gibt, was andere Freiheitskampf oder Gewalt politischer Gegner zur Durchsetzung ihrer Ziele nennen. Terrorismus ist daher mit einer politischen und ethischen Debatte verbunden, bei der die Frage nach gerechten Kriegen im Mittelpunkt steht. Schaut man auf historische Beispiele, wird das Problem klar. Während die Apartheidregierung in Südafrika den ANC und dessen Handeln als Terrorismus bezeichnete, da diese Bewegung auch Zivilisten angriff, sagen diejenigen, die den ANC in Südafrika und darüber hinaus (einschließlich im Westen) unterstützten, dass der gewaltvolle Kampf gegen die systematische Unterdrückung moralisch gerechtfertigt war und es keinen anderen Weg gab, die Apartheid zu beenden. Da ich dieses definitorische Problem nicht lösen kann, konzentriere ich mich hier auf die terroristischen Gruppen, die systematisch die Zivilbevölkerung mit rücksichtsloser Gewalt angreifen[71] wie al-Qaida, al-Shabaab, Boko Haram und die *Lord Resistance Army*. Diese Terrorgruppen wollen auch politische Botschaften senden, die über ihr eigentliches Angriffsziel hinausgehen. Terrorismus funktioniert perfiderweise deshalb so gut in unserer Zeit, weil moderne Kommunikationstechnologien ermöglichen, die Botschaften von terroristischen Angriffen an einem Ende der Welt direkt ans andere bringen zu können. Mittels einer Analyse von Boko Haram in Nordnigeria und al-Shabaab in Somalia möchte ich die Entstehung von terroristischen Organisationen, die Auswirkungen ihres Handelns und die Verbindungen zu politischen Ereignissen anderswo skizzieren.

Brutstätten für Terrorismus

Mehrere Gründe erklären den Aufstieg al-Shabaabs in Somalia. Die Gründung dieser Gruppe ist zunächst die Folge des »Kriegs gegen den Terror« der USA und ihrer Verbündeten nach dem 11. September. Die Kriege in und die Besetzungen von Afghanistan und vom Irak (sowie die Situation in Palästina) riefen Reaktionen innerhalb der muslimischen Welt hervor, die sich u. a. in einer steigenden panislamischen Solidarität ausdrückten – aber eben auch in einem weiteren Anstieg des Terrorismus.[72] Die Gründer al-Shabaab waren zumeist Veteranen des Afghanistankriegs, während dessen sie al-Qaida unterstützt hatten. Sie importierten al-Qaidas Ideologie nach Somalia. Zudem gab die Invasion Äthiopiens in Somalia, die Ende 2005 begann, nachdem somalische Islamisten Äthiopien den Dschihad erklärt hatten, al-Shabaab Auftrieb. In Somalia gab es den weitverbreiteten Wunsch, dass die äthiopischen Truppen das Land verlassen sollen, und viele nahmen an, dass al-Shabaab in der Lage war, dies zu erreichen. Außerdem führte der Zusammenbruch des Warlordsystems, das nach dem Sturz von Siad Barre 1991 vorherrschte, zu mehr Unsicherheit und in der Folge zum Verlangen innerhalb der Bevölkerung, Sicherheit wiederherzustellen. In dieser fragilen Situation spendete Religion Trost und öffnete »einen Diskurs, der freundlich gegenüber islamistischen Organisationen war, in diesem Sinne war die Bühne für al-Shabaab bereitet.«[73] Somalias Bevölkerung konnte den entstehenden islamischen Gerichten zustimmen, deren Konsolidierung von al-Shabaab vorangetrieben wurde und die dann al-Shabaab in eine zentrale Position brachten. Religiöse Führer »wurden schlicht als die beste Alternative betrachtet«.[74] Geschäftsleute unterstützten ebenso die Union islamischer Gerichte und halfen al-Shabaab, weil Letztere für Sicherheit sorgte. Groß angelegte Korruption spielte ebenfalls eine Rolle, wie auch eine vom Westen und Äthiopien unterstützte Übergangsregierung, die einige Clans an den Rand drängte, die im Gegenzug versuchten, den Einflussverlust dadurch auszugleichen, dass sie al-Shabaab unterstützten oder sich wenigstens nicht gegen sie stellten. Und letztlich war es eine Art Trend unter Jugendlichen, sich al-Shabaab anzuschließen. Gleichzeitig muss betont werden, dass Personen nicht nur durch solch strukturelle Faktoren zu al-Shabaab getrieben wurden oder weil sie mit der Gruppierung sympathisierten.[75] Al-Shabaab rekrutierte auch brutal.[76] Al-Shabaab ist vor allem in Somalia aktiv, operiert aber ebenso andernorts und stellt dort eine Bedrohung für die regionale Sicherheit dar, wie Angriffe in Flüchtlingslagern in Kenia und der Anschlag auf das Westgate Einkaufszentrum in Nairobi zeigen.

Ein kurzer Blick in die Geschichte hilft, die Entstehung von Boko Haram in Nigeria zu verstehen. Die Einführung westlicher Bildung während der britischen Kolonialzeit schuf Widerstand im nördlichen Teil der Kolonie, der von Muslimen dominiert wurde. Insbesondere Bücher (auf Hausa: Boko) wurden als Gefahr und Symbol des Fremden, Kolonialen, Christlichen, Materiellen, Korrupten und Westlichen gesehen.[77] Seitdem sind etliche islamistische Gruppen im islamisch geprägten Teil Nigerias entstanden. Die unmittelbaren Wurzeln von Boko Haram reichen jedoch nur bis in die 1990er-Jahre zurück, als sich Mohamed Yusuf aufschwang und Anführer dessen wurde, was Medien später Boko Haram nannten. »[D]urch seine charismatische Persönlichkeit wurde er ein Magnet für ihre Mitglieder.«[78] Yusuf und mehr noch seine radikalen Nachfolger wiesen nicht nur westliche Bücher zurück, sondern die westliche Zivilisation als solche. In ihren Augen schließe diese Zivilisation Rechte und Privilegien für Frauen, Homosexualität, Mehrparteiendemokratie, Prostitution, Alkoholkonsum und anderes ein, das im Widerspruch zur islamischen Zivilisation stehe.[79] Besonders junge Männer, die unter schwierigen sozioökonomischen Bedingungen litten und oftmals in den Koranschulen ausgebildet wurden (es gibt nur eine begrenzte Anzahl von staatlichen Schulen in Nordnigeria), wurden von Boko Haram angezogen. Diese Männer kommen aus Nigeria, aber auch aus Nachbarländern wie Kamerun, Niger und Tschad.[80] Neben den religiösen Aspekten sind auch Korruption, sozioökonomische Rückständigkeit sowie verfassungswidriges und undemokratisches Handeln in Nordnigeria für die Entstehung und Stärkung Boko Harams mitverantwortlich.[81]

Wie dieser Überblick deutlich macht, gibt es nicht *einen* Grund für die Entstehung von terroristischen Gruppen. Nichtsdestotrotz ist ein Muster identifizierbar. Der Zusammenbruch staatlicher Institutionen – oder in manchen Gebieten das Versagen der Regierung, ihren Machtanspruch überhaupt erst geltend zu machen, – und die daraus resultierende Instabilität führen zu einer Stärkung alternativer Regierungsformen, welche durch Gruppierungen wie al-Shabaab oder Boko Haram getragen werden können, aber nicht zwangsläufig müssen. Diese Gruppen bieten für viele die Stabilität und Sicherheit, nach der sie streben. Deshalb wäre es auch falsch, solche Gruppen ausschließlich als terroristische Gruppen anzusehen, denn manche beanspruchen auch ein Territorium und regieren dort. Effektiv stellen sie eine Art Regierung in den Regionen, in denen der Staat nicht funktionsfähig ist. Terroristische Gruppen entstehen zumeist in (den Teilen von) Ländern mit schwachen oder nicht existierenden staatlichen Institutionen. Obschon sich viele diesen Gruppen freiwillig anschließen, sind sie keine legitimen Vertreter der lokalen Bevölkerung. Sie sind oftmals nur die letzte Hoffnung für die Menschen vor Ort, um ein Minimum an Sicherheit zu erlangen. Gleichzeitig weisen viele die Ideologie und Forderung nach Hörigkeit von sich.

Anders als bei Sezession, Staatsstreichen, und Wahlgewalt – politische Krisen, die zu stabileren und inklusiveren Bedingungen oder gar Demokratie führen können – kann man dies in Bezug auf die Aktivitäten von den Terrorgruppen, die ich hier betrachtet habe, nicht sagen. Im Gegenteil, sie streuen Angst, unterminieren den Staat und seine Institutionen und vergiften so das Umfeld, in welchem Menschen nach einer legitimen Regierungsform suchen, die ihren Interessen dient.

10   Größere Konflikte

Konflikte und Gewaltanwendung sind Teil eines weitverbreiteten Bildes von Afrika, wie die Titelgeschichte »Der hoffnungslose Kontinent« des *Economist* vom 11. Mai 2000 zeigt, die mit einem jungen Mann mit Maschinengewehr illustriert wurde (▶ Kap. 6).[1] In Wirklichkeit ist die Situation jedoch deutlich differenzierter. Auch wenn man eine breite Definition von Konflikten als »bewaffnete Konflikte« zugrunde legt wie die des *Uppsala Conflict Data Program* (»eine umkämpfte Unvereinbarkeit, die eine Regierung und/oder ein Gebiet betrifft, wo Waffengewalt zwischen zwei Parteien zu mindestens 25 kampfbezogenen Toten in einem Kalenderjahr führt«), gibt es zwölf afrikanische Staaten, die seit der Dekolonisation keinen solch bewaffneten Konflikt erlebt haben.[2] Die Anzahl von Staaten, die nicht von Gewalt betroffen sind, steigt deutlich, wenn wir strikteren Definitionen von Konflikten folgen wie die des *Correlates of War Project* oder des *Center for Systemic Peace*, die keine »bewaffneten Konflikte« untersuchen, sondern »Kriege«.

Kriege und Kriegsführung unterscheiden sich von Fall zu Fall und von Zeit zu Zeit, sodass es unmöglich ist, von einem in Afrika vorherrschenden Konflikttyp zu sprechen. Auf Grundlage von Christopher Claphams Kategorisierung[3] unterscheidet William Reno fünf Kriegs- und Rebellentypen in Afrika: antikoloniale Rebellen, Mehrheitsrebellen, Reformrebellen, Warlordrebellen und Lokalrebellen. Zuerst gab es die antikolonialen Rebellen, die die Kolonialmächte in den 1950er- und 1960er-Jahren bekämpften. Dann kamen während der 1970erund 1980er-Jahre die Mehrheitsrebellen auf, die eine Regierung der Bevölkerungsmehrheit anstrebten und damit die Befreiung Afrikas vollenden wollten, indem sie die weißen Minderheitsregime bekämpften. In den 1980er-Jahren wurden Reformrebellen aktiv, die desillusioniert von den despotischen und korrupten Präsidenten waren, die nach der Dekolonisation an die Macht kamen. Die Reformrebellen wollten diese erste postkoloniale Führungsgeneration absetzen, ihre Länder reformieren und stärkere Institution aufbauen. Im Nachhinein betrachtet ist der Begriff »Reformrebellen« irreführend, denn auch sie wurden häufig zu autoritären Herrschern, wie Äthiopiens Meles und Ugandas Museveni beispielhaft zeigen. In den 1990er-Jahren gab es immer mehr Warlords, die – anders als Reformrebellen – keine Ideologie hatten außer sich selbst. Sie waren das Produkt der personalisierten Herrschaft in ihren Ländern und sind vor allem am Zugang zu staatlichen Ressourcen und ihrem eigenen Reichtum interessiert. Liberias Charles Taylor ist der vermutlich prominenteste Warlord Afrikas. Zuletzt entstanden die Lokalrebellen (*parochial rebels*), die einzelne enger umrissene Gemeinschaften sichern. Anders als Warlords versuchen diese Lokalrebellen, nicht die Kontrolle über einen Staat zu erlangen, sondern nur über eine kleine Gemeinschaft.[4] Da ich die antikolonialen und Mehrheitsrebellen bereits in Kapitel 2 betrachtet habe, konzentriere ich mich in diesem Kapitel auf die anderen Typen. Außerdem bespreche ich zwischenstaatliche Kriege, die Abwesenheit dieser Kriege und die Gründe, warum Zivilisten Rebellen werden. Überdies untersuche ich Genozide als eine spezifische Form der Kriegsführung und wende mich »Afrikas Weltkrieg«, ein Kriegskomplex in der Region der Großen Seen, zu, bevor ich das Kapitel mit einem Überblick über die auf dem Kontinent verteilten Flüchtlingslager und den Herausforderungen dort beende.

Zwischenstaatliche Kriege

Zwischenstaatliche Kriege gibt es nur selten in Afrika. Kommt es zur Gewaltanwendung zwischen afrikanische Staaten, geht es meistens um Grenzkonflikte, die auf die Kolonialzeit zurückzuführen sind, denn weder Kolonialmächte noch die postkolonialen Regierungen haben die Grenzen präzise delimitiert und demarkiert. Dies lässt Raum für Konflikte, wie zwischen Ägypten und dem Sudan 1958, zwischen Algerien und Marokko 1963 (auch bekannt als »Sandkrieg«), zwischen Burkina Faso und Ghana 1964 sowie zwischen Burkina Faso und Mali 1975 und 1985. In diesen Fällen war die Anwendung von Gewalt meist kurz und von geringer Intensität. Anders verhält es sich mit dem Konflikt zwischen Äthiopien, Kenia und Somalia 1964, der im Kern ein irredentistischer Konflikt war, wobei Somalia versuchte, die Teile Äthiopiens und Kenias zu annektieren, in denen ethnische Somali lebten. Der folgende Ogadenkrieg zwischen Äthiopien und Somalia (1977–1978) half nicht, die Vision eines Großsomalias Wirklichkeit werden zu lassen, kostete aber geschätzte 60 000 Menschenleben, inklusive 25 000 Zivilisten, und machte hunderttausende zu Flüchtenden.[5] Der Konflikt um die Ogadenregion führte zu angespannten Beziehungen zwischen Äthiopien und Kenia auf der einen Seite und Somalia auf der anderen Seite (▶ Kap. 9). Der Konflikt zwischen Libyen und Tschad in den 1970er-Jahren war oberflächlich ein Grenzkonflikt, denn Libyen beanspruchte offiziell den Aouzou-Streifen im Tschad und verwies hierbei auf einen nicht ratifizierten Vertrag zwischen den Kolonialmächten Italien und Frankreich (Laval-Mussolini-Pakt von 1935) – und annektierte das Gebiet 1973 zum ersten Mal. Gaddafis Interessen lagen jedoch woanders. Er war vielmehr an den Uranvorkommen in diesem Gebiet interessiert, wollte er doch Atomwaffen entwickeln. Zudem wollte er den damaligen ägyptischen Präsidenten Anwar as-Sadat stürzen. Da die Grenze zwischen Libyen und Ägypten gut geschützt war, wird angenommen, dass Gaddafi eine Revolte im Süden Ägyptens starten wollte, d.h. aus dem Aouzou-Steifen heraus.[6] Der Konflikt sowohl um den Aouzou-Steifen als auch um die Ogadenregion sowie der Sandkrieg zwischen Algerien und Marokko 1963 waren Territorialkonflikte.

Nur in diesen Fällen wurde die territoriale Integrität afrikanischer Staaten in Frage gestellt.

Die zwischenstaatlichen Konflikte zwischen Tansania und Uganda 1978–1979 sowie zwischen Äthiopien und Eritrea 1998–2000 sind insofern anders gelagert, als dass sie von Konfliktparteien geführt wurden, die das Ziel hatten, unilateral den Ausgang des Konflikts und dessen Ergebnis der anderen Konfliktpartei aufzuerlegen und mindestens 500 unmittelbar mit dem Krieg in Verbindung stehende Todesopfer forderten; deshalb werden diese im Gegensatz zu den anderen Konflikten auch als »internationale Kriege« bezeichnet.[7] 1971 stürzte General Amin den ugandischen Präsident Milton Obote. Letzterer suchte Zuflucht in Tansania, dessen Präsident Nyerere ihm gestattete, eine Rebellion zu planen und zu starten, um die Macht in Uganda zurückzuerlangen. Amin griff Tansania 1972 mit Unterstützung der libyschen Luftwaffe an und Obote musste daraufhin auf eine neue Gelegenheit warten. Die Rivalität zwischen Obote und Amin und die ersten Kampfhandlungen 1972 waren nur der Prolog für einen ausgewachsenen Krieg, der 1978 folgte. Dann nämlich marschierten ugandische Truppen in Tansania ein und annektierten ein knapp 2 000 km² großes Gebiet. Offiziell ließ Amin verlautbaren, er wolle die Grenze anpassen und begründete dies mit Argumenten, die auf der Kolonialzeit fußten. So unterstellte er, dass Großbritannien und Deutschland den Fluss Kagera als Grenze ihrer Einflusssphären festgelegt hatten und deshalb Ugandas Grenze zu Tansania dem Fluss folgen sollte.[8] Amin war zu diesem Zeitpunkt innenpolitisch unter Druck und entschied, in die Offensive zu gehen, indem er Obotes Anhänger und Truppen attackierte. Nach der ugandischen Invasion marschierten Truppen Tansanias und Obotes nach Uganda und nahmen im April 1979 die Hauptstadt Kampala ein. Amin floh nach Simbabwe und Obote wurde wieder Präsident. Mehr als 4 000 Menschen sind während des Konflikts gestorben.

Auch Äthiopien und Eritrea fochten scheinbar einen Grenzkonflikt aus, namentlich einen, der sich um die Grenzstadt Badme drehte. Die Gründe des Kriegs liegen jedoch woanders. Die Rebellenbewegungen der späteren Anführer Äthiopiens und Eritreas, Meles und Isaias, waren Verbündete im Kampf gegen das äthiopische Derg-Regime unter Mengistu. 1991 schafften sie es, das Regime zu stürzen, und Meles wurde der neue starke Mann Äthiopiens. Ihr gemeinsamer Kampf gegen Mengistu überschattete die Spannungen zwischen ihnen, die sich an drei Fragen festmachten: erstens, ob die Sowjetunion die Avantgarde des Kommunismus war oder nicht. Zweitens, wie man Meles Föderalismus unterstützte oder wie Isaias vehement ablehnte (Isaias befürwortete einen zentralistischen Staat und fürchtete ein Überschwappen des äthiopischen Föderalismus). Und drittens, welche militärische Strategie die richtige sei.[9]

1993 wurde Eritrea die Unabhängigkeit zugestanden (▶ Kap. 2) und hiernach gingen Meles und Isaias getrennte Wege. Beide Regime hatten neopatrimoniale Züge, sannen auf absolute Macht und zogen Regimestabilität der Demokratisierung vor. Das unabhängig gewordene Eritrea hatte Schwierigkeiten, sich politisch und wirtschaftlich zu stabilisieren, und war gleichzeitig von Äthiopien abhängig. Gegen Ende der 1990er-Jahre verschärfte Äthiopien seine Wirtschaftspolitik gegenüber Eritrea, ein Fakt, der den Zeitpunkt des Kriegs erklärt.[10] Angesichts der Tatsachen, dass der 1998 ausbrechende Krieg im Kern ein Krieg zwischen ehemaligen Verbündeten war und dass beide Anführer ernsthaften innenpolitischen Herausforderungen gegenüberstanden, ist es nicht überraschend, dass Eritreas Präsident den Krieg nutzte, um seinen Machtanspruch zu zementieren und zu rechtfertigen. John Abbink hält fest, dass sich der Krieg im Kern um das Überleben der beiden Staaten drehte.[11] Geschätzte 100 000 Menschen starben durch den Krieg. Trotz eines 2000 unterschriebenen Waffenstillstandabkommens wurde der Konflikt erst 2018 beigelegt, als Abiy äthiopischer Premierminister wurde, Isaias die Hand reichte und auch dafür 2019 den Friedensnobelpreis erhielt. Die Länge des Disputs erklärt sich auch dadurch, dass er in einen Konfliktkomplex am Horn von Afrika eingebettet war, wo »innerstaatliche Unsicherheiten, zwischenstaatliche Feindseligkeiten und globale Politik ineinandergriffen.«[12]

Trotz dieser Konflikte und ihres Ausmaßes bleibt festzuhalten, dass es kaum zwischenstaatliche Kriege in Afrika gab. Einmal mehr kommt hier die Kairo Deklaration von 1964 (▶ Kap. 3 und ▶ Kap. 9) ins Spiel. Durch sie hatten die afrikanischen Staaten die kolonialen Grenzen – dem *uti possidetis*-Prinzip folgend – akzeptiert und damit die territoriale Integrität manifestiert, die sie bereits 1963 in der Charta der OAU festgelegt hatten (▶ Kap. 8). Aus diesem Grund und weil viele Staats- und Regierungschefs selbst mit dubiosen Mitteln an die Macht kamen, respektier(t)en afrikanische Regierungen zumeist – aber zweifelsohne nicht immer (siehe unten) – das Prinzip der Nicht-Einmischung.[13] Folglich kämpf(t)en sie selten gegeneinander.

Innerstaatliche Konflikte

Die Anzahl von Konflikten innerhalb von Ländern – also innerstaatliche Konflikte – ist deutlich höher als die Anzahl der zwischenstaatlichen Konflikte. Das *Center for Systemic Peace* zählt bis 2016 insgesamt 92 bewaffnete Konflikte in Afrika, wenn man Befreiungskämpfe nicht und nur jene Konflikte berücksichtigt, die nach der Dekolonisation stattgefunden haben.[14] Von diesen 92 Konflikten fanden 40 zwischen der Dekolonisation und dem Ende des Kalten Krieges 1990 statt und 52 danach. Dies zeigt, dass die Zahl der Konflikte nach 1990 stieg. Da sich das internationale Umfeld während des Kalten Kriegs deutlich von dem hiernach unterscheidet (▶ Kap. 4), konzentriere ich mich hier auf die Konflikte nach dem Kalten Krieg.

Mit dem Ende des Kalten Kriegs entstand ein neuer Konflikttyp, der die Grenzen zwischen organisierter Kriminalität, Krieg und massiven Menschenrechtsverletzungen verschwimmen ließ. Mary Kaldor beschrieb diesen Typus als »neue Kriege.«[15] Die Konfliktparteien haben hierbei mehr denn je die Zivilbevölkerung im Visier und versuchen, durch die Verbreitung von Angst und Schrecken ihre Ziele zu erreichen. Die Konfliktparteien profitieren politisch und wirtschaftlich mehr durch den Kampf als durch einen Sieg. Rücksichtslosigkeit entsteht und herrscht vor. Das staatliche Gewaltmonopol wird untergraben, die Gewaltanwendung privatisiert[16] und konventionelles (internationales) Konfliktmanagement verstärkt die Situation anstatt sie zu befrieden. Wegen der Schwäche der Staaten – die während des Kalten Kriegs maskiert war (▶ Kap. 4 und ▶ Kap. 7) – wurde Afrika nach 1990 besonders anfällig für diesen Konflikttyp. Dazu trug bei, dass gebrauchte Waffen, insbesondere aus der Sowjetunion, Afrika regelrecht überfluteten. Die globale »militärische Abfallentsorgung«[17] befeuerte etliche Konflikte auf dem Kontinent. Das Entstehen neuer Kriege ist auch mit der Globalisierung verbunden, d. h. der politischen, wirtschaftlichen, militärischen, sozialen und kulturellen gegenseitigen Abhängigkeit zwischen Staaten und deren Bevölkerung. Wenngleich die Wurzeln der Globalisierung weit zurück reichen,[18] gab die Verbreitung moderner Kommunikations- und Informationstechnologien der Globalisierung nach 1990 einen neuen Schub. Eine Folge der stärkeren weltweiten Vernetzung war, dass das Angebot aus illegalen Gold-, Diamanten- und Koltanminen auf der ganzen Welt verfügbar und damit die Ausbeutung dieser Ressourcen attraktiver wurde. Diese Faktoren zusammen führten zu mehr Warlords und später Lokelrebellen.

Collier und Hoefflers Arbeiten zu Bürgerkriegen untermauern diese Analyse. Sie halten fest, dass Gier, also Zugang zu Profiten aus dem Verkauf natürlicher Ressourcen, Rebellionen, die zu innerstaatlichen Konflikten führen können, besser erklärt als Missstände innerhalb eines Staates, also politische Spannungen in Bezug auf Ethnizität, Religion oder soziale Klassen.[19] Ihre Argumentation stellt zumeist politikwissenschaftliche Erklärungen, die sich um Motive drehen, überwiegend wirtschaftswissenschaftlichen Erklärungen gegenüber, die sich auf die Chancen, Möglichkeiten und Gelegenheiten konzentrieren. Dem Gier-Modell liegt u. a. die Annahme zugrunde, dass Rebellen selbst ihr Einkommen generieren müssen und sie deshalb kriminell werden. Denn anders als die reguläre Armee haben sie keinen Zugang zu staatlichen Ressourcen. Dies These steht im Einklang mit Kaldors Argumenten, denn auch Collier und Hoeffler nehmen an, dass Rebellen mehr vom Kämpfen als vom Siegen profitieren. Die Fortsetzung oder gar Institutionalisierung von Gewalt ist also für die Rebellen profitabel.[20]

Der Bürgerkrieg in Liberia illustriert den veränderten globalen Kontext, das Aufkommen neuer Kriege und Warlords sowie die Erklärungskraft des Gier-Modells – und die Schwächen des Letzteren. Seit 1847 befreite Sklaven aus den USA die Macht in Liberia übernommen hatten, regierte diese Americo-Liberianische Gruppe regierte fortan das Land. Erst 1980 kam es zu einem Coup, durch den Samuel Doe der erste nicht-americo-liberianische Präsident wurde. Aus Angst vor weiteren Coups unterdrückte er die Opposition hart. Dennoch organisierten Mitglieder der Gio und Mano 1985 einen Staatsstreich, infolgedessen 3 000 Mitglieder dieser beiden ethnischen Gruppen massakriert wurden. All dies geschah während des Kalten Kriegs. Damals unterstützten die USA Doe, einerseits um US-Investitionen wie die Kautschukplantagen der Reifenhersteller zu schützen und andererseits um zu verhindern, dass sich Liberia dem kommunistischen Lager anschloss oder enge Kontakte mit Gaddafi etablierte. Nach dem Massaker von 1985 war es für die Rebellen einfach, neue Rekruten zu finden, besonders unter den Gios und Manos. Die ethnischen Spannungen, die Doe geöffnet hatte, vertieften sich. Vor Doe hatte es kaum ethnische Animositäten im Land gegeben. Charles Taylor manipulierte diese Spannungen besonders gut. Er gründete die *National Patriotic Front of Liberia* (NPFL), bekam dank seines persönlichen Netzwerks Unterstützung aus der Region und marschierte dann am Weihnachtsabend 1989 mit seinen Truppen in Liberia ein. Als Anfang Juni 1990 die Rebellen auf die Hauptstadt Monrovia vorrückten, veröffentlichte Doe einen »jämmerlichen Appell«[21] an den US-Präsidenten George Bush:

> »Unsere Hauptstadt ist nach Eurem Präsidenten Monroe benannt. Unsere Flagge ist eine Replik Eurer. Unsere Gesetze sind nach Euren gestaltet. Wir in Liberia haben uns immer als Stiefkinder der USA gesehen. Wir flehen Sie an, Ihren Stiefkindern zur Hilfe zu kommen, denn sie laufen Gefahr, ihr Leben und ihre Freiheit zu verlieren.«[22]

Doch die Welt hatte sich verändert und Doe seinen strategischen Wert für die USA verloren.[23] Die USA kamen ihm nicht zur Hilfe.

Die NPFL, die abgesehen von Taylors Selbstbeschreibung als kaltblütigen Kapitalisten und Anhänger der Wirtschaftspolitik Reagans, keine Ideologie hatte,[24] spaltete sich im Juli 1990, als sich die *Independent National Patriotic Front of Liberia* (INPFL), angeführt von Yeduo Johnson, von Taylor abwandte. Hiernach bekämpften die INPFL und die NPFL Does Truppen – und sich gegenseitig. In einem ersten Versuch nach dem Kalten Krieg, eine afrikanische Friedensoperation zu entsenden, etablierte die westafrikanische ECOWAS die *Economic Community of West African States Monitoring Group* (ECOMOG) zur Wiederherstellung der Ordnung. Die INPFL folterte und ermordete Doe, aber durch die Präsenz von ECOMOG konnten weder die INPFL noch die NPFL die Präsidentschaft sichern. Also gingen die Kämpfe weiter. Eine Übergangsregierung, die wenig Kontrolle jenseits Monrovias hatte, kam ins Amt. Unterdessen kontrollierten Taylor und seine NPFL große Teile Liberias. Die INPFL löste sich schließlich auf und neue Rebellengruppen entstanden, was mit der Kriegsökonomie zusammenhing und mit dem Gier-Argument erklärt wird. Keine dieser Gruppen wollte den Staat einnehmen oder seine Institutionen reformieren. Sie wollten vom Krieg profitieren. Taylor und seine Gefolgsleute profitierten u. a. durch den Handel mit Holz, Kautschuk und Diamanten, aber auch einfach nur durch Straßensperren.[25] So waren die Versuche der ECOWAS, ein Friedensvertrag auszuhandeln, der länger als ein paar Wochen halten würde, zum Scheitern verurteilt. Die Warlords hatten auch lokale Unterstützung, was im Übrigen auch ihre politischen Karrieren nach dem Krieg erklärt.[26] Erst 1997 waren die Bedingungen reif, Wahlen abzuhalten, welche Taylor mit 75 % der Stimmen trotz des Vorwurfs der Wahlmanipulation gewann. Nach den Wahlen endeten die Kämpfe vorerst. Sie flammten 1999 jedoch wieder auf und eröffneten den zweiten Bürgerkrieg, der erst 2003 endete. Die Kriege kosteten 150 000 Menschenleben und vertrieben mehr als eine Mio. der 2,4 Mio. Menschen des Landes.[27] Die Konflikte zerstörten auch die Gesundheitsinfrastruktur, vor allem in den ländlichen Regionen, was später zum Ausbruch von Ebola (2013–2016) und der Unfähigkeit, diese Krankheit aufzuhalten, beitrug (▶ Kap. 5).[28]

Der Bürgerkrieg, sein Entstehen und sein Ende waren Teil eines regionalen Machtspiels innerhalb der westafrikanischen Länder und zwischen ihnen. Côte d'Ivoires langjähriger Präsident Félix Houphouët-Boigny z. B. mochte Doe nicht, nach dem Adolphus Tolbert 1980 ermordert wurde, denn Adolphus Tolbert war nicht nur der Sohn des gestürzten liberianischen Präsidenten William Tolbert, sondern auch mit Houphouët-Boigny verwandt. Compaoré, der nach einem Coup in Burkina Faso die Macht übernahm (▶ Kap. 9), wurde bei seinem Staatsstreich durch eine liberianische Einheit unterstützt, zu der auch Johnson gehörte, der ursprünglich Mitglied in Taylors NPFL war. Diese beiden Beispiele zeigen, dass die Anti-Doe-Bewegung Teil einer westafrikanischen Intrige war.[29] Weiterhin beeinflussten sich der Bürgerkrieg im benachbarten Sierra Leone (1991–2001) und der in Liberia gegenseitig. Rebellen aus Liberia und Sierra Leone, die für die NPFL kämpften, begannen den Bürgerkrieg in Sierra Leone und da natürliche Ressourcen diesen Konflikt befeuerten, waren poröse Grenzen essentiell für die Rebellen beider Länder.[30] Das Konfliktmanagement der ECOWAS war letztlich auch ein Versuch Nigerias, regionale Hegemonie zu beanspruchen. Diesem Streben stellte sich nicht nur Taylor entgegen, sondern auch regionale Staaten, die ihre eigenen Sicherheits- und strategischen Interessen hatten.[31] Kurz, der Krieg in Liberia ist nicht nur ein Konflikt zwischen liberianischen Gruppen und Warlords. Viel eher war der Bürgerkrieg in Liberia (und Sierra Leone) Teil eines Komplexes von Disputen zwischen Staaten und deren Anführern sowie von geopolitischen Interessen geprägt. Am Ende zeigt er auch, dass das Prinzip der Nicht-Einmischung nicht so sakrosankt behandelt wurde, wie oftmals angenommen.

Der algerische Bürgerkrieg (1991–2002) war anders gelagert, war er doch mehr eine interne Angelegenheit. Eine schwierige sozioökonomische Situation trieb im Oktober 1988 junge Menschen auf die Straßen. Das Militär zückte daraufhin seine Waffen. Die Kluft zwischen der jungen Bevölkerung und der alten Garde, die seit der Dekolonisation regierte und Algerien als »ihr persönliches Eigentum betrachtete«,[32] war offensichtlich. Um die Jugend nach dem Aufstand zu befriedigen und um die Regierungspartei *Front de Libération Nationale* (FLN) abzusichern, führte Präsident Chadli Bendjedid wirtschaftspolitische Maßnahmen durch und erlaubte ein Mehrparteiensystem. Unter den neuen Parteien war die *Front islamique du salut* (FIS), eine islamistische Partei, die eine Bedrohung für die regierende FLN war. Der erste Test für das Mehrparteiensystem kam im Juni 1990, als Wahlen auf Lokal- und Provinzebene stattfanden, die die FIS mit 55 % der Stimmen gewann, während die FLN 32 % erhielt. Die folgenden Parlamentswahlen sollten in zwei Runden abgehalten werden. Im Dezember 1991 gewann die FIS die erste Runde, verfehlte aber die absolute Mehrheit. Dennoch war die Bedrohung eines islamischen Staats greifbar. Das Militär wollte aber den Nationalismus, der seine Wurzeln im Befreiungskampf hat, in dem es eine entscheidende Rolle gespielt hatte, aufrechterhalten und unterband die zweite Wahlrunde.[33] Was folgte, war die »programmierte Tragödie«.[34] Die nationalistische Elite versuchte, an der Macht zu bleiben, und die Rebellen, die sich unter dem Mantel der *Armee islamique du salut*, dem bewaffneten Flügel des FIS und der *Groupe Islamique Armé* (GIA) sammelten, versuchten, diese zu erlangen. Überdies waren die GIA-Anführer bestrebt, Ressourcen anzuhäufen. Die »Emire« der GIA hatten nämlich nicht vom Patronagesystem der FLN profitiert, wohl aber von einem schwelenden Konflikt, weshalb sie wollten, dass er sich fortsetze.[35]

Gier war also ein Motiv, das den Krieg am Laufen hielt. Sie erklärt jedoch nicht seinen Ausbruch. Dieser erklärt sich mit dem Wunsch der FLN, an der Macht zu bleiben, ihrer Unfähigkeit, die Islamisten einzubinden, und dem fehlgeschlagenen Übergang zum Mehrparteiensystem. Die FLN war so siegessicher, dass sie nicht darüber nachdachte, welche Auswirkung ein Sieg des FIS auf die staatlichen Institutionen haben würde – und das obwohl der FIS versuchte, die Demokratisierungsbemühungen zu unterwandern.[36] Weiterhin spielte die Unzufriedenheit der Jugend eine Rolle. Die Loyalität gegenüber der Befreiungsbewegung FLN war in dieser Generation schwächer (eine Situation, mit der die von 2019 vergleichbar ist, denn dann forderte die nächste Generation den Rücktritt Abd al-Aziz Bouteflikas, einem Mitglied der alten Garde, das nach Ende des Bürgerkriegs an die Macht kam und sich selbst als Wächter des Friedens präsentierte). Algeriens »born-free« – ein Begriff, der für nach dem Ende der Apartheid geborene Südafrikanerinnen und Südafrikaner verwendet wird – waren weniger an den Errungenschaften der FLN während des Befreiungskampfes interessiert als an der sozioökonomischen Situation. Daher forderten sie einen Wandel. Letztlich hatten der Coup und der Verrat des Militärs am Wahlsieg der FIS die Gesellschaft polarisiert und einige FIS-Unterstützer radikalisiert, die keine Möglichkeit sahen, den Wahlsieg zu beanspruchen außer durch Waffengewalt. Der Ausbruch des Kriegs ist also keine monokausale Angelegenheit, sondern komplex – ein Befund, der sich in die Kritik einreiht, die besagt, das Gier-Argument von Collier und Hoeffler sei zu vereinfachend.[37]

Neben dem Vorwurf der mangelnden Komplexität dreht sich die Kritik am Gier-Modell einerseits um die strikte Dichotomie zwischen Gier und Missständen, statt anzunehmen, dass sich die Erklärungen gegenseitig stützen können,[38] und anderseits um das Argument, das Modell könne zwar den Verlauf und die Auswirkungen, aber nicht notwendigerweise die Gründe eines Konflikts erklären.[39] Die letztere Kritik kommt vor allem aus der Politikwissenschaft. So argumentiert Reno, das Gier-Argument übersehe, dass die Struktur der Staaten und die Regimeunsicherheit ein Wirtschaftssystem entstehen lassen, das die Priorität auf leicht auszubeutende Ressourcen lege (also effektiv eine Fortsetzung der Kolonialwirtschaft sei) und so einen Nährboden für Warlords und Lokalrebellen bilde.[40]

Wie in diesem Buch gezeigt, begünstigt der Fortbestand der Strukturen des Kolonialstaats vielerorts nicht die Masse, sondern eine kleine Elite (▶ Kap. 3) und macht damit den Staat für innerstaatliche Konflikte verwundbar. Der Mangel an staatlichen Institutionen und Demokratie sowie die neopatrimonialen Systeme und die Tatsache, dass diejenigen, die an der Staatsspitze standen (und stehen), am meisten profitieren, verschärften dieses Problem (▶ Kap. 5 und ▶ Kap. 7). Überdies haben Kapitel 7 und 9 gezeigt, dass für die Regierungsspitze und deren Gefolgsleute viel auf dem Spiel steht angesichts der Strukturen des Staates, des neopatrimonialen Systems und einer Mentalität, nach der die Gewinner von Wahlen alles und die Verlierer nichts bekommen. Dies sind entscheidende Faktoren, nicht nur um Wahlgewalt und Coups, sondern auch um innerstaatliche Kriege zu erklären.[41] Es genügt auf die Gewalt in Côte d'Ivoire nach der umstrittenen Wahl 2010 zu verweisen (▶ Kap. 9). Ähnliches gilt für den Südsudan, eine »Kleptokratie – ein militärisches und korruptes neopatromoniales Regierungssystem.«[42] Dort beschuldigte im Dezember 2013 Präsident Salva Kiir den Vizepräsidenten Riek Machar, der kurz zuvor des Amtes enthoben wurde, einen Coup zu planen (was dieser bestritt) und nutzte diese Behauptung, um die Regierung von seinen Rivalen zu säubern. Kiir gingen die Mittel – Einnahmen aus dem Ölverkauf und aus der Entwicklungshilfe – aus, um sein Patronagenetzwerk, das im Laufe der Jahre teuer geworden war, am Leben zu halten. Er konnte nicht verhindern, dass drei Mitglieder seiner Partei, unter ihnen Machar, erklärten, sie würden für die Präsidentenwahl 2015 kandidieren. In dem stark militarisierten Umfeld, in dem die Elite Gewalt anwendet (oder damit droht), um damit Verhandlungsmacht zu gewinnen, spielten Kiir und Machar die ethnische Karte aus – Dinka vs. Nuer, zwei ethnische Gruppen im Land –, nachdem der Konflikt ausgebrochen war. Dieser Konflikt entwickelte sich zu einem ausgewachsenen innerstaatlichen Krieg, der im Kern jedoch ein Kampf um den Zugang zu staatlichen Ressourcen[43] wie auch um die Führung der Regierungspartei und des Landes war.[44]

Diese Fälle belegen, dass das kanonisch verwendete Gier-Argument nicht alle Dynamiken wie etwa den Ausbruch von Rebellionen und innerstaatlichen Kriegen erklären kann. Zugleich wird klar, dass diejenigen, die ausschließlich mit Ethnien argumentieren, um Kriege in Afrika zu erklären, zu einfach schlussfolgern. Wie die Fälle Südsudan und Liberia suggerieren, kommen ethnische Argumente häufig erst nach Ausbruch eines Konflikts ins Spiel – wenn überhaupt – um damit die Bevölkerung zu manipulieren und, wie ich gleich zeigen werde, um Rebellen zu rekrutieren.

Rebellen: Motive und Rekrutierung

Eine Antwort auf die Frage, warum Zivilisten Rebellen werden, hilft zu verstehen, warum Konflikte andauern. Denn ohne Rebellen würden Konflikte schnell enden. Zunächst gilt, dass das Gier und Missstände-Argument auch hier zum Tragen kommt. Individuen können durch ihre Abneigung gegen, Angst vor oder Hass gegenüber anderen (ethnischen) Gruppen motiviert sein oder aber vom Kämpfen finanziell und anderweitig profitieren wollen. Ted Gurr ist der Ansicht, dass die relative Deprivation der Hauptgrund sei, sich Rebellen anzuschließen. Mitglieder der Zivilbevölkerung empfinden eine Diskrepanz zwischen dem, was sie glauben zu verdienen und dem, was sie tatsächlich bekommen. Dies kann zu Frustration führen, die in politischer Gewalt mündet, und letztlich auch zur Entscheidung, sich einer Rebellenbewegung anzuschließen.[45] Dies impliziert, dass Warlords und andere Rebellen in Gebieten, die in sozioökonomischen Fragen hinterherhinken und in denen es eine große Kluft in der Gesellschaft gibt, gute Rekrutierungschancen haben. Kann jemand seine Familien nicht ernähren, wird der Griff zur Waffe, um Einkommen durch Kämpfe oder durch Plünderungen zu generieren, wahrscheinlicher. Dies gilt besonders dann, wenn zusätzlich soziale Ungerechtigkeit empfunden wird. Dann sind die Kosten, sich einer Rebellenbewegung anzuschließen, geringer als die potentiellen Risiken.[46] Dass Verletzungen und gar der Tod zu akzeptierten Risiken werden, gibt Einblick in die verzweifelte Situation. Darüber hinaus können sich (junge) Männer von Rebellen angezogen fühlen, weil sie nicht selbst Opfer werden wollen, denn dies sei unmännlich, wie ein Bericht eines liberianischen Rebellen verdeutlicht.[47] Anstatt geplündert zu werden, plündern einige lieber selbst.[48] Gruppenzwang kann auch eine Rolle spielen so wie auch Drogen.[49] Während des Bürgerkriegs in Sierra Leone haben Rebellen so viel Drogen konsumiert, dass Marihuana gar nicht mehr als eine »richtige« Droge betrachtet wurde.[50] Auch ist Zwangsrekrutierung weitverbreitet. Damit ist gemeint, dass Individuen Sanktionen von Rebellen ausgesetzt werden, sollten sie nicht bereit sein, sich ihnen anzuschließen. Hierbei sind die Sanktionen so unausweichlich, dass das Individuum keine andere Wahl hat, als sich den Rebellen anzuschließen.[51] Zu Zwangsrekrutierung kommt es vor allem dann, wenn Rebellen wenig lokale Unterstützung haben, als verantwortungslos gelten und zu wenige sind, um ihren Kampf fortzusetzen, wie die »Mai-Mai« Rebellen im Ostkongo, die nach 1998 Jugendliche in ihre Gewalt brachten, sie zu Trägern machten und letztlich auch zu Kämpfern. Zuvor hatten die Rebellen die öffentliche Unterstützung verloren und keine Freiwilligen mehr gefunden.[52]

Kindersoldaten sind gesondert zu betrachten, denn deren Rekrutierung unterscheidet sich häufig von derjenigen von Erwachsenen. Kindersoldaten wurden u. a. in den Konflikten in Liberia und Sierra Leone in den 1990er-Jahren eingesetzt, wodurch das Thema eine globale Aufmerksamkeit erhielt und Maßnahmen zur Unterbindung des Einsatzes von Kindersoldaten eingeleitet wurden. Dennoch waren 2016 Kindersoldaten in Auseinandersetzungen in Kamerun, Kongo-Kinshasa, Libyen, Mali, Nigeria, Somalia, Sudan, Südsudan und der Zentralafrikanischen Republik involviert.[53] Forschungen zu Kindersoldaten zeigen, dass es einfacher ist, Kinder zu locken und zu indoktrinieren und dass sie besser auf Zwangsmethoden als Erwachsene anspringen und überdies ihre Versorung günstiger ist.[54] Entführt und von ihren Familien weggenommen (ihre Eltern werden manchmal ermordet) sind Kinder leichter zu manipulieren. Osman, ein Kindersoldat aus Sierra Leone, berichtete, wie er versuchte, aus seinem Dorf während eines Angriffs zu fliehen, dabei von Rebellen entdeckt und mitgenommen wurde. Unter Todesandrohung diente Osman den Rebellen, die irgendwann entschieden, ihn als Kämpfer auszubilden. Um zu überleben, stimmte er zu. Er war aber auch zufrieden damit, nicht getötet zu werden, sondern unter denen zu sein, die angriffen. Das habe ihm ein gutes Gefühl gegeben, auch weil seine Mitrebellen eine Art Familie für ihn geworden seien, mit der er alles teilte. Auch Mädchen kämpften an der Seite von Osman und den anderen Jungs. Kokain half Osman und den anderen beim Kämpfen.[55]

Genozide

Genozide können als innerstaatliche Konflikte betrachtet werden. Das Ausmaß und die Intensität dieser Konflikte machen sie jedoch zu einer besonderen Form von Gewalt, für die Raphael Lemki 1944 den Begriff »Genozid« prägte, der sich aus dem griechischen Wort *genos* (Herkunft, Abstammung) und dem lateinischen Wort *cidere* (morden) zusammensetzt.[56] Seit Beginn der Kolonisation gab es drei Genozide in Afrika, namentlich im heutigen Namibia an den Herero und Nama durch die deutschen Kolonialtruppen 1904, in Ruanda 1994 und in der sudanesischen Region Darfur, vor allem zwischen 2003 und 2004.[57] Da sich dieses Buch auf die Phase nach der Dekolonisation konzentriert, betrachte ich nachfolgend nur die letzten beiden. Zudem gab es mehrere Fälle, die man auch Genozid nennen könnte, wie z. B. die Massentötungen in Simbabwes Matabeleland in den 1980er-Jahren. Jedoch gibt es – anders als in den anderen drei Fällen – hierzu keinen Konsens.

Scott Straus' Erklärung für den Ausbruch von Genoziden betont die Rolle der politischen Führung und deren Wahrnehmung von der Situation. Straus legt eine vergleichende Analyse von afrikanischen Staaten vor, in denen es zu einem Genozid kam (Ruanda und Sudan/Darfur), und Staaten, in denen ein Genozid wahrscheinlich war, aber nicht stattfand (u. a. Côte d'Ivoire und Mali). Er argumentiert, dass es eine Synthese zwischen ideologischen und strategischen Argumenten gibt, die ihrerseits durch die Wahrnehmung und das Handeln der Anführer gefiltert werden, die überdies strategische Fragen im Lichte ihrer Ideen und Überzeugungen abwägen. Weiterhin erklärt Straus, dass Genozide verhindert werden, wenn es innenpolitische und internationale Hämmnisse und Zwänge gibt und dass Interaktionen zwischen nationalen und lokalen Akteuren Genozidkampagnen beeinflussen können. Zuletzthält er fest, dass Genozide im Kontext von Kriegen stattfinden.[58] Michael Jasinski kommt zu einer ähnlichen Schlussfolgerung und führt an, dass eine Kombination aus Mitteln, Motiven und Gelegenheiten Genozide erklären. Ein »Gelegenheitsfenster« (*window of opportunity*), d. h. ein Zeitfenster, während dessen Handlungen durchgeführt werden können, um ein gewünschtes Resultat zu erreichen, öffnet sich dann für Genozide, wenn es vorteilhaft ist, einen Sündenbock zu haben, und wenn es eine Gruppe gibt, die als Sündenbock herhalten kann. Sobald sich dieses Fenster öffnet, müssen die Anführer entscheiden, ob sie die Situation nutzen wollen und ob sie die Mittel hierzu haben.[59] Etliche dieser Faktoren – Anführer und ihre Wahrnehmung, Ideologie, strategische Interessen, Gelegenheitsfenster und Mittel zur Durchführung – sind in den Fällen Darfur und Ruanda sichtbar.

Darfur

Der Hintergrund zum Genozid in Darfur ist komplex. Durch die Kolonialzeit und die Dekolonisation wurde die Macht in die Hände arabischer Muslime gelegt, die ein Gründungsnarrativ für den Sudan hervorbrachten, dass mit einem arabisch-islamischen Nationalismus in Verbindung stand.⁶⁰ Ab Mitte der 1960er-Jahre wurde Hasan at-Turabi, ein Verfechter der Islamisierung und der Scharia, zu einer einflussreichen Figur im Sudan und nach einen Coup, durch den al-Bashir 1989 an die Macht kam, wurde er zur mächtigsten Figur hinter den Kulissen.⁶¹ 1999 kam es zu einem politischen Zerwürfnis zwischen al-Bashir und at-Turabi. Letzterer gründete eine neue Partei und suchte nach Unterstützung, u. a. in Darfur, einer Region in der Peripherie des Landes, die von schwarzen Muslimen bevölkert war, kaum Frieden erlebt hatte und von al-Bashirs Regierung vernachlässigt wurde. Es gilt als wahrscheinlich, dass at-Turabi hinter dem sogenannten »Schwarzen Buch« steht.⁶² Dieses Buch wurde im Jahr 2000 veröffentlicht und wollte die sudanesische Bevölkerung darüber aufklären, dass Wandel im Sudan und in Darfur nötig war, weil die Machthaber des Landes die Region Darfur bewusst nicht entwickelten.⁶³ Dieses Buch half den Gruppen in Darfur sich zu einen und stärkte ihren Widerstand gegen die sudanesische Regierung, sodass die Regierung fürchtete, at-Turabi sei fähig, gegen sie in Dafur vorzugehen.⁶⁴ Wegen einer wachsenden Polarisierung zwischen den regionalen Stämmen, der schlechten sozioökonomischen Situation in Darfur, der Nutzung Darfurs als Rückzugsort für Libyen und Tschad für deren militärische Kampagnen und wegen der Ausbreitung der Sahara, wodurch die landwirtschaftlich nutzbare Fläche immer kleiner wurde, hatte es seit 1987 eine Serie von Rebellionen in Darfur gegeben. In diesem Umfeld gründeten Mitglieder der Fur, Zaghawa und Masalit – drei Gruppen, die in Darfur lebten – 2002 die *Sudanese Liberation Army* und begannen 2003, Regierungsziele anzugreifen.

Die sudanesische Regierung verhandelte zunächst mit den Rebellen, nahm dann aber eine radikalere Position ein. Das arabisch-islamische Gründungsnarrativ des Landes, die Tatsache, dass Nordsudanesen, die sich gegenüber den Menschen in anderes Landesteiles überlegen fühlten, die Macht innehatten, und die Abwesenheit einer nationalen Identität (auch sichtbar in der Sezession des Südsudans, ▶ Kap. 9) waren der Nährboden für einen Konflikt. Die Antwort der Regierung auf die Attacken der Rebellen in Darfur war eine Repressionskampagne dort. Die Regierung stärkte die *Dschandschawid* (»Teufel auf Pferden«). Die von arabischen Nomaden abstammenden *Dschandschawid* waren mit den schwarzen Afrikanerinnen und Afrikanern in Darfur (beide waren Muslime) wegen Wasser und Land im Zuge einer voranschreiten Desertifikation aneinandergeraten. Den *Dschandschawid* wurde Land versprochen, was erklärt, warum sie in ihrer folgenden Kampagne der ethnischen Säuberung so gründlich vorgingen.⁶⁵ Die *Dschandschawid* und die sudanesische Luftwaffe kooperierten. Sie attackierten, töteten und vergewaltigten Zivilisten systematisch und zerstörten Dörfer und Städte. In Jasinskis Terminologie: das Gelegenheitsfenster, einen Genozid zu beginnen, stand offen. Die Attacken der *Sudanese Liberation Army* gaben den Anlass und die Rechtfertigung. Die *Dschandschawid* waren willens zu handeln und die Welt war anderweitig beschäftigt, u. a. mit dem Südsudan, wo der Friedensprozess intensiv begleitet wurde, sowie mit dem Krieg der USA im Irak. Mit anderen Worten, es gab keine nationalen und internationalen Hämmnisse und Zwänge. Folglich gab es auch die Ansicht, dass der Frieden im Süden auf Kosten eines Genozids im Westen des Landes erkauft wurde.⁶⁶ Nachdem die sudanesische Regierung den USA Unterstützung für deren Krieg gegen den Terror signalisiert hatte, waren die USA geneigt, mit al-Bashir und dessen Regime zusammenzuarbeiten. »Darfur stand in Flammen, aber der Ölfluss des Landes war weitgehend unberührt. Zusammengenommen haben die Kriegsdynamiken, ein hierarchisches Gründungsnarrativ und lokale Akteure so interagiert, dass es machtvolle Quellen für die Eskalation und nur wenig Quellen für eine Zurückhaltung gab.«[67]

Erst 2004 wurde dem Konflikt so viel internationale Aufmerksamkeit zuteil und es wurde begonnen, ihn als Genozid zu bezeichnen, dass hiernach die Tötungen deutlich zurückgingen. Dennoch, geschätzte 400 000 Menschen haben ihr Leben verloren.[68]

Ruanda

Die Wurzeln des Genozids in Ruanda reichen einige Dekaden zurück.[69] Es gab drei Gruppen in Ruanda: Hutus, Tutsis und die oft vergessenen Twa. Die ursprüngliche Unterscheidung zwischen Hutu und Tutsi basierte auf der Abstammung (oder *lineage*) und nicht auf Ethnizität. Es gab auch regen Kontakt zwischen den Gruppen.[70] Die Kolonialmacht Deutschland verstärkte die Unterteilung, bevor Belgien, das die Kolonie nach dem Ersten Weltkrieg übernahm, diese Unterteilung institutionalisierte und Identitätskarten ausgab. Die Kolonialmächte betrachteten die Tutsi als überlegen und nutzten sie, um die Kolonie zu kontrollieren. Da es deutlich mehr Hutu als Tutsi gab, revoltierten Erstere 1959–1961, um einen eigenen Staat zu etablieren, und waren damit erfolgreich.

Während der 1980er-Jahre entstand eine Tutsi Rebellenbewegung. Sie unterstützte den ugandischen Rebellenführer und späteren Präsidenten Museveni, zunächst ein Reformrebell im Sinne Renos, in dessen Versuch, Präsident Obote im benachbarten Uganda zu bekämpfen. Schließlich marschierten 1990 die Tutsi Rebellen als *Rwandan Patriotic Front* (RPF) mit Paul Kagame an der Spitze wieder zurück nach Ruanda und begannen einen Guerillakrieg. Die ruandische Regierung und die RPF unterzeichneten 1993 das Arusha-Abkommen, das einen Waffenstillstand zwischen der RPF und den Regierungstruppen von Präsident Juvénal Habyarimana bringen sollte und eine Machtverteilung zwischen Hutu und Tutsi während einer Übergangszeit vorsah. Eine UN-Operation unter dem Kommando von General Roméo Dallaire wurde entsandt. Da die Hutu Extremisten die Errungenschaften der Tutsi durch das Arusha-Abkommen als Bedrohung wahrnahmen, mobilisierten sie sich und positionierten sich auch gegen den moderaten Habyarimana. Die Planungen für die Zeit nach Habyarimanas Tod begannen, rund 600 000 Macheten wurden ins Land gebracht und eine Radiostation für eine Anti-Tutsi-Propaganda wurde etabliert. Hutus erstellten Listen von zu tötenden Tutsis, zu allererst diejenigen in Regierungspositionen.

Unter ungeklärten Umständen stürzte Habyarimanas Flugzeug am 6. April 1994 ab. Ein Gelegenheitsfenster öffnete sich. Innerhalb weniger Stunden begann das Töten. Die Mittel waren in Reichweite für die Extremisten, die jetzt die Szenerie bestimmten. Ein paar wenige Individuen waren die intellektuellen Köpfe; eine kleine Gruppe, die sich radikal gegen politischen Wandel stellte, wurden die Organisatorinnen und Organisatoren[71] und die Präsidentengarde, Milizionäre sowie Zivilisten waren die Mörderinnen und Mörder im nun beginnenden Genozid. Obwohl Ideologie eine Rolle spielte, scheinen zwei andere Faktoren den Genozid fortlaufen gelassen zu haben: Gier und Angst. Einerseits hofften diejenigen Hutus, die am Töten teilnahmen, dass sie den Besitz der Getöteten bekämen. Während Hutumänner zumeist töteten, waren Hutufrauen häufig die Cheerleader und durchsuchten die leblosen Körper nach Wertgegenständen oder Geld.[72] Anderseits herrschte Angst, denn auch die moderaten Hutus, die mit den Tutsi sympathisierten, wurden ermordet. Es scheint, als ob Gier und Angst Hutus zu »opportunistischen Mitläufern«[73] machten.

Zwischenzeitlich setzte die RPF unter Kagame ihren Kampf fort. Ihre Anführer waren beim Vormarsch intolerant gegenüber Plünderung und Vergewaltigung. Mit der Einnahme der Hauptstadt Kigali beendeten sie am 4. Juli 1994 schließlich den Genozid. Das disziplinierte Verhalten von Kagame und seinen Truppen sowie die Tatsache, dass sie das Abschlachten stoppten – mehr als 600 000 Tutsi (drei Viertel der Tutsibevölkerung), 200 000 moderate Hutus und 10 000 Twa (ein Drittel der Twa-Bevölkerung) waren ums Leben gekommen – während die UN trotz Dallaires Appell zum Handeln hilflos zuschauten,[74] schufen ein wohlmeinendes Bild von Kagame, von dem er in den Folgejahren profitieren sollte. Der Sieg der RPF beendete den Konflikt in Ruanda – aber nicht in der Region, vor allem nicht im benachbarten Kongo-Kinshasa. Denn der Genozid und die Flucht der Hutus dorthin waren nur der Prolog eines großen Kriegs, der das Bild von Kagame in den folgenden Jahren trüben sollte.)

Afrikas großer Krieg

Zwischen 1996 und 2006 fand in der Region der Großen Seen ein Krieg von bis dahin unbekannter Komplexität und schier unglaublichen Ausmaßes statt. Geschätzte fünf Mio. Menschen starben in diesem Kriegskomplex, der auch als »Erster Kontinentalkrieg Afrikas«,[75] »Afrikas Weltkrieg«[76] oder »der Dritte Weltkrieg«[77] beschrieben wird. Obwohl er sich auf Burundi, Ruanda und Ostkongo konzentrierte, waren etliche Staaten involviert und überdies gab es zahlreiche Rebellengruppen. Gérard Prunier fast unverblümt und zynisch den Ablauf des Kriegs zusammen:

> »1994: Genozid in Ruanda. Horror.
> 1995: Faulende Lager. Füttert sie weiter und es wird schon gut laufen.
> 1996: Die Flüchtenden sind nach Hause gegangen. Jetzt ist es vorbei, außer in Kongo-Kinshasa.
> 1997: Mobutu ist gestürzt. Die Demokratie hat gewonnen.
> 1998: Ein weiterer Krieg. Diese Leute sind verrückt.
> 1999: Diplomaten verhandeln. Es wird schon gut laufen.
> 2000: Leer.

2001: Präsident Kabila ist erschossen. Aber sein Sohn scheint von der guten Sorte, oder etwa nicht?
2002: Pretoria Friedensvertrag. Jetzt sind wir wieder im Normalzustand.
2003: Diese Typen verlangen immer noch nach Geld. Was ist der Mindestpreis?
2004: Glaubst du, Osama bin Laden lebt immer noch?
2005: Drei Mio. Afrikaner und Afrikanerinnen sind gestorben. Dies ist bedauerlich.
2006: Tatsächlich könnten es sogar vier Mio. sein. Aber weil das eigentliche Problem al-Qaida ist, bleibt dies nebensächlich.
2007: Sie hatten ihre Wahlen, oder etwa nicht? Dann sollte alles gut sein.«[78]

Die Dynamiken des Konflikts sind komplex und ich kann nur oberflächlich darauf eingehen, ehe ich mich den Gründen des Kriegs zuwende.[79] Nach dem Genozid in Ruanda und der Machtübernahme der Tutsirebellen und Kagame flohen mehr als eine Mio. Hutus nach Kongo-Kinshasa, einem Staat, der von Präsident Mobutu ausgebeutet wurde (▶ Kap. 7). Unter den fliehenden Hutus waren auch welche, die den Genozid mit orchestriert hatten. Während Kagame seinen Machtanspruch in Ruanda zementieren konnte und Mobutu zeitgleich seinen in Kongo-Kinshasa verlor, entschied Ersterer 1996, gemeinsam mit Uganda in Kongo-Kinshasa einzumarschieren und einen neuen Präsidenten, Laurent-Désiré Kabila, ins Amt zu bringen. Das kleine Ruanda und das kleine Uganda waren stark genug und das riesige Kongo-Kinshasa so schwach, dass dieser kühne Plan funktionierte. 1998 kam es zu einem Zerwürfnis zwischen Kabila und dem ugandischen Präsidenten und viel wichtiger noch zwischen Kabila und Kagame. Hierdurch wurde die zweite Phase des Kriegs eingeleitet. Etliche Staaten der Region – unter ihnen Angola und Simbabwe – sandten Truppen zur Unterstützung Kabilas. Uganda und Ruanda brachen 1999 miteinander und kämpfen danach gegeneinander. Im Januar 2001 wurde Kabila umgebracht und sein Sohn, Josef Kabila, als neuer Präsident eingesetzt. Eine Reihe von Friedensabkommen wurde 2002 unterzeichnet, eine Übergangsregierung 2003 eingesetzt und 2006 fanden Präsidentenwahlen statt, die Kabila gewann. Trotz dieser Entwicklungen blieb die Sicherheitssituation im Osten des Landes angespannt. Dieser Überblick verdeutlicht, dass der Krieg die Trennlinie zwischen innerstaatlichem und zwischenstaatlichem Krieg verschwimmen ließ. Staaten kämpften gegeneinander, während lokale Gruppen einen Bürgerkrieg ausfochten, der sich auf den Ostkongo konzentrierte.

Die Erklärungen für den Ausbruch und die Verstärkung des Konflikts – oder eher der Konflikte – lassen sich auf drei Perspektiven reduzieren.[80] Erstens war der Konflikt die Konsequenz des Staatsversagens in Kongo-Kinshasa. Wie in Kapitel 2 gezeigt, hatte Belgien die Kolonie nicht ausreichend für die Unabhängigkeit vorbereitet und Mobutu, der langjährige Herrscher (1965–1997) unterband die Entwicklung des Staates und seiner Institutionen. Er setzte stattdessen die auf Ausbeutung ausgerichtete Kolonialwirtschaft fort, von der er und sein Patronagenetzwerk profitierten. Die USA unterstützten ihn bis 1990, da sie ihn als wichtigen Verbündeten in der Logik des Kalten Kriegs sahen (▶ Kap. 4). Dies führt zur zweiten Perspektive: der veränderte globale Kontext. Nachdem die USA Mobutu fallen gelassen hatten, wurde Kongo-Kinshasa auf einen Pfad gebracht, der zum Scheitern führen sollte. Der Zusammenbruch des Landes – sofern es jemals

als funktionierender Staat existiert hatte – fiel mit einem weltweiten Globalisierungsschub zusammen, der Geschäfte zwischen Akteuren in Afrika und anderswo zu einer täglichen Routine werden ließ und damit die Ressourcenausbeutung in Kongo-Kinshasa begünstigte, wo überdies die Diplomatie privatisiert worden war.[81] Dies öffnete Spielräume für (lokale) Konflikte und ermöglichte das, was Kaldor als »neue Kriege« beschreibt (siehe oben). Die dritte Perspektive blickt über Kongo-Kinshasa hinaus und rückt die Motive der intervenierenden Regierungen – insbesondere Ruandas und Ugandas – ins Zentrum. Hiernach ist der Konflikt in Kongo-Kinshasa eine Verlängerung der internen Konflikte in diesen Staaten.

Filip Reyntjens argumentiert, dass keine dieser Perspektiven alleine den Kriegskomplex erklären kann. Viel eher sei eine Kombination der Perspektiven nötig, wobei der »unbeendete ruandische Bürgerkrieg« über allen stünde.[82] Nach dem Genozid in Ruanda, als sich die internationale Gemeinschaft schuldig gegenüber der Tutsi Minderheit fühlte, ergründete die Regierung von Kagame »das Toleranzlimit, überschritt einen Rubikon nach dem nächsten und stellte fest, dass es keinen gab.«[83] Ruanda hatte freie Hand, die nach Kongo-Kinshasa geflohenen Hutus zu verfolgen und einen ihnen gefälligen Präsidenten dort zu installieren. Ruandas Armee verübte Gräueltaten gegenüber Hutu-Zivilisten in Kongo-Kinshasa, schuf damit weitere Ressentiments und unterstrich das Argument, der ruandische Bürgerkrieg sei exportiert worden.

Auch Identitätspolitik und Landkonflikte spielten eine Rolle. Ethnische Kategorien sind in der Region fluide und es hat mehrere größere Bevölkerungsbewegungen in der Vergangenheit gegeben. In der dicht besiedelten Region gaben diese Umstände Konflikten über Land Auftrieb. Die Fragen zu Ethnien und Land in der Grenzregion von Ruanda und dem Ostkongo waren explosiv und detonierten u. a. weil der Staat und seine Institutionen schwach waren. So wurde Gewalt privatisiert, Warlords und Lokalrebellen stiegen empor und die Überreste des Staates wurden kriminalisiert.[84]

Die Regierungen und einige Individuen der intervenierenden Staaten unterstützten Kabila und verfolgten dabei wirtschaftliche, geopolitische und persönliche Interessen – oder kämpften aus den gleichen Gründen gegen ihn. So stellt ein Bericht eines UN-Panels fest, dass Ruanda und Uganda die natürlichen Ressourcen des Kongos ausbeuteten. Einige argumentieren gar, sie hätten Kongos Ressourcenreichtum genutzt, um ihre Länder nach den Kriegen dort wieder aufzubauen.[85] Der UN-Bericht zitiert etliche Quellen, unter ihnen Hutu-Kombattanten, die am Völkermord in Ruanda maßgeblich beteiligt waren und die in Bezug auf die ruandische Armee sagten, sie seien nicht von ihr verfolgt worden, sondern hätten gesehen, wie sie Gold und Coltan abgebaut und die Bevölkerung ausgeraubt hätten.[86] Regierungen wie die in Simbabwe, die an Kabilas Seite kämpfte, griffen nicht nur ein, um einen anderen afrikanischen Präsidenten zu schützen, sondern auch um ihre Staaten und Einzelne profitieren zu lassen, wobei einige von ihnen gemeinsam mit Komplizen in der kongolesischen Regierung in kriminelle Aktivitäten verwickelt waren.[87] Angesichts der massiven Einmischung von Staaten der Region wurde das Prinzip der Nicht-Einmischung erheblich unterminiert.

Sich ändernde Allianzen zwischen den Intervenierenden und regionale Geopolitik ließen den Konflikt andauern. Der Streit zwischen Uganda und Ruanda ist nur ein Beispiel dafür. Ein anderes Beispiel ist, dass die militärischen Engagements Angolas, Namibias und insbesondere Simbabwes mit dessen Rivalität zu post-Apartheid Südafrika und mit dem Streben nach Hegemonie in der Region zusammenhängen. Denn dort versuchte Mugabe eine Führungsrolle zu spielen. Es gibt Hinweise, dass dieses geopolitische Motiv von Mugabe eine entscheidende Rolle bei der Entscheidung für eine Intervention gespielt hat und das wirtschaftliche Interesse erst folgte, als die Intervention bereits begonnen hatte.[88]

Jenseits dieser Entwicklungen gab es auch auf der lokalen Ebene Missstände, oder wie Séverine Autesserre sie nennt: »micro-level tensions«.[89] Wie erwähnt, gab es lokale Konflikte um Land oder um politische Macht. Einige dieser Mikrokonflikte, die nicht notwendigerweise »mikro« in Bezug auf ihre Intensität waren, befeuerten den Kriegskomplex in und um den Osten Kongo-Kinshasas von unten, während andere Mikrokonflikte von den Ereignissen auf der nationalen und regionalen Ebene von oben beeinflusst wurden und noch andere dieser Mikrokonflikte autonom vom eigentlichen Kriegskomplex waren.[90] David van Reybrouck stellt die düstere Prognose auf, dass die Gewalt, die im Ostkongo sichtbar wurde, kein primitiver Reflex, sondern eine durch die Globalisierung befeuerte Kriegsökonomie sei und gleichzeitig die logische Konsequenz von Landknappheit. Für ihn ist dies ein Omen dafür, was in einer überbevölkerten Welt geschehen wird. So ist der Kongo »nicht in der Geschichte zurückgeblieben – er ist der Geschichte voraus.«[91]

Erzwungene Migration und Flüchtlingslager

Neben Umwelt-, Klima- und Entwicklungsfragen sowie Menschenhandel sind Krisen und Konflikte die wichtigsten Gründe für erzwungene Migration und maßgeblich für die Entstehung und Ausbreitung von Flüchtlingslagern verantwortlich.[92] Deshalb schließe ich dieses Kapitel mit einem Blick auf die Situation in solchen Lagern in Afrika, vor allem um zu verdeutlichen, dass diese scheinbaren Zufluchtsorte für die Flüchtenden nicht zwangsläufig sicher sind, denn diese Lager sind häufig selbst Orte der Unsicherheit und der Rebellenrekrutierung.

Flüchtlingslager sind über ganz Afrika verteilt: Tindouf in Algerien, M'bera in Mauretanien, Goudebo und Mentao in Burkina Faso, Meheba in Sambia und Dzaleka in Malawi, um nur einige zu nennen. Die größten Flüchtlingslager befinden sich am Horn von Afrika, wobei Bidibid in Uganda mit mehr als 225 000 Menschen, Adjumani, ebenso in Uganda, mit 205 000 Menschen und der Dadaab-Komplex in Kenia, der sich aus Dagahaley, Hagadera und Ifo mit über 210 000 registrierten Flüchtenden zusammensetzt, die größten Lager in Afrika zu Beginn des Jahres 2019 waren. In Uganda gab es fünf weitere Lager, in denen je zwischen 95 000 und 120 000 Menschen lebten.[93] Zur gleichen Zeit lebten

150 000 bzw. 90 000 Menschen in den tansanischen Lagern Nyarugusu und Nduta.[94] Und weitere 60 000 Menschen lebten in Doro in Südsudan. Anfang 2018 wurde die Gesamtzahl der Flüchtenden in Subsaharaafrika auf 6,3 Mio. und weitere fast 60 000 in Libyen geschätzt.

Die Sicherheitslage in einigen dieser Lager gilt als schwierig. Es kommt zu häuslicher Gewalt, sexuellem Missbrauch und sexueller Gewalt, bewaffnetem Raub, Gewalt innerhalb und zwischen Flüchtlingsgruppen und mit der lokalen Bevölkerung und zu Terroranschlägen.[95] Immer wieder gibt es eine Kultur der Straflosigkeit in den Lagern. Die Unsicherheit speist sich aus mehreren Quellen, darunter auch die Verweigerung der Gastregierung, die Flüchtenden willkommen zu heißen und mehr zu tun als ihre völkerrechtlichen Verpflichtungen. Die kenianische Regierung isoliert z. B. somalische Flüchtende in der kenianischen Peripherie und erlaubt ihnen nicht, die Lager zu verlassen und sich in die Gesellschaft sozial und ökonomisch zu integrieren.

Ein weiterer Grund für die Unsicherheit liegt bei den Flüchtenden, deren Vorgeschichten und Optionen. Flüchtlingslager wie Dadaab, in welchem vor allem somalische Flüchtende leben, oder Tindouf, wo sich hauptsächlich Flüchtende aus der Westsahara aufhalten, haben sich in faktisch permanente Städte verwandelt. Dies geschieht trotz aller Bemühungen, sie als Übergangslösungen zu betrachten. Wir sollten die Menschen, die dort leben (einige von ihnen wurden dort geboren), nicht (mehr) zwangsläufig als passiv oder gelähmt sehen, sondern als Individuen, die sich wirtschaftlich beteiligen – vor allem im informellen Sektor –, indem sie Lastwagen be- und entladen, Güter durch das Lager transportieren, kleine Geschäfte führen oder Dienstleistung wie Haareschneiden anbieten. Gleichzeitig stehen Flüchtende unter einem enormen Druck. Sie sind die Opfer brutaler Konflikte und sind traumatisiert. Einige leben seit Jahren in den Lagern und haben oftmals die Kultur ihr Herkunftsorte hinter sich gelassen und die Hoffnung aufgegeben, dass sich die Situation in ihren Heimatländern verbessert; in einigen Fällen fürchten sie auch eine Rückführung. Kurz, sie sind mit einer unsicheren Zukunft konfrontiert. Sie haben eingeschränkte Bewegungsfreiheit und keine wirklichen Optionen.[96] Die Frustration der Flüchtenden über ihre Situation verursacht Gewalt in den Lagern und in einigen Fällen führt sie auch zu Radikalisierung, wie bei einigen Sahrawis in Algerien, die zunehmend Druck auf die POLISARIO-Führung ausüben, wieder zu Waffen zu greifen und gegen die marokkanische Besatzung der Westsahara zu kämpfen.[97] Ähnliches gilt für Dadaab in Kenia, wo al-Shabaab Kämpfer rekrutiert.

Jedoch darf man nicht übersehen, dass einige Regierungen der Gastländer die Unsicherheit in den Lagern auch als politisches Mittel nutzen, um internationale Menschenrechtsstandards zu umgehen und alle Mittel einsetzen zu dürfen, um die Lager zu kontrollieren.[98] Die kenianische Regierung droht regelmäßig damit, den Dadaab Komplex zu schließen, und argumentiert mit der Sicherheitslage dort. Sie hat aber vermutlich im Sinn, sich internationale Unterstützung zu sichern, denn diese verringerte sich spürbar, nachdem der Syrienkrieg 2011 ausbrach.[99] Die Rekrutierung al-Shabaabs in Dadaab und die Terrorangriffe dieser Gruppe dort sind Beispiele dafür, dass Flüchtende nicht vollständig den Konflikten, wegen derer sie ihre Heimat einst verließen, entkommen sind.

11 Konfliktmanagement

»Konfliktmanagement« ist ein Oberbegriff für eine Vielzahl von Aktivitäten nationaler und internationaler Akteure, um Konflikte zu verhindern, sie zu bewältigen sowie Frieden zu schaffen und eine Rückkehr der Gewalt zu unterbinden. Hierzu gehören Mediation zwischen den Konfliktparteien, militärische und zivile Friedensoperationen zur Überwachung eines Waffenstillstands oder eines Friedensabkommens, Friedenserzwingung und der Wiederaufbau nach Konflikten, der u. a. Initiativen zum *State Building* und zur sozioökonomischen Entwicklung umfasst. Dieses Kapitel stellt diese Aktivitäten vor und identifiziert die Faktoren, die zu Frieden führen – oder zur Rückkehr von Gewalt. Nach einem Überblick über das internationale Konfliktmanagement wende ich mich *peacemaking*, *peacekeeping* und *peacebuilding* zu. Dabei konzentriere ich mich auf Mediation und Machtteilung als Mittel, um Frieden zu schaffen (*peacemaking*), auf militärische und zivile Friedensoperationen sowie die Einbindung von Störern als Mittel, um den Frieden zu sichern (*peacekeeping*), und auf die Übergangsjustiz als Mittel, um Frieden zu bilden (*peacebuilding*).

Internationales Konfliktmanagement: Geschichte und Dimensionen

Mit der Gründung der UN 1945 nahm das internationale Management von Konflikten an Fahrt auf. Zuvor wurden Konflikte, wenn überhaupt, durch Konferenzen und (informelle) Institutionen wie das europäische Konzert, die Berliner Konferenz (▶ Kap. 1) und den Völkerbund besprochen und beigelegt. Zwischen 1948 und 1949 wurden die ersten UN-Friedensoperationen in den Nahen Osten und nach Kaschmir entsandt. Solche Operationen wurden im Laufe der Zeit komplexer hinsichtlich der zu erfüllenden Aufgaben, robuster in dem Sinne, dass auch Waffengewalt unter spezifischen Umständen erlaubt war, und größer in Bezug auf das entsandte Personal.

Die 1990er-Jahre brachten eine vierfache Transformation für Friedensoperationen.[1] Erstens gab es eine qualitative Transformation, d. h. die Komplexität der Aufgaben wuchs. In einigen Fällen etablierten die UN sogar »moderne Protektorate«,[2] durch die die UN effektiv staatliche Funktionen in post-Konfliktzonen

11 Konfliktmanagement

übernahmen. Eine Ausnahme war die UN-Friedensoperation, die 1960 nach Kongo-Kinshasa entsandt worden war. Denn dies war die erste, bei der die UN in einen inner-staatlichen Konflikt eingriffen und dabei ein Mandat hatten, das weit über die bloße Überwachung eines Friedensabkommens hinausging und die Wiederherstellung des Staates und die Beendigung der Sezession von Katanga einschloss. Diese Operation war also ein Vorbote für das, was nach 1990 der Standardansatz der UN und anderer internationaler Organisationen werden sollte. Zweitens fand eine quantitative Transformation statt. Die Anzahl der Friedensoperationen schnellte in die Höhe angesichts vermehrter Konflikte und der Entstehung neuer Kriege (▶ Kap. 10). Bis zum Ende des Kalten Kriegs gab es nur 16 UN-Operationen, zwischen 1989 und 2005 hingegen 44.[3] Drittens vollzog sich eine normative Transformation. Damit ist gemeint, dass die Westfälische Ordnung, die staatliche Souveränität seit 1648 als sakrosankt betrachtet, in Frage gestellt und der Glaube an eine post-Westfälische Ordnung gestärkt wurde, die Interventionen in humanitären Krisen erlaubte.[4] Viertens gab es eine Versorgungstransformation. Die UN realisierten, dass sie nicht alleine mit all den entstehenden Konflikten umgehen konnten. Daher suchten sie Unterstützung. 1992 schrieb UN-Generalsekretär Boutros-Ghali *An Agenda for Peace*, ein Meilenstein des internationalen Konfliktmanagements, und hielt dort fest, dass Regionalorganisationen »ein Potential besitzen, dass genutzt werden sollte.«[5] Daraufhin wurden Regionalorganisationen in diesem Feld aktiver – innerhalb ihrer Region und »out of area« –, wobei die UN insistierten, dass sie die »primäre Verantwortung für die Wahrung der internationalen Sicherheit« hätten.[6] In diesem Kontext überdachten die afrikanischen Staats- und Regierungschefs das OAU-Konfliktmanagement, führten diese Organisation letztlich in die AU über und etablierten zeitgleich eine afrikanische Friedens- und Sicherheitsarchitektur (*African Peace and Security Architecture* oder APSA). Parallel begannen auch die afrikanischen regionalen Wirtschaftsgemeinschaften, das Themenfeld Frieden und Sicherheit zu besetzen, und bauten Institutionen hierfür auf (▶ Kap. 8 und unten). Die ECOWAS in Westafrika leistete hierbei Pionierarbeit, als sie – zu diesem Zeitpunkt außerhalb ihrer rechtlichen Möglichkeiten operierend[7] – 1990 ihre erste Friedensoperation nach Liberia entsandte (▶ Kap. 10).

Gegenwärtig hat internationales Konfliktmanagement etliche Dimensionen. Laut *An Agenda for Peace* umfasst es erstens präventive Diplomatie, d. h. Aktivitäten, die darauf zielen, Dispute zu vermeiden, sie nicht zu Konflikten werden zu lassen und ihre Verbreitung zu unterbinden, sollten sie doch ausbrechen. Präventive Diplomatie umfasst u. a. Frühwarnsysteme, Untersuchungskommissionen, vertrauensbildende Maßnahmen und humanitäre Unterstützung. Zweitens schließt Konfliktmanagement friedensschaffende Maßnahmen (*peacemaking*) ein, d. h. Handlungen die Konfliktparteien zu einer Einigung bringen. Der »Werkzeugkasten für friedensschaffende Maßnahmen«[8] beinhaltet Machtteilungsarrangements, Verfassungsreformen, Übergangsperioden und Wahlen.[9] Wenn diese Maßnahmen nicht zum Erfolg führen, kann es auch zur Friedenserzwingung (*peace enforcement*) kommen, d. h. die Anwendung von Zwangsmaßnahmen zur Wiederherstellung von Frieden und Stabilität.[10] Drittens gibt es friedenssichernde Maßnahmen (*peacekeeping*), also das Entsenden von militärischen und/oder zivilen Personal, um ein Abkommen zu sichern oder Frieden zu erzwingen. Letztlich umfasst Konfliktmanagement auch den Wiederaufbau nach dem Konflikt, d. h. Aktivitäten die helfen, einen andauernden Frieden zu stärken und zu festigen (*peacebuilding*).[11] Dieses Element ist am vielseitigsten und komplexesten. Es deckt ein breites Spektrum an Aufgaben ab wie die Demobilisation, Entwaffnung und Reintegration ehemaliger Kämpferinnen und Kämpfer, Reformen des Sicherheitssektors, den (Wieder)Aufbau elementarer Einrichtungen – von Gesundheits- und Bildungsinfrastruktur bis hin zur psychologischen Versorgung –, die Schaffung legitimer staatlicher Institutionen und Mechanismen der Übergangsjustiz.[12]

Akteure und Institutionen

Es gibt eine Vielfalt an Akteuren, die am internationalen Konfliktmanagement beteiligt sind. In Bezug auf Afrika sind das an erster Stelle internationale Organisationen wie die UN, AU, EU, NATO und in geringerem Umfang die Arabische Liga, aber auch regionale Wirtschaftsgemeinschaften, namentlich die zentralafrikanische ECCAS, die westafrikanische ECOWAS, die IGAD am Horn von Afrika und die SADC im südlichen Afrika. Gemeinsam mit intervenierenden Einzelstaaten wie Frankreich bilden sie einen »afrikanischen Sicherheitsregimekomplex.«[13] Insbesondere im *peacebuilding* sind auch NGOs aktiv. So entsteht ein komplexes Netz an Akteuren, in dem mitunter Koordination und Kooperation schwierig ist. Die Tatsache, dass die UN, die AU und mindestens eine regionale Wirtschaftsgemeinschaft, in der das betroffene Land Mitglied ist, ein Mandat haben, sich einem Konflikt anzunehmen, vergrößert das Kooperations- und Koordinationsproblem, wozu auch der Umstand beiträgt, dass es keine klare Aufgabenteilung zwischen diesen Organisationen gibt.

Nicht-(ausschließlich) afrikanische Organisationen

Wie oben gezeigt sind die UN ein zentraler Akteur in Bezug auf Friedensoperationen in Afrika; seit 1990 haben sie 37 Operationen dorthin entsandt. Auch die EU spielt eine wichtige Rolle. Mit dem Maastrichter Vertrag (1992) und dem Amsterdamer Vertrag (1997) wurde die EU hinsichtlich Friedensoperationen aktiver und institutionalisierte und stärkte ihre Fähigkeiten in diesem Feld kontinuierlich. Sie verabschiedete die Gemeinsame Sicherheits- und Verteidigungspolitik und etablierte Institutionen wie den Auswärtigen Europäischen Dienst zur Koordination und die Europäische Friedensfazilität zur Finanzierung ihrer Friedensoperationen. Die NATO nimmt auch an Friedensoperationen Teil. Abgesehen von ihrer Anti-Piraten-Operation am Horn von Afrika, leistet sie aber eher logistische Unterstützung wie Truppentransport. Da mich hier die afrikanischen

Akteure und deren Initiativen interessieren, belasse ich es bei dieser kurzen Beschreibung der nicht-afrikanischen Akteure.

Die Afrikanische Union und die Afrikanische Friedens- und Sicherheitsarchitektur

Die APSA ist ein Versuch, eine kollektive afrikanische Antwort auf die steigende Zahl von Konflikten zu finden und zu institutionalisieren. Zudem ist sie ein Ausdruck der Vision »afrikanische Lösungen für afrikanische Probleme« und ist verbunden mit dem Ruf nach einer Afrikanischen Renaissance sowie dem Bestreben, einen sozioökonomischen Aufschwungs herbeizuführen. Die APSA steht auch in Bezug zu Ali Mazruis *Pax Africana* aus den 1960er-Jahren, d. h. der Aufforderung an nicht-afrikanische Akteure fernzubleiben und afrikanische Akteure selbst die Konflikte bewältigen zu lassen.[14] Die APSA ist progressiv, denn während weltweit noch über die Verantwortung der internationalen Gemeinschaft, Zivilisten zu schützen, debattiert wurde, schritt die AU voran und verankerte ein entsprechendes Prinzip – im AU-Kontext als Prinzip der Nicht-Gleichgültigkeit genannt – in Artikel 4h der Konstituierenden Akte (▶ Kap. 8). Damit unterminierte sie das Prinzip der Nicht-Einmischung in Fällen von Kriegsverbrechen, Genozid und Verbrechen gegen die Menschlichkeit.[15]

Die APSA hat fünf Säulen.[16] Erstens wurde der Friedens- und Sicherheitsrat geschaffen, ein permanentes Entscheidungsgremium modelliert am UN-Sicherheitsrat, allerdings ohne permanente Mitglieder und ohne Vetorecht. Das Department für Frieden und Sicherheit der AU-Kommission unterstützt den Rat bei seiner täglichen Arbeit und ist das aktivste und bestfinanzierte AU-Department. Zweitens gibt es ein kontinentales Frühwarnsystem, mittels dessen Konflikte antizipiert und diplomatische Initiativen unternommen werden sollen. Drittens gibt es einen Rat der Weisen, der oft fälschlicherweise als Mediationsorgan der AU verstanden wird, tatsächlich aber eine Institution ist, die den Friedens- und Sicherheitsrat sowie die AU-Kommission berät. Er widmet sich auch größeren Fragen in Bezug auf Frieden und Sicherheit in Afrika und macht Vorschläge, wie diese angegangen werden können.[17] Viertens soll es fünf regionale Bereitschaftstruppen (*African Standby Forces*) geben, die im Konfliktfall eingreifen. Während die anderen Säulen weitgehend arbeiten, gab es etliche Verzögerungen bei den *Standby Forces*. Solche Truppen erfordern ein hohes Maß an Kooperation zwischen den Staaten, der die AU-Mitglieder zwar offiziell zustimmten, in der Praxis ist dies jedoch eine Herkulesaufgabe.[18] Deshalb stimmten 2013 die Staats- und Regierungschefs und -chefinnen einem Vorschlag zu, die *African Capacity for Immediate Response to Crises* als Zwischenlösung zu schaffen, welche es den Mitgliedstaaten erlaubt, von Fall zu Fall zu entscheiden, ob sie an einer Intervention teilnehmen wollen oder nicht. Es gibt auch Gedankenspiele, diese Institution als eine permanente zu verankern, weil es für einige Regionen als immer unwahrscheinlicher gilt, dass die *Standby Forces* aufgestellt werden.[19] Fünftens und letztens gibt es einen AU-Friedensfonds, dessen Wurzeln bis ins Jahr 1993 zurückreichen, als die OAU ein solches Instrument schuf, um ihre Friedens- und Sicherheitsaktivitäten zu finanzieren. Der AU-Friedensfonds wurde 2018 offiziell ins Leben gerufen, nachdem sich afrikanische Staaten 2016 entschlossen hatten, einen solchen Fonds mit 400 Mio. US-Dollar auszustatten.[20] Im November 2018 waren 56 Mio. US-Dollar in den Fonds eingezahlt worden,[21] eine signifikante, aber letztlich doch kleine Summe angesichts der Kosten für Friedensoperationen.

Zwar ist die APSA etwa mit Blick auf ihre Institutionalisierung, Personalausstattung und Professionalität eine deutliche Weiterentwicklung des OAU-Konfliktmanagementmechanismus, doch die Vision einer *Pax Africana* ist noch keine Realität. Einige Staaten sind zögerlich, sich in der AU zu engagieren und die Politiken zu implementieren, denen sie zustimmten. Oft kommt es zu einem Konformitätsproblem (*compliance*). Weiterhin sind die AU (und die regionalen Wirtschaftsgemeinschaften) nicht vollends selbst finanziert, sondern hängen von externen Geldgebern ab, was die AU z. B. in ihrer *APSA Roadmap 2016–2020* selbst lamentiert.[22] Das für 2019 bewilligte Budget für Friedensoperationen lag bei 273,3 Mio. US-Dollar, von denen die Mitgliedstaaten 11,3 Mio. US-Dollar und internationale Partner 261,9 Mio. US-Dollar tragen sollten.[23] Neben der APSA finanziert die EU große Teile der operativen Kosten der AU. Doch der Europäische Rechnungshof sieht dies kritisch, weil dieses Vorgehen langfristig das Risiko birgt, dass »die APSA von der Geberunterstützung abhängig wird, denn je länger der Zeitraum, in dem die Beihilfe gewährt wird, und je größer der Anteil der Finanzierung durch die Geber, desto stärker wird die Abhängigkeit des Projekts von einer derartigen Beihilfe.«[24] Neben der Unterstützung durch die EU finanzierte Deutschland das Gebäude des Departments für Frieden und Sicherheit am AU-Hauptquartier und China erhöhte seine finanzielle Unterstützung der APSA wie auch seine Unterstützung für UN-Friedensoperationen und hinterlässt so einen größer werdenden Fußabdruck im Konfliktmanagement auf dem Kontinent.[25]

Regionale Wirtschaftsgemeinschaften und die Arabische Liga

Wie oben erwähnt war die ECOWAS die erste regionale Wirtschaftsgemeinschaft, die nach dem Kalten Krieg eine Friedensoperation entsandte. Die ECOWAS hat seitdem ihr Konfliktmanagement gestärkt und eine eigene regionale Sicherheitsarchitektur etabliert, die einen *Mediation and Security Council* als zentrales Element neben Bereitschaftstruppen, einer Verteidigungs- und Sicherheitskommission und einem Ältestenrat vorsieht. Außer in Liberia intervenierte die ECOWAS 1997 in Sierra Leone und drohte 2017 in Gambia einzugreifen (und tat dies auch für einige Stunden) – ein Schritt, der zum Sturz des Präsidenten Yahya Jammeh beitrug. Dieser hatte Wahlen verloren, akzeptierte die Ergebnisse aber nicht. Überdies spielt die ECOWAS eine aktive Rolle im Konfliktmanagement in Mali (siehe unten). Die ECOWAS unterstrich mit ihrem Einschreiten in Konflikte, fähig zu sein, für Sicherheit in Westafrika zu sorgen. Gewissermaßen ist es »ironisch, dass die ECOWAS, die primär eine Wirtschaftsunion ist, am meisten in Bezug auf Frieden und Sicherheit erreicht hat.«[26]

Die SADC errichtete 1996 das *Organ for Politics, Defence and Security* als zentrale Säule ihrer regionalen Sicherheitsarchitektur. Im Jahr 1997 leuchtete Mandelas

Stern heller als jener von Mugabe, dem »Helden«, der das Ende des weißen Minderheitsregimes in Simbabwe herbeigeführt hatte. Maxi Schoemans Schlussfolgerung war folglich, dass »wenngleich es ein Potential für das Organ gibt, sich zu einer effizienten und aktiven Institution der SADC zu entwickeln, hemmen die Rolle von Persönlichkeiten und die Macht der Gewohnheiten die Realisierung der Ziele und Zielsetzungen des Organs.«[27] Der Nachweis kam 1998, als die SADC Staatschefs darüber stritten, ob sie in Kongo-Kinshasa intervenieren sollten – und einige dann vorpreschten, während andere sich sträubten (▶ Kap. 10). Die SADC trägt wie die ECOWAS auch durch ihre *Standby Forces* und ein regionales Trainingszentrum für Friedensoperationen zur APSA bei. Wenn wir diejenigen Fälle mitbetrachten, bei denen der UN-Sicherheitsrat die SADC nicht unterstützte, sollten neben der genannten Operation in Kongo-Kinshasa auch zwei Interventionen in Lesotho (1998 und 2017) erwähnt werden, die das Ziel hatten, die Ordnung in diesem Land wiederherzustellen.[28]

Die ECCAS schuf 1998 eine Sicherheitsarchitektur für ihre Gemeinschaft, die einen Rat für Frieden und Sicherheit in Zentralafrika, ein Frühwarnsystem und eine Verteidigungs- und Sicherheitskommission umfasst.[29] Die Staatschefs gaben der ECCAS das Mandat, Frieden und Sicherheit in der Region zu sichern, und die Organisation nutzte dies, als sie 2008 die *Mission de consolidation de la paix en Centrafrique* schuf, um die schwierige Sicherheitslage in der Zentralafrikanischen Republik anzugehen.

Die IGAD begann als eine Organisation, die sich mit Umweltfragen beschäftigte, insbesondere mit der Dürre am Horn von Afrika. Mehr aus der Not heraus wurde die IGAD in Friedens- und Sicherheitsfragen aktiv.[30] Die Friedens- und Sicherheitskomponente der Organisation umfasst nun ein Programm für politische Angelegenheiten und einige spezialisierte Institutionen wie der *Conflict Early Warning and Response Mechanism*. Dieser Mechanismus ist grundsätzlich funktionsfähig, doch mangelt es an der Umsetzung.[31]

Die Mitgliedstaaten der Arabischen Liga haben ihre Organisation nicht mit ähnlichen Institutionen ausgestattet. Jedoch ist die Arabische Liga ein wichtiger Akteur, um Frieden zwischen ihren Mitgliedstaaten durch ein Nicht-Einmischungsprinzip zu fördern und um UN-Operationen regionale Legitimität zu verleihen wie während der Libyen-Krise 2011 (▶ Kap. 12). Jedoch spielt die Liga in Bezug auf Afrika eine untergeordnete Rolle. Dafur ist eine Ausnahme hiervon, denn in diesem Fall unterstützte sie Liga Präsident al-Bashir und dessen Verweigerung, UN-Truppen nach Darfur zu lassen.[32]

Frieden durch Mediation

Mediation, also die Beilegung eines Konflikts durch die Konfliktparteien selbst mithilfe einer neutralen Partei, die einen Dialog initiiert und/oder unterhält, ist ein Mittel im Bereich der Konfliktprävention, im *peacemaking* und im *peacekee-*

ping. Ignoranz, Arroganz, Voreingenommenheit, Unvermögen, Hast, mangelnde Flexibilität und falsche Versprechen sind laut Lakhdar Brahimi und Salman Ahmed die »sieben Todsünden« der Mediation.[33] Nur wenige Menschen sind in der Lage, diese »Sünden« zu vermeiden, was die Anzahl potentiell effektiver Mediatorinnen und Mediatoren drastisch reduziert. Noch problematischer ist, dass die Arbeit von Mediatoren und Mediatorinnen durch ihr Mandat eingeschränkt ist. Häufig sind schnelle Resultate gewünscht und es gibt eine Tendenz, die Konfliktursachen und -dynamiken auszublenden und sich zumindest implizit auf die Seite einer Konfliktpartei zu stellen. So sind in Somalia seit 1990 einige Mediationsversuche gescheitert, weil zwei Ziele vermischt wurden (die Wiederbelebung einer Zentralregierung und ein Aussöhnungsprozesses innerhalb Somalias), weil die Mediatoren zu wenig über die somalische Politik und Kultur wussten und weil es keine Strategie, keine Neutralität und mangelnden internationalen Willen gab.[34] Antonia Witts Untersuchung der Mediationsversuche in Madagaskar nach einem Coup 2009 zeigt Inkonsistenzen der Mediation und Herausforderungen auf, denen die Mediatoren ausgesetzt waren. Das Mandat des SADC-Chefmediators, der ehemalige mosambikanische Präsident Joaquim Chissano, unterstellte, es handele sich um eine freiwillige und konsensuale Mediation. Die Realität war jedoch anders, denn die Konfliktparteien baten nicht um eine Mediation, was die Grundannahme einer freiwilligen Teilnahme *ad absurdum* führte. Zudem war ein Zeitplan bis zu den Wahlen bereits vor Beginn der Mediation festgelegt, was der Idee widersprach, einen von den Parteien getragenen, offenen Prozess zu haben. Laut Witt bedeutet dies, »dass die Mediatoren eher als Verhandler agierten und gelegentlich auf Zwangsmaßnahmen zurückgriffen, um eine schnelle Wiederherstellung der verfassungsmäßigen Ordnung sicherzustellen. Dies schloss den Raum für die tatsächliche Mediation und die Suche nach politischen Lösungen für die Krise [in Madagaskar] jenseits von Wahlen.«[35]

Auch Uneinigkeit zwischen den Mitgliedstaaten einer Organisation, die Mediatorinnen und Mediatoren entsendet, und Dissens zwischen der AU und einer regionalen Wirtschaftsgemeinschaft können Mediation kompromittieren.[36] Ein paar Beispiele: Während der Krise in Côte d'Ivoire 2010 strebte die AU eine Machtverteilung an, wohingegen die ECOWAS drohte, den abgewählten Präsidenten gewaltsam zu entfernen (▶ Kap. 9). Während der Libyen-Krise 2011 wollte die AU eine Mediation, war aber zu unerfahren in der Mediation von Konflikten mit einer solch geopolitischen Bedeutung und war zudem gespalten, denn manche afrikanische Regierungen unterstützten Gaddafi, wohingegen andere ihn ablehnten.[37] Die Arabische Liga unterstützte gar die NATO-geführte Intervention gegen Gaddafi (▶ Kap. 12). Als 2013 die Krise in der Zentralafrikanischen Republik tiefer wurde, erkannte die ECCAS den Anführer eines Staatsstreiches, Michel Djotodia, als Präsidenten des Landes an (vermutlich förderte sie sogar den Staatsstreich), während die AU versuchte, Djotodia zu isolieren. Und in Burkina Faso insistierte die AU darauf, diejenigen zur Verantwortung zu ziehen, die 2015 einen Staatsstreich unternommen hatten, während sich die ECOWAS für eine Amnestie aussprach.[38] Es ist offensichtlich, dass solche Uneinigkeit Mediations- und Vermittlungsversuche unterminieren und deshalb kontraproduktiv für das Konfliktmanagement sind.

In anderen Fällen war Mediation erfolgreich wie die von Kofi Annan 2008 in Kenia nach der umstrittenen Wahl dort (▶ Kap. 9) oder 2019 im Sudan, als AU-Mediatoren ein Abkommen zwischen der Junta, die die Macht nach dem Sturz al-Bashirs übernommen hatte, und Repräsentanten der Zivilgesellschaft aushandelten. Sie einigten sich auf eine gemeinsame Übergangsregierung für drei Jahre und dankten den Mediatoren, den Weg für dieses Abkommen geebnet zu haben.[39] Diese Fälle zeigen, dass Mediation ein wirkungsvolles Instrument sein kann, wenn diejenigen, die Mediation übernehmen, die Möglichkeit haben, ihre Aufgaben unter Vermeidung der oben genannten Sünden auszuführen und wenn außer den Mediatoren und Meditarionnen niemand sonst von außen in den Prozess eingreift.

Macht teilen, Frieden schaffen

Machtteilung, also die Verteilung von Regierungspositionen zwischen Konfliktparteien, wird immer wieder als friedenschaffendes Mittel (*peacemaking*) in Afrika genutzt. Zwischen 1990 und 2011 gab es 41 Friedensabkommen mit einer solchen Machtteilungsregelung.[40] Eine solche Regelung ist eine Alternative zu dem oft vorherrschenden Denken, der Gewinner bekomme alles, denn eine Machtteilung ist eine gesichtswahrende Lösung für alle Konfliktbeteiligten und scheinbar für all diejenigen profitabel, die in einem Umfeld streiten, in dem der Zugang zu staatlichen Ressourcen zentral ist (▶ Kap. 7). Deshalb wird angenommen, dass die Streitenden wenig geneigt sind, eine solche Machtteilungsvereinbarung zu untergraben. Außerdem senkt eine solche Vereinbarung das Risiko einer Sezession und stützt damit die territoriale Integrität, ein wichtiges Anliegen der internationalen Politik und der AU.

Eine Machtteilung gab u. a. in Angola (1994) sowie in Kenia (2008) und in Simbabwe (2008) nach umstrittenen Wahlen in diesen Ländern (▶ Kap. 9). Zwei Faktoren bestimmen, ob solche Arrangements funktionieren: Erstens, die Verteilung von Gewalt, also die Frage, ob eine Konfliktpartei den Opferstatus alleine beanspruchen kann oder ob alle Parteien Gräueltaten begangen haben oder die Fähigkeit hatten, diese zu verüben und zweitens der Grad der Kohäsion zwischen Eliten, also ob eine gegenseitige Verständigung über Normen entwickelt wurde, die es vereinfacht, eine gemeinsame Basis der weiteren Arbeit zu finden.[41] Während der Transformationsphase in Südafrika (1990–1994) war die Elitenkohäsion hoch und die Verteilung von Gewalt nicht einseitig. Es gab einen Konsens innerhalb der Elite, dass man sich in Richtung einer Mehrheitsregierung bewegen solle sowie Politik und Wirtschaft inklusiver machen müsse, ohne die wirtschaftliche Basis zu zerstören. So konnte die Machtteilung zwischen dem ANC und der *National Party* funktionieren. 1993 war die Situation in Ruanda eine andere, denn hier gab es keine Kohäsion innerhalb der Elite und die Verteilung von Gewalt war einseitig. Effektiv gab das Machtteilungsabkommen zwischen der Hutu Regierung und den Tutsi Rebellen den Hutu Extremisten ein gutes Argument, Tutsi und moderate Hutu im folgenden Genozid zu töten (▶ Kap. 10).[42]

Kurzfristig scheinen Machtverteilungsarrangements attraktiv. Langfristig können sie jedoch nach hinten losgehen, da sie diejenigen an die Macht bringen, die nicht vor Gewalt zurückschrecken, um ihre Ziele zu erreichen, und die nicht immer bereit sind, im Sinne der Bevölkerung zu regieren und Missstände zu überwinden.[43] Mit anderen Worten, Machtteilung kann auch ein Anreiz für Gewalt sein. Sie kann auch Aussöhnungs- und Transformationsprozesse negativ beeinflussen, denn eine Machtteilung kann eine spezifische politische Kultur am Leben halten, anstatt den politischen Raum zu öffnen.[44] Am Ende ist ein Machtteilungsarrangement eine Kosten-Nutzen-Kalkulation. Die Kosten und Risiken können nach einem langen und vertrackten Konflikt akzeptabel sein, während sie in anderen Fällen zu hoch sind und deshalb ein solches Arrangement vermieden werden sollte.[45]

Friedensoperationen und Führungsrivalitäten

Der Begriff »Friedensoperationen«, häufig auch nur *peacekeeping* genannt, steht für eine breite Spanne an Aktivitäten. Das *Stockholm International Peace Research Institute* (SIPRI) definiert Friedensoperationen als Operationen von den UN oder vom UN-Sicherheitsrat autorisiert, die ein Friedensabkommen implementieren helfen, den Friedensprozess unterstützen, Konfliktprävention betreiben oder friedensschaffende Maßnahmen durchführen.[46] Andere haben ein breiteres Verständnis, indem sie auch nicht von den UN autorisierte Friedensoperationen als solche betrachten wie Zwangsmaßnahmen um Waffenstillstände, Friedensabkommen oder den Willen, den UN-Sicherheitsrats durchzusetzen.[47] Nach dieser Definition umfassen Friedensoperationen militärische und/oder zivile Aktivitäten, um Konflikte zu verhindern sowie um Frieden zu schaffen, zu halten, zu fördern und zu erzwingen.

Laut SIPRI gab es im Zeitraum 1990–2018 insgesamt 86 Friedensoperationen in Afrika (Ägyptens Sinai-Halbinsel ist ausgenommen), von denen 27 von afrikanischen Organisationen, zwei von Südafrika und eine von einer *ad hoc* Koalition (Burkina Faso, Gabun, Mali und Tschad) durchgeführt wurden. Überdies gab es 36 UN-Operationen, 14 der EU, vier französische und eine des *Commonwealth* sowie eine UN-AU-Hybridoperation.[48]

Es gibt heute kaum noch Konfliktmanagementsituationen in Afrika (und in anderen Weltregionen), bei denen nur eine internationale Organisation, ein Einzelstaat oder eine *ad hoc* Koalition versucht, Frieden und Sicherheit zu wahren und wiederherzustellen.[49] Stattdessen komm es zu sogenannten Multi-Akteurs-Friedensoperationen, bei denen mindestens zwei Akteure parallel oder sequentiell Truppen bzw. Zivilpersonal entsenden oder diese unter ein gemeinsames

Kommando stellen, so dass eine Hybridoperation entsteht. Ein Extrembeispiel für eine solche Multi-Akteurs-Friedensoperation ist die Zentralafrikanische Republik, wo es zwischen 1990 und 2014 nicht weniger als 13 Friedensoperationen von unterschiedlichen Organisationen, Einzelstaaten und *ad hoc* Koalitionen gab,[50] ein wahrer »Patchwork Interventionismus.«[51]

Rafael Biermann und Joachim Koops halten in ihrer Analyse der Beziehung internationaler Organisationen zueinander fest, dass der Normalzustand zwischen diesen nicht Harmonie sei, sondern potentieller oder tatsächlicher Konflikt. Dieser Zustand müsse aktiv überwunden werden.[52] Dies gilt auch für die Beziehung zwischen internationalen Organisationen, die Friedensoperationen in Afrika durchführen. Der Fall Mali zeigt dies. Der Sturz Gaddafis führte 2011 zu einem politischen Vakuum in der Sahel, wo die Tuareg nach Unabhängigkeit strebten (▶ Kap. 9). Letztere brachten 2012 rasch große Teile Nordmalis unter ihre Kontrolle, führten die Scharia ein und zwangen mehr als 400 000 Zivilisten zur Flucht. Mitte 2012 ersuchten die AU und die ECOWAS den UN-Sicherheitsrat, eine Operation zu autorisieren, um den Frieden in Mali wiederherzustellen. Es gab Unstimmigkeiten zwischen der AU und der ECOWAS bezüglich der Führungsrolle, die erst durch einen Vorschlag der UN, die Operation *African-led International Support Mission to Mali* (AFISMA) zu nennen und somit keine der Organisationen zu erwähnen, überwunden werden konnten. Die unterschiedlichen Vorstellungen bezüglich der Führungsrolle waren damit aber nicht vom Tisch. Einige Staaten der Region bevorzugten eine ECOWAS-Operation und die Präsidenten Guineas, Nigers und Senegals baten später auch Frankreich, militärisch aktiv zu werden. Der Präsident des Nigers wünschte sich, sein Land vor einer »Ansteckung« zu bewahren.[53] Die AU-Kommission glaubte allerdings, sie könne die Führungsrolle übernehmen. Der UN-Sicherheitsrat autorisierte AFISMA letztlich am 20. Dezember 2012. Allerdings sollte die Operation erst im September 2013 beginnen. Frankreich und den USA übten Druck aus, dass die Truppen erst angemessen trainieren, ehe sie entsandt werden.

Frankreich nahm nun eine aktivere Rolle ein. Der französische Verteidigungsminister warnte, »wenn nichts getan wird, um die Situation in Mali anzupacken, werde das Gebiet zu einem Rückzugsort für Terroristen.«[54] Frankreich fing mit der Planung einer groß angelegten Militäroperation an und entsandte im Januar 2013, als sich die Sicherheitssituation weiter verschlechterte, ohne Konsultation der AU die französische *Opération Serval*. Vor vollendete Tatsachen gestellt, sah die AU die Notwendigkeit nachzuziehen.[55] Erste AU-Truppen kamen eine Woche nach Beginn der *Opération Serval* in Mali an – trotz des erst für September geplanten Operationsbeginns. Frankreich kontrollierte das Konfliktmanagement zwar streng, ging aber trotzdem bald daran, nach einer Exit-Strategie zu suchen. Nicht nur logistische und finanzielle Gründe führten dazu, dass Frankreich die UN (und die EU) anstatt der AU wählte, um Unterstützung zu erhalten. Für Frankreich war es ebenso wichtig, weiter Einfluss auf die Situation in Mali zu haben und dies konnte eher über die UN als über die AU sichergestellt werden. Anfang 2013 hatte die AU zwar grundsätzlich zugestimmt, AFISMA in eine UN-Operation zu überführen, stellte allerdings eine Reihe von Bedingungen, u. a. die, weiterhin eine gewichtige Rolle im Konfliktmanagement einzunehmen.[56]

Aufgrund französischen Drucks schuf der UN-Sicherheitsrat die *UN Multidimensional Integrated Stabilization Mission in Mali* und sprach sich für eine enge Zusammenarbeit mit der AU aus.[57] Dies war jedoch weit von der zentralen politischen Rolle, auf die die AU gehoffte hatte, entfernt.[58] Die AU war frustriert und lamentierte, »dass diese Situation nicht im Einklang mit dem Geiste der Partnerschaft ist, den die AU und die UN seit Jahren anstreben.«[59]

Ähnliche Spannungen zwischen den UN und der AU sowie zwischen der AU und einer regionalen Wirtschaftsgemeinschaft traten während der Krise in der Zentralafrikanischen Republik (2013/2014) zutage. Die ECCAS strebte die Führungsrolle im Konfliktmanagement an, doch die AU übernahm diese zunächst. Die UN nahmen dann der AU die Führung wieder früher weg, als von der AU antizipiert. Und Frankreich hielt wieder den Schlüssel für die Aufgabenverteilung zwischen den Organisationen in der Hand. Solche Auseinandersetzungen zwischen internationalen Organisationen können dramatische Konsequenzen für die Zivilbevölkerung haben. So führte die verzögerte Transformation der ECCAS- in eine AU-Operation in der Zentralafrikanischen Republik zu einer sich verschlechternden Sicherheitslage – zumindest konnte sie die Verschlechterung der Situation nicht aufhalten. Die Anzahl der Menschen, die Hilfe brauchten, die Anzahl der Flüchtenden und die Anzahl der Opfer stiegen in dieser Phase stark und gaben Frankreich letztlich einen Grund, seine *Opération Sangaris* zu beginnen.[60]

Die Beziehungen zwischen den UN und der AU war nicht immer so angespannt, wie die Streitigkeiten bezüglich der Führungsrolle beim Konfliktmanagement in Mali und der Zentralafrikanischen Republik nahelegen. In der frühen Phase ihrer Existenz brauchte die AU die UN nach einer bestimmten Operationsdauer, weil sie selbst keine Erfahrung darin hatte, längere Operationen durchzuführen und die UN daher besser geeignet war, langfristig die Verantwortung zu übernehmen. Im Sudan entsandten die Organisationen sogar eine gemeinsame Operation, die UN-AU-Hybridoperation in Darfur. Grundsätzlich bevorzugte es die AU, Übergangsoperationen durchzuführen, die den Weg für UN-Operationen ebneten. Auch strebt die AU stets an, dass sich afrikanische Staaten dann an diesen UN-Operationen beteiligen. Kurz, die UN und die AU kooperierten.[61]

Dieser Modus änderte sich schrittweise in den folgenden Jahren und die Beziehungen der AU und UN kühlten ab. Dies liegt u.a. daran, dass die AU seit 2005 mit ihrer Friedensoperation in Somalia feststeckt, obwohl die UN früh Signale sandte, dort Verantwortung übernehmen zu wollen.[62] Zudem fand die AU die Reduzierung ihrer Rolle auf die eines »Feuerwehrmanns«, der die schwere Arbeit macht und danach freiwillig geht oder zum Gehen gezwungen wird, zusehens schwierig. Spätestens mit der Marginalisierung der AU während der Libyen-Krise 2011 (▶ Kap. 12) trat die Konkurrenz zwischen den Organisationen offen zutage, obwohl es eine gegenseitige Abhängigkeit beider dahingehend gab, dass sie sich gegeseitig Legitimität sicherten.[63] Die angespannten Beziehungen sind auch darauf zurückzuführen, dass beide Organisationen fortwährend ihre Relevanz unterstreichen müssen, um sich Gelder in einem Politikfeld mit endlichen Ressourcen zu sichern. Dies führt zu dem von Biermann und Koops beschriebenen Normalzustand des Konflikts zwischen Organisationen. Folglich gibt es ein Misstrauen innerhalb der AU gegenüber dem UN-Sekretariat. Die Beziehungen beider konnten sich erst recht nicht verbessern, als das UN-Sekretariat einen Vorschlag zur besseren Finanzierung für UN-mandatierte AU-Operationen zu Lasten der AU verwässerte.[64] Da die AU aber generell die Zustimmung der UN für ihre Friedensoperationen haben möchte, bevorzugt sie es, direkt mit dem UN-Sicherheitsrat zu arbeiten.[65] Dennoch bleibt die Kommunikation zwischen »Afrika« und den UN schwierig, denn die drei afrikanischen Staaten im UN-Sicherheitsrat arbeiten zu häufig in »isolierten Silos«, koordinieren sich wenig und haben keine gemeinsame Strategie, während es dem kleinen AU-Büro bei den UN zudem »an Effektivität mangelt.«[66]

Erfolg und Scheitern von Friedensoperationen

Die Frage, ob Friedensoperationen erfolgreich sind oder nicht, hat eine intensive Debatte in der Wissenschaft ausgelöst. Edward Luttwak argumentiert, wir sollten dem »Krieg eine Chance geben« und ihn seinen »natürlichen Gang lassen«, bis die »Kriegsteilnehmer erschöpft sind oder einer entscheidend gewinnt«,[67] weil so nachhaltiger Frieden enstünde. William Zartman nimmt an, dass Konflikte »reif« sein müssen, um gelöst zu werden. Nur wenn es ein »gegenseitig wehtuendes Patt« gäbe, habe Konfliktmanagement eine größere Chance, Frieden zu bringen.[68] Andere betrachten Friedensoperationen als hilfreicher und wünschenswerter und tun dies unabhängig vom Timing – nicht zuletzt angesichts des Leidens der Bevölkerung.

Eine nuancierte Antwort auf die Frage nach dem Erfolg von Friedensoperationen hängt von der Definition des Begriffs »Erfolg« ab. Einige betrachten es als Erfolg, wenn Gewalt nicht wiederaufflammt.[69] Sie beziehen sich damit auf das, was »negativer Frieden« genannt wird, also die Abwesenheit von Krieg und Gewalt.[70] Andere sind mehr daran interessiert, ob Friedensoperationen den Weg für liberale Institutionen oder gar Demokratie ebnen, und untersuchen deshalb die Auswirkungen von Friedensoperationen auf den sogenannten »positiven Frieden«[71] und verstehen unter Erfolg das Erreichen dessen.

Wie man negativen Frieden erreicht ...

Beginnen möchte ich mit den Faktoren, die die Entstehung von negativem Frieden durch Friedensoperationen erklären. Der vom UN-Sicherheitsrat im Jahr 2000 verabschiedete Brahimi Report analysierte vergangene Friedensoperationen und stellte u. a. fest, dass eine schnelle Entsendung, robuste und realistische Mandate sowie eine klare Strategie für eine erfolgreiche Operation notwendig seien.[72] Wissenschaftliche Arbeiten spiegeln dies wider und betonen zudem weitere Faktoren. Zu ihnen gehören internationales Engagement, Kooperation gewichtiger

Staaten, kompetente Operationsführung und kompetentes Personal, klare und funktionierende Kommandostrukturen, Koordination nach innen und außen, Grad der Feindseligkeiten vor Ort, sozioökonomischer Entwicklungsstand, *ownership* sowie Beachtung der Konfliktursachen.[73]

Insbesondere der Grad des internationalen Engagements erklärt, ob Friedensoperationen Frieden sichern können.[74] Weiterhin bestimmen der Grad der sozioökonomischen Leistungsfähigkeit und der Grad der Feindseligkeiten innerhalb eines Landes maßgeblich die Chancen auf Frieden. Michael Doyle und Nicholas Sambanis verwenden diese drei Faktoren und konstruieren damit ihr *peacebuilding triangle* (Dreieck, um Friedensschaffung zu erklären), eine der wenigen theoretischen Arbeiten zu Friedensoperationen. Nach diesem Dreieck bestimmen der Grad des internationalen Engagements (die Stärke und das Mandat der Friedensoperationen und das Ausmaß der wirtschaftlichen Hilfe), der Grad der lokalen Feindseligkeit (gemessen durch mehrere Faktoren wie die Anzahl der Toten und Flüchtenden, den Kriegstyp und die Anzahl der Konfliktparteien) und der Grad der lokalen Leistungsfähigkeit (gemessen u. a. durch das Bruttoinlandsprodukt und die Abhängigkeit von natürlichen Ressourcen), ob der Frieden nachhaltig ist.[75]

Zwei Beispiele illustrieren dieses Modell und erklären, wie das Dreieck funktioniert. Nachdem 1999 das Lomé Friedensabkommen geschlossen wurde, um den Bürgerkrieg in Sierra Leone zu beenden, sank der Grad der Feindseligkeiten. Das internationale Engagement war hoch, denn es gab ein robustes Mandat für die UN-Truppen, einen signifikanten Beitrag Großbritanniens und große Unterstützung für die Übergangsjustiz (siehe unten).[76] Die lokale Leistungsfähigkeit war hingegen gering. Dennoch öffneten der relativ geringe Grad an Feindseligkeiten und das große internationale Engagement Raum für Frieden und wogen zusammen die geringe lokale Leistungsfähigkeit auf. Während der Krise in der Zentralafrikanischen Republik (2014) war der Grad der Feindseligkeiten höher, die Kämpfe dauerten an und es gab blutige Attacken und Vergeltungsattacken unterschiedlicher Gruppen. Die lokale Leistungsfähigkeit war gering; das Land hinkte in sozioökonomischer Hinsicht sowie in Bezug auf den Aufbau staatlicher Institutionen hinterher und das internationale Engagement war halbherzig, wie die Umschreibung »Patchwork Interventionismus« nahelegt (siehe oben). Das Dreieck war daher klein und signalisierte damit eine höhere Wahrscheinlichkeit für ein Wiederaufflammen des Konflikts, was auch – anders als in Sierra Leone – geschah.[77]

Der Grad lokaler Feindseligkeit kann reduziert werden, indem man sicherstellt, dass es keine aktiven Störer (*spoiler*) im Friedensprozess gibt. Solche Störer, d. h. »Anführer und Parteien, die glauben, dass ein durch Verhandlung entstehender Frieden ihre Macht, ihr Weltbild und ihre Interessen gefährdet, und die daher Gewalt nutzen, um Versuche, diesen zu erreichen, zu untergaben«,[78] gibt es immer im Konfliktmanagement. Es genügt auf den Fall der Hutu Extremisten in Ruanda zu verweisen, die das Arusha-Abkommen ablehnten, um zu zeigen, dass Störer eine große, wenn nicht gar die größte Gefahr beim Konfliktmanagement sind (▶ Kap. 10). Steven Stedman identifiziert drei Typen von Störern: begrenzte, gierige und totale. Begrenzte Störer verfolgen eng gefasste Ziele, wie die

Anerkennung von Missständen, die Teilung oder Beschränkung von Macht sowie Sicherheitszusagen für ihre Gefolgsleute. Gierige Störer wollen mehr, wägen Kosten und Nutzen ab und legen ihre Ziele entsprechend fest. Im Gegensatz hierzu suchen totale Störer die totale Macht und die exklusive Anerkennung ihrer Autorität. Sie sind unwillens, zu verhandeln oder einen Kompromiss einzugehen. Sie verfolgen oft radikale Ideologien und nehmen an, dass der Zugang zu totaler Macht es ihnen erlaubt, eine (gewaltsame) Transformation der Gesellschaft durchzuführen, die dann ihrer Ideologie folgt.[79]

Es gibt drei Strategien, mit Störern umzugehen: Anreiz, Sozialisation und Zwang. Anreiz bedeutet, den Störern zu geben, was sie wollen. Sozialisation bezieht sich darauf, das Verhalten von Störern zu ändern, d. h. sie dazu zu bringen, etablierte Normen und Prinzipien zu respektieren. Zwang (oder Bestrafung) ist eine gewaltsame Reduktion der Fähigkeiten von Störern, einen Friedensprozess zu beeinflussen. Die richtige Strategie ist in Abhängigkeit von der Position, der Anzahl, des Typs und des Orts der Störer zu wählen.[80] So kann man begrenzten Störern so lange Anreize gegeben, wie ihre Forderungen den Friedensprozess nicht gefährden oder unverrückbare, vollendete Tatsachen schaffen, die die Politik und Gesellschaft nach dem Konflikt negativ beeinflussen. Wäre dies der Fall, wären Einbindung oder Zwang die besseren Handlungsoptionen. Dies steht in Verbindung mit der Kosten-Nutzen-Analyse, die ich oben in Bezug auf Machtverteilungsarrangements erwähnt habe. Die Aufnahme Mangosuthu Buthelezis in die erste Regierung in post-Apartheid Südafrika ist ein Beispiel dafür, wie man die Forderungen eines begrenzten Störers befriedigen kann. Denn dies half, einen Bürgerkrieg in der Provinz KwaZulu Natal zu beenden, der u. a. von der *Inkatha Freedom Party*, der Buthelezi vorstand, geführt wurde (▶ Kap. 2). Die Situation stellt sich bei gierigen Störern anders dar. Hier ist deren Sozialisation oftmals die beste Strategie. Die Art und Weise, wie die *Front islamique du salut* (FIS) während des algerischen Friedensprozesses behandelt wurde, zeigt dies. Die FIS-Führung hörte erst auf, den Friedensprozess zu stören, als die Regierung eine Amnestie gegenüber ihrem bewaffneten Flügel, der *Armée Islamique du Salut*, und Freiheit für einige FIS-Anführer gewährte. Zuvor gab es nur Gespräche über eine Reduktion von Strafen, aber nicht über eine Amnestie. Die FIS rang diese Konzession der Regierung ab, die willens war, diese »Gier« der FIS zu befriedigen, um sie einzubinden.[81] Totalen Störern begegnet man am besten mit Zwang. Die *Lord Resistance Army* (LRA), eine ideologiegetriebene christliche Rebellengruppe, die die ugandische Regierung bekämpfte und Teile Ugandas sowie seine Nachbarländer destabilisierte, weigert sich, an einem Friedensprozess teilzunehmen. Um diesen totalen Störer zu schwächen, gibt es eine internationale Intervention, die u. a. US-Truppen umfasst und den LRA-Anführer Joseph Kony aufspüren soll. Weiterhin gab es die populäre, aber kontroverse Kampagne »Kony 2012« der Organisation *Invisible Children* und Verfahren vor dem Internationalen Strafgerichtshof (ICC) gegen Führungsfiguren der LRA. Diese Zwangsmaßnahmen ließen die LRA weitgehend verstummen.

... und positiver Frieden?

Es gibt viele Gründe zu schlussfolgern, dass Friedensoperationen helfen, negativen Frieden zu schaffen.[82] Jedoch verändern Friedensoperationen kaum die Beziehung zwischen Staat und Gesellschaft und die zugrunde liegenden politischen und sozialen Systeme inklusive des Neopatrimonialismus.[83] Ihr Beitrag zur Demokratisierung und zum Ausbilden starker Institutionen im Sinne von Max Weber (▶ Kap. 7) ist ebenso fraglich.[84] Roland Paris argumentiert gar, der Prozess der politischen und wirtschaftlichen Liberalisierung könne destabilisierende Nebeneffekte haben und so die Konsolidierung von Frieden behindern und manchmal sogar zu neuen Kämpfen führen, wie z.B. in Angola und Ruanda.[85] In Bezug auf Kongo-Kinshasa demonstrieren Sarah von Billerbeck und Oisín Tansey, dass Friedensoperationen faktisch autoritäre Systeme stützen, indem sie entweder den Amtsinhabern helfen, Kapazitäten aufzubauen, oder indem sie signalisieren, autoritäres Verhalten sei akzeptabel.[86] Und Malte Brosig hält fest, dass in neopatrimonialen Systemen Friedensoperationen die Möglichkeit eröffnen, dass Renten generiert werden und dass eine solche Rentenökonomie einen Konflikt verlängern oder gar exportieren kann.[87]

In diesem Zusammenhang steht auch Tabelle 7, die einen weiteren Hinweis auf die Grenzen von Friedensoperationen liefert. Sie zeigt alle UN-Friedensoperationen in Afrika seit 1989 und die Indexwerte zum Ausmaß des Neopatrimonialismus eines Landes. Die angegebenen Werte beziehen sich auf das Jahr, in dem die Operation begann, das Jahr, in dem sie endete, und fünf Jahre nach dem Ende der Operation.[88] Die Werte liegen zwischen null und eins; je höher der Wert ist, desto weiter verbreitet ist der Neopatrimonialismus. Ich konzentriere mich hier auf UN-Friedensoperationen, weil diese Organisation mehr als jede andere im Bereich *peacebuilding* tätig ist. Dabei nehme ich an, dass Friedensförderung das Element des internationalen Konfliktmanagements ist, das am ehesten eine Veränderung in der Beziehung zwischen Staat und Gesellschaft bringen kann. Zweifelsohne bleibt die Frage, ob man den Grad des Neopatrimonialismus mit einer Zahl versehen kann. Doch zur Illustration genügt dieser Index. Die Daten in Tabelle 7 zeigen, dass bis auf die Fälle Côte d'Ivoire, Kongo-Kinshasa und Liberia (2003–2018) – drei Fälle, in denen der Indexwert deutlich fiel – die Indexwerte mehr oder weniger gleichblieben, was nahelegt, dass es keine Veränderung bezüglich der Verbreitung des Neopatrimonialismus gab. In drei Fällen stieg der Wert sogar deutlich an: in Burundi, Liberia (1993–1997) und Ruanda. Ich möchte damit nicht sagen, dass es eine kausale Verbindung zwischen Friedensoperationen und dem Ausmaß des Neopatrimonialismus gibt. Vielmehr möchte ich darauf hinweisen, dass Friedensoperationen solche mehr oder minder stark ausgeprägten Systeme kaum verändern können. Weitere Forschungen sollten diesen vorläufigen Befund bestätigen – oder zurückweisen.

Tab. 6: Neopatrimonial Indexwert zu Beginn, zum Ende und fünf Jahre nach Ende eines Konflikts.[89]

		Neopatrimonial Index Score		
	Zeitraum	Beginn	Ende	fünf Jahre nach Ende des Konflikts
UN Angola Verification Mission I (UNAVEM I-III)	1989–1997	0,799	0,825	0,821
UN Operation in Mozambique (ONUMOZ)	1992–1994	0,589	0,577	0,483
UN Operation in Somalia I (UNOSOM I & II)	1992–1995	0,753	0,699	0,729
UN Assistance Mission for Rwanda (UNAMIR)	1993–1996	0,514	0,743	0,704
UN Observer Mission in Liberia (UNOMIL)	1993–1997	0,640	0,824	0,771
UN Observer Mission in Angola (MONUA)	1997–1999	0,825	0,846	0,839
UN Mission in Sierra Leone (UNAMSIL)	1999–2005	0,725	0,666	0,707
UN Organization Mission in the Democratic Republic of the Congo (MONUC)	1999–2010	0,922	0,830	0,880
UN Mission in the Central African Republic (MINURCA)	1998–2000	0,677	0,687	0,799
UN Observer Mission in Sierra Leone (UNOMSIL)	1998–1999	0,728	0,725	0,607
UN Mission in Côte d'Ivoire (MINUCI)	2003–2004	0,592	0,637	0,602
UN Mission in Liberia (UNMIL)	2003–2018	0,795	0,522	–
UN Operation in Burundi (ONUB)	2004–2006	0,583	0,774	0,787
UN Operations in Côte d'Ivoire (UNOCI)	2004–2017	0,637	0,434	–
UN Mission in the Sudan (UNMIS)	2005–2011	0,855	0,888	0,884

Séverine Autesserre erweitert die Literatur zu Friedensförderung, indem sie in das hineinblickt, was sie »Friedensland« (*peaceland*) nennt. Hier untersucht sie die alltägliche Politik der externen Helferinnen und Helfer (*peacebuilders*) und deren tägliches Handeln. Basierend auf ihrer ethnographischen Feldarbeit in Kongo-Kinshasa illustriert sie, wie das Denken, Verhalten und die Anreize der *peacebuilders* deren eigene Bemühungen untergraben. Aus Autesseres Sicht arbeiten sie in zweierlei Hinsicht kontraproduktiv. Einerseits haben sie häufig kein vertieftes Wissen über die Bedingungen vor Ort. Kaum eine/einer von ihnen spricht die lokale Sprache oder ist mit der Kultur des Landes vertraut. Stattdessen bringen sie eine oftmals durch eine vorherige Aufgabe gewonnene Blaupause mit und »wertschätzen thematische Expertise mehr als lokales Wissen.«[90] Sie präferieren kurzfristige Lösungen, die von oben geplant und implementiert werden, was sich damit erklärt, dass sie nicht lange im Land bleiben werden und deshalb schnelle Resultate wollen, die sie ihren Vorgesetzten präsentieren können. In einem solchen Umfeld entstehen kaum vielschichtige Konfliktmanagementansätze, die die politischen, wirtschaftlichen und sozialen Bedingungen und Notwendigkeiten vor Ort in all ihrer Komplexität in den Blick nehmen. Stattdessen nutzen die *peacebuilders* häufig anderswo erlernte Routinen und Praktiken. Andererseits bleiben aufgrund ihrer kurzen Aufenthaltsdauer und der Sicherheitsbedenken die *peacebuilders* innerhalb dessen, was ich eine »internationale Blase« nenne, also in einem geschützten Raum, in dem sie sich mit anderen Ausländerinnen und Ausländern auszutauschen können. Diese Blase, die eine berufliche und eine private Dimension hat, schützt die *peacebuilders*. Sie verhindert aber auch einen Austausch mit der lokalen Bevölkerung, die im Gegenzug das Handeln der *peacebuilders* als weniger legitim betrachtet, auch weil es so wenig lokales *ownership* gibt.[91] So schaffen die *peacebuilders* ein sich verbreitendes Gefühl der Demütigung und Ressentiments innerhalb der Bevölkerung, was lokale Interessenvertreterinnen und -vertreter dann ermutigt, Vorschlägen auszuweichen, sie zu verändern oder sich ihnen zu widersetzen.[92] Dabei ist es aber wichtig, die lokale Bevölkerung am Friedensprozess zu beteiligen, denn innerhalb der Bevölkerung rekrutieren Rebellengruppen (▶ Kap. 10). Mit anderen Worten, lokale Unterstützung für die *peacebuilders* senkt das Risiko, dass ein Konflikt andauert oder wieder aufflammt. Gleichzeitig gibt es gute Gründe für die Abgrenzung der *peacebuilders* von der lokalen Bevölkerung. Hierzu gehören das Streben, unvoreingenommen zu bleiben und sexuelle Übergriffe zu vermeiden, ein Problem, das frustrierenderweise weitverbreitet ist. Angesichts dieser Bedenken sind Autesserres Verbesserungsvorschläge schwierig umzusetzen. Sie zeigen einmal mehr, dass Konfliktmanagement eine komplexe Aufgabe und eine Kosten-Nutzen-Analyse ist und dass positiver Frieden schwierig zu erreichen ist.

Übergangsjustiz

Übergangsjustiz oder *transitional justice* ist ein in den 1990er-Jahren geprägter Überbegriff, der eine Bandbreite verschiedener Mechanismen und Institutionen, einige lokal, einige international, beschreibt, die sich mit der Vergangenheitsbewältigung nach Konflikten oder Zeiten der Unterdrückung auseinandersetzen. Zu diesen Mechanismen und Institutionen gehören Tribunale, *ad hoc* Gerichte, Wahrheitskommissionen, Erinnerungsprojekte sowie permanente Gerichte wie der *African Court on Human and Peoples' Rights* und der ICC in Den Haag. Im Folgenden konzentriere ich mich auf lokale bzw. von den betroffenen Ländern angeforderte Übergangsjustiz. Den ICC bespreche ich im folgenden Kapitel. In der Debatte zur Übergangsjustiz werden häufig Frieden und Gerechtigkeit einander gegenübergestellt. Zudem wird auf einen Zielkonflikt verwiesen und es wird angenommen, dass eine Entscheidung entweder zugunsten von Frieden oder Gerechtigkeit getroffen werden muss. Ich werde jedoch zeigen, dass es sich in Wirklichkeit selten um eine Wahl für eine Seite handelt, sondern meist eine Verbindung beider Seiten herauskommt.[93]

Wahrheitskommissionen

Die bekannteste Wahrheitskommission ist die südafrikanische Versöhnungs- und Wahrheitskommission (*Truth and Reconciliation Commission*, TRC), die zwischen 1996 und 1998 arbeitete. Ihr Grundgedanke war, dass das Offenlegen von und Sprechen über Menschenrechtsverletzungen und politische Straftaten während der Apartheidzeit Wunden heilen und ein besseres Südafrika aufbauen können. Deshalb war der zentrale Ansatz, dass das Erzählen der Wahrheit zu Amnestie führen würde. Viele Menschen in Südafrika wandten sich gegen den Vorschlag der Amnestiegewährung für »ein bisschen Wahrheit erzählen«[94] und empfanden dies als einen Affront gegen ihre Verfassungsrechte. Man muss sich in Erinnerung rufen, dass das Ende der weißen Minderheitsregierung durch Verhandlung und nicht durch dessen Niederlage erreicht wurde (▶ Kap. 2). Daher sind die TRC, ihre Ziele und Methoden im Kern das Resultat von Verhandlungen und Überlegungen, wie Frieden zu erreichen sei.[95] Zu dieser Zeit gab es auch Angriffe der sogenannten »dritten Kraft«,[96] rechtsgerichtete Afrikaaner, die den Transformationsprozess störten. Diese begrenzten Störer im Sinne der oben benutzten Terminologie erklären mit, warum die Amnestieregelung letztlich von allen relevanten Akteuren trotz deren Bedenken akzeptiert wurde; sie fanden dass »Amnestie der Preis war, der für Frieden zu bezahlen war.«[97]

Auch nach Beginn ihrer Arbeit standen die TRC und ihr Vorgehen in der Kritik. Kurz vor Veröffentlichung des TRC-Abschlussberichts zog der damalige Vizepräsident Mbeki vor Gericht, um die Veröffentlichung zu verhindern. Mbeki wandte sich gegen den Bericht, weil er nicht akzeptieren wollte, dass einige der Handlungen des ANC während dessen Anti-Apartheidkampfes als Menschenrechtsverletzung betrachtet wurden.[98] Er behauptete, dass so der Befreiungskampf teilweise »delegitimiert und kriminalisiert« würde.[99] Präsident Mandela hatte eine andere Sicht auf die Dinge: »Ich hatte keine Bedenken den TRC-Bericht […] zu akzeptieren, mit all seinen Schwächen.«[100] Mandelas Position setzte sich offiziell durch und überschattete Mbekis Kritik. Dennoch zeigt Letztere, wie delikat solche Versöhnungsprojekte sein können.

Wie die TRC, deren Anhörung im Fernsehen übertragen wurde, erregte auch die Wahrheitskommission in Marokko große nationale Aufmerksamkeit. 2006 setzte König Mohammed VI. diese Kommission per Dekret ein und beauftragte sie, die Missbräuche während der Amtszeiten seines Vaters und seines Großvaters zu untersuchen. 20 000 Fälle lagen der Kommission vor. Al-Jazeera übertrug die gut besuchten Opferanhörungen – ein völlig neues Ereignis in der Region.[101] Der Abschlussbericht legte die Verantwortung des Staates für Folter, willkürliche Verhaftung und Verschwindenlassen von Personen dar und schlug vor, die Regierung solle Verfassungsrechte garantieren, die Todesstrafe abschaffen, dem ICC beitreten und Reformen im Sicherheits- und Justizsektor initiieren. Von Entschädigungszahlungen an die Opfer abgesehen implementierte die Regierung jedoch wenige Punkte dieses »Manifests für ein neues Marokko«, wie die Zivilgesellschaft den Abschlussbericht nannte.[102]

Die TRC und ihr marokkanisches Gegenstück sind nur zwei Beispiele für Wahrheitskommissionen in Afrika. Weitere solcher Kommissionen gab es in Uganda (1974), um das Verschwinden von Leuten zu untersuchen; in Simbabwe (1985), um die Repressionen im Matabeleland zu erforschen; in Uganda (1986–1995), um die Missstände während der Obote und Amin Jahre zu untersuchen; im Tschad (1991–1992), um Verbrechen und Veruntreuung des ehemaligen Präsidenten Hissène Habré zu durchleuchten; in Nigeria (1999–2002), um Menschenrechtsverletzung und Missstände zu untersuchen; in Ghana (2002–2004), um die Phasen der nicht-verfassungsgemäßen Regierungen in den Blick zu nehmen; in Sierra Leone (2002–2004), um Menschenrechtsverletzung während des Bürgerkriegs zu untersuchen; in Algerien (2003–2005), um das Verschwinden von Menschen während des Bürgerkriegs zu erklären; in Kongo-Kinshasa (2004–2006), um die politischen und sozioökonomischen Konflikte seit der Unabhängigkeit zu ergründen; in Liberia (2005–2010), um die Menschenrechtsverletzung und die systematische Ausnutzung von Macht zu beleuchten; in Kenia (2009–2013), um u. a. Menschenrechtsverletzung seit der Dekolonisation zu untersuchen; im Togo (2009–2012), um die Zeit nach 1958 zu ergründen; in Tunesien (2014–2016), um größere Menschenrechtsverletzungen seit der Dekolonisation zu untersuchen; und zuletzt in Gambia (seit 2017), um die Zeit unter Präsident Jammeh zu betrachten.[103] Mauritius etablierte 2009 auch eine Wahrheitskommission mit dem Auftrag, die Auswirkungen des Sklavenhandels und der Zwangsarbeit zu untersuchen, was sie von den anderen Kommissionen, die nach Konflikten oder Diktaturen eingesetzt wurden, unterschied.

Ob Wahrheitskommissionen den Frieden fördern können, wird heiß diskutiert.[104] Klarer ist, dass Wahrheitskommissionen nicht in allen Fällen ernst gemeinte Übergangsjustizmechanismen sind, sondern politische Mittel der Amtsinhaber, um entweder eigenes Fehlverhalten zu überdecken oder um Legitimität zu gewinnen.[105] Togo zeigt dies. Die UN schlugen nach gewalttätigen Wahlen 2005 eine Wahrheitskommission vor. Präsident Faure Gnassingbé akzeptierte dies, entschied aber, dass die Kommission den Zeitraum seit 1958 untersuchen sollte, also bis zwei Jahre vor der Unabhängigkeit. »Wollte der Präsident nur eine umfassende Untersuchung oder wollte er, wie viele Analysten annahmen, sicherstellen, dass seine Familie [sein Vater regierte zwischen 1967 und 2005] nicht die einzigen Beschuldigten waren?«[106] In solchen Fällen leisten Wahrheitskommissionen kaum einen Beitrag, die Wunden zu heilen oder den Weg für eine friedliche Gesellschaft zu ebnen. Das Gleiche gilt für Algerien, wo der Abschlussbericht der Wahrheitskommission nicht veröffentlicht, sondern nur dem Präsidenten übergeben wurde. So kommt die Wahrheit nicht ans Licht und kann daher auch nicht zur Versöhnung beitragen. Unter diesen Umständen können solche Kommissionen maximal erreichen, dass Opfer identifiziert und entschädigt werden.

Der Fall Südafrika suggeriert, dass gut geplante und gut implementierte Wahrheitskommissionen zur Versöhnung beitragen und damit auch helfen können, einen nachhaltigen Frieden zu fördern. Wenn jedoch die Regierung, wie im Fall Südafrika geschehen, den Vorschlägen der Kommission in Sachen Entschädigung und Rehabilitation nicht umfassend folgt, schwinden die positiven Effekte der Kommissionsarbeit.[107] Außerhalb Südafrikas gibt es einen eher positiven Eindruck der TRC, der auf den emotionalen Anhörungen und der inspirierenden Rolle von Bischof Desmond Tutus, dem TRC-Vorsitzenden, basiert. Einige Länder kopierten gar das Modell, da sie es als hilfreich erachteten. Menschen in Südafrika, insbesondere die Opfer der Apartheidregierung, haben hingegen einen anderen, kritischeren Blick auf die TRC und einige von ihnen sehen die Kommission als gescheitert.[108] Es scheint, als ob einige von ihnen zu viel von der Kommission erwartet hatten, die nicht damit beauftragt war, die Ungleichheit zu beenden, sondern die Wahrheit aufzudecken und einen Versöhnungsprozess voranzubringen. Man kann argumentieren, die TRC habe einen entscheidenden Beitrag zur Versöhnung geleistet.[109] Die Regierung scheiterte jedoch, anschließend Verbesserungen zu liefern, und aus vielen Gründen wird die TRC dafür verantwortlich gemacht.

Genozid und Gacaca: Massengräuel und Massenjustiz

Ruanda ging einen anderen Weg, um die Vergangenheit aufzuarbeiten. Neben dem vom UN-Sicherheitsrat eingesetzten Internationalen Tribunal für Ruanda, das sich mit den Führungsfiguren des Genozids von 1994 beschäftigen sollte, wurden die *gacaca* etabliert, um mit den tausenden anderen am Genozid Beteiligten umzugehen. *Gacaca* sind ein lokal verankertes Rechtssystem, das auf traditioneller Konfliktlösung beruht und das Straf- und ausgleichende Justiz vereint. Überall in Ruanda wurden tausende *gacaca*-Gremien eingesetzt, um über die vor Ort verübten Straftaten zu verhandeln. Die Institutionalisierung und Verbreitung der *gacaca* entstanden angesichts der schieren Zahl der Beschuldigten; das *gacaca*-System beschäftigte sich mit mehr als zwei Mio. Menschen.[110] Diese Zahl stützt das Argument, kein anderes Land habe so vehement gegen die Straffreiheit gearbeitet wie Ruanda.[111] Diese »Massenjustiz für Massengräuel«[112] zielte darauf ab, die Völkermörderinnen und -mörder zu bestrafen, Entschädigung anzubieten, die Aussöhnung im Land voranzubringen und sich mit den Unschuldigen auseinanderzusetzen. Die *gacaca* konnten Strafen verhängen. Die Furcht hiervor brachte einige dazu, ein Geständnis abzulegen, ermutigte aber auch zu »Lügen,

Halbwahrheiten und Schweigen.«[113] Es gab auch Rachegefühle innerhalb der Gesellschaft. Zudem gab es Bedenken hinsichtlich der Fairness der Verhandlungen, denn Beschuldigte hatten keinen Zugang zu qualifizierten Anwälten und Anwältinnen. Die Tatsache, dass die Verbrechen der *Rwandan Patriotic Front* (RPF), die nach dem Genozid die Macht übernahm (▶ Kap. 10), nicht von den *gacacas* verfolgt wurden, gab dem Gefühl, es handele sich um eine Siegerjustiz, Auftrieb und legte nahe, dass die Regierung diese Institution nutzte, um ihre Macht zu stärken.[114] Folglich gab es »großen Zweifel an dem Beitrag der *gacaca* zur Aussöhnung nach dem Konflikt.«[115] Andere sehen dies positiver. So argumentiert Nick Johnson: »Niemand behauptet, dass die *gacaca* perfekt waren, aber sehr wenige zweifeln hier, dass sie Ruanda retteten.«[116] Aus Sicht der Überlebenden brachten ihre Teilnahmen und Aussagen in den *gacaca* ihnen – und Ruanda im Allgemeinen – Gerechtigkeit und Versöhnung trotz aller Schwächen.[117]

Internationale Tribunale: Der Sondergerichtshof für Sierra Leone als Beispiel

Wie der Fall Ruanda zeigt, gab es auch internationale Tribunale, um mit den führenden Köpfen umzugehen. Ein weiteres solches Tribunal gab es für Sierra Leone, das weit geachtet wurde. Das Lomé Friedensabkommen von 1999 beendete den Bürgerkrieg in Sierra Leone, sicherte den Kämpfenden Amnestie zu und strebte an, eine Versöhnungs- und Wahrheitskommission zu etablieren. Erneute Kämpfe im Jahr 2000 brachten die Regierung jedoch zum teilweisen Umsteuern. Sie erbat die Hilfe der UN beim Aufbau eines Gerichts, dass diejenigen zur Verantwortung ziehen sollte, die Verbrechen während des Bürgerkriegs verübt hatten. Dieses Ersuchen führte 2002 zur Gründung des Sondergerichtshofs für Sierra Leone, um die Hauptverantwortlichen der Verletzungen des Völkerrechts strafrechtlich zu verfolgen.[118] Es gab Verwirrung in Sierra Leone wegen der gleichzeitigen Existenz einer Wahrheitskommission und eines Sondergerichts, aber »viele der Spekulationen über potentielle Probleme und die Beziehungen beider stellten sich als weit gefehlt heraus.«[119]

Das Sondergericht klagte 23 Personen an, von denen einer bedingt und drei freigesprochen wurden. Der prominenteste Angeklagte war der frühere liberianische Präsident Charles Taylor, den kein Verfahren in seinem Heimatland Liberia erwartete, sondern in Sierra Leone für seine Beteiligung am dortigen Bürgerkrieg (▶ Kap. 10). Taylor wurde der erste afrikanische Staatschef, der für Kriegsverbrechen verurteilt wurde. Der Sondergerichtshof wurde angesichts der Tatsache, dass er internationale und lokale Erfahrungen zusammenbrachte, gerühmt. Die Grundidee, das beste zweier Welten zu mischen und so lokales *ownership* und gleichzeitig Unparteilichkeit, Unabhängigkeit und einen hohen Gerichtsstandard zu sichern, funktionierte weitgehend.[120] 2013 beendete der Sondergerichtshof seine Arbeit und der Residualgerichtshof für Sierra Leone übernahm. Wenngleich rechtlich unabhängig und gleichzeitig mit dem Sondergerichtshof für Sierra Leone gegründet, konnte der ICC vom Sondergerichtshof profitieren, denn dieser zeigte, wie die internationale strafrechtliche Verfolgung effektiv funktionieren kann. So half dieser Gerichtshof dem ICC und mehr noch dessen zugrundeliegender Vorstellung, Straffreiheit zu beenden, an Akzeptanz und Legitimität zu gewinnen.

Konfliktmanagement an einer Wegscheide

Wie gezeigt haben internationale Organisationen, betroffene Länder und andere Akteure unterschiedliche Wege gewählt, Konflikte zu bewältigen und mit der Vergangenheit umzugehen. Sie haben diese Aufgaben mehr oder weniger erfolgreich gemeistert, abhängig vom Maßstab, den man anlegt. Was auch klar wurde, ist, dass es keinen Königsweg im Konfliktmanagement gibt. Was in einem Land funktioniert, kann in einem anderen Land unter Umständen nicht die gewünschten Resultate bringen. Deshalb ist Autesserres Insistieren, die Bedingungen vor Ort genau in den Blick zu nehmen, so wichtig. Gleichzeitig ist aber auch wahr, dass es oftmals nicht genügend Zeit für eine solch tiefgreifende Untersuchung gibt, weil schnelles Handeln erforderlich ist – zumindest dann, wenn man Zivilisten schützen und nicht darauf warten möchte, bis die Kämpfenden erschöpft sind. So kommen Standardprozeduren ins Laufen und Individuen nutzen ihre Denk- und Handlungsmuster, die auf Erfahrungen an anderen Orten basieren. Per Definition wird Konfliktmanagement nicht alle befriedigen und manchmal müssen harte Entscheidungen getroffen werden, die auf einer Kosten-Nutzen-Kalkulation beruhen. Dies wird sich in Zukunft nicht ändern.

Etwas Anderes verändert sich jedoch, denn ich nehme an, dass wir an einer Wegscheide des internationalen Konfliktmanagements stehen. Die Wahl von Obamas Nachfolger und dessen »America-first«-Denken sowie die schwierigen Beziehungen zwischen Russland, China und den USA lähmen den UN-Sicherheitsrat und senken damit die Wahrscheinlichkeit eines groß angelegten internationalen Engagements durch die erfahrenen UN. Der Niedergang Großbritanniens trägt ebenso zu einer Schwächung des Sicherheitsrats bei. Gleichzeitig führt die Tatsache, dass die westlichen permanenten Mitglieder des UN-Sicherheitsrats die internationale Schutzverantwortung genutzt haben, um einen Regimewechsel in Libyen zu erreichen (▶ Kap. 12), aber es kurze Zeit später zu keinem gemeinsamen Ansatz zur Lösung des Syrien-Kriegs kam, zur Untergrabung der Rolle der UN, für internationalen Frieden und Sicherheit zu sorgen. Es bleibt abzuwarten, ob Regionalorganisationen die entstehende Lücke füllen können und wollen. Es könnte sein, dass die Beziehungen zwischen den UN und Regionalorganisationen wie der AU wieder kooperativer werden und dass Regionalorganisationen wie die AU eine wichtigere Rolle spielen. Wird *Pax Africana* letztlich kommen?

12 Afrikanische Akteure in der internationalen Politik

In den vorangegangenen Kapiteln habe ich immer wieder gezeigt, wie sich externe Akteure in afrikanische Angelegenheiten einmischen. Dieses Kapitel hat zum Ziel, dieses Bild zu ergänzen, indem ich die Perspektive verändere und frage, welche Rolle afrikanische Akteure in der Welt spielen. Im Einklang mit Jean-François Bayart möchte ich deutlich machen, dass Afrika schon immer mit der restlichen Welt Verbindungen hatte und dass der Kontinent auf eine »Geschichte der Extraversion«[1] zurückblickt, d. h. eine Geschichte des Engagements mit anderen Teilen der Welt. Überdies zeige ich, dass Afrika nicht *ein* Akteur im internationalen System ist, und unterstreiche damit Ronald Chipaikes und Matarutse Knowledges Terminus der »vielschichtigen Agency«.[2] Dabei bin ich nicht blind gegenüber der oft geäußerten Wahrnehmung, Afrika sei ein marginalisierter Kontinent, denn ich habe Wirtschaftsdaten (▶ Kap. 5 und ▶ Kap. 6) und Stimmrechte im UN-Sicherheitsrat, der Weltbank und des IWF fest im Blick.

Die Wissenschaft, die Disziplin der Internationalen Beziehungen im Besonderen, trägt zur Marginalisierung des Kontinents bei. Wenngleich es einige Ausnahmen gibt,[3] tendiert z. B. die einflussreiche realistische Schule dazu, Afrika zu ignorieren. Aus deren Perspektive handelt Afrika nur nach Anweisungen; der Kontinent ist »das stets präsente und notwendige Gegenstück, das die dominanten Theorien komplettiert. Es ist die Peripherie zum Zentrum; die kleinen Staaten, über deren Kopf hinweg die ›Großmächte‹ handeln.«[4] Der Konstruktivismus, eine andere wichtige Theorie der Internationalen Beziehungen, verhält sich kaum anders,[5] denn die meisten seiner Anhängerinnen und Anhänger nehmen an, internationale Normen, ein Kernelement der Theorie, stammen »aus den in materieller Sicht mächtigen nördlichen Staaten«,[6] und schenken – trotz einiger Ausnahmen[7] – den Akteuren des Globalen Südens nur wenig Aufmerksamkeit. Mohammed Ayoob schlussfolgert daher, dass die meisten Theorien der Internationalen Beziehungen »eines gemeinsam haben: Sie privilegieren die Erfahrungen, Interessen und gegenwärtigen Dilemmas eines bestimmten Teils der Staatengemeinschaft zulasten der Erfahrungen, Interessen und gegenwärtigen Dilemmas der großen Mehrheit der Staaten.«[8]

Dieses Kapitel wird zeigen, dass es gute Gründe dafür gibt, anzunehmen, dass Afrika *Agency* hat und dass einige afrikanische Akteure internationale Politik beeinflussen können. Hierzu werde ich zunächst einige historische Punkte, die ich in den vorangegangenen Kapiteln bereits angesprochen habe, überblicksartig wiederholen und anhand dieser Punkte nahelegen, dass Afrika nicht auf eine Geschichte der Marginalisierung, sondern auf eine Geschichte der Partizipation zurückblickt. Danach wende ich mich den international agierenden afrikanischen

Akteuren zu, bevor ich in einige Beispiele eintauche, namentlich die Verhandlungen zur Reform des UN-Sicherheitsrats, die Libyen-Krise, Afrikas Verhältnis zum ICC, die Klimaschutzverhandlungen und die Rückgabe der Chagos Inseln an Mauritius, um einerseits die Mittel zu identifizieren, die afrikanische Akteure nutzen können, um internationale Politik zu beeinflussen, und um anderseits die Hindernisse zu zeigen, die ihnen im Weg stehen.

Eine Geschichte der Partizipation

Afrika war immer Teil des internationalen Systems. Afrikanerinnen und Afrikaner interagierten mit anderen Teilen der Welt wirtschaftlich, politisch und diplomatisch (▶ Kap. 1). Nur wenige Regionen Afrikas entwickelten sich in relativer Isolation.[9] Menschen aus Afrika hatten immer *Agency*, wenn sie mit politischen Einheiten oder Menschen aus anderen Weltregionen interagierten. So verdeutlichen Mungo Parks Berichte aus dem 18. Jahrhundert, wie lokale Anführer selbstbewusst den europäischen Reisenden begegneten. Sie zeigten ihren Stolz und ihren Status und betrachteten die Reisenden als Gäste – und in einigen Fällen als Feinde. In jedem Fall nahmen sie sie nicht als »übergeordnete Menschen« wahr.[10] John Thorntons Befund, die afrikanische Teilnahme am Sklavenhandel sei freiwillig und unter Kontrolle afrikanischer Anführer erfolgt und Menschen aus Europa hätten keine Mittel in der Hand gehabt, afrikanische Führer zum Sklavenverkauf zu zwingen, spiegelt dies ebenso wider.[11] Die europäischen Kolonialmächte waren nicht in der Lage, anfangs ihre Kolonien ohne die zunächst freiwillige Unterstützung einiger lokaler Akteure aufzubauen. Dies steht in starkem Kontrast zu einer anderen Form afrikanischer *Agency*, namentlich dem (gewaltsamen) Widerstand gegen die europäische Eroberung. Weiterhin waren in beiden Weltkriegen Menschen aus Afrika involviert. Diese waren für Frankreich von zentraler Bedeutung; rund 450 000 afrikanische Soldaten und weitere 135 000 afrikanische Arbeiterinnen und Arbeiter wurden in Frankreich und in dessen Kriegsindustrie im Ersten Weltkrieg eingesetzt.[12] Dies verursachte, die »größte Wanderung von Afrikanern aus ihrem Heimatkontinent seit dem transatlantischen Sklavenhandel.«[13] Der Zweite Weltkrieg war in dieser Hinsicht nicht anders. Die Geschichte der Dekolonisation wäre unvollständig erzählt, wenn wir nicht das Handeln von Afrikanerinnen und Afrikanern auf dem Kontinent und der Diaspora und deren Freiheitsdrang miteinschließen würden (▶ Kap. 2). Des Weiteren übten die dekolonisierten Staaten gemeinsam mit einer weltweiten Bewegung Druck auf die weißen Minderheitsregime im südlichen Afrika aus. Der Kalte Krieg und die Rivalität der Supermächte eröffneten dann Raum für afrikanische Anführer, ihre Unterstützung feil zu bieten, was diesen Staats- und Regierungschefs eine beispiellose Verhandlungsmacht in dieser Phase gab, die sie mit dem Aufstieg Chinas und dem »Krieg gegen den Terror« nach 2001 teilweise zurückbekamen (▶ Kap. 4). Einige afrikanische Staats- und Regierungschefs waren auch erfolgreich, die Zahlung ausländischer Hilfe zu steuern. Denn »entgegen der Vorstellung, dass Afrika ein passiver Zuschauer in globalen Prozessen ist, haben afrikanische Eliten unter Beweis gestellt, exzellente Strippenzieher im internationalen System zu sein.«[14] Einige afrikanische Staats- und Regierungschefs scheuen sich auch nicht davor, sich gegen die USA zu erheben, wie 2003 geschehen, als sie den Irakkrieg mit einem »harschen Brief ans Weiße Haus« kritisierten, oder Jahre zuvor, als sie kubanische Ärztinnen und Ärzte, Lehrerinnen und Lehrer sowie Truppen inmitten des Kalten Kriegs willkommen hießen.[15] Kurz, Afrikanerinnen und Afrikaner hatten fortwährend *Agency* und selbstbestimmten Kontakt mit nicht-afrikanischen Akteuren.[16]

Afrikanische Akteure in der Welt

In Anlehnung an die Arbeiten von William Brown zur afrikanischen *Agency*[17] unterscheide ich zwischen drei Gruppen afrikanischer Akteure: Staaten und Regierungen, internationale Organisationen, hier vor allem die AU und nicht-staatliche Akteure wie NGOs, sowie herausragende Persönlichkeiten. Diese Akteure sind auf unterschiedliche Art und in unterschiedlicher Intensität auf der internationalen Bühne aktiv.

Kapitel 7 hat gezeigt, dass sich die Regierungen in Afrika nicht nur hinsichtlich ihrer demokratischen Legitimierung, sondern auch hinsichtlich ihrer Größe und dem Grad der Institutionalisierung unterscheiden. Nur wenige Staaten haben starke Institutionen der Außenpolitik wie effektiv arbeitende Außenministerien und diplomatische Corps in adäquater Größe. In den meisten afrikanischen Staaten ist Außenpolitik personalisiert und Diplomatie privatisiert.[18] Diese Personalisierung und Privatisierung der Außenpolitik durch das Staatsoberhaupt oder eine kleine Elite haben zwei Gründe. Zum einen war bei und nach der Dekolonisation die Elite eines Landes eher klein und es gab wenig außenpolitische Erfahrung. Daher nahmen die Präsidenten und in wenigen Fällen Premierminister alleine durch ihre stetige Interaktion mit ausländischen Regierungen eine prädestinierte Position ein. Zum anderen ist Außenpolitik für Staatschefs profitabel. Sie können die von Außen erhaltene Legitimität in innerstaatliche Legitimität ummünzen und damit ihren Verbleib an der Macht absichern – vor allem dann, wenn ihr Hang zur Demokratie fraglich ist (▶ Kap. 8). So wird Außenpolitik ein geschätztes Politikfeld für sie. Folglich privatisierten sie die Außenpolitik und wurden die wichtigsten Akteure in diesem Politikfeld. Nur in den Staaten, deren Außenpolitik institutionalisiert ist, sollten wir von Staaten als Akteure sprechen.

Jede internationale Organisation hat ein Sekretariat, eine Kommission oder ähnliches, die die tägliche Arbeit erledigen und oftmals die Organisation nach außen repräsentieren soll. Die Bürokratie internationaler Organisationen hat einen Ermessens- und Handlungsspielraum. Die AU-Kommission soll die Union repräsentieren und deren Interessen vertreten. Dies soll im Einklang mit und mandatiert von den Regierungen geschehen.[19] So kann die Kommission innerhalb des Mandats agieren, das ihr die Mitgliedstaaten geben. Geht sie in den Augen der Mitgliedstaaten hierbei zu weit, wird sie zurückgerufen.[20] In einer der wenigen wissenschaftlichen Arbeiten zu Bürokratien in afrikanischen Organisationen kommen Stefan Gänzle, Jarle Trondal und Nadja Kühn in Bezug auf die westafrikanische Gemeinschaft ECOWAS zu dem Schluss, dass die Mitgliedstaaten ihren Führungsanspruch im Bereich der Außenbeziehungen strikt verteidigen, was folglich bedeutet, dass die Bürokratie in diesem Politikfeld schwach gehalten wird.[21] Es gibt gute Gründe, diesen Befund ebenso bei der AU festzustellen.[22]

Zu den nicht-staatlichen Akteuren, die Politik jenseits Afrikas beeinflussen, gehören NGOs, Firmen und Individuen. Das von der kenianischen Friedensnobelpreisträgerin Wangari Maathai gegründete *Green Belt Movement* ist ein Beispiel für eine afrikanische NGO, die globale Debatten und Entscheidungen beeinflusst. Die Diamantenfirma de Beers ist ein Beispiel für eine aus Afrika stammende und dort hauptsächlich operierende Firma mit globalem Einfluss. De Beers Teilnahme am Kimberley Prozess, einem Zertifikationsmechanismus, der verhindern soll, dass Diamanten aus Konfliktgebieten auf den Weltmarkt gelangen, ist bedeutend, weil das Unternehmen den größten Teil des internationalen Diamantenhandels kontrolliert.[23] Es gibt aber auch ehemalige Politikerinnen, religiöse Führerinnen, Richterinnen, Philanthropinnen, Künstlerinnen oder Sportlerinnen und ihre männlichen Pendants, die Einfluss auf internationale Politik üben. Solche »nicht-traditionellen Diplomaten«[24] interagieren mit dem globalen Publikum auf unterschiedlichen Wegen und prägen dabei Meinungen und Bilder, welche dann zu einer veränderten Politik gegenüber Afrika beitragen können. Respektierte Individuen wie der ehemalige südafrikanische Präsident Mandela oder der ehemalige UN-Generalsekretär Kofi Annan hatten nach ihrem Ausscheiden aus dem Amt immer noch Einfluss auf globale Politik. Und Persönlichkeiten wie Lakhdar Brahimi aus Algerien, der nicht nur die Kommission leitete, die Anfang der 2000er-Jahre das UN-Konfliktmanagement reformierte (▶ Kap. 11), sondern auch von den UN beauftragt wurde, im Syrienkonflikt zu verhandeln, beeinflussen die internationale Politik bis heute wie auch der Sudanese Francis Deng, der als intellektueller Kopf der internationalen Schutzverantwortung gilt. Weiterhin gibt es Menschen wie den kongolesischen Friedensnobelpreisträger Denis Mukwege, der sich u. a. für die Ächtung sexueller Gewalt in Konflikten einsetzt. Und die gambische Anwältin Fatou Bensouda trägt in ihrer Rolle als ICC-Chefanklägerin zum weltweiten Ansehen des Gerichts und dessen Kampf gegen die Straffreiheit bei. Mo Ibrahim, ein sudanesischer Telekommunikationsmagnat, fördert durch seine Stiftung gute Regierungsführung in Afrika und damit auch afrikanische *Agency*.[25] Darüber hinaus gibt es zahllose Afrikanerinnen und Afrikaner in der Diaspora, wie Menschen aus Algerien in Frankreich, aus Somalia in den USA oder aus Kongo-Kinshasa in China, um nur einige zu nennen. Sie sind Teil der Gesellschaften oder gar der Politik dieser Länder geworden und stärken damit afrikanische *Agency* jenseits des Kontinents. Kurzum, es gibt eine Vielzahl an afrikanischen »nicht-traditionellen Diplomaten«, die die internationale Politik auf unterschiedliche Weise beeinflussen. Weil ihr Einfluss jedoch schwer mess- und analysierbar ist und weil sie nicht in gleichem Ausmaß Befugnisse genießen wie Staaten und internationale Organisationen,[26] werde ich ihr Wirken in der folgenden Analyse nicht näher in den Blick nehmen.

Fünf internationale Politikarenen

In diesem Abschnitt werde ich fünf internationale Politikarenen betrachten, in denen afrikanische Akteure Einfluss ausüben: (1) den UN-Sicherheitsrat und eine Reform dessen; (2) das Konfliktmanagement in der Libyen-Krise von 2011 und Afrikas Marginalisierung hier; (3) den Internationalen Strafgerichtshof (ICC) und Afrikas Widerstand bzw. Unterstützung dessen; (4) die internationalen Klimaverhandlungen und Kompensationszahlungen an betroffene Länder sowie (5) Mauritius Versuche, die ihm völkerrechtswidrig weggenommenen Chagos Inseln zurückzuerlangen. Da ich die wirtschaftliche Dimension der Beziehungen Afrikas mit anderen Weltregionen bereits besprochen habe (▶ Kap. 6), beschränke ich mich auf politische Fragen. Die gewählten fünf Politikarenen zeigen solche Situationen, in denen es afrikanische Akteure vermochten, internationale Politik zu beeinflussen, und solche, bei denen ihnen dies nicht gelang. Daraus kann man Schlussfolgerungen zu den Bedingungen ziehen, die erfüllt sein müssen, dass afrikanische Akteure internationale Politik beeinflussen können.

Reform des UN-Sicherheitsrats

Seit geraumer Zeit monieren afrikanische Staaten ihre eingeschränkte Rolle im UN-Sicherheitsrat.[27] Im Zuge des 60. Jahrestags der UN-Gründung gab es 2005 eine Diskussion über eine Reform des Rats, die maßgeblich von Brasilien, Deutschland, Indien und Japan – G4 genannt – vorangetrieben wurde. Jeder dieser Staaten wollte einen ständigen Sitz im Rat. Die UN setzten ein hochrangiges Gremium ein, dem u. a. Mary Chinery-Hesse aus Ghana, Amre Moussa aus Ägypten sowie Salim Ahmed Salim aus Tansania angehörten. Dieses Gremium machte zwei Vorschläge für eine Reform des UN-Sicherheitsrats. Modell A sah sechs zusätzliche ständige Mitglieder und drei nicht-ständige Mitglieder vor, wohingegen Modell B acht zusätzliche Sitze, die je für vier Jahre dem Rat angehören sollten (bis dato haben nicht-ständige Mitglieder eine zweijährige Amtszeit), und einen zusätzlichen nicht-ständigen Sitz beinhaltete.[28] Die G4 unterstützten Modell A und schlugen vor, vier zusätzliche nicht-ständige Mitglieder in den Sicherheitsrat aufzunehmen. Im März 2005 verabschiedeten die AU den *Ezulwini Consensus*, welcher sechs zusätzliche ständige Mitglieder und fünf nicht-ständige Mitglieder für den UN-Sicherheitsrat vorsah. Der Hauptunterschied zwischen den Vorschlägen der UN und der G4 einerseits und dem AU-Vorschlag andererseits war die Forderung der AU nach einem Vetorecht für alle ständigen Mitglieder.

225

Die AU verwies darauf, dass große Teile Afrikas – ausgenommen Ägypten, Äthiopien, Liberia und Südafrika – wegen der Kolonisation keine Stimme hatten, als die UN 1945 gegründet wurden und 1963, als der Sicherheitsrat zum ersten und vorerst letzten Mal reformiert wurde (die Anzahl der nicht-ständigen Mitglieder stieg von sechs auf zehn), »war Afrika repräsentiert, aber nicht in einer besonders starken Position.«[29] Die G4 betrachteten die Chance auf eine Sicherheitsratsreform – und das Erlangen eines ständigen Sitzes – als größer, wenn sie auf die Forderung eines Vetorechts verzichteten. Für die AU dagegen war das Vetorecht eine Frage der Gerechtigkeit und des Prinzips.[30]

Widerstand gegen diese Vorschläge kam von unterschiedlichen Seiten. Die von Italien angeführte Gruppe *Uniting for Consensus* war gegenüber dem G4-Vorschlag skeptisch (und damit auch implizit gegenüber dem AU-Vorschlag) und schlug vor, zehn nicht-ständige und keinen zusätzlichen ständigen Sitz zu schaffen. Die ständigen Mitglieder des Sicherheitsrats, insbesondere China und die USA, zeigten kein Interesse an einer Reform. Und auch innerhalb Afrikas gab es keine Einigkeit. Letzteres liegt auch daran, dass der *Ezulwini Consensus* vorsah, die AU sei für die Auswahl der afrikanischen Repräsentanten im Sicherheitsrat zuständig.[31] Die dann einsetzende Debatte, wer die beiden Kandidaten für die ständigen Sitze sein könnten, wurde insbesondere zwischen Nigeria und Südafrika, zwei der Hauptkontrahenten, erbittert geführt.[32] Nichtsdestotrotz dachten einige Staats- und Regierungschefs und einige Bürokratinnen und Bürokraten in der AU, die Chancen für eine Sicherheitsratsreform würden steigen, wenn der AU-Vorschlag mit dem der G4 in Einklang stünde, und auch die G4 hatten ein Interesse an einem gemeinsamen Vorschlag mit der AU, da Afrika ein großer Stimmblock in der UN-Generalversammlung ist, die eine Reform befürworten muss.[33] Deshalb hörten die G4-Regierungen den afrikanischen Forderungen aufmerksam zu. Dies mündete in einem gemeinsamen Vorschlag, der sechs ständige Mitglieder (die G4 plus zwei afrikanische Staaten) ohne Vetorecht vorsah. Dieser Vorschlag wurde jedoch nicht von allen afrikanischen Regierungen unterstützt und deshalb beiseitegeschoben. Denn die afrikanischen Staats- und Regierungschefs waren in der Frage gespalten, welche Staaten den Kontinent in einem reformierten UN-Sicherheitsrat repräsentieren und ob diese Staaten ein Vetorecht bekommen sollten. Dies machte einen Kompromiss innerhalb Afrikas unmöglichst und erst recht mit der G4. Die hitzige Debatte zwischen den afrikanischen Regierungen ging weiter. Die afrikanische Führung kam kurz vor dem UN-Gipfel, auf welchem die Reform debattiert werden sollte, zusammen. Dieses Treffen wurde »teils heftig« und es gab einen »schonungslosen Schlagabtausch zwischen den Staatschefs.«[34]

Doch nicht nur die Uneinigkeit in Afrika und die mangelnde gemeinsame Strategie afrikanischer Staaten und der G4 verhinderten die Sicherheitsratsreform. Ebenso wichtig war der Druck von *Uniting for Consensus*, der jeden Reformversuch unterminierte. Und »der ultimative Sargnagel für diese ambitionierte Initiative war die ablehnende Haltung Chinas, Russlands und der USA gegenüber einer Reform.«[35] Dennoch kann man argumentieren, dass es angesichts der Größe und der Wirtschaftskraft der G4 und der afrikanischen Gruppe schwieriger geworden wäre, eine ablehnende Haltung gegenüber einer Reform zu rechtfertigen, hätten die G4 und die afrikanischen Staaten eine gemeinsame Position gehabt und auf ihre Forderung nach einem Vetorecht verzichtet.

Die Diskussion über die Sicherheitsratsreform dauert an – und afrikanische Staaten bleiben in dieser Frage gespalten. Die Idee, dass die AU einen Sitz für den Kontinent als Ganzes einnehmen könnte – eine Idee, die ganz ähnlich mit einem Sitz für die EU geäußert wird – stieß bislang auf wenig Interesse.[36] Die Positionen afrikanischer Staaten werden nicht mehr primär durch die AU artikuliert, wie es noch 2005 der Fall war, sondern auch durch die arabische Gruppe bei den UN, der etliche afrikanische Staaten angehören, und durch die L69, einer Gruppe, die viele Länder des Globalen Südens und Inselstaaten vereint. Zu ihnen zählen Benin, Burundi, die Kap Verde, Liberia, Mauritius, Nigeria, Ruanda, die Seychellen und Südafrika als afrikanische Mitglieder. Eine geeinte Position des Kontinents ist also nicht in Sicht.

Internationale Sicherheit und Großmachtinteressen

Walter Lotze ist der Meinung, der UN-Sicherheitsrat habe die Unentbehrlichkeit afrikanischer Akteure anerkennen müssen und die Logik einer Hierarchie zwischen ihm und afrikanischen Institutionen habe sich zu einer Logik der geteilten Verantwortung gewandelt.[37] Es gibt Gründe, diese Perspektive zu teilen (▶ Kap. 11). Gleichzeitig habe ich aber auch gezeigt, dass die AU, ECOWAS und ECCAS in den jüngsten Fällen beim Konfliktmanagement an den Rand gedrängt wurden. In Mali »überschattete die französische *Opération Serval* alle Initiativen, die von der AU und der ECOWAS unternommen wurden, um den Konflikt zu lösen«[38] und die Situation in der Zentralafrikanischen Republik war ganz ähnlich. Während der Libyen-Krise 2011 wurden den afrikanischen Akteuren ihre Grenzen noch deutlicher aufgezeigt.

Als Anfang 2011 der Arabische Frühling nach Libyen schwappte, drohte Gaddafi, die tausenden Protestierenden zu töten. Gaddafis Drohung riefen Erinnerungen an die Rhetorik während des Genozids in Ruanda hervor (er bezeichnete damals die Protestierende als »Ratten« und »Kakerlaken«), sodass viele fürchteten, Gaddafi würde einen Genozid beginnen. Die AU versuchte es mit Mediation zwischen den Protestierenden und den Rebellen einerseits und Gaddafi und dessen Regime anderseits. Da die AU es versäumt hatte, sich mit dem Arabischen Frühling in Ägypten und Tunesien zu beschäftigen, versuchte sie es jetzt mit einer aktiveren Rolle, vermutlich auch deshalb, weil der libysche Staatschef eine zentrale Figur in der AU war (▶ Kap. 8). Am 10. März stellte die AU einen Fahrplan vor, wie Frieden in Libyen zu erreichen sei. Dieser Plan sah die sofortige Beendigung aller feindseligen Handlungen, die Kooperation libyscher Behörden im Bereich humanitärer Hilfe, Sicherheit für Ausländerinnen und Ausländer und politische Reformen vor.[39]

Der Versuch der AU, eine friedliche Lösung des Konflikts zu finden, die implizit eine gesichtswahrende Absetzung Gaddafis einschloss, wurde von Großbritannien, Frankreich und den USA ignoriert. Am 17. März 2011 verabschiedete der UN-Sicherheitsrat Resolution 1973, die die Mitgliedstaaten ermächtigte, »alle notwendigen Maßnahmen zu ergreifen, [...] um von Angriffen bedrohte Zivilpersonen und von der Zivilbevölkerung bewohnte Gebiete [...] zu schützen«, und verhängte eine Flugverbotszone über Libyen.[40] Frankreich, Großbritannien und die USA unterstützten diese Resolution und die drei afrikanischen Länder, die als nicht-ständige Mitglieder Teil des UN-Sicherheitsrats waren – Gabun, Nigeria und Südafrika – taten es ihnen gleich, während sich China und Russland enthielten. Die Arabische Liga unterstützte ebenso die Resolution. Zwei Tage später, am 19. März, fand in Frankreich ein Gipfel statt, um über Militärschläge zur Durchsetzung der Flugverbotszone zu entscheiden. Abgesehen von Marokko, damals nicht AU-Mitglied, nahm kein afrikanischer Staat an dem Gipfel teil. Der Vorsitzende der AU-Kommission, Jean Ping, »kommentierte später, dass er sicherlich recht hatte, nicht einem Mittagessen und einer Fotogelegenheit beizuwohnen, um der Agenda anderer Legitimität zu verleihen.«[41] Die NATO-geführte Militäroperation begann unmittelbar nach dem Gipfel. Sie half den Rebellen, die sich unter dem Mantel des *National Transitional Council* sammelten, die libysche Hauptstadt Tripolis einzunehmen. Am 15. Juli erkannten die USA den Council als einzig legitimen Repräsentanten Libyens an. Andere folgten alsbald. In einem symbolischen Schritt hatte Frankreich dies bereits im März getan.

Mit dem Beginn der Luftschläge am 19. März hatten die intervenierenden Staaten die AU an den Rand des Konfliktmanagements gedrängt und dabei argumentiert, sie würden die internationale Schutzverantwortung umsetzen. In Paris gab es offiziell keine Gespräche über einen Regimewechsel – wenngleich es offensichtlich war, dass der Sturz Gaddafis mindestens ein positiver Nebeneffekt, wenn nicht gar der Hauptgrund der Intervention angesichts geopolitischer Überlegungen (Öl und Migration über das Mittelmeer) war.[42] Laut Siba Grovogui hat der Plan der AU »zugunsten einer friedlichen Lösung, die westlichen Mächte so wütend gemacht, dass sie die AU vollständig aus dem folgenden Konfliktlösungsprozess ausschlossen.«[43] Die Bedenken der AU fanden keinen Widerhall und die intervenierenden Staaten hörten lieber auf die Arabische Liga, die ihnen die regionale Legitimierung für die Intervention gab. Nachdem Gaddafi sich selbst als »König der Könige Afrikas und Imam der Muslime«[44] betrachtet und sich fortwährend in die inneren Angelegenheiten arabischer Staaten eingemischt hatte, war es keine Überraschung, dass sich die arabischen Staaten hinter die intervenierenden Staaten stellten und Gaddafi nicht unterstützten. Linnéa Gelot und ich halten anderswo fest, dass die drei westlichen ständigen Mitglieder des UN-Sicherheitsrats und ihre Verbündeten ihre materielle und immaterielle Macht nutzten, um einen liberal-kosmopolitischen Diskurs, der mit der internationalen Schutzverantwortung in Verbindung stand, voranzutreiben. Die intervenierenden Staaten erklärten ihre Intervention als notwendig und gerechtfertigt und wischten damit die Bedenken der AU zur Seite, denn diese passten nicht zu ihren eigenen Absichten.[45] Als kurz nach Beginn der Luftschläge ein hochrangiges Gremium afrikanischer Staatschefs nach Libyen reisen wollte, um sowohl mit Gaddafi als auch mit den Rebellen und Protestierenden zu verhandeln, war die NATO-geführte Koalition nicht willens, die Luftschläge zu unterbrechen und die Sicherheit des Gremiums zu garantieren. Diese Machtdemonstration führte letztlich dazu, dass die AU und die afrikanischen Staaten vom Feld gefegt wurden.

Libyen wurde eine weitere Erinnerung daran, »wie die AU, trotz ihrer besten Absichten im Zentrum der Lösung afrikanischer Herausforderung zu stehen, weiterhin bewusst an den Rand gedrängt wird«, wie es Südafrikas Vizeaußenminister Ebrahim Ebrahim ausdrückte.[46]

Die Uneinigkeit afrikanischer Staaten spielte der intervenierenden Koalition in die Hände. Sie konnte auf widersprüchliche Signale (die AU widersprach der Intervention, aber die drei afrikanischen Staaten im UN-Sicherheitsrat hatten für Resolution 1973 gestimmt) verweisen. Ob afrikanische Regierungen Gaddafi unterstützten oder sich gegen ihn stellten, hing weitgehend mit ihrer Abhängigkeit von seinem Geld und der Frage zusammen, ob er sich in die inneren Angelegenheiten ihrer Länder jenseits des für sie Tolerierbaren eingemischt hatte. Einige afrikanische Staats- und Regierungschefs hatten selbst auf dubiose Art die Macht erlangt und konnten sich deshalb nicht offen gegen Gaddafi aussprechen.[47] Andere wiederum waren ernsthaft um die internationale Schutzverantwortung und die Wahrung dieses Prinzips besorgt und sahen dies durch die Intervention bedroht. Nach Aussage der südafrikanischen Regierung ist das der Grund, warum diese zwar für Resolution 1973 stimmte, aber die Intervention und den erzwungenen Regimewechsel ablehnte.[48] Überdies sollten wir nicht vergessen, dass eine Vielzahl afrikanischer Staaten eher Zuschauer der Debatte waren und wenig Interesse an der Libyen-Krise zeigten. Mit solch »unterschiedlichen Positionen konnte die AU kein effektives Eingreifen in der Krise zustande bringen.«[49]

Afrika und der Internationale Strafgerichtshof

Die Beziehungen Afrikas mit dem ICC scheinen ambivalent. Einerseits üben afrikanische Staaten und die AU deutlich Kritik am ICC, vor allem am Haftbefehl gegen den ehemaligen sudanesischen Präsidenten al-Bashir und an einer von ihnen empfundenen Voreingenommenheit des ICC gegenüber Afrika. Deshalb drohen sie mit einem Massenrückzug vom Rom Statut, der völkerrechtlichen Basis des ICC. Anderseits ist Afrika der größte Block an Unterzeichnerstaaten des Rom Statuts. Etliche afrikanische Regierungen kooperieren mit dem ICC und abgesehen von Burundi und Gambia hat sich bislang kein afrikanischer Staat vom Rom Statut zurückgezogen – und Gambia hat seine Rückzugsentscheidung widerrufen. (Der südafrikanische Präsident Zuma zog sein Land ebenso zurück, wurde aber durch ein nationales Gericht gezwungen, seine Entscheidung zu widerrufen, ▶ Kap. 7). Um diese scheinbare Ambivalenz zu erklären, sollten wir davon ausgehen, dass sich afrikanische Staaten und der ICC in einen Zustand der *mutual accommodation*[50] befinden, d.h. die Beziehung ist für beide Seiten zufriedenstellend.[51]

Um die Jahrtausendwende waren afrikanische Regierungen an der Gründung eines Internationalen Strafgerichtshof interessiert, was hauptsächlich mit ihren teils gewaltvollen kolonialen und postkolonialen Erfahrungen zusammenhängt.[52] Senegal war das erste Land, das das 1998 verabschiedete Rom Statut ratifizierte, und andere afrikanische Staaten, namentlich Ghana, Mali, Lesotho, Botsuana, Sierra Leone, Gabun und Südafrika (in chronologischer Reihenfolge) gehörten ebenso zu den ersten. Der ICC hatte aber auch Widersacher in Afrika. Staaten wie Äquatorialguinea, Äthiopien, Eswatini, Libyen, Mauretanien, Ruanda, Somalia, Südsudan, Sudan und Togo stellten sich von Beginn an gegen den Gerichtshof und traten ihm nie bei. »Einige dieser Staaten sind teils *failed states;* andere sind nicht dafür bekannt, demokratisch zu sein. Es ist keine müßige Spekulation zu sagen, dass die Herrscher in diesen Ländern den ICC wegen der Wahrscheinlichkeit, eines Tages selbst angeklagt zu werden, mit Argwohn betrachten.«[53]

Zwischen 2002 und 2007 kooperierten viele afrikanische Staaten mit dem ICC. So verwiesen die Regierungen in Kongo-Kinshasa, Uganda und der Zentralafrikanischen Republik Fälle an das Gericht. Diese Strategie des »Selbstzuweisung« war für alle Seiten vorteilhaft. Der ICC konnte seine Bereitschaft unterstreichen, mit Staaten zu kooperieren, die Regierungen, die selbst Fälle verwiesen, konnten sich als Protagonisten des ICC und dessen Normen darstellen, die Ankläger konnten ihre eigene Legitimität steigern und die Angst vor Strafverfolgung begann, (potentielle) Kriminelle abzuschrecken.[54] Gleichzeitig gab es Anzeichen, dass es politische Deals zwischen den Strafverfolgern und den verweisenden Regierungen gab, die dazu führten, dass der ICC nur Rebellen, aber nicht die Amtsinhaber und deren Gefolgsleute anklagte.[55] Die Regierungen nutzten also den ICC, um ihre Gegner zu schwächen, wie z. B. in Uganda geschehen. Deshalb ist der Begriff »Selbstzuweisung« irreführend und wir sollten eher von »Oppositionszuweisung« sprechen.[56] Es war diese Politik der afrikanischen Staaten, die den ICC dazu brachte, sich auf afrikanische Fälle zu konzentrieren. Im Nachhinein ist es fast zynisch, dass der erste Chefankläger, Luis Moreno Ocampo, die Strategie der Selbstzuweisung bevorzugte, um einer postkolonialen Kritik zu entgehen, aber später beschuldigt wurde, gegenüber Afrika voreingenommen zu sein – ein Argument, dass exakt eine solche postkoloniale Kritik beinhaltete.[57]

Mit dem Ausstellen des Haftbefehls gegen al-Bashir 2009, den ersten gegen einen amtierenden Präsidenten, und angesichts der anhaltenden Konzentration auf afrikanische Fälle begannen afrikanische Regierungen, Kritik am ICC zu äußern, und nutzen hierzu die AU. Letztere fing an, die Legitimität des ICC infrage zu stellen, forderte den UN-Sicherheitsrat auf, den Fall al-Bashir am ICC vertagen zu lassen, und verlangte von ihren Mitgliedstaaten, nicht mit dem Gericht in dieser Frage zu kooperieren.[58] In der folgenden Dekade schlug die AU etliche Veränderungen des Rom Statuts vor, u. a. Immunität für die amtierende Staatsführung. Um ihre Kritik zu unterstreichen, drohte sie mit einem Massenrückzug afrikanischer Staaten. 2014 entschieden die afrikanischen Staat- und Regierungschefs bzw. -chefinnen einen afrikanischen Gerichtshof, den *African Court of Justice, Human, and Peoples Rights* (ACJHPR) zu gründen. Dieser soll wie der ICC für Genozide, Verbrechen gegen die Menschlichkeit und Kriegsverbrechen zuständig sein, aber darüber hinaus auch die Zuständigkeit über Söldnertum, Terrorismus, Menschenhandel, Drogen und verfassungswidrige Regierungswechsel haben. Neben einem breiteren Mandat unterscheidet sich der ACJHPR vom ICC darin, dass amtierende Staats- und Regierungschefs bzw. -chefinnen Immunität vor ihm genießen.[59] Anfang 2019 hatten nur zehn afrikanische Staaten den Vertrag zur Etablierung des ACJHPR unterschrieben und keiner hatte ihn ratifiziert.

Wie Mark Kersten nehme ich an, dass das Verhalten afrikanischer Staaten und der AU gegenüber dem ICC sowie die Schaffung des ACJHPR eine Strategie sind, um mit dem ICC und dessen Mitgliedstaaten in Verhandlungen zu treten; es ist keine Fundamentalopposition gegenüber dem Gerichtshof.[60] Das Mandat des ACJHPR muss weiterreichen als das Rom Statut, denn nur so können sich die AU und afrikanische Staaten als veritable Verhandlungspartner präsentieren und normative Verhandlungsmacht erlangen. Sonst wäre es für die ICC Vertragsparteien leicht, die afrikanische Initiative als rückwärtsgewandt abzutun. Obwohl sie sich in eine solche vorteilhafte Position brachte, gelang es der AU bislang nicht, das Rom Statut neu zu verhandeln. Dies liegt auch an einer mangelnden Geschlossenheit afrikanischer Staaten, die sich in einem Spannungsfeld zwischen dem Engagement für Menschenrechte und dem Panafrikanismus zeigt. Menschenrechtsschutz wird also gegen eine Solidarität in Afrika ausgespielt.[61] Zudem gibt es Spannungsfelder zwischen Frieden und Gerechtigkeit sowie ob man einen globalen oder regionalen Ansatz im Konfliktmanagement und der Übergangsjustiz unterstützen soll.

Wenngleich die AU und afrikanische Staaten es (bislang) nicht schafften, das Rom Statut zu ändern, ist ein Wandel dennoch erkennbar. So führte ihre Strategie, den ICC wegen seiner Voreingenommenheit gegenüber Afrika zu kritisieren, zu einer breiten Debatte und brachte die Chefanklägerin – jetzt eine Afrikanerin (siehe oben) – dazu, mehr nicht-afrikanische Fälle zu untersuchen. Überdies erreichte die AU mehr Kooperationsverweigerung seitens ihrer Mitgliedstaaten gegenüber dem ICC, weil sie die Situation als einen Loyalitätskonflikt rahmen konnte.[62] Weiterhin betrachten es etliche afrikanische Regierungen nun als politisch annehmbar, Staatschefs wie al-Bashir nicht zu verhaften und in solchen Fällen nicht mit dem ICC zu kooperieren, ohne dafür bestraft zu werden. Sogar das Einladen von angeklagten Staatschefs erscheint nun akzeptabel. Die AU wurde zu einem Vermittler zwischen Afrika und dem ICC hinsichtlich der Regeleinhaltung[63] und hat damit eine gewichtigere Rolle in diesem Feld der internationalen Politik eingenommen, als man auf den ersten Blick sieht. Folglich ist die Situation auch für sie vorteilhaft.

Klimaverhandlungen

Afrikas Rolle in und Einfluss bei den internationalen Klimaverhandlungen werden weithin als »Erfolgsgeschichte des Kontinents kollektiver Agency«[64] gesehen. Dies war nicht immer der Fall, denn in den 1990er-Jahren, als mit der Unterzeichnung der *UN Framework Convention on Climate Change* (UNFCCC) 1992 auf dem »Weltgipfel« in Rio de Janeiro das Thema an Fahrt aufnahm, hatte Afrika eine schwache Position. Dies veränderte sich jedoch. Afrikanische Akteure vergrößerten ihren Einfluss auf den Konferenzen der Vertragsparteien (COP) der UNFCCC, die nach dem COP3-Gipfel 1997 in Kyoto, auf dem das Kyoto Protokoll verabschiedet wurde, jährlich stattfanden. Afrikas gestärkte Position mündete 2009 in einem Verhandlungserfolg bei der COP15 in Kopenhagen, wo die afrikanischen Unterhändler eine zentrale Rolle dabei spielten, einen niedrigeren maximalen Temperaturanstieg zu vereinbaren, als ursprünglich angedacht war. Außerdem sicherten sie Kompensationen für die am meisten vom Klimawandel betroffenen Länder – zumeist afrikanische Staaten –, die unter Dürren, nicht planbaren Niederschlägen und Desertifikation leiden.

Zwei Gründe erklären, warum afrikanische Akteure eine solch starke Position in den Verhandlungen einnehmen konnten. Zum einen verhandelten sie als regionaler Block. Anfangs hatten sich afrikanische Staaten auch mit den G77 und China zusammengetan, ehe sie bemerkten, dass sich ihre Positionen und Forderungen von denen dieser Gruppe unterschieden; folglich schlugen afrikanische Staaten einen anderen, aber kollektiven Weg ein. Zum anderen schafften sie es, besser zu verhandeln. Zunächst waren die Ressourcen für die Unterhändler begrenzt und die »analytischen Fähigkeiten von individuellen afrikanischen Staaten waren schwach. Verhandlungserfahrung und Training waren kaum vorhanden.«[65] Die COP12, die 2006 in Nairobi stattfand, brachte den entscheidenden Wandel. Diese erste COP in Subsaharaafrika und in einem AU-Mitgliedstaat (2001 gab es eine COP in Marokko) erlaubte es, spezifisch auf die Bedürfnisse des Kontinents hinzuweisen, und brachte afrikanische Regierungen dazu, mehr in die Verhandlung zu investieren, sowohl hinsichtlich Ressourcen, die den Unterhändlern zur Verfügung standen, als auch hinsichtlich des persönlichen Engagements der politischen Führung. Der Verhandlungserfolg 2009 beim COP15 in Kopenhagen scheint ohne das Engagement von Äthiopiens Premierminister Meles undenkbar. Er verhandelte im Namen aller afrikanischer Staaten und trieb etliche Vorschläge voran, die sich in der Abschlusserklärung wiederfanden.[66] Die weiteren afrikanischen Unterhändler handelten ähnlich. Sie reichten mehr Vorlagen und Tagesordnungspunkte ein und nahmen außenstehende Expertinnen und Experten in ihre Delegationen auf, womit sie ihre eigenen Personalressourcen zu sehr geringen Kosten aufwerteten.[67] 2009 scheuten sie auch nicht davor zurück, während eines Treffens in Barcelona den Saal aus Protest zu verlassen, weil sie das Gefühl hatten, dass einige Länder das Kyoto Protokoll demontieren wollten.[68]

Laut Brendan Vickers' hat die Verhandlungsmacht der afrikanischen Akteure in den Klimaverhandlungen vier Quellen: den Rohstoffboom, die potentielle Marktmacht (▶ Kap. 4 und ▶ Kap. 6), die kollektive *Agency* sowie die normative und ideologische Rahmung der Verhandlungen.[69] Es waren vor allem die kollektive *Agency* sowie die normative und ideologische Rahmung, die zum afrikanischen Verhandlungserfolg führten. Kollektives Handeln war nur möglich, weil die afrikanischen Regierungen bemerkten, dass sie mehr gewinnen als verlieren konnten. Einerseits konnten sie ihre eigene Position innerhalb ihrer Länder stärken.[70] Andererseits konnten sie Ressourcen mobilisieren, um die Folgen des Klimawandels einzudämmen. Denn in den ariden und semiariden Regionen des Kontinents, in denen es weniger Niederschlag gibt, und auf den vorgelagerten Inseln, die durch einen ansteigenden Meeresspiegel bedroht sind, sind die Folgen des Klimawandels deutlich spürbar. Das wiederholt vorgebrachte Argument, Afrika leide am meisten unter dem Klimawandel, habe aber wenig dazu beigetragen, ihn zu verursachen, fiel auf fruchtbaren Boden in den reicheren Ländern – denn dies waren unbestreitbare Fakten, die die Verhandlungen normativ und ideologisch rahmten. Die afrikanischen Unterhändler insistierten zudem darauf, »dass der Klimawandel eine ›zusätzliche Last‹ ist, die Afrikas nachhaltige Entwicklung und das Erreichen der Millenniumsentwicklungsziele erschwert.«[71] Dieses Argument führte zwar zum Verhandlungserfolg und zu mehr Einfluss, hat jedoch eine Kehrseite. Es stellt Afrika als Opfer dar, das Unterstützung braucht und nicht als einen Ort, der technologische Lösungen oder Innovation hervorbingen kann, die helfen könnten, den Klimawandel zu bekämpfen.[72] Diese Strategie könnte daher mittel- und langfristig nach hinten losgehen, weil sie die afrikanische Position untergräbt.

Mauritius und die Chagos Inseln

Seit Jahrzehnten versucht Mauritius, Souveränität über die Chagos Inseln zu erlangen, einer von Großbritannien beanspruchten und 2 100 km von Mauritius entferntliegenden Inselgruppe mitten im Indischen Ozean. Im Juni 2019 gewann Mauritius in dieser Debatte Boden und zeigte damit, dass afrikanische Staaten auch hohe Politik (*high politics*) beeinflussen können. 1965, drei Jahre vor der Unabhängigkeit, hatte Großbritannien die Kolonie, die aus Mauritius, Rodrigues und den Chagos Inseln bestand, geteilt und schlug Letztere dem neu etablierten *British Indian Ocean Territory* zu. 1966 wurde Diego Garcia, eine der Inseln im Archipel, den USA als Militärbasis überlassen. Diese war im Kalten Krieg von strategischer Bedeutung. Die USA wollten nämlich durch den Bau von Militärbasen – weit genug entfernt, um keine Aufmerksamkeit zu erregen, aber nah genug, um militärische Macht zu entfalten – eine internationale Dominanz aufbauen.[73] Diego Garcia war dafür perfekt. Die Inselbevölkerung, rund 1 500 Menschen, wurde zwangsumgesiedelt und von Großbritannien, den USA sowie teils von den Gesellschaften, in die sie umgesiedelt wurden, unmenschlich behandelt. Von Beginn an forderten sie ihr Rückkehrrecht ein.[74]

Der erste juristische Durchbruch kam jedoch erst im Jahr 2000, als der *British High Court of Justice* urteilte, die Umsiedlung sei gesetzeswidrig gewesen. Ein Rückkehrrecht wurde jedoch versagt. Mehrere Urteile im Sinne der ehemaligen Inselbevölkerung folgten und Mauritius übte zunehmend Druck auf Großbritannien aus. Mauritius brachte die UN-Generalversammlung dazu, beim Internationalen Gerichtshof ein Gutachten einzuholen. In diesem 2019 veröffentlichten, nicht-bindenden Gutachten wird die Teilung der Kolonie als rechtswidrig und Mauritius' Anspruch auf die Inseln als legitim gesehen. Bei den Gerichtsanhörungen gab es ein Novum: Zum ersten Mal war die AU vor diesem Gericht präsent und unterstützte die Forderungen der Regierung von Mauritius. Gemeinsam mit den afrikanischen Staaten übte Mauritius Druck aus, sodass schließlich im Juni 2019 die UN-Generalversammlung in einer nicht-bindenden Resolution Großbritanniens Rückzug binnen sechs Monaten forderte.[75] 116 Staaten unterstützten diese Resolution, 56 enthielten sich und nur sechs, namentlich Australien, Großbritannien, Israel, die Malediven, Ungarn und die USA, stimmten gegen sie.

Diese Resolution bedeutet dreierlei. Erstens ist sie ein weiteres Zeichen für Großbritanniens schwindende Rolle in der internationalen Politik, weil dessen

Druck und diplomatische Initiativen, die Abstimmungsniederlage zu vermeiden, erfolglos waren. Der britische *Guardian* sprach von einem »dringenden Weckruf« für das Land, weil »dies absolut nicht der Platz in der globalen Ordnung sein sollte, den das moderne Großbritannien anstrebt.«[76] Viel weitreichender ist der zweite Punkt, denn die Resolution könnte implizieren, dass Frankreich – welches sich enthielt – ebenso rechtswidrig Mayotte hält, die kommerziell bedeutendste Insel der Komoren, die vor der Dekolonisation abgespalten wurde. Drittens zeigt die Resolution, dass afrikanische Akteure Positionen durchsetzen und dafür eine Mehrheit finden können, die über eine Solidarität des Globalen Südens hinausgeht, denn die Enthaltungen einflussreicher Staaten wie Deutschland oder Kanada müssen als *de facto* Unterstützung verstanden werden.

Dennoch ist es unwahrscheinlich, dass entsprechend der Resolution gehandelt wird. Dies liegt nicht unbedingt an Großbritannien, sondern vielmehr an den Interessen der USA, die seit Jahren jeden Versuch abwehren, den *Status quo* zu ändern. Diego Garcia spielt eine Schlüsselrolle im Krieg gegen den Terror,[77] war für den Afghanistankrieg zentral und könnte auch ein Geheimgefängnis der USA zum Verhör von Terrorverdächtigen beherbergt haben. So überrascht es nicht, dass Großbritannien Mauritius' Ansprüche nicht anerkennt, aber zusagt, die Inseln dann abzugeben, wenn sie nicht mehr für Verteidigungszwecke gebraucht werden.[78] Großbritannien velängerte 2016 den Vertrag mit den USA bis 2036. Dennoch sind die Chagos Inseln ein gutes Beispiel dafür, dass sich afrikanische Staaten verbünden, Unterstützung von anderen erhalten, internationale Gerichte zur Unterstreichung ihrer Positionen nutzen und so internationale Politik beeinflussen können.

Afrika und internationale Politik

Afrikanische Akteure können also internationale Politik beeinflussen. Selbst wenn es nicht unmittelbar sichtbar ist, wie bei den Klimaverhandlungen, haben sie dennoch Einfluss, wie die Veränderung des gegenüber dem ICC akzeptierten Verhaltens und die Chagos Inseln verdeutlichen. Gleichzeitig zeigen die UN-Sicherheitsratsreform und mehr noch die Libyen-Krise, dass dieser Befund einer Einschränkung bedarf, nämlich, dass sich die Möglichkeiten afrikanischer Akteure dann schmälern, wenn ihre Forderungen den Interessen mächtiger Staaten wie China, Frankreich und den USA zuwiderlaufen. Haben diese Staaten gewichtige Interessen, welche den Forderungen afrikanischer Akteure widersprechen, haben es Letztere schwer, ihre Position durchzusetzen. In der Tat müssen sich Großbritannien und die USA erst noch von den Chagos Inseln zurückziehen. Dennoch gilt, dass gemeinsames Handeln grundsätzlich mehr Verhandlungsmacht erzeugt, diese Verhandlungsmacht – ganz zu schweigen von der *hard power* afrikanischer Staaten – in Fällen, bei denen mächtige Staaten gegenläufige Interessen haben, aber zu klein ist.[79]

Der Einfluss afrikanischer Akteure jenseits des Kontinents wird nicht nur von deren Fähigkeiten, Verhandlungen zu führen, deren *hard power* und deren ökonomischem Gewicht bestimmt, sondern auch von *soft power*, d.h. einer Anziehungskraft, die die Präferenzen anderer beeinflusst.[80] Die arabische Welt z.B. hat sich mit Nachrichtenkanälen wie Al-Jazeera eine Stimme gegeben, um eine solche argumentative Anziehungskraft zu entfalten. Afrika hat eine solche Stimme nicht. Remi Adekoya hält nüchtern fest: »Der Kontinent hat momentan auf der internationalen Bühne keinen Lautsprecher, mit dem er seine Geschichten so erzählen kann, wie er es möchte. Er muss Schlange stehen und hoffen, dass andere ihm von Zeit zu Zeit ihr Mikrofon leihen. Damit ist es nicht getan.«[81] An diesem Punkt setzen der Diskurs zur *Afrikanischen Renaissance* sowie zum Postkolonialismus und die Gedanken von Intellektuellen wie Achille Mbembe, Ngũgĩ wa Thiong'o und Felwine Sarr an. Sie wollen dem Kontinent eine solche Stimme geben und auf ein größeres Selbstbewusstsein genauso hinarbeiten wie auf eine veränderte Wahrnehmung Afrikas.[82]

Epilog

Wie soll man eine ohnehin schon kondensierte Version der Geschichte und Politik Afrikas seit der Dekolonisation zusammenfassen? Da ich mich dazu nicht in der Lage fühle, werde ich hier nicht »zusammenfassen«, sondern reflektieren und einige Botschaften herausarbeiten, die in Gestalt von Fragen anstatt Antworten kommen.

Meine Perspektive auf die Geschichte und Politik Afrikas kann als eine Geschichte von nicht erfüllten Hoffnungen und Erwartungen verstanden werden. Die Kolonialmächte, die Befreiungs- und nationalistischen Bewegungen, diejenigen, die für Demokratie und eine bessere sozioökonomische Situation eintreten, sowie Akteure des Konfliktmanagements hofften auf mehr, als sie erreicht haben. Ich habe einige Faktoren auf struktureller und individueller Ebene identifiziert, die erklären, warum sich diese Hoffnungen und Erwartungen nicht erfüllt haben. Im Lichte dessen können wir fragen, ob Menschen aus Afrika und anderswoher einfach nur zu hoffnungsvoll, visionär oder gar illusorisch bezüglich der Zukunft »Afrikas« waren (bzw. sind). Gleichzeitig können wir fragen, ob diese unerfüllten Hoffnungen und Erwartungen ein bestimmtes – eher negatives – Bild über den Kontinent schufen und dann nährten (und weiter nähren). Und wir können fragen, ob dieses entstandene Bild von Afrika das Handeln einiger nicht-afrikanischer Akteure sowie das Denken und Handeln von Afrikanerinnen und Afrikanern auf dem Kontinent beeinflusst.

Wir sollten jedoch gegenüber jeder Generalisierung skeptisch sein und jede Mode in den Spiegel der Geschichte halten (▶ Prolog). Denn es gibt *mindestens* eine weitere Interpretation. Nach dieser Interpretation waren diejenigen, die versuchten, eine autoritäre Herrschaft zu etablieren, nicht so erfolgreich, wie sie hofften und diejenigen, die sich oder ihre Klientel zulasten anderer bereichern wollten, nicht überall erfolgreich. Außerdem konnten, ausländische Geber nicht nach Gutdünken die afrikanische Politik und Wirtschaft formen und auch Störer in Friedensprozessen scheiterten oft. Aus diesem Blickwinkel ist nicht alles so negativ wie die erste Interpretation und man könnte hinzufügen, dass Bürgerrechte im zweiten Jahrzehnt des neuen Jahrtausends weiter verbreitet sind, als bei der Dekolonisation. In weiten Teilen Afrikas gibt es keine systematische Unterdrückung mehr und die große Mehrheit lebt in Frieden und nicht im Krieg. Und auch die sozioökonomische Situation hat sich deutlich verbessert.[1]

Diese Gegenüberstellung der beiden vorausgegangen Interpretationen verdeutlicht, dass dieses Buch auch auf eine Geschichte des Aneinandervorbeiredens – insbesondere zwischen »Afrika« und dem »Westen« – eingeht, wie ich anhand des Fußballspiels in Valenciennes eingangs gezeigt habe (▶ Prolog). Ich habe in diesem Buch immer wieder darauf hingewiesen, dass Akteure aneinander vorbeigeredet haben, dass sie unwillens waren, Differenzen auszuräumen, und stattdessen ihrem Weg folgten, anstatt der anderen Seite Aufmerksamkeit zu schenken. Drei Beispiele reichen aus, um dies in Erinnerung zu rufen. Erstens versuchten die Kolonialmächte kurz vor der Unabhängigkeit, demokratische Systeme zu etablieren, was die politische Elite, lokale und traditionelle Führer sowie andere Akteure innerhalb der Kolonien teils gar nicht wollten. Stattdessen ließen sie nach der Unabhängigkeit den Kolonialstaat weitestgehend intakt – mit einer neuen Führung. Zweitens standen die Befürworter des *Washington Consensus* während des Kalten Kriegs frontal denjenigen gegenüber, die den Marxismus oder Sozialismus als Lösung sahen. Während drittens einige eine liberal-kosmopolitische Agenda (vor allem Demokratisierung) befürworten, ziehen andere einen anderen Weg vor und finden im Aufstieg Chinas und dem Bild vom Erfolg dieses Landes als einer Wirtschaftsmacht mit einer starken, aber nicht demokratischen Führung ein Beispiel. Es scheint, als ob in diesen Episoden des Aneinandervorbeiredens jede Seite einen Monolog über die Wahrhaftigkeit ihrer Perspektive und den Vorteil ihrer eigenen Position hält, sich aber weigert, in einen Dialog mit der anderen Seite einzutreten.

Selbstverständlich könnte dieses Buch selbst als Teil des Aneinandervorbeiredens gesehen werden. Denn ein weiterer Weißer (Mann) präsentiert seine Perspektive auf Afrika. Wie im Prolog dargelegt, möchte ich jedoch dieses Buch als dialogfördernd verstanden wissen. Ich habe so objektiv wie möglich versucht, Daten und Fakten zu liefern, Beispiele und Gegenbeispiele zu zeigen, Diversität und Komplexität des Kontinents zu betonen, innerstaatliche und internationale Faktoren aufzuzeigen, die Politik, Wirtschaft und sozioökonomische Entwicklung bestimmen, und dabei auch klargemacht, dass es weder einfache Fragen noch einfache Antworten, geschweige denn einfache Lösungen gibt. Mit anderen Worten, ich habe eine große Frage gestellt und ein großes Bild gezeichnet.

Das Aneinandervorbeireden wird nirgendwo deutlicher als durch die Gegenüberstellung der Paradigmen »hoffnungsloser Kontinent« und »Afrikas Aufstieg«, wie in den Titelgeschichten des *Economist* vom Mai 2000 und März 2013 ausgedrückt. Ich habe gezeigt, dass Desillusionierung und Frustration nah an Hoffnungen und Erwartungen liegen. Man kann schlussfolgern, Afrika sei hoffnungslos (oder nicht), während andere zum gleichen Zeitpunkt auf die Zukunft setzen und der Ansicht sind, Afrika sei ein aufstrebender Kontinent (oder nicht). Man kann also auf Erfolg oder Scheitern blicken, offene Fragen, Probleme, Herausforderungen oder keines von alledem nennen, und man kann an eine glänzende Zukunft glauben oder nicht. Es scheint, als ob diese unterschiedlichen Hoffnungen, Erwartungen und Perspektiven sowie die Bilder, die sie produzieren, fähig sind, eine Konfrontation zu fördern, die durch einen breiten Dialog über diese Hoffnungen, Erwartungen, Perspektiven und Bilder vermeidbar wäre – ein Dialog auf Augenhöhe.

Als ich diesen Epilog entwarf, stieß ich auf einen Kommentar im *Economist*, der meinen Punkt deutlich macht. Dort wird über den Ebolaausbruch in Kongo-Kinshasa 2019 geschrieben und dieses Ereignis folgendermaßen kommentiert:

»Als das Blut durch machetenschwingende Milizen im Kongo floss, nahmen Außenstehende kaum Notiz. Gab es in Kongos Bürgerkrieg 800 000 oder fünf Mio. Tote? Niemand hatte eine genaue Zahl. Als jedoch das Blut aus den kongolesischen Ebolaopfern floss, passte die Welt auf. Die Weltgesundheitsorganisation sagte, dass bisher 1 707 Menschen beim jetzigen Ebolaausbruch im Kongo gestorben sind.«[2]

Warum gibt es einmal eine exakte Zahl und in einem anderen – vielleicht gar ernsthafteren – Fall (▶ Kap. 10) nicht einmal eine grobe Schätzung? Für einige könnte dies ein (zynisches) Aha-Erlebnis sein; in jedem Fall legt es nahe, dass wir unterschiedliche Maßstäbe nutzen. Weiterhin zeigen der Ebolaausbruch und die lokale Wahrnehmung, dass wir tatsächlich aneinander vorbeireden. So glauben nämlich 40 % der lokalen Bevölkerung, Ebola existiere nicht.[3] Es scheint, als gäbe es ein beträchtliches Misstrauen gegenüber Außenstehenden und insbesondere dem »Westen«, anders ist dies kaum erklärbar. Wir reden über Tote, aber wir können uns nicht darauf einigen, woran sie starben.

Daraus ergeben sich einige Fragen: Was läuft in unserer Konversation und/oder Interaktion schief? Haben sich externe Akteure – Staaten und deren Bürgerinnen und Bürger gleichermaßen – korrekt verhalten? Wie könnten sie ihre Vorgehensweise ändern? Sollten externe und afrikanische Akteure gemeinsam präventiv agieren, d. h. die strukturellen Probleme beseitigen? Oder sollten externe Akteure jetzt und künftig nichts tun – und damit der lokalen Entwicklung (inklusive Krieg)[4] eine Chance geben? Noch grundsätzlicher, was ist richtig und was ist falsch? Warum ist dies richtig oder falsch? Und wer entscheidet darüber, was richtig und was falsch ist und warum das so ist? Sind unsere Perspektiven, Hoffnungen, Erwartungen, *mindsets* und Werte maßgeblicher als die Perspektiven, Hoffnungen, Erwartungen, *mindsets* und Werte anderer? Und wer sind eigentlich »wir« und wer sind die »anderen«? Ich habe keine Antwort auf diese Fragen, aber erlaube mir einen Ratschlag: Stell' die großen Fragen und erhalte das große Bild, halte jede Mode in den Spiegel der Geschichte und akzeptiere, dass wir mehr im Dunkeln stehen, anstatt anzunehmen, wir können das Licht sehen.[5]

Maxi Schoeman schrieb, wir würden zu oft vergessen, dass Afrika kein Land, sondern ein Kontinent sei.[6] Mein Buch unterstreicht diesen Hinweis, indem es auf die politische, wirtschaftliche und sozioökonomische Diversität – um nur einige Dimensionen zu nennen – verweist. Obwohl viele Schoemans Aussage teilen, hat dies bislang nicht zu einer sprachlichen Veränderung oder zu einem Überdenken der Afrikastudien als wissenschaftliche Disziplin geführt. Sollten wir vielleicht eher über »Afrikas« im Plural sprechen als über *ein* Afrika, um die Diversität des Kontinents zu betonen und seiner Komplexität gerecht zu werden? Dies könnte dazu beitragen, das zumeist vorherrschende, eher simplifizierende Bild von Afrika zu überwinden. Ein Journalist hielt vor mehr als 30 Jahren fest: »Es gibt einen Unterschied zwischen dem Afrika, über das man liest und das man im Fernsehen sieht, und dem komplexeren Afrika, das sich vor einem versteckt.«[7] Wir sind gut beraten, diesem »verstecken« Afrika Aufmerksamkeit zu schenken, um Afrika – ein Kontinent, kein Land – mehr in seiner Diversität und Komplexität zu präsentieren als auf simplifizierende und vielleicht gar unberechtigte Art und Weise. Mir ist bewusst, diesen Ansprüchen wegen struktureller Einschränkungen – ein Limit von 120 000 Wörtern und eine Abgabefrist – und wegen meines unvollständigen Wissens nicht zu genügen. Wie im Prolog erwähnt, bietet dieses Buch nur *eine* Perspektive und sollte als Einladung verstanden werden, sich weiter mit afrikanischen Fragen und Angelegenheiten zu beschäftigen, und nicht als ein finales Urteil. Es soll die Tür öffnen, afrikanische Geschichte, Politik und ihre Auswirkungen zu sehen und zu verstehen. Jetzt sind Sie dran.

Anmerkungen

Danksagungen

1 Binyavanga Wainaina, »How to write about Africa«, *Granta*, Nr. 92 (2005), https://granta.com/how-to-write-about-africa/.

Prolog

1 R. John Vincent, »Order in international politics«, in John D. B. Miller & R. John Vincent (Hrsg.) *Order and violence: Hedley Bull and international relations*, Oxford: Clarendon Press, 1990), 38–64: 64.
2 Jan Göbel, »Diese 90 Minuten waren eine Schande«, *Spiegel Online*, 24. Juni 2019, https://www.spiegel.de/sport/fussball/fussball-wm-2019-der-frauen-england-vs-kamerun-diese-90-minuten-waren-eine-schande-a-1273917.html
3 Rich Laverty, »England vs Cameroon: Phil Neville ›ashamed‹ as he launches scathing attack on World Cup opponents«, *The Independent online*, 23. Juni 2019, https://www.independent.co.uk/sport/football/womens_football/womens-world-cup-2019-england-vs-cameroon-results-phil-neville-press-conference-a8971491.html
4 Fernand Braudel, *A history of civilizations* (New York: Penguin Book, 1993).
5 Patricia Schultz, *1000 places to see before you die* (Potsdam: Vista Point, 2015).
6 *The Economist*, »News Peak«, 23. Dezember 2017, 37.
7 Felwine Sarr, *Afrotopia* (Berlin: Matthes & Seitz, 2016).
8 Max Weber, *Methodologische Schriften* (Frankfurt: S. Fischer, 1968), 229–277.
9 *The Economist*, »Master of the mallet«, 27. Juli 2019, 28.
10 Eliza Anyangwe, »10 things Africa has given the world«, *The Guardian online*, 8. September 2015, https://www.theguardian.com/commentisfree/2015/sep/08/10-things-africa-given-world.
11 Max Weber, *Methodologische Schriften*.
12 Cheikh A. Diop, *Towards the African renaissance: essays in African culture and development, 1946–1960* (London: Karnak House, 1996).

1 Vom Goldenen Zeitalter zur Eroberung und Kolonisation

1. Basil Davidson, *Africa: history of a continent* (New York: Macmillan, 1972); Kevin Schelling, *History of Africa* (Basingstoke: MacMilliam, 1989); UNESCO, *General history of Africa, volumes I–VI* (London: Heinemann, 1981–1993); John Reader, *Africa: a biography of the continent* (London: Penguin, 1998); John Iliffe, *Africans: the history of a continent* (Cambridge: Cambridge University Press, 2007).
2. Cheikh A. Diop, *The African origin of civilization: myth or reality* (New York: Lawrence Hill Books, 1974).
3. François-Xavier Fauvelle, *The golden rhinoceros: histories of the African Middle Ages* (Princeton: Princeton University Press, 2018).
4. Adam Jones, *Afrika bis 1850* (Frankfurt: S. Fischer, 2016).
5. Hugh Trevor-Roper, *The rise of Christian Europe* (Norwich: Thames Hudson, 1965), 9 [eigene Übersetzung]; Raymond Mauny, *Les siècles obscurs de l'Afrique noire: histoire et archéologie* (Paris: Fayard, 1970).
6. Fauvelle, *The golden rhinoceros*.
7. John C. Wilkinson, *The Arabs and the scramble for Africa* (London: Equinox Publishing, 2015).
8. John Iliffe, *Africans*.
9. Jones, *Afrika bis 1850*, 107–122.
10. Catherine Coquery-Vidrovitch, »The political economy of the African peasantry and modes of production«, in Peter C. Gutkind & Immanual Wallerstein (Hrsg.) *The political economy of contemporary Africa* (Beverly Hills: Sage, 1976), 90–111.
11. Aili Tripp, »Women and Politics in Africa«, in Thomas Spear (Hrsg.) *Oxford research encyclopaedia of African history* (Oxford: Oxford University Press, 2017), 2.
12. Georges Balandier, *Political anthropology* (London: Allen Lane, 1970).
13. Mahmood Mamdani, *Citizen and subject: contemporary Africa and the legacy of late colonialism* (Princeton: Princeton University Press, 1996), 41.
14. Ebd., 42.
15. J. Devisse, »Africa in inter-continental relations«, in D.T. Niane (Hrsg.) *General history of Africa IV: Africa from the twelfth to the sixteenth century* (London: Heinemann, 1984), 635–672; I. Hrbek »Africa in the context of world history«, in M. Elfasi (Hrsg.) *General history of Africa III: Africa from the seventh to the eleventh century* (London: Heinemann, 1988), 1–30.
16. Hans W. Debrunner *Presence and prestige, Africans in Europe: a history of Africans in Europe before 1918* (Basel. Basler Afrika, 1979).
17. Susan Keech McIntosh, *Excavations at Jenné-Jeno, Hambarketolo, and Kaniana (Inland Niger Delta, Mali), the 1981 season* (Berkeley: University of California Press, 1995).
18. Hrbek, *Africa in the context*.
19. Ebd.
20. Joseph-Achille Mbembe, *Critique of black reason* (Durham: Duke University Press, 2017).
21. David Eltis, »The volume and structure of the transatlantic slave trade: a reassessment«, *The William and Mary Quarterly* 58, Nr. 1 (2001), 17–46.
22. Ibrahim B. Kake, »The slave trade and the population drain from Black Africa to North Africa and the Middle East«, in UNESCO (Hrsg.) *The African slave trade from the fiteenth to the nineteenth century* (Paris: UNESCO, 1979), 164–182.
23. Jochen Meissner, Ulrich Mücke & Klaus Weber, *Schwarzes Amerika: Eine Geschichte der Sklaverei* (München: C.H. Beck, 2008), 60.
24. Eltis, »The volume and structure«.
25. Kake, »The slave trade«.

26 Jürgen Osterhammel & Jan C. Jansen, *Kolonialismus: Geschichte, Formen, Folgen* (München: C. H. Beck, 2012), 8.
27 Ebd., 40.
28 David B. Abernethy, *The dynamics of global dominance: European overseas empires 1415–1980*. (New Haven: Yale University Press, 2000).
29 Thomas Pakenham, *The scramble for Africa, 1876–1912* (London: Weidenfeld & Nicolson, 1991).
30 Abernethy, *The dynamics of global dominance*; Osterhammel & Jansen, *Kolonialismus*; Andreas Eckert, *Kolonialismus* (Frankfurt: S. Fischer, 2006).
31 Eckert, *Kolonialismus*, 64.
32 Adekeye Adebajo, *The curse of Berlin: Africa after the Cold War* (New York: Columbia University Press, 2010).
33 Jürgen Zimmerer, *Deutsche Herrschaft über Afrikaner: staatlicher Machtanspruch und Wirklichkeit im kolonialen Namibia* (Münster: Lit, 2001).
34 Raymond A. Jonas, *The battle of Adwa: African victory in the age of empire* (Cambridge: Harvard University Press, 2011).
35 Francis R. Wingate, *Mahdiism and the Egyptian Sudan* (London: Cass, 1968); Peter M. Holt, *The Mahdist State in the Sudan 1881–1898: a study of its origins development and overthrow* (Oxford: Clarendon Press, 1970).
36 Thomas Pakenham, *The Boer War* (London: Weidenfeld Nicolson, 1979); Bill Nasson, *The South African War, 1899–1902* (London: Arnold, 1999).
37 Henry M. Stanley, *Im dunkelsten Afrika* (Leipzig: Brockhaus, 1931).
38 Eckert, *Kolonialismus*, 68.
39 Patrick Manning, *Francophone Sub-Saharan Africa 1880–1995* (Cambridge: Cambridge University Press, 1998), 57.
40 Femi J. Kolapo & Kwabena O. Akurang-Parry (Hrsg.), *African agency and European colonialism: latitudes of negotiation and containment* (Lanham: University Press of America, 2007).
41 John Harding & G. E. J. Gent, *The dominions office and colonial office list for 1938* (London: Waterlow and Sons, 1938).
42 Anthony H. Kirk-Greene, »The thin white line: the size of the British colonial service in Africa«, *African Affairs* 79, Nr. 314 (1980), 25–44.
43 Ebd.
44 Frederick Cooper, »Conflict and connection: rethinking colonial African history«, *American Historical Review* 9, Nr. 5 (1994), 1516–1545: 1529 [eigene Übersetzung].
45 Michael Crowder, »Indirect rule: French and British style«, *Africa: Journal of the International African Institute* 34, Nr. 3 (1964), 197–205: 201 [eigene Übersetzung].
46 Ebd.
47 Malyn Newitt, *Portugal in Africa: the last hundred years* (London: Hurst, 1981), 105.
48 Manning, *Francophone Sub-Saharan Africa*, 62–63.
49 Martin Shipway, *Decolonization and its impact: a comparative approach to the end of the colonial empires* (Malden: Blackwell, 2008), 31–34.
50 Frederick Cooper, *Africa since 1940: the Past of the Present* (Cambridge: Cambridge University Press, 2002), 16.
51 Aimé Césaire, »On the Nature of Colonialism«, in Irving L. Markovitz (Hrsg.) African politics and society (New York: Free Press, 1970 [1966]), 41.
52 Isabela Figueiredo, *Roter Staub: Mosambik am Ende der Kolonialzeit* (Bonn: Weidle, 2019).
53 C. Abayomi Cassell, *Liberia: history of the first African republic* (New York: Fountainhead, 1970).
54 Mulatu Wubneh & Yohannis Abate, *Ethiopia: transition and development in the Horn of Africa* (Boulder: Westview Press, 1988).
55 Kjetil Tronvoll & Daniel R. Mekonnen, *The African garrison state: human rights and political development in Eritrea* (Suffolk: Boydell & Brewer, 2014), 4–7.

2 Dekolonisation und Befreiung

1. Jan C. Jansen & Jürgen Osterhammel, *Dekolonisation: Das Ende der Imperien* (München: C.H. Beck, 2013), 8.
2. Ebd., 80.
3. Ebd., 25–26.
4. Majid Khadduri, »The Anglo-Egyptian controversy«, *Proceedings of the Academy of Political Science* 24, Nr. 4 (1952), 82–100: 85.
5. Roger Louis, »The United Kingdom and the beginning of the mandates system, 1919–1922«, *International Organization* 23, Nr. 1, 73–96: 92.
6. John Flint, »Planned decolonization and its failure in British Africa«, *African Affairs* 82, Nr. 328 (1983), 389–411.
7. William M. Hailey, *An African survey: a study of problems arising in Africa South of the Sahara* (Oxford: Oxford University Press, 1938).
8. Frederick Cooper, *Colonialism in question: theory, knowledge, history* (Berkeley: University of California Press, 2005).
9. Colonial Office, *Report of the Commission of enquiry into disturbances in the Gold Coast 1948 [Watson Report]* (London, 9. Juni 1948).
10. Florence M. Bourret, *Ghana: the road to independence 1919–1957* (Oxford: Oxford University Press, 1963), 172–174.
11. David Rooney, *Kwame Nkrumah: the political kingdom in the Third World* (London: Tauris & Co Publishers, 1988), 131–132.
12. Flint, »Planned decolonization«.
13. Mahfoud Kaddache, *L'Algerie des Algeriens de la Préhistoire* (Algier: EDIF, 2003), 751.
14. Jacque Tronchon, *L'insurrection malgache de 1947: essai d'interprétation historique* (Paris: Maspero, 1974); Micheal Clodfelter, *Warfare and armed conflicts: a statistical reference to casualty and other figures, 1500–2000* (London: McFarland and Company, 2002), 619.
15. Donald B. Marshall, *The French colonial myth and constitution-making in the Fourth Republic* (New Haven: Yale University Press, 1973); Tony Chafer, *The end of empire in French West Africa* (Oxford: Berg, 2002), 83–116.
16. Philip Neres, *French-speaking West Africa* (London: Oxford University Press, 1962), 68.
17. Elizabeth Schmidt, »Top down or bottom up? Nationalist mobilization reconsidered, with special reference to Guinea (French West Africa)«, *The American Historical Review* 110, Nr. 4 (2005), 975–1014.
18. Yves Person, »French West Africa and decolonization«, in Prosser Gifford & Williams R. Louis (Hrsg.) *The transfer of power in Africa* (New Haven: Yale University Press, 1982), 141–172: 167 [eigene Übersetzung].
19. Elizabeth Schmidt, *Cold War and decolonization in Guinea, 1946–1958* (Athens: Ohio University Press, 2007), 125–179.
20. Philip Neres, *French-Speaking West Africa* (London: Oxford University Press, 1962), 84–85.
21. Achille Mbembe, *Ausgang aus der langen Nacht: Versuch über ein entkolonisiertes Afrika* (Berlin: Suhrkamp, 2016), 155.
22. Person, »French West Africa«, 169 [eigene Übersetzung].
23. Elizabeth Schmidt, *Foreign intervention in Africa: from the Cold War to the war on terror* (Cambridge: Cambridge University Press, 2013), 58.
24. David van Reybrouck, *Kongo: Eine Geschichte* (Berlin: Suhrkamp, 2012), 333–392.
25. Gervase Clarence-Smith, *The third Portuguese empire 1825–1975: a study in economic imperialism* (Manchester: Manchester University Press, 1985), 146–192; Walther L. Bernecker & Klaus Herbers, *Geschichte Portugals* (Stuttgart: Kohlhammer, 2013), 289.
26. Schmidt, *Foreign intervention*, 79.

27 A.H. de Oliveira Marques, *Geschichte Portugals und des portugiesischen Weltreichs* (Stuttgart: Alfred Kröner, 2001), 611–612.
28 Bernecker & Herbers: *Geschichte Portugals*, 289.
29 António de Spínola, *Portugal e o Futuro* (Lissabon: Arcadia, 1974).
30 Malyn Newitt, *Portugal in European and world history* (London: Reaktion Books, 2009), 214–216
31 Jane Bergerol, »Portugal's year in Africa«, in Colin Legum & Elizabeth Clements (Hrsg.) *Africa contemporary record* (London: Rex Collings, 1976), A112–A117: A112.
32 Frederick Cooper, *Africa since 1940: the past of the present* (Cambridge: Cambridge University Press, 2002), 77; Cooper, *Colonialism in question*.
33 Adam Hochschild, *Schatten über dem Kongo: die Geschichte eines der großen, fast vergessenen Menschheitsverbrechen* (Stuttgart: Klett-Cotta, 2009).
34 Stewart C. Easton, *The rise and fall of Western colonialism: a historical survey from the early nineteenth century to the present* (New York: Praeger, 1965); Henri Grimal, *Decolonization: the British, French, Dutch and Belgian empires 1919–1963* (Boulder: Westview Press, 1978); Donald A. Low, *Eclipse of empire* (Cambridge: Cambridge University Press, 1991); Frederick Cooper, *Decolonization and African society: the labor question in French and British Africa* (Cambridge: Cambridge University Press, 1996); Cheikh Anta Babou, »Decolonization or national liberation: debating the end of British colonial rule in Africa«, *The Annals of the African Academy of Political and Social Science* 632, Nr. 1 (2010), 41–54.
35 Judith van Allen, »›Aba Riots‹ or Igbo ›Women's War‹? Ideology, stratification, and the invisibility of women«, in Nancy J. Hafkin & Edna G. Bay (Hrsg.) *Women in Africa: studies in social and economic change* (Stanford: Stanford University Press, 1976), 59–85.
36 Cooper, *Africa since 1940*, 66–84.
37 Iris Berger & E. Frances White, *Women in Sub-Saharan Africa* (Bloomington: Indiana University Press, 1999), 47 [eigene Übersetzung].
38 Ebd.; Aili Mari Tripp, Isabel Casimiro, Joy Kwesiga & Alice Mungwa, *African women's movements: chaning political landscapes* (Cambridge: Cambridge University Press, 2009); Iris Berger, *Women in twentieth-century Africa: new approaches to African history* (Cambridge: Cambridge University Press, 2016), 66–88.
39 Susan Geiger, »Women and African nationalism«, *Journal of Women's History* 3, Nr. 3 (1990), 227–244: 227.
40 Ruth Schachter-Morgenthau, *Political parties in French-Speaking West Africa* (Oxford: Clarendon Press, 1964).
41 Alfred J. Wills, *An introduction to the history of Central Africa: Zambia, Malawi, and Zimbabwe* (Oxford: Oxford University Press, 1985), 347.
42 Andrew Roberts, *A history of Zambia* (London: Heinemann, 1976), 211.
43 Anthony I. Asiwaju, »Migrations as revolt: the example of the Ivory Coast and the Upper Volta before 1945«, *The Journal of African History* 17, Nr. 4 (1976), 577–594.
44 Jacque Tronchon, *L'insurrection malgache de 1947: essai d'interprétation historique* (Paris: Maspero, 1974); Anthony Clayton, *The wars of French Decolonization* (London: Longman, 1998); Clodfelter, *Warfare and armed conflicts*, 619.
45 Meredith Terretta, *Nation of outlaws, state of violence: nationalism, grassfields tradition, and state building in Cameroon* (Athens: Ohio University Press, 2014).
46 Clodfelter, *Warfare and armed conflicts*, 619.
47 Kaddache, *L'Algerie*, 751.
48 Kahina Amal Djiar, »Symbolism and memory in architecture: Algerian anti-colonial resistance and the Algiers casbah«, *Journal of North African Studies* 14, Nr. 2 (2009), 185–202: 190.
49 Meredith Turshen, »Algerian women in the liberation struggle and the civil war: from active participants to passive victims?« *Social Research* 69, Nr. 3 (2002), 889–911.
50 Benjamin Stora, *Histoire de la Guerre d'Algerie 1954–1962* (Paris: La Découverte, 2006); Raphaëlle Brache, *La torture et l'armée pendant la guerre d'Algérie, 1954–1962* (Paris: Gallimard, 2001).

51 John Lonsdale, »Mau Maus of the mind: making Mau Mau and remaking Kenya«, *Journal of African History* 31, Nr. 3 (1990), 393–421.
52 Daniel Branch, *Defeating Mau Mau, creating Kenya: counterinsurgency, civil war, and decolonization* (Cambridge: Cambridge University Press, 2009).
53 Caroline Elkins, *Imperial reckoning: the untold story of Britain's Gulag in Kenya* (New York: Henry Holt and Company, 2005).
54 David M. Anderson, *Histories of the hanged: Britain's dirty war in Kenya and the end of empire* (New York: W.W. Norton, 2005), 5.
55 John Blacker, »The demography of Mau Mau: fertility and mortality in Kenya in the 1950s: a demographer's viewpoint«, *African Affairs* 106, Nr. 423 (2007), 205–227.
56 Anderson, *Histories of the hanged*, 328–344.
57 Basil Davidson, *No fist is big enough to hide the sky: the liberation of Guinea-Bissau and Cape Verde, 1963–74* (London: Zed Books, 2017 [1969]), 16.
58 John A. Marcum, *The Angolan revolution Vol. I: the anatomy of an explosion (1950–1962)* (Cambridge: MIT Press, 1969); John A. Marcum, *The Angolan revolution Vol. II: exile politics and guerrilla warfare (1962–1976)* (Cambridge: MIT Press, 1978).
59 David Birmingham, *Frontline nationalism in Angola and Mozambique* (London: James Curry, 1992), 47–48.
60 Stephanie Urdang, *Fighting two colonialisms: women in Guinea-Bissau* (New York: Monthly Review Press, 1979).
61 Gilbert M. Khadiagala, *Allies in adversity: the frontline states in Southern African Security 1975–1993* (Athens: Ohio University Press, 1994), 18–50; Norma J. Kriger, *Zimbabwe's guerrilla war: peasant voices* (Cambridge: Cambridge University Press, 1992), 3.
62 Greg Mills & Graham Wilson, »Who dares loses? Assessing Rhodesia's counter-insurgency strategy«, *RUSI* 152, Nr. 6 (2007), 22–37.
63 Raymond Suttner, *The ANC underground in South Africa* (Auckland Park: Jacana, 2008).
64 Shireen Hassim, *ANC Women's League: sex, gender and politics* (Athens: Ohio University Press, 2015).
65 Sunday Times, »›A giant tree has fallen‹: Ramaphosa mourns ›mother of the nation‹ Madikizela-Mandela«, 3. April 2018, https://www.timeslive.co.za/politics/2018-04-03-a-giant-tree-has-fallen-ramaphosa-mourns-mother-of-the-nation-madikizela-mandela/ [eigene Übersetzung].
66 Susan Brown, »Diplomacy by other means: SWAPO's liberation war«, in Colin Leys & John S. Saul (Hrsg.) *Namibia's liberation struggle: the two-edged sword* (London: James Curry, 1995), 19–39; Lauren Dobell, *Swapo's struggle for Namibia, 1960–1991: war by other means* (Basel: Schlettwein Publishing, 1998).
67 Hein Marais, *South Africa pushed to the limit: the political economy of chance* (London: Zed Books, 2011), 54.
68 Jansen & Osterhammel, *Dekolonisation*, 38.
69 Blessing-Miles Tendi, *The army and politics in Zimbabwe: Mujuru, the liberation fighter and kingmaker* (Cambridge: Cambridge University Press, 2020).
70 Allister Sparks, *Morgen ist ein anderes Land* (Berlin: Berlin Verlag, 1995).
71 Janet G. Vaillant, *Vie de Léopold Sédar Senghor: noir, français et africain* (Paris: Editions Karthala, 2006).
72 Sylvie Thénault, *L‹histoire de la guerre d‹indépendance algérienne* (Paris: Flammarion, 2005).
73 Cooper, *Africa since 1940*, 70.
74 William J. Foltz, *From French West Africa to the Mali Federation* (New Haven: Yale University Press, 1967).
75 Cooper, *Africa since 1940*, 66–84.
76 David McIntyre, *The Commonwealth of Nations: origins and impact, 1869–1971* (Minneapolis: University of Minnesota Press, 1977); Brian Lapping, *End of empire* (London: St. Martin's Press, 1985); David Strang, »Global patterns of decolonization, 1500–1987«, *International Studies Quarterly* 35, Nr. 4 (1991), 429–454.

77 Bill Nasson, »Africa«, in Jay Winter (Hrsg.) *The Cambridge history of the First World War* (Cambridge: Cambridge University Press, 2014), 433–458: 455.
78 Edward Paice, *Tip and run: the untold tragedy of the Great War in Africa* (London: Weidenfeld & Nicolson, 2007); Bill Nasson, »More than just von Lettow-Vorbeck: Sub-Saharan Africa in the First World War,« *Geschichte und Gesellschaft* 40, Nr. 2 (2014), 160–183.
79 Melvin E. Page (Hrsg.), *Africa and the First World War* (New York: St. Martin's Press, 1987).
80 Rudolf von Albertini, »The impact of two world wars on the decline of colonialism«, *Journal of Contemporary History* 4, Nr. 1 (1969), 17–35.
81 Richard Rathbone, »World War I and Africa: introduction«, *The Journal of African History* 19, Nr. 1 (1978), 1–9: 4 [eigene Übersetzung].
82 Bahru Zedwe, *A History of Modern Ethiopia 1855–1974* (London: James Curry, 1991), 153.
83 Timothy Parsons, »The military experience of ordinary Africans in World War II«, in Judith Byfield, Carolyn A. Brown, Timothy Parson & Ahmad Alawad Sikainga (Hrsg.) *Africa and World War II* (Cambridge: Cambridge University Press, 2015), 3–23: 9.
84 Elizabeth Schmidt, »Popular resistance and anticolonial mobilization: the war efforts in French Guinea«, in Judith Byfield, Carolyn A. Brown, Timothy Parson & Ahmad Alawad Sikainga (Hrsg.) *Africa and World War II* (Cambridge: Cambridge University Press, 2015), 441–461.
85 Richard J. Reid, *A history of modern Africa: 1800 to the present* (Oxford: Wiley-Blackwell, 2009), 237.
86 Parsons, »The military experience«, 21.
87 Rita Headrick, »African soldiers in World War II«, *Armed Forces and Society* 4, Nr. 3 (1978), 501–526; Richard S. Fogarty & David Killingray, »Demobilization in British and French Africa at the end of the First World War«, *Journal of Contemporary History* 50, Nr. 1 (2014), 100–123: 122.
88 von Albertini, »The impact of two world wars«, 27.
89 Ashley Jackson, »Motivation and mobilization for war: recruitment for the British Army in the Bechuanaland Protectorate, 1941–42«, *African Affairs* 96, Nr. 384 (1991), 399–417.
90 Schmidt, *Foreign intervention*, 40.
91 Williams H. Lewis & Robert Gordon, »Libya after two years of independence«, *Middle East Journal* 8, Nr. 1 (1954), 41–58; Benjamin Rivlin, »Unity and nationalism in Libya«, *Middle East Journal* 3, Nr. 1 (1949), 31–44; Adrian Pelt, *Libyan independence and the United Nations: a case of planned decolonization* (New Haven: Yale University Press, 1970).
92 Mary-Jane Deeb, *Libya's foreign policy in North Africa* (Boulder: Westview Press, 1991), 23.
93 United Nations, *Question of the disposal of the former Italian colonies*, A/RES/289(IV)A, New York, 21. November 1949.
94 Jama Mohamed, »Imperial policies and nationalism in the decolonization of Somaliland, 1954–1960«, *The English Historical Review* 117, Nr. 474 (2002), 1177–1203.
95 Marion Wallace, *A history of Namibia: from the beginning to 1990* (London: Hurst, 2011).
96 John A. Marcum, *The Angolan revolution Vol. I* (Cambridge: MIT Press, 1969), 181–187; Witney W. Schneidman, *Engaging Africa: Washington and the fall of Portugal's colonial empire* (Dallas: University Press of America, 2004), 1–59.
97 Marcum, *The Angolan revolution Vol. 1*; Schneidman, *Engaging Africa*, 1–59.
98 Thomas Borstelmann, *The Cold War and the color line* (Cambridge: Harvard University Press, 2001).
99 Matthew LeRiche & Matthew Arnold, *South Sudan: from revolution to independence* (London: Hurst, 2012), 89–114; Oystein H. Rolandsen & M. W. Daly, *A history of South Sudan: from slavery to independence* (Cambridge: Cambridge University Press, 2016), 105–132.
100 United Nations, *Non-self-governing territories* (2017), http://www.un.org/en/decolonization/nonselfgovterritories.shtml (letzter Zugriff 15. Januar 2017).
101 Stephen Zunes & Jacob Mundy, *Western Sahara: war, nationalism, and conflict irresolution* (Syracuse: Syracuse University Press, 2010), 91–111.
102 Erik Jensen, *Western Sahara: anatomy of a stalemate* (Boulder: Lynne Rienner, 2005), 28.

3 Auswirkungen der Kolonialzeit und Dekolonisation

1. Charles Tilly, *Coercion, capital, and European states, A.D. 990–1992* (Cambridge: Blackwell, 1990).
2. Jeffrey I. Herbst, *States and power in Africa: comparative lessons in authority and control* (Princeton: Princeton University Press, 2000).
3. Paul Nugent & A.I. Asiwaju (Hrsg.), *African boundaries: barriers, conduits and opportunities* (London: Pinter, 1996); Andreas Eckert, *Kolonialismus* (Frankfurt: S. Fischer, 2006).
4. Jan C. Jansen & Jürgen Osterhammel, *Dekolonisation: Das Ende der Imperien* (München: C.H. Beck, 2013), 87.
5. David B. Abernethy, *The dynamics of global dominance: European overseas empires 1415–1980*. (New Heaven: Yale University Press, 2000), 366.
6. Basil Davidson, *The black man's burden: Africa and the curse of the nation-state* (London: Currey, 1992).
7. Frederick Cooper, *Africa since 1940: the past of the present* (Cambridge: Cambridge University Press, 2002), 79.
8. Tony Chafer, *The end of empire in French West Africa* (Oxford: Berg, 2002), 234.
9. Achille Mbembe, *Ausgang aus der langen Nacht: Versuch über ein entkolonisiertes Afrika* (Berlin: Suhrkamp, 2016), 53.
10. Hilda Kuper, *Sobhuza II: Ngwenyama and King of Swaziland. The story of an hereditary ruler and his country* (London: Duckworth, 1978), 223.
11. Hugh MacMillan, »Swaziland: recent history«, in Iain Frame (Hrsg.) *Africa South of the Sahara 2009* (London: Routledge, 2009), 1150–1169: 1151.
12. Crawford Young, »The heritage of colonialism«, in John W. Haberson & Donald Rothchild (Hrsg.) *African in world politics: engaging a changing global order* (Boulder: Westview Press, 2013), 15–34: 30.
13. Stephen A. Akintoye, *Emergent African states: topics in 20th century African history* (London: Longman, 1976), 9–10 [eigene Übersetzung].
14. Crawford Young, *The African colonial state in comparative perspective* (New Haven: Yale University Press, 1994); Patrick Manning, *Francophone Sub-Saharan Africa 1880–1995* (Cambridge: Cambridge University Press, 1998); Chafer, *The End of Empire*.
15. Pierre Englebert, *State legitimacy and development in Africa* (Boulder: Lynne Rienner, 2002).
16. Victor A. Olorunsola, *Societal reconstruction in two African states* (Washington: University Press of America, 1977), 32–33; Ilufoye Sarafa Ogundiya, »The cycle of legitimacy crisis in Nigeria: a theoretical exploration«, *Journal of Social Sciences* 20, Nr. 2 (2009), 129–142.
17. Young, »The heritage of colonialism«, 15 [eigene Übersetzung].
18. Roland A. Oliver, *The African experience* (London: Pimlico, 1994), 184.
19. Simon Katzenellenbogen, »It didn't happen at Berlin«, in Paul Nugent & A.I. Asiwaju (Hrsg.) *African boundaries: barriers, conduits and opportunities* (London: Pinter, 1996), 21–34: 31.
20. Saadia Touval, *The boundary politics of independent Africa* (Cambridge: Harvard University Press, 1972), 16–17; A. I. Asiwaju (Hrsg.) *Partitioned Africans: ethnic relations across Africa's international boundaries, 1884–1984* (London: Hurst, 1985).
21. Paul Nugent, *Smugglers, secessionists, and loyal citizens on the Ghana-Togo Frontier* (Athens: Ohio University Press, 2002).
22. Organization of African Unity, *Border disputes among African states*, Cairo, 17.–21. Juli 1964, AHG/Res.16(I).
23. Paul Nugent & A.I. Asiwaju, »Conclusion,« in Paul Nugent & A.I. Asiwaju (Hrsg.) *African boundaries: barriers, conduits and opportunities* (London: Pinter, 1996), 266–272: 269.
24. Ali Mazrui, »The bondage of boundaries«, *The future surveyed*, supplement to *The Economist*, 11. September 1993.

25 Robert Mortimer, »Global economy and African foreign policy: the Algerian model«, *African Studies Review* 27, Nr. 1 (1984), 1–22; Martin Stone, *The agony of Algeria* (London: Hurst, 1997); Yahia H. Zoubir, »The resurgence of Algeria's foreign policy in the twenty-first century«, *Journal of North African Studies* 9, Nr. 2 (2004), 169–183.
26 Chris Landsberg, *The quiet diplomacy of liberation: international politics and South Africa's transition* (Johannesburg: Jacana, 2004).
27 L'Organisation Internationale de la Francophonie, »About us«, https://www.francophonie.org/Welcome-to-the-International.html
28 Walter Rodney, *How Europe underdeveloped Africa* (London: Bogle-L'Ouverture, 1978); Daron Acemoglu, Simon Johnson & James A. Robinson, »The colonial origins of comparative development: an empirical investigation«, *American Economic Review* 91, Nr. 5 (2001), 1369–1401.
29 Jean-François Bayart, »Africa in the world: a history of extraversion«, *African Affairs* 99, Nr. 395 (2000), 217–267.
30 Gareth Austin, »African economic development and colonial legacies«, *International Development Policy – Revue internationale de politique de développement* 1 (2010), 11–32.
31 Douglas Yates, »Is Luigi Di Maio right about French policies in Africa? Paradoxes and dilemmas of Françafrique,« *LSE Blogs*, 23. Januar 2019, https://blogs.lse.ac.uk/europpblog/2019/01/23/is-luigi-di-maio-right-about-french-policies-in-africa-paradoxes-and-dilemmas-of-francafrique/
32 Joel W. Gregory, »Underdevelopment, dependence, and migration in Upper Volta«, in Timothy M. Shaw & Kenneth A. Heard (Hrsg.) *The politics of Africa: dependence and development* (New York: Africana Publishing Company, 1979), 73–94: 79.
33 Ebd. [eigene Übersetzung].
34 Economist Intelligence Unit, *Country profile 2007: Burkina Faso* (London: The Economist Intelligence Unit, 2007), 11.
35 Brian Mitchell, *International historical statistics: Africa, Asia & Oceania 1750–2000* (Houndmills: Palgrave Macmillan, 2003).
36 Weltbank, *Can Africa claim the 21st century?* (Washington: World Bank, 2000), 106.
37 Paul T. Zeleza, »Beyond afropessimism: historical accounting of African universities,« *Pambazuka News*, 30. August 2006, https://www.pambazuka.org/governance/beyond-afropessimism-historical-accounting-african-universities
38 Mark LeVine, »France in Mali: the longue durée of imperial blowback«, *Aljazeera*, 19. Januar 2013, https://www.aljazeera.com/indepth/opinion/2013/01/2013119153558185275.html
39 Bill Warren, *Imperialism: the pioneer of capitalism* (New York: Random House, 1980).
40 Jansen & Osterhammel, *Dekolonisation*, 86.
41 Raymond Suttner, *The ANC underground in South Africa* (Auckland Park: Jacana, 2008).
42 Roger Southall, *Liberation movements in power: party and state in Southern Africa* (Woodbridge: Currey, 2013).
43 Martin Welz & Daniela Kromrey, »Legacies of the past: the influence of former freedom fighters and their rhetoric in Southern Africa«, *Politikon: South African Journal of Political Studies* 42, Nr. 2 (2015), 255–273.
44 Frantz Fanon, *Die Verdammten dieser Erde* (Frankfurt: Suhrkamp, 1966).
45 Richard S. Fogarty & David Killingray, »Demobilization in British and French Africa at the end of the First World War«, *Journal of Contemporary History* 50, Nr. 1 (2014), 100–123: 118.
46 David van Reybrouck, *Kongo: Eine Geschichte* (Berlin: Suhrkamp, 2013), 263.
47 Isidore Ndaywel è Nziem, *Histoire générale du Congo: de l'héritage ancien à la République Démocratique* (Paris: Duculot, 1998), 462.
48 Frantz Fanon, *Schwarze Haut, weiße Masken* (Frankfurt: Syndikat, 1980); Octave Mannoni, *Prospero and Caliban: the psychology of colonization* (London: Methuen, 1956); Albert Memmi, *Kolonisator und der Kolonisierte: zwei Porträts* (Frankfurt: Syndikat, 1980).
49 Nelson Mandela, *Der lange Weg zur Freiheit* (Frankfurt: S. Fischer, 1994), 25.

50 Frederick Cooper & Ann Laura Stoler (Hrsg.), *Tensions of empire: colonial cultures in a bourgeois* (Berkeley: University of California Press, 1997).
51 Amilcar Cabral, *Unité et lute* (Paris: Maspero, 1975).
52 Mbembe, *Ausgang aus der langen Nacht*, 199.
53 Ngũgĩ wa Thiong'o, *Decolonising the mind: the politics of language in African literature* (London: James Curry, 1986).
54 Fanon, *Die Verdammten*; Johan Galtung, »Eine strukturelle Theorie des Imperialismus«, in Dieter Senghaas (Hrsg.) *Imperialismus und strukturelle Gewalt: Analysen über abhängige Reproduktion* (Frankfurt: Suhrkamp, 1972), 29–104; Edward W. Said, *Orientalismus* (Frankfurt: Ullstein, 1981); Edward W. Said, *Kultur und Imperialismus: Einbildungskraft und Politik im Zeitalter der Macht* (Frankfurt: S. Fischer, 1994).
55 Ngũgĩ wa Thiong'o, *In the house of the interpreter: a memoir* (New York: Pantheon Books, 2012).
56 Abernethy, *The dynamics of global dominance*, 374 [eigene Übersetzung].
57 Zitiert in Tom Wicker, »In the nation: the greatest tragedy,« *New York Times*, 21. Januar 1988, 27 [eigene Übersetzung].

4 Externe Einflüsse

1 Richard J. Reid, *A history of modern Africa: 1800 to the present* (Oxford: Wiley-Blackwell, 2009), 294.
2 D.K. Oraw, »African states and the superpowers«, in Olatunde J. Ojo, D. K. Orwa & C.M. Utete (Hrsg.) *African international relations* (London: Longman, 1985), 96–108: 99–100.
3 Elizabeth Schmidt, *Foreign intervention in Africa: from the Cold War to the war on terror* (Cambridge: Cambridge University Press, 2013), 26-27.
4 Colin W. Lawson, »Soviet economic aid to Africa«, *African Affairs* 87, Nr. 349 (1988), 501–518: 509.
5 Henry Bienen, »Soviet political relations with Africa«, *International Security* 6, Nr. 4 (1982), 153–173: 164.
6 Schmidt, *Foreign intervention*, 22–25.
7 Piero Gleijeses, *Conflicting missions: Havana, Washington, and Africa, 1959–1976* (Chapel Hill: University of North Carolina Press, 2002).
8 Schmidt, *Foreign intervention*, 79–101.
9 James S. Coleman & Richard L. Sklar, »Introduction«, in Gerald J. Bender, James S. Coleman & Richard L. Sklar (Hrsg.) *African crisis areas and U.S. foreign policy* (Berkeley: University of California Press, 1985), 1–26.
10 Mohammed Ayoob, *Conflict and intervention in the Third World* (London: Croom Helm, 1980).
11 Ali Mazrui, *Africa's international relations: the diplomacy of dependency and change* (Boulder: Westview, 1977), 55.
12 Jean-François Médard, »Les avatars du messianisme français en Afrique«, *L'Afrique Politique 1999: entre transitions et conflicts* (Paris: Karthala, 1999), 17–34: 25 [eigene Übersetzung].
13 Pierre Lellouche & Dominique Moisi, »French policy in Africa: a lonely battle against destabilization«, *International Security* 3, Nr. 4 (1979), 108–133; Guy Martin, »The historical, economic, and political bases of France's African policy«, *Journal of Modern African Studies* 23, Nr. 2 (1985), 189–208.
14 Douglas A. Yates, *The rentier state in Africa: oil rent dependency and neocolonialism in the Republic of Gabon* (Trenton: Africa World Press, 1996).

15 Alexander Keese, »First lessons in neo-colonialism: the personalisation of relations between African politicians and French officials in sub-Saharan Africa, 1956–66«, *The Journal of Imperial and Commonwealth History* 35, Nr. 4 (2007), 593–613.
16 Pierre Péan, *L'homme de l'ombre: eléments d'enquête autour de Jacques Foccart, l'homme le plus mystérieux et le plus puissant de la Ve République* (Paris: Fayard, 1990).
17 David E. Gardinier, *Historical dictionary of Gabon* (Metuchen: Scarecrow Press, 1981), 59–60.
18 Michael C. Reed, »Gabon: a neo-colonial enclave of enduring French interest,« *Journal of Modern African Studies* 25, Nr. 2 (1987), 283–320.
19 Adekeye Adebajo, *The curse of Berlin: Africa after the Cold War* (New York: Columbia University Press, 2010), 178.
20 Schmidt, *Foreign intervention*, 166 [eigene Übersetzung].
21 Linnéa Gelot & Martin Welz, »Pragmatic eclecticism, neoclassical realism and post-structuralism: reconsidering the African response to the Libyan crisis of 2011«, *Third World Quarterly* 39, Nr. 12 (2018), 2334–2353.
22 Nic Cheeseman, *Democracy in Africa: successes, failures, and the struggle for political reform* (Cambridge: Cambridge University Press, 2015), 122–126.
23 Ebd., 122.
24 United States, *Public Law 93–559–DEC. 30, 1974*, https://www.govinfo.gov/content/pkg/STATUTE-88/pdf/STATUTE-88-Pg1795.pdf
25 Arthur A. Goldsmith, »Donors, dictators and democrats in Africa«, *Journal of Modern African Studies* 39, Nr. 3 (2001), 411–436.
26 Cheeseman, *Democracy in Africa*, 86–113.
27 Jesse Lutabingwa & Kenneth R. Gray, »NGOs in Sub-Saharan Africa: developing critical capacity for policy advocacy«, *International Journal on World Peace* 14, Nr. 3 (1997), 35–70; Michael Bratton, »The politics of government-NGO relations in Africa«, *World Development* 17, Nr. 4 (1989), 569–587.
28 Michael Bratton, »Beyond the state: civil society and associational life in Africa«, *World Politics* 4, Nr. 3 (1989), 407–430; Issa G. Shivji, *Silences in NGO discourse: the role and future of NGOs in Africa* (Oxford: Fahamu, 2007).
29 Kim D. Reimann, »A view from the top: international politics, norms and the worldwide growth of NGOs«, *International Studies Quarterly* 50, Nr. 1 (2006), 45–67.
30 Joshua Rubongoya, *Regime hegemony in Museveni's Uganda: pax Musevenica* (Basingstoke: Palgrave Macmillan, 2007).
31 Cheeseman, *Democracy in Africa*, 131 [eigene Übersetzung].
32 Marian L. Lawson & Susan B. Epstein, *Democracy promotion: an objective of U.S. foreign assistance*, Washington: Congressional Research Service, 4. Januar 2019, https://fas.org/sgp/crs/row/R44858.pdf, 5–6.
33 Michele D. Dunne, *Integrating democracy promotion into U.S. Middle East policy*, Carnegie Papers Nr. 50 (2004), https://carnegieendowment.org/files/CP50Final.pdf
34 Bradford Dillman, »›Round up the unusual suspects‹: U.S. policy toward Algeria and its Islamists«, *Middle East Policy* 8, Nr. 3 (2001), https://www.mepc.org/journal/round-unusual-suspects-us-policy-toward-algeria-and-its-islamists
35 Roger Southall & Henning Melber (Hrsg.), *A new scramble for Africa? Imperialism and development* (Scottsville: University of Kwazulu Natal Press, 2009); Pádraig Carmody, *The new scramble for Africa* (Cambridge: Polity, 2016).
36 Richard J. Payne & Cassandra R. Veney, »China's post-Cold War African policy«, *Asian Survey* 38, Nr. 9 (1998), 867–879.
37 Meine P. van Dijk, »Introduction: objectives of and instruments for China's new presence in Africa«, in Meine P. van Dijk (Hrsg.) *The new presence of China in Africa* (Amsterdam: Amsterdam University Press, 2009), 9–30; Chris Alden, »China in Africa«, *Survival* 47, Nr. 3 (2005), 147–164.

38 Howard W. French, *China's second continent: how a million migrants are building a new empire in Africa* (New York: Vintage Books, 2015).
39 Chris Alden, *China in Africa* (London: Zed Books, 2007); Deborah Bräutigam, *The dragon's gift: the real story of China in Africa* (Oxford: Oxford University Press, 2009).
40 Michael Leslie, »The dragon shapes its image: a study of Chinese media influence strategies in Africa«, *African Studies Quarterly* 16, Nr. 3–4 (2016), 161–174.
41 *The Economist*, »China in Africa: a thousand golden stars«, 22. Juli 2017, 29–30; *The Economist*, »Chinese media in Africa: soft power and censorship«, 20. Oktober 2018, 37–38.
42 Joseph S. Nye, *Bound to lead: the changing nature of American power* (New York: Basic Books, 1990).
43 Simon Tisdall, »Zimbabwe: was Mugabe's fall a result of China flexing its muscle?« *The Guardian*, 17. November 2017, https://www.theguardian.com/world/2017/nov/17/zimbabwe-was-mugabes-fall-a-result-of-china-flexing-its-muscle
44 Emma Graham-Harrison, »Zimbabwe president can count on one clear foreign backer – China«, *The Guardian*, 3. August 2018, https://www.theguardian.com/world/2018/aug/03/zimbabwe-president-backed-by-chinese-over-election-protests
45 Joshua Cooper Ramo, *The Beijing consensus* (London: The Foreign Policy Centre, 2004).
46 John Campbell, »Brazil in Africa«, *Council on Foreign Relations*, 1. Mai 2013, https://www.cfr.org/blog/brazil-africa-0
47 Peter Kagwanja & Tony Kinyanjui, »Africa: how Japan is evolving and deepening its soft power in Africa«, *The East African*, 21. Februar 2018, https://allafrica.com/stories/201802230083.html
48 Keith Johnson, »Japan's own belt and road«, *Foreign Policy*, 9. Februar 2018, https://foreignpolicy.com/2018/02/09/japan-takes-the-lead-in-countering-chinas-belt-and-road/
49 Björn Müller, »Was will Ankara in Afrika?« *Frankfurter Allgemeine Zeitung*, 30. September 2017, http://www.faz.net/aktuell/politik/ausland/ausbildung-in-somalia-ankaras-schritt-nach-afrika-15193298-p2.html?printPagedArticle=true#pageIndex_1
50 *The Economist*, »Choices on the Continent«, 9. März 2019, 18–20.
51 Clara Durovray, »Saudi influence in Africa: a destabilising power?« *Global Risk Insights*, 4. Oktober 2018, https://globalriskinsights.com/2018/10/saudi-arabia-struggle-africa/
52 Nizar Manek, »Saudi Arabia brokers a new Ethiopia-Eritrea peace deal«, *Bloomberg*, 17. September 2018, https://www.bloomberg.com/news/articles/2018-09-17/ethiopia-eritrea-leaders-sign-peace-accord-in-saudi-arabia
53 *The Economist*, »Russia and Africa: the art of darkness«, 26. Oktober 2019, 33–34: 34.
54 Afua Hirsch, »The scramble for Africa has moved on, but Britain hasn't«, *The Guardian*, 4. September 2018, https://www.theguardian.com/commentisfree/2018/sep/04/africa-britain-trade-theresa-may-brexit
55 Craig R. Whitney, »Bomb rips train underneath Paris, with 29 wounded«, *New York Times*, 18. Oktober 1985.
56 Peter J. Schrader, *United States foreign policy towards Africa: incrementalism, crisis and change* (Cambridge: Cambridge University Press, 1995).
57 John Davis, »The Clinton model: Sudan and the failure to capture bin Laden«, in John Davis (Hrsg.) *Africa and the war on terrorism* (Adlershot: Ashgate, 2007), 129–142.
58 Schmidt, *Foreign intervention*, 195.
59 United Nations Peacekeeping, *China* (2019), https://peacekeeping.un.org/en/china
60 Michael Kovrig, »China expands its peace and security footprint in Africa«, *International Crisis Group*, 24. Oktober 2018, https://www.crisisgroup.org/asia/north-east-asia/china/china-expands-its-peace-and-security-footprint-africa
61 Marta Bausells, »In limbo in Melilla: the young refugees trapped in Spain's African enclave«, *The Guardian*, 10. Mai 2017, https://www.theguardian.com/cities/2017/may/10/melilla-refugees-spain-africa-gateway-europe

62 FRONTEX, *Detections of illegal border-crossings statistics download* (2018), https://frontex.europa.eu/assets/Migratory_routes/Detections_of_IBC_2018_11_06.xlsx
63 Fabrizio Natale, Silvia Migali & Rainer Münz, *Many more to come? Migration from and within Africa* (Luxembourg: Publications Office of the European Union, 2018), 9.
64 Ebd., 10.
65 BP 2018, *Statistical review of world energy 2018*. London: BP.
66 T. J Brown, C. E. Wrighton, N. E. Idoine, E.R. Raycraft & R.A. Shaw, *World mineral production 2012–16* (Keyworth: British Geological Survey, 2016), 78.
67 BP, *Statistical Review*.
68 Nuclear Energy Agency & the International Atomic Energy Agency, *Uranium 2016: resources, production and demand*. (Boulogne-Billancourt: Nuclear Energy Agency, 2016).
69 Brown et al., *World Mineral Production*, 78.
70 *The Economist*, »The economics of chocolate: sweet dreams«, 17. November 2018, 36.
71 Katelyn Baker-Smith & Szocs Boruss Miklos Attila, *What is land grabbing? A critical review of existing definitions* (2016) https://drive.google.com/file/d/0B_x-9XeYoYkWSDh3dGk3SVh2cDg/view
72 Prosper B. Matondi, Kjell Havnevik & Atakilte Beyene (Hrsg.), *Biofuels, land grabbing and food security in Africa* (London: Zed Books, 2011).
73 Bwesigye bwa Mwesigire, *Land grabbing in Africa, the new colonialism*, 28. Mai 2014, https://thisisafrica.me/land-grabbing-africa-new-colonialism/
74 Margaret C. Lee, »The 21st century scramble for Africa«, *Journal of Contemporary African Studies* 24, Nr. 3, 303–330.
75 Deborah Brautigam, *Will Africa feed China?* (Oxford: Oxford University Press, 2015), 8.
76 *The Economist*, »Choices on the continent«, 9. März 2019, 18–20.
77 Weltbank, *Data: manufacturing, value added* (2018), https://data.worldbank.org/indicator/NV.IND.MANF.KD?end=2016&locations=ZG&start=2000
78 Christina Golubski, *Figure of the week: manufacturing value added in sub-Saharan Africa*, 27. April 2017, https://www.brookings.edu/blog/africa-in-focus/2017/04/27/figure-of-the-week-manufacturing-value-added-in-sub-saharan-africa/
79 Weltbank, *Households and NPISHs final consumption expenditure (constant 2010 US$)*, 2018, https://data.worldbank.org/indicator/NE.CON.PRVT.KD?end=2016&locations=ZG-DZ-LY-EG-TN-MA&start=2000
80 Deloitte, *The Deloitte consumer review Africa: a 21st century view* (London: Deloitte, 2014).
81 Henning Melber (Hrsg.), *The rise of Africa's middle class* (London: Zed Books, 2016).
82 Lawrence Summers, »A global wake-up call for the U.S.?« *Washington Post*, 5. April 2015, https://www.washingtonpost.com/opinions/a-global-wake-up-call-for-the-us/2015/04/05/6f847ca4-da34-11e4-b3f2-607bd612aeac_story.html?utm_term=.ec3bf0a81696; Hongying Wang 2017: »New multilateral development banks: opportunities and challenges for global governance«, *Global Policy* 8, Nr. 1, 113–118.
83 Diego Hernandez, »Are ›new‹ donors challenging World Bank conditionality?« *World Development* 96, Nr. C, 529–549.
84 Tom Burgis, *Der Fluch des Reichtums: Warlords, Konzerne, Schmuggler und die Plünderung Afrikas* (Frankfurt: Westend, 2015), 216.
85 Sebastian Horn, Carmen Reinhart & Christoph Trebesch, *China's overseas lending*, Kiel Institute for the World Economy, Working Papers 2132 (2019).
86 *The Economist*, »Eritrea and migration: the roads less taken«, 27. Mai 2017, 32.
87 BBC News, »Ceuta and Melilla: Spain wants rid of anti-migrant razor wire«, 14. Juni 2018, https://www.bbc.com/news/world-europe-44485995
88 Jean-Claude Junker, *State of the Union 2018*, Straßburg, 12. September 2018.
89 Zitiert in Matthias Krupa & Caterina Lobenstein, »Ein Mann pflückt gegen Europa«, *Die Zeit*, 17. Dezember 2015, 23.
90 *The Economist*, »New ways to play an old song«, 7. Dezember 2013, 38–39.

91 Michaela Wiegel, »Präsident Macron besucht Algerien – die Presse darf nicht mit«, *Frankfurter Allgemeine*, 6. Dezember 2017, http://www.faz.net/aktuell/politik/ausland/praesident-macron-besucht-algerien-15326369.html
92 Thomas Tieku, *United States of America-Africa relations in the age of Obama* (Ithaca: Cornell University, 2012).
93 Ben Rhodes, *Im Weissen Haus: Die Jahre mit Barack Obama* (München: C.H. Beck, 2019).
94 John Bolton, *Remarks by National Security Advisor Ambassador John R. Bolton on the the Trump Administration's new Africa strategy*, Washington, 13. Dezember 2018, https://www.whitehouse.gov/briefings-statements/remarks-national-security-advisor-ambassador-john-r-bolton-trump-administrations-new-africa-strategy/
95 Fantu Cheru & Cyril Obi, »Introduction: Africa in the twenty-first century: strategic and development challenges«, in Fantu Cheru & Cyril Obi (Hrsg.) *The rise of China & India in Africa* (London: Zed Books, 2010), 1–9: 1.
96 Ebd. [eigene Übersetzung].
97 *The Economist*, »Choices on the Continent«, 9. März 2019, 18–20.

5 Wirtschaftliche Entwicklung, 1960–2000

1 Weltbank, *World Development Indicators* (2019), https://databank.worldbank.org/data/reports.aspx?source=world-development-indicators#. Die Daten beziehen sind auf die Staaten, für die im Jahr der Beobachtung ein Wert für das Gesamt-BIP und die Bevölkerungszahl vorlag. Die genannten Zahlen sind die Summe aller Gesamt-BIPs dividiert durch die Summe der Bevölkerungszahlen.
2 David E. Bloom & Jeffrey D. Sachs, »Geography, demography, and economic growth in Africa«, *Brookings Papers on Economic Activity*, Nr. 2 (1998), 207–295.
3 Elliot Berg, *The economic impact of drought and inflation in the Sahel* (Ann Arbor: Center for Research on Economic Development, 1976), 1–2.
4 Jen-Hu Chang, »The agricultural potential of the humid tropics«, *Geographical Review* 58, Nr. 3 (1968), 333–361.
5 Economic Commission for Africa, *ECA and Africa's development 1983–2008: a preliminary perspective study*, Addis Ababa (April 1983), 8.
6 FAO, *The state of food and agriculture 1980* (Rome: FAO, 1981), 7.
7 Ebd., 8.
8 Donald S. Shepard, Mary B. Ettling, U. Brinkmann & Roland Sauerborn, »The economic cost of malaria in Africa«, *Tropical Medicine and Parasitology* 42, Nr. 3 (1991), 199–203; John Luke Gallup & Jeffrey Sachs, »The economic burden of Malaria«, *American Journal of Tropical Medicine and Hygiene* 64, Nr. 1/2 (2001), 85–96.
9 Mead Over, *The macroeconomic impact of AIDS in Sub-Sahara Africa* (Washington: World Bank, 1992).
10 Markus Haacker, *The economics of the global response to HIV/AIDS* (Oxford: Oxford University Press, 2016), 49–62.
11 Tom Miles, »West Africa's ebola outbreak cost $53 billion – study«, *Reuters*, 24. Oktober 2018, https://www.reuters.com/article/us-health-ebola-cost/west-africas-ebola-outbreak-cost-53-billion-study-idUSKCN1MY2F8.
12 Ibrahim Abdullah & Ismail Rashid (Hrsg.), *Understanding West Africa's ebola epidemic: towards a political economy* (London: ZED Books, 2017).
13 Alan Whiteside, *HIV and AIDS: a very short introduction* (Oxford: Oxford University Press, 2016).

14 Elsa V. Artadi & Xavier Sala-i-Martin, *The economic tragedy of the XXth century: growth in Africa*, National Bureau of Economic Research, Working Paper Nr. 9865 (2003); David E. Bloom, Jeffrey D. Sachs, Paul Collier & Christopher Udry, »Geography, demography, and economic growth in Africa«, *Brookings Papers on Economic Activity* Nr. 2 (1998), 207–295.
15 Bloom & Sachs, »Geography, demography«, 236–237.
16 Bernd Dörries, »Zwischen den Hauptstädten Brazzaville und Kinshasa soll sich künftig eine Brücke spannen«, *Süddeutsche Zeitung*, 12. November 2018, https://www.sueddeutsche.de/politik/afrika-wunder-am-kongo-1.4207419
17 James E. Meade, *The economic and social structure of Mauritius: Report to the Governor of Mauritius* (London: Methuen, 1961).
18 Thomas Meisenhelder, »The developmental state in Mauritius«, *Journal of Modern African Studies* 35, Nr. 2 (1997), 279–297; Richard Sandbrook, »Origins of the democratic developmental state: interrogating Mauritius«, *Canadian Journal of African Studies* 39, Nr. 3 (2005), 549–581.
19 Arvind Subramanian & Devesh Roy, »Who can explain the Mauritian miracle? Meade, Romer, Sachs, or Rodrik?« in Dani Rodrik (Hrsg.) *In search for prosperity: analytic narratives on economic growth* (Princeton: Princeton University Press, 2003), 205–243.
20 Paul Collier, »Globalization: implications for Africa«, in Zubair Iqbal & Mohsin S. Khan (Hrsg.) *Trade reform and regional integration in Africa* (Washington: International Monetary Fund, 1998), 147–181.
21 UNCTAD, *Long-term changes in the terms of trade, 1954–1971: Report by the UNCTAD Secretariat*, 91–93.
22 Richard C. Crook, »Politics, the cocoa crisis, and administration in Cote d'Ivoire«, *Journal of Modern African Studies* 28, Nr. 4 (1990), 649–669; Dwayne Benjamin & Angus Deaton, »Household welfare and the pricing of cocoa and coffee in Côte d'Ivoire: lessons from the living standards surveys«, *The World Bank Economic Review* 7, Nr. 3 (1993), 293–318; Denis Cogneau & Rémi Jedwab, »Commodity price shocks and child outcomes: the 1990 cocoa crisis in Côte d'Ivoire«, *Economic Development and Cultural Change* 60, Nr. 3 (2012), 507–534.
23 Für Südafrika sind Daten erst ab den 1990er-Jahren vorhanden.
24 Quelle: International Monetary Fund 2019, *Direction of trade*, https://data.imf.org/.
25 International Monetary Fund, *Direction of trade: Annual 1970–76* (Washington: IMF, 1977).
26 Todd Moss & Alicia Bannon, »Africa and the battle over agricultural protectionism«, *World Policy Journal* 21, Nr. 2 (2004), 53–61.
27 Junichi Goto, »The multifibre arrangement and its effects on developing countries«, *The World Bank Research Observer* 4, Nr. 2, 203–227.
28 Kaye Whiteman, »Introduction«, in Adekeye Adebajo & Kaye Whiteman (Hrsg.) *The EU and Africa: from Eurafrique to Afro-Europa* (New York: Columbia University Press, 2012), 1–22: 2–3.
29 William Zartman, *The politics of trade negotiations between Africa and the European Economic Community: the weak confront the strong* (Princeton: Princeton University Press, 1971).
30 Kwame Nkrumah, *Neo-colonialism: the last stage of imperialism* (London: Nelson, 1965), 19.
31 André G. Frank, *Latin-America: underdevelopment or revolution?* (New York: Monthly Review Press, 1969).
32 United Nations, *Post-War price relations in trade between under-developed and industrialized countries*, Lake Success, 23. Februar 1949, E/CN.1/Sub.3/W.5; United Nations, *The economic development of Latin America and its principal problems*, Lake Success, 27. April 1950, E/CN.12/89/Rev.l.
33 UNCTAD, *Long-term changes*, 73–78.
34 Nkrumah, *Neo-colonialism*.
35 François-Xavier Verschave, *De la Françafrique à la mafiafrique* (Bruxelles: Tribord, 2004).
36 James Landale, »How UK-Zimbabwe relations went sour«, *BBC News Online*, 15. November 2017, https://www.bbc.com/news/uk-42003217

37 Statement by his Excellency Robert Gabriel Mugabe on the occasion of the fifty-seventh sessions of the United Nations General Assembly, 12. September 2002, https://www.un.org/webcast/ga/57/statements/020912zimbabweE.htm
38 Quellen: OECD, Geographical distribution of financial flows to developing countries: data on disbursements 1971 to 1977. (Paris: OECD 1978); OECD, Geographical distribution of financial flows to developing countries 1979/1982 (Paris: OECD, 1984); OECD, Geographical distribution of financial flows to developing countries 1987/1990 (Paris: OECD, 1992).
39 Frederick Cooper, *Africa since 1940: the past of the present* (Cambridge: Cambridge University Press, 2002), 91.
40 Crawford Young, *Ideology and development in Africa* (New Haven: Yale University Press, 1982).
41 Roger W. Johnson, »Sekou Touré and the Guinean revolution«, *African Affairs* 69, Nr. 277 (1970), 350–365.
42 Michel Cahen, »Check on socialism in Mozambique: what check? What socialism?« *Review of African Political Economy* 20, Nr. 57, 46–59.
43 Thomas Pakenham, *The scramble for Africa, 1876–1912* (London: Weidenfeld & Nicolson, 1991), 680.
44 Ernest Harsch, *Thomas Sankara: an African revolutionary* (Athens: Ohio University Press, 2014).
45 Richard M. Westebbe, *The economy of Mauretania* (New York: Praeger, 1971), 11–15.
46 Mahfoud Bennoune, »Mauretania: formation of a neo-colonial society«, *MERIP Reports* (54), 3–26.
47 United Nations, *Survey of economic conditions in Africa (Part I)* (New York, 1971), 26.
48 Hussein Mahdavy, »The patterns and problems of economic development in rentier states: the case of Iran«, in Michael A. Cook (Hrsg.) *Studies in economic history of the Middle East* (London: Oxford University Press, 1970), 428–467; Hazem Al Beblawi, »The rentier state in the Arab World«, in Hazem Al Beblawi & Giacomo Luciani (Hrsg.) *The rentier state: nation, state and integration in the Arab World* (London: Croom Helm, 1987), 85–98; Douglas A. Yates, *The rentier state in Africa: oil rent dependency and neocolonialism in the Republic of Gabon* (Trenton: Africa World Press, 1996).
49 Richard M. Auty, *Sustaining development in mineral economies: the resource curse thesis* (London: Routledge, 1993); Jeffrey D. Sachs & Andrew M. Warner, *Natural resource abundance and economic growth*, NBER Working Papers 5398 (Cambridge: National Bureau of Economic Research, 1995); Michael L. Ross, »The political economy of the resource curse«, *World Politics* 51, Nr. 2 (1999), 297–322.
50 Ragnar Torvik, »Why do some resource-abundant countries succeed while others do not?« *Oxford Review of Economic Policy* 25, Nr. 2 (2009), 241–256.
51 Julia Grutzner & Emil Salim, *Striking a better balance: The World Bank Group and extractive industries* (Washington: World Bank Group, 2003), 12.
52 Torvik, »Why do some«, 245–246.
53 Jørgen J. Andersen & Silje Aslaksen, »Constitutions and the resource curse«, *Journal of Development Economics* 87, Nr. 2 (2006), 227–246.
54 Halvor Mehlum & Karl Moene, »Battlefields and marketplaces«, *Journal of Defence and Peace Economics* 13, Nr. 6 (2002), 485–496; Anne D. Boschini, Jan Pettersson & Jesper Roine, »Resource curse or not: a question of appropriability«, *Scandinavian Journal of Economics* 109, Nr. 3 (2007), 593–617.
55 Boschini et al., »Resource curse or not«.
56 Terry L. Karl, *The paradox of plenty: oil booms and petro-states* (Berkeley: University of California Press, 1997).
57 John Campbell, »Nigeria is oil dependent, not oil rich«, *Council on Foreign Relations*, 13. Februar 2019, https://www.cfr.org/blog/nigeria-oil-dependent-not-oil-rich

58 Doyin Salami zitiert in Oreoluwa Runsewe, »Nigeria is an oil-dependent country and not an ›oil-rich‹ country – highlights from the NASD PLC. breakfast meeting«, 8. Februar 2019, http://venturesafrica.com/238655-2/
59 Tom Burgis, *Der Fluch des Reichtums: Warlords, Konzerne, Schmuggler und die Plünderung Afrikas* (Frankfurt: Westend, 2015), 93.
60 Ellen Hillbom, »Diamonds or development? A structural assessment of Botswana's forty years of success«, *Journal of Modern African Studies* 46, Nr. 2 (2008), 191–214.
61 Paul Collier & Anke Hoeffler, »On the incidence of civil war in Africa«, *Journal of Conflict Resolution* 46, Nr. 1 (2002), 13–28; Paul Collier & Anke Hoeffler, *Greed and grievance in civil war*, Oxford Economic Papers Nr. 56 (2004), 563–595.
62 Robert H. Bates, »Political conflict and state failure«, in Benno J. Ndulu, Stephen A. O'Connell, Robert H. Bates, Paul Collier & Chukwuma C. Soludo (Hrsg.) *The political economy of economic growth in Africa, 1960–2000* (Cambridge: Cambridge University Press, 2008), 249–296.
63 Robert S. Walters, »International organizations and political communication: the use of UNCTAD by less developed countries«, *International Organization* 25, Nr. 4 (1971), 818–835.
64 Karl P. Sauvant, *The Group of 77: evolution, structure, organization* (New York: Oceana Publications, 1981).
65 Karl P. Sauvant, »The early days of the Group of 77«, *UN Chronicle* 51, Nr. 1 (2014), 27–33: 32.
66 Carol Geldart & Peter Lyon, »The Group of 77: a perspective view«, *International Affairs* 57, Nr. 1 (1980), 79–101: 88.
67 Julius Nyerere, »Speech at a Ministerial Conference of the Group of 77«, *The Black Scholar* 11, Nr. 5 (1979), 55–63: 60 [eigene Übersetzung].
68 Geldart & Lyon, »The Group of 77«, 97.
69 Sarah Al Doyaili, Andreas Freytag & Peter Draper, »IBSA: fading out or forging a common vision?« *South African Journal of International Affairs* 20, Nr. 2 (2013), 297–310; John Toye, »Assessing the G77: 50 years after UNCTAD and 40 years after the NIEO«, *Third World Quarterly* 35, Nr. 10 (2014), 1759–1774.
70 Malte Brosig, *The role of BRICS in large-scale armed conflict: building a multi-polar world order* (Cham: Palgrave Macmillan, 2019).
71 C. Dodoo & R. Kuster, »The road to Lomé«, in Frans A. M. Alting von Geusau (Hrsg.) *The Lomé Convention and a new international economic order* (Leyden: A.W. Sijthoff, 1977), 15–59: 16.
72 William Zartman, »The EEC's new deal with Africa«, *Africa Report* 15, Nr. 2 (1970), 28–31: 30.
73 Isebill V. Gruhn, »The Lomé Convention: inching towards interdependence«, *International Organization* 30, Nr. 2 (1976), 241–262: 247 [eigene Übersetzung].
74 Kwame Akonor, *African economic institutions* (London: Routledge, 2010), 90.
75 Economic Commission for Africa, *Assessing regional integration in Africa* (Addis Ababa: ECA Policy Research Report, 2004).
76 A.H. Akiwumi, »The Economic Commission for Africa«, *Journal of African Law* 16, Nr. 3 (1972), 254–261.
77 Adebayo Adedeji, *The Monrovia strategy and the Lagos Plan of Action for African Development: five years after*, ECA/Dalhousie University Conference on the Lagos Plan of Action and Africa's future international relations, Halifax, 2.-4. November 1984, 10–11.
78 Organization of African Unity, *Lagos Plan of Action for the economic development of Africa, 1980–2000* (Addis Ababa, 1980).
79 John Ravenhill, »Collective self-reliance or collective self-delusion: is the Lagos plan a viable alternative?« in John Ravenhill (Hrsg.) *Africa in economic crisis* (Houndsmill: Macmillan, 1986), 85–107.

80 Edward P. English & Harris M. Mule, *The African Development Bank* (Boulder: Lynne Rienner, 1996).
81 Karen Mingst, *Politics of the African Development Bank* (Kentucky: University Press of Kentucky, 1990); Bo Jerlström, *Banking on Africa: an evaluation of the African Development Bank* (Ministry of Foreign Affairs, 1990).
82 Akonor, *African economic institutions*, 26; Mingst, *Politics of the African Development Bank*.
83 Akonor, *African economic institutions*, 49–62.
84 Weltbank, *Accelerated development in Sub-Saharan Africa: an agenda for action* (Washington: Weltbank, 1981).
85 Giovanni Arrighi & John S. Saul, »Socialism and economic development in tropical Africa«, *Journal of Modern African Studies* 6, Nr. 2 (1968), 141–169; Reginald H. Green & Ann Seidman, *Unity or poverty? The economics of Pan-Africanism* (Harmondsworth: Penguin Books, 1968); Walter Rodney, *How Europe underdeveloped Africa* (London: Bogle-L'Ouverture, 1978); Richard L. Harris (Hrsg.), *The political economy of Africa* (Cambridge: Schenkman, 1975).
86 John Williamson, »What Washington means by policy reform«, in John Williamson (Hrsg.) *Latin American Adjustment: How Much Has Happened?* (Washington: Institute for International Economics, 1990), 7–20.
87 Ebd.
88 Myriam Gervais, »Structural adjustment in Niger: implementations, effects and determining political factors«, *Review of African Political Economy* 22, Nr. 63 (1995), 27–42.
89 James R. Vreeland, *The International Monetary Fund: politics of conditional lending* (London: Routledge, 2007), 28.

6 Wirtschaft, sozioökonomische Entwicklung und Entwicklungszusammenarbeit

1 *The Economist*, »Hopeless Africa«, 11. Mai 2000.
2 *The Economist*, »A hopeful continent«, Special Report, 2. März 2013.
3 Christine Lagarde, »Africa rising – building to the future«, Maputo 29. Mai 2014, https://www.imf.org/en/News/Articles/2015/09/28/04/53/sp052914
4 Benedikt Franke & Romain Esmenjaud, »Who owns African ownership? The Africanisation of security and its limits«, *South African Journal of International Affairs* 15, Nr. 2 (2008), 137–158: 137.
5 Axelle Kabou, *Weder arm noch ohnmächtig* (Basel: Lenos, 2009 [1991]).
6 Paul Collier, »African growth: why a ›big push‹?« *Journal of African Economies* 15, Supplement 2 (2006), 188–211.
7 Obert Hodzi, »China and Africa: economic growth and a non-transformative political elite«, *Journal of Contemporary African Studies* 36, Nr. 2 (2018), 191–206.
8 Quelle: International Monetary Fund, *Direction of trade*, https://data.imf.org/.
9 Quelle: International Monetary Fund, *Direction of trade*, https://data.imf.org/.
10 McKinsey, *Lions on the move* (McKinsey Global Institute, 2008); McKinsey, *Lions on the move II* (McKinsey Global Institute, 2016).
11 Landry Signé, *Africa's consumer market potential: trends, drivers, opportunities, and strategies* (Washington: Brookings Institution, 2018), 1.
12 Henning Melber (Hrsg.), *The rise of Africa's middle class* (London: Zed Books, 2016).
13 *The Economist*, »Beer in Africa: from lumps to lager«, 24. März 2012; *The Economist*, »SABMiller in Africa: The beer frontier«, 31. Mai 2014.

14 Damian Hattingh, Acha Leke & Bill Russo, *Lions (still) on the move: growth in Africa's consumer sector* (2017), https://www.mckinsey.com/industries/consumer-packaged-goods/our-insights/lions-still-on-the-move-gö-owth-in-africas-consumer-sector
15 Signé, *Africa's consumer market*.
16 Ebd., 10–13.
17 UNCTAD, *Investment trends monitor: global FDI flows continue their slide* (2018), https://unctad.org/en/PublicationsLibrary/diaeiainf2019d1_en.pdf?user=46
18 UNCTAD, *Press release: WIR-foreign direct investment to Africa fell by 21 % in 2017, says United Nations report*, 6. Juni 2018, https://unctad.org/en/pages/PressRelease.aspx?OriginalVersionID=461
19 *African Business Central*, »MTN settles Nigeria fine & looks at listing on the Nigerian Stock Exchange«, 11. Juni 2016, https://www.africanbusinesscentral.com/2016/06/11/mtn-settles-nigeria-fine-looks-at-listing-on-the-nigerian-stock-exchange/
20 UNCTAD, *Foreign direct investment: inward and outward flows and stock, annual* (2018), http://unctadstat.unctad.org/wds/TableViewer/tableView.aspx?ReportId=96740
21 Weltbank, *Doing business 2018: reforming to create Jobs* (Washington: World Bank, 2018).
22 Thomas K. Rusuhuzwa & Joseph Baricako, *The global financial crisis, slowing private capital inflows and economic growth in Rwanda and Burundi*, African Economic Conference 2009, Addis Abeba, 11.–13. November 2009, https://www.uneca.org/sites/default/files/uploaded-documents/AEC/2009/aec2009theglobalfinancialcrisisrwandaburundi.pdf
23 Daron Acemoglu, Simon Johnson & James A. Robinson, »The colonial origins of comparative development: an empirical investigation«, *American Economic Review* 91, Nr. 5 (2001), 1369–1401; Daron Acemoglu, Simon Johnson & James A. Robinson, »Reversal of fortune: geography and institutions in the making of the modern world income distribution«, *Quarterly Journal of Economics* 118, Nr. 4 (2002), 1231–1294.
24 Antoinette Handley, *Business and the state in Africa: economic policy-making in the neo-liberal era* (Cambridge: Cambridge University Press, 2008).
25 Ebd.
26 Peter Arthur, »The state, private sector development, and Ghana's ›golden age of business‹«, *African Studies Review* 49, Nr. 1 (2006), 31–50.
27 Nicholas Amponsah, »Ghana's mixed structural adjustment results: explaining the poor private sector response«, *Africa Today* 47, Nr. 2 (2000), 9–32.
28 Favour Nunoo, »Foreign direct investment: how Ghana overtake Nigeria as largest FDI recipient for West Africa«, *BBC News Online*, 23. Januar 2019, https://www.bbc.com/pidgin/tori-46972532.
29 Chris Giles, »Ethiopia is now Africa's fastest growing economy«, *CNN online*, 24. April 2018, https://edition.cnn.com/2018/04/24/africa/africa-largest-economy/
30 *The Guardian*, »Robert Mugabe to nationalise Zimbabwe's diamond industry«, 3. März 2016, https://www.theguardian.com/world/2016/mar/03/robert-mugabe-to-nationalise-zimbabwes-diamond-industry
31 Robert Rotberg, »Zimbabwe's economy is collapsing: why Mnangagwa doesn't have the answers«, *The Conversation*, 21. Oktober 2018, https://theconversation.com/zimbabwes-economy-is-collapsing-why-mnangagwa-doesnt-have-the-answers-104960
32 *The Economist*, »In much of sub-Saharan Africa, mobile phones are more common than access to electricity«, 8. November 2017, https://www.economist.com/graphic-detail/2017/11/08/in-much-of-sub-saharan-africa-mobile-phones-are-more-common-than-access-to-electricity
33 Vodafone, »What is M-Pesa?« (2019), https://www.vodafone.com/what-we-do/services/m-pesa
34 Angus Deaton, *The great escape: health, wealth, and the origins of inequality* (Princeton: Princeton University Press, 2015); Hans Rosling, Anna Rosling-Rönnlund & Ola Rosling, *Factfulness: Wie wir lernen, die Welt so zu sehen, wie sie wirklich ist* (Berlin: Ullstein, 2018).
35 Peter Eigen, *Das Netz der Korruption: Wie eine weltweite Bewegung gegen Bestechung kämpft* (Frankfurt: Campus, 2003).

36 African Peer Review Secretariat, *APRM Country Review Report No. 11: Republic of Mozambique* (Midrand: APRM Secretariat, 2009), 294–295; Matthias Krause & Friedrich Kaufmann, *Industrial policy in Mozambique*, Bonn: DIE Discussion Paper 10/2011.
37 Ben Rawlence, *City of thorns: nine lives in the world's largest refugee camp* (London: Portobello, 2016).
38 Transparency International, *How corruption weakens democracy*, 29. Januar 2019, https://www.transparency.org/news/feature/cpi_2018_global_analysis
39 J. P. Oliver de Sardan, »A moral economy of corruption in Africa?« *Journal of Modern African Studies* 37, Nr. 1 (1999), 25–52.
40 African Union, *African Union Convention on Preventing and Combating Corruption*, Maputo, 1. Juli 2003, Präambel.
41 Zitiert in *The Economist*, »China and Africa: Bejing curbs its enthusiasm«, 29. Juni 2019, 33–34: 34 [eigene Übersetzung].
42 Christoph Titz, »Schwerreiche Regenten: Afrikas Raubkönige«, *Spiegel Online*, 22. Februar 2016, http://www.spiegel.de/politik/ausland/afrika-die-reichsten-herrscher-des-kontinents-a-1077688.html
43 African Union, *List of countries which have signed, ratified/acceded to the African Union Convention of preventing and combating corruption*, Addis Ababa, 18. September 2018, https://au.int/sites/default/files/treaties/7786-sl-african_union_convention_on_preventing_and_combating_corruption_4.pdf
44 Nancy C. Benjamin & Ahmadou Aly Mbaye, »Informality and productivity in West Africa«, *Review of Development Economics* 16, Nr. 4 (2012), 664–680.
45 Sonia M. Dias, »Waste pickers and cities«, *Environment and Urbanization* 28, Nr. 2 (2016), 375–390.
46 Anastase N. Bilakila, »The Kinshasa bargain«, in Theodore Trefon (Hrsg.) *Reinventing order in the Congo: how people respond to state failure in Kinshasa* (London: ZED Books, 2004), 20–32.
47 Benjamin & Mbaye, »Informality and productivity«.
48 Ahmadou Aly Mbaye & Nancy Benjamin, »Informality, Growth, and Development in Africa«, in Célestin Monga & Justin Yifu Lin (Hrsg.) *The Oxford handbook of Africa and economics Vol. 1: context and concepts* (Oxford: Oxford University Press, 2015), 620–637.
49 Signé, *Africa's consumer market*, 15.
50 International Labour Organization, *Women and men in the informal economy: a statistical picture – third edition* (Genf, 2018), 20–21.
51 Karen Transberg Hansen & Mariken Vaa, *Reconsidering informality: perspectives from urban Africa* (Uppsala: Nordic Africa Institute, 2002).
52 Yasmin El-Rifae, *Egypt's informal economy*, Middle East Institute, 6. Januar 2014, https://www.mei.edu/publications/egypts-informal-economy#_ftnref1
53 International Labour Organization, *Women and Men*, 20–21.
54 Stephanie Seguino & Maureen Were, »Gender, economic growth, and development in Sub-Saharan Africa«, in Célestin Monga & Justin Yifu Lin (Hrsg.) *The Oxford handbook of Africa and economics Vol. 2: policies and practices* (Oxford: Oxford University Press, 2015), 571–587.
55 Mina Baliamoune-Lutz, »Gender conomics in North Africa«, in Célestin Monga & Justin Yifu Lin (Hrsg.) *The Oxford handbook of Africa and economics Vol. 2: policies and practices* (Oxford: Oxford University Press, 2015), 588–604.
56 Michael L. Ross, »Oil, Islam, and women«, *American Political Science Review* 102, Nr. 1 (2008), 107–123.
57 International Labour Organization, *Decent work and the informal economy* (Genf: International Labour Organization, 2002); International Labour Organization, *Women and men*.
58 Al-Masry Al-Youm, »Informal economy in Egypt contributes to about 40 % of GDP: Minister«, *Egypt Independent*, 14. September 2017, https://www.egyptindependent.com/informal-economy-egypt-contributes-40-gdp-minister/

59 Hernando De Soto, *The mystery of capital: why capitalism triumphs in the West and fails everywhere else* (New York: Basic Books, 2000).
60 United Nations Development Program, *Human Development Index (HDI)* (2018), http://hdr.undp.org/en/content/human-development-index-hdi
61 Quelle: Alle Daten von der Weltbank (https://data.worldbank.org/) außer den Daten für den *Human Development Index*, die vom UN Development Programm stammen (http://hdr.undp.org/en/content/human-development-index-hdi).
62 BIP pro Kopf (konstanter US-Dollar 2010) im Jahr 2018.
63 Alphabetisierungsrate, Erwachsene Gesamt in % der Menschen 15 Jahre und älter mit Jahreszahl der jüngstmöglichen Angabe.
64 Armutsrate, unter 1,90 US-Dollar am Tag in % der Bevölkerung, mit Jahreszahl der jüngstmöglichen Angabe).
65 Charles Mutasa, »Introduction: the Millennium Development Goals in Africa«, in Charles Mutasa & Mark Paterson (Hrsg.) *Africa and the Millennium Development Goals: progress, problems, and prospects* (Lanham: Rowman & Littlefield, 2015), 1–14: 3.
66 Weltbank, *Net official development assistance and official aid received (current US$)*, 2019, https://data.worldbank.org/indicator/dt.oda.alld.cd?end=2017&start=2004.
67 Charles Mutasa & Mark Paterson (Hrsg.) *Africa and the Millennium Development Goals: progress, problems, and prospects* (Lanham: Rowman & Littlefield, 2015).
68 United Nations, *Millenniums-Entwicklungsziele-Bericht 2015*, New York; Economic Commission for Africa, *MDG Report 2015: assessing progress in Africa toward the Millennium Development Goals*, Addis Ababa, September 2015, https://www.afdb.org/fileadmin/uploads/afdb/Documents/Publications/MDG_Report_2015.pdf
69 World Health Organisation, *Key Facts from JMP2015 Report* (2015), http://www.who.int/water_sanitation_health/monitoring/jmp-2015-key-facts/en/
70 International Energy Agency, *Africa energy outlook: a focus on energy prospects in sub-Saharan Africa* (Paris: International Energy Agency, 2014).
71 United Nations, *About the Sustainable Development Goals*, https://www.un.org/sustainabledevelopment/sustainable-development-goals/
72 Jeffrey D. Sachs, *The end of poverty: how we can make it happen in our lifetime* (London: Penguin Books, 2019).
73 Paul Collier, *The bottom billion: why the poorest countries are failing and what can be done about it* (Oxford: Oxford University Press, 2007).
74 Péter T. Bauer, *Dissent on development* (Cambridge: Harvard University Press, 1976).
75 Nicolas van de Walle, *African economies and the politics of permanent crisis, 1979–1999* (Cambridge: Cambridge University Press, 2001).
76 Horst Köhler, *Welt im Umbruch, Afrika im Aufbruch – passt unsere Entwicklungspolitik noch ins 21. Jahrhundert?* Rede beim 3. Zukunftsforum des Bundesministeriums für wirtschaftliche Zusammenarbeit und Entwicklung, Berlin, 15. Februar 2017.
77 James Shikwati, »Fehlentwicklungshilfe: Mit eigenständigen Lösungen kann Afrika eine neue Rolle spielen«, *Internationale Politik*, Nr. 4 (2006), 6–15.
78 Dambisa Moyo, *Dead aid: why aid is not working and how there is a better way for Africa* (New York: Farrar, Straus and Giroux, 2010).

7 Staaten, politische Systeme und Akteure

1. Robert H. Jackson & Carl G. Rosberg, *Personal rule in black Africa: prince, autocrat, prophet, tyrant* (Berkeley: University of California Press, 1982), 266.
2. Daniel N. Posner & Daniel J. Young, »The institutionalization of political power in Africa«, *Journal of Democracy* 18, Nr. 3 (2007), 126–140.
3. Daniel N. Posner & Daniel J. Young, »Term limits: leadership, political competition and the transfer of power«, in Nic Cheeseman (Hrsg.) *Institutions and democracy in Africa: how the rules of the game shape political developments* (Cambridge: Cambridge University Press, 2018), 260–277: 261.
4. Denis Tull & Claudia Simons, »The institutionalisation of power revisited: presidential term limits in Africa«, *Africa Spectrum* 52, Nr. 2 (2017), 79–102.
5. Charles M. Fombad, »Constitution-building in Africa: the never-ending story of the making, unmaking and remaking of constitutions«, *African and Asian Studies* 13, Nr. 4 (2014), 429–451.
6. Georg Jellinek, *Allgemeine Staatslehre* (Berlin: Haering, 1990[1900]).
7. Mieczyslaw P. Boduszynski & Duncan Pickard, »Libya starts from scratch«, *Journal of Democracy* 24, Nr. 4 (2013), 86–96.
8. Edward Randall, »After Qadhafi: development and democratization in Libya«, *The Middle East Journal* 69, Nr. 2 (2015), 199–221: 204.
9. Ram Seegobin & Lindsay Collen, »Mauritius: class forces and political power«, *Review of African Political Economy* 4, Nr. 8 (1977), 109–118.
10. Posner & Young, *The institutionalization of political power*
11. Frederick Cooper, *Africa since 1940: the past of the present* (Cambridge: Cambridge University Press, 2002)
12. Robert H. Jackson, *Quasi-states: sovereignty, international relations and the Third World* (Cambridge: Cambridge University Press, 1990).
13. Stephen D. Krasner, *Sovereignty: organized hypocrisy* (Princeton: Princeton University Press, 1999).
14. Jackson, *Quasi-states*.
15. Achille Mbembe, *Ausgang aus der langen Nacht: Versuch über ein entkolonisiertes Afrika* (Berlin: Suhrkamp, 2016).
16. Bizeck J. Phiri, *A political history of Zambia: from colonial rule to the third republic* (Trenton: Africa World Press, 2006).
17. Chiponde Mushingeh, »The evolution of one-party rule in Zambia, 1964–1972«, *Transafrican Journal of History* 22 (1993), 100–121.
18. Mats Utas, »Introduction: bigmanity and network governance in African conflicts«, in Mats Utas (Hrsg.) *African conflicts and informal power: big men and networks* (London: Zed Books, 2012), 1–34: 6.
19. Crawford Young, »The end of the post-colonial state in Africa? Reflections on changing African political dynamics«, *African Affairs* 103, Nr. 410 (2004), 23–49.
20. Crawford Young, »The heritage of colonialism«, in John W. Haberson & Donald Rothchild (Hrsg.) *African in world politics: engaging a changing global order* (Boulder: Westview Press, 2013) 15–34: 30-31.
21. Michael Bratton & Nicolas van de Walle, *Democratic experience in Africa: regime transitions in contemporary perspective* (Cambridge: Cambridge University Press, 1997), 117.
22. Ebd.
23. Nic Cheeseman, *Democracy in Africa: successes, failures, and the struggle for political reform* (Cambridge: Cambridge University Press, 2015).
24. Jeff Haynes, »Sustainable democracy in Ghana? Problems and prospects«, *Third World Quarterly* 14, Nr. 3 (1993), 451–467: 452.

25 Richard Jeffries & Clare Thomas, »The Ghanian Elections of 1992«, *African Affairs* 92, Nr. 368 (1993), 331–366; Mike Oquaye, »The Ghanaian Elections of 1999 – A Dissenting View«, *African Affairs* 94, Nr. 375 (1995), 259–275.
26 Roger Southall & Henning Melber, *Legacies of power: leadership change and former presidents in African politics* (Cape Town: HSRC Press, 2006).
27 Kasahun Woldemariam, *The rise of elective dictatorship and the erosion of social capital: peace, development, and democracy in Africa* (Trenton: Africa World Press, 2009).
28 Juan Linz, »The perils of presidentialism«, *Journal of Democracy* 1, Nr. 1 (1990), 50–69; José A. Cheibub, *Presidentialism, parliamentarism, and democracy* (Cambridge: Cambridge University Press, 2007); Paul Chaisty, Nic Cheeseman & Timothy Power, »Rethinking the ›presidentialism debate‹: conceptualizing coalitional politics in cross-regional perspective«, *Democratization* 21, Nr. 1 (2014), 72–94.
29 Dan Paget, »Tanzania: shrinking space and opposition protest«, *Journal of Democracy* 28, Nr. 3 (2017), 153–167.
30 Ebd., 159.
31 Charlotte Heyl, »Senegal (1970–2016): presidential term limit reforms never come alone«, in Alexander Baturo & Robert Elgie (Hrsg.) *The politics of presidential term limits* (Oxford: Oxford University Press, 2019), 339–361.
32 Filip Reyntjens, »The struggle over term limits in Africa: a new look at the evidence«, *Journal of Democracy* 27, Nr. 3 (2016), 61–68.
33 Julia Grauvogel, »The spread of term limit manipulations in Sub-Saharan Africa: an example of authoritarian learning?« VAD Konferenz, Leipzig, 27.–30. Juni 2018.
34 *The Economist*, »African presidents: till death do us part«, 12. Januar 2019, 30–31: 31.
35 Quellen: Daniel N. Posner & Daniel J. Young, »The institutionalization of political power in Africa,« *Journal of Democracy* 18, Nr. 3 (2007), 126–140; Andrea Cassani, Presidential elections in Burkina Faso: a revenge of term-limit politics in Africa (2015), https://www.ispionline.it/it/pubblicazione/2015-presidential-election-burkina-faso-revenge-term-limit-politics-africa-14273; Grauvogel, The spread of term limit; eigene Recherchen.
36 Gabrielle Lynch & Gordon Crawford, »Democratization in Africa 1990–2010: an assessment«, *Democratization* 18, Nr. 2 (2011), 275–310: 276.
37 Jean F. Medard (Hrsg.), *Etats d'Afrique noire. Formations, mécanismes et crise* (Paris: Karthala, 1991); Bratton & van de Walle, *Democratic experience*; Patrick Chabal & Jean-Pascal Daloz, *Africa works: disorder as political instrument* (Oxford: International African Institute, 1999); Gero Erdmann & Ulf Engel, »Neopatrimonialism reconsidered: critical review and elaboration of an elusive concept«, *Commonwealth & Comparative Politics* 45, Nr. 1, 95–119.
38 Max Weber, *Wirtschaft und Gesellschaft* (Tübingen: Mohr, 1922), 133.
39 Ebd., 124–142.
40 Samuel N. Eisenstadt, *Traditional patrimonialism and modern neopatrominialism* (London: Sage, 1973).
41 Christopher Clapham, *Third world politics: an introduction* (London: Croom Helm, 1985), 49.
42 Jackson & Rosberg, *Personal rule in Black Africa*, 40.
43 Victor T. Le Vine, *Politics in Francphone Africa* (Boulder: Lynne Rienner, 2007), 279.
44 Jackson & Rosberg, *Personal rule in Black Africa*; Chabal & Daloz, *Africa works*; Alec Russell, *Big men, little people: the leaders who defined Africa* (New York: New York University Press, 2000).
45 Marshall D. Sahlins, »Poor man, rich man, big-man, chief: political types in Melanesia and Polynesia«, *Comparative Studies in Society and History* 5, Nr. 3 (1963), 285–303.
46 Jean-Pascal Daloz, »›Big men‹ in Sub-Saharan Africa: how elites accumulate positions and resources«, *Comparative Sociology* 2, Nr. 1 (2003), 271–285: 280.
47 *Jeune Afrique Magazine*, »Mobtuto parle«, Nr. 47 (April 1988), 102.
48 Jackson & Rosberg, *Personal rule in Black Africa*.
49 Cheeseman, *Democracy in Africa*, 33.

50 Bratton & van de Walle, *Democratic experience*.
51 Martin Welz, »Zimbabwe's ›Inclusive Government‹: some observations on its first 100 days«, *The Round Table* 99, Nr. 411 (2010), 607–621.
52 Stephen Chan & Julia Gallagher, *Why Mugabe won: the 2013 elections in Zimbabwe and their aftermath* (Cambridge: Cambridge University Press, 2017).
53 Thomas Isbell, »Perceived patronage: do secret societies, ethnicity, region boost careers in Cameroon?« *Afrobarometer Dispatch No. 162*, 6. September 2017, http://afrobarometer.org/sites/default/files/publications/Dispatches/ab_r6_dispatchno162_patronage_in_cameroon.pdf.
54 Achille Mbembe, *Postkolonie: Zur politischen Einbildungskraft im Afrika der Gegenwart* (Wien: Turia und Kant, 2016), 214–215.
55 Lilian Ndangam, »›All of us have taken gombo‹: media pluralism and patronage in Cameroonian journalism«, *Journalism* 10, Nr. 6 (2009), 819–842.
56 Martin Plaut, *Understanding Eritrea: inside Africa's most repressive state* (London: Hurst, 2016), 126.
57 United Nations, »Report of the commission of inquiry on human rights in Eritrea«, New York, 4. Juni 2015, A/HRC/29/42.
58 *The Economist*, »Eritrea: a flicker of light in a prison state«, 4. August 2018, 27–28: 27 [eigene Übersetzung].
59 *The Economist*, »Ethiopia and Eritrea: Prison Break«, 13. Oktober 2018, 34.
60 *The Economist*, »Eritrea: A flicker«.
61 Johannes Dieterich, »Meister der Wahlfälschung«, *Frankfurter Rundschau*, 29. März 2008, 10; Andreas Schedler, »Elections without democracy: the menu of manipulation«, *Journal of Democracy* 13, Nr. 2 (2002), 36–50; Nic Cheeseman & Brian Klaas, *How to Rig an Election* (New Haven: Yale University Press, 2018).
62 Sylvia Bishop & Anke Hoeffler, »Free and fair elections: a new database«, *Journal of Peace Research* 53, Nr. 4 (2016), 608–616.
63 Axelle Kabou, *Weder arm noch ohnmächtig* (Basel: Lenos, 2009 [1991]), 154.
64 *Radio France Internationale*, »Congo-Brazzaville: Denis Sassou-Nguesso justifie sa longévité«, 24. Februar 2016, http://www.rfi.fr/afrique/20160224-congo-brazzaville-denis-sassou-nguesso-justifie-longevite-pouvoir
65 Mbembe, *Postkolonie*, 191–207.
66 *New Vision*, »President Museveni makes case for African integration«, 12. Februar 2019, https://www.newvision.co.ug/newvision/news/1494017/president-museveni-makes-african-integration
67 Sara Assarsson, »Swaziland's reed dance: cultural celebration or sleazy royal ritual?« *The Guardian online*, 22. September 2016, https://www.theguardian.com/global-development/2016/sep/22/swaziland-reed-dance-cultural-celebration-or-sleazy-royal-ritual-umhlanga
68 Mbembe, *Postkolonie*, 28.
69 Aili Tripp, »Women and Politics in Africa«, in Thomas Spear (Hrsg.) *Oxford research encyclopaedia of African history* (Oxford: Oxford University Press, 2017).
70 Gretchen Bauer, Akosua Darkwah & Donna Patterson, »Women and post-independence African politics«, in Thomas Spear (Hrsg.) *Oxford research encyclopaedia of African history* (Oxford: Oxford University Press, 2017).
71 Balghis Badri & Aili M. Tripp (Hrsg.), *Women's activism in Africa: struggles for rights and representation* (London: Zed Books, 2017).
72 Susan Geiger, *TANU Women: gender and culture in the making of Tanganyikan nationalism, 1955–1965* (Portsmouth: Heineman, 1997).
73 Tripp, »Women and politics«.
74 Fatami Sadiqi, »The Moroccan feminist movement (1946–2014)«, in Balghis Badri & Aili M. Tripp (Hrsg.) *Women's activism in Africa: struggles for rights and representation* (London: Zed Books, 2017), 97–120.

75 Peace A. Medie & Alice J. Kang, »Power, knowledge and the politics of gender in the Global South«, *European Journal of Politics and Gender* 1, Nr. 1/2 (2018), 37–53; Yolande Bouka, Marie E. Berry & Marilyn Muthoni Kamuru, »Women's political inclusion in Kenya's devolved political system«, *Journal of Eastern African Studies* 13, Nr. 2 (2019), 313–333; Toni Haastrup, »Gendering South Africa's foreign policy: toward a feminist approach?« *Foreign Policy Analysis* 16, Nr. 2 (2020), 199–216.
76 Basierend auf Iain Frame (Hrsg.) *Africa South of the Sahara 2018* (London: Routledge, 2017); Christopher Matthews (Hrsg.) *The Middle East and Africa 2019* (London: Routledge, 2018).
77 Iain Frame (Hrsg.) *Africa South of the Sahara 2010* (London: Routledge, 2009), 1347–1348.
78 Martin Welz & Daniela Kromrey, »Legacies of the past: the influence of former freedom fighters and their rhetoric in Southern Africa«, *Politikon: South African Journal of Political Studies* 42, Nr. 2 (2015), 255–273.
79 Ebd.
80 Young, *The African colonial state*; Jean-Pierre Olivier de Sardan, »State bureaucracy and governance in francophone West Africa: an empirical diagnosis and historical perspective«, in Giorgio Blundo & Pierre-Yves Le Meur (Hrsg.) *The governance of daily life in Africa: ethnographic explorations of public and collective services* (Leiden: Brill, 2010), 39–71.
81 Jonathan N. Moyo, *The politics of administration: understanding bureaucracy in Africa* (Harare: SAPES Book, 1992), 84.
82 Ebd.
83 Dele Olowu, »Civil service pay reforms in Africa«, *International Review of Administrative Sciences* 76, Nr. 4 (2010), 632–652.
84 de Sardan, »State bureaucracy«.
85 Robert Cameron, »Introduction«, *International Review of Administrative Sciences* 76, Nr. 4 (2010), 605–611.
86 Theodore Trefon, »Administrative obstacles to reform in the Democratic Republic of Congo«, *International Review of Administrative Sciences* 76, Nr. 4 (2010), 702–722.
87 Robert Cameron, »Redefining political-administrative relationships in South Africa«, *International Review of Administrative Sciences* 76, Nr. 4 (2010), 676–701.
88 *Afrobarometer* R7 2016–2018, Question 50, Respected by public officials, www.afrobarometer.org.
89 Rachel Sigman & Staffan I. Lindberg, *Neopatrimonialism and democracy: an empirical investigation of Africa's political regimes* (Varieties of Democracy Institute, Working Paper 56, 2017).
90 Lloyd G. Adu Amoah, »Constructing a new public administration in Africa«, *Administrative Theory & Praxis* 34, Nr. 3 (2012), 385–406.
91 M. Steven Fish & Matthew Kroenig, *The handbook of national legislatures: a global survey* (Cambridge: Cambridge University Press, 2009).
92 Ebd.
93 Joel D. Barkan (Hrsg.), *Legislative power in emerging African democracies* (Boulder: Lynne Rienner, 2009).
94 Robert Mattes & Shaheen Mozaffar, »Legislatures and democratic development in Africa«, *African Studies Review* 59, Nr. 3 (2016), 201–215.
95 Joel D. Barkan, »African legislatures and the ›third wave‹ of democratization«, in Joel D. Barkan (Hrsg.) *Legislative power in emerging African democracies* (Boulder: Lynne Rienner, 2009), 1–31.
96 *CIA World Fact Book,* »Political parties and leaders« (2019), https://www.cia.gov/library/publications/the-world-factbook/fields/315.html#SG
97 Sebastian Elischer, *Political parties in Africa: ethnicity and party formation* (New York: Cambridge University Press, 2013).
98 Ebd.
99 Ian Cooper, »Political parties: presidential succession crises and internal party democracy«, in Nic Cheeseman (Hrsg.) *Institutions and democracy in Africa: how the rules of the game shape political developments* (Cambridge: Cambridge University Press, 2018), 191–212.

100 Anja Osei, »Party system institutionalization in Ghana and Senegal«, *Journal of Asian and African Studies* 48, Nr. 5 (2013), 577–593.
101 Thomas Carothers, *Confronting the weakest link: aiding political parties in new democracies* (Washington: Carnegie Endowment for International Peace, 2006); Vicky Randall & Lars Svåsand, »Political parties and democratic consolidation in Africa«, *Democratization* 9, Nr. 3 (2002), 30–52.
102 Posner & Young, »Term limits«, 262.
103 Cheeseman, *Democracy in Africa*, 54–55.
104 Akintoye, *Emergent African states*, 118.
105 Karen Mingst, »Judicial systems of Sub-Saharan Africa: an analysis of neglect«, *African Studies Review* 31, Nr. 1 (1988), 135–148.
106 Peter VonDoepp, »The judiciary: courts, judges and the rule of law«, in Nic Cheeseman (Hrsg.) *Institutions and democracy in Africa: how the rules of the game shape political developments* (Cambridge: Cambridge University Press, 2018), 304–326; Charlotte Heyl, »The judiciary and the rule of law in Africa,« Oxford Research Encyclopedia (2019), https://oxfordre.com/politics/view/10.1093/acrefore/9780190228637.001.0001/acrefore-9780190228637-e-1352
107 Mo Ibrahim Foundation, *Ibrahim Index of African Governance*, 2019, http://iiag.online/.
108 Jean-Baptiste J. Vilmer, »The African Union and the International Criminal Court: counteracting the crisis«, *International Affairs* 92, Nr. 6 (2016), 1319–1342: 1337.
109 Katharina Holzinger, Florian G. Kern & Daniela Kromrey, »The dualism of contemporary traditional governance and the state: institutional setups and political consequences«, *Political Research Quarterly* 69, Nr. 3 (2016), 469–481.
110 Richard L. Sklar, »African politics: the next generation«, in Richard Joseph (Hrsg.) *State, conflict, and democracy in Africa* (Boulder: Lynne Rienner, 1999), 165–178.
111 Janine Ubink, *Traditional authorities in Africa: resurgence in an era of democratisation* (Leiden: Leiden University Press, 2008).
112 Jeffrey I. Herbst, *States and power in Africa: comparative lessons in authority and control* (Princeton: Princeton University Press, 2000), 178.
113 Mahmood Mamdani, *Citizen and subject: contemporary Africa and the legacy of late colonialism* (Princeton: Princeton University Press, 1996), 43.
114 Ebd.
115 Goran Hyden, *African politics in comparative perspective* (Cambridge: Cambridge University Press, 2013), 52–73; Kate Baldwin, *The paradox of traditional chiefs in democratic Africa* (Cambridge: Cambridge University Press, 2015).
116 Norman N. Miller, »The political survival of traditional leadership«, *Journal of Modern African Studies* 6, Nr. 2 (1968), 183–98.
117 Eine Ausnahme ist C. Sylvester Whitaker, *The politics of tradition: continuity and change in Northern Nigeria 1946–1966* (Princeton: Princeton University Press, 1970).
118 Herbst, *States and power*, 178.
119 Richard L. Sklar, »The African frontier for political science«, in Robert H. Bates, V. Y. Mudimbe & Jean o'Barr (Hrsg.) *Africa and the disciplines: contributions of research in Africa to the social sciences and humanities* (Chicago: Chicago University Press, 1992), 83-110: 94 [eigene Übersetzung].
120 Carolyn Logan, »The roots of resilience: exploring popular support for African traditional authorities«, *African Affairs* 112, Nr. 448 (2013), 353–376.
121 *Afrobarometer* R7 2016-2018, Question 43J, respected by public officials, www.afrobarometer.org.
122 Tom Burgis, *Der Fluch des Reichtums: Warlords, Konzerne, Schmuggler und die Plünderung Afrikas* (Frankfurt: Westend, 2015), 240.
123 Carolyn Logan, *Traditional leaders in modern Africa: can democracy and the chief co-exist?* (Afrobarometer Working Papers 93, 2008), http://afrobarometer.org/publications/wp93-traditional-leaders-modern-africa-can-democracy-and-chief-co-exist; Cheeseman, *Democracy in Africa*, 148.

124 Baldwin, *The paradox*.
125 Michael Bratton, »Beyond the state: civil society and associational life in Africa«, *World Politics* 41, Nr. 3 (1989), 407–430.
126 Pierre Englebert & Emmanuel Kasongo Mungongo, »Misguided and misdiagnosed: the failure of decentralization reforms in the DR Congo«, *African Studies Review* 59, Nr. 1 (2016), 5–32.
127 Christian Lund (Hrsg.) *Twilight institutions: public authority and local politics in Africa* (Malden: Blackwell, 2007).
128 Gregory Mann, *From empires to NGOs in the West African Sahel: the road to nongovernmentality* (Cambridge: Cambridge University Press, 2015).
129 Jennifer N. Brass, »Blurring boundaries: the integration of NGOs into governance in Kenya«, *Governance* 25, Nr. 2 (2012), 209–235.
130 Stephen N. Ndegwa, *The two faces of civil society: NGOs and politics in Africa* (West Hartford: Kumarian Press, 1996); Nelson Kasfir, »Civil society, the state, and democracy in Africa«, in Nelson Kasfir (Hrsg.) *Civil society and democracy in Africa: critical perspectives* (Portland: Class, 1998), 123–149.
131 Firoze Manji & Carl O'Coill, »The missionary position: NGOs and development in Africa«, *International Affairs* 78, Nr. 3 (2002), 567–583.
132 Alexander Cooley & James Ron, »The NGO scramble: organizational insecurity and the political economy of transnational action«, *International Security* 27, Nr. 1 (2002), 5–39.
133 Heike Becker, »Revolution 2.0: Thomas Sankara and the social media generation«, *Review of African Political Economic Online* (2017), http://roape.net/2017/10/31/revolution-2-0-thomas-sankara-social-media-generation/
134 Zitiert in Peter Jones, »The Arab Spring«, *International Journal* 67, Nr. 2 (2012), 447–463: 452.
135 Tanja Bosch, »Twitter activism and youth in South Africa: the case of #RhodesMustFall, information«, *Communication & Society* 20, Nr. 2 (2017), 221–232.
136 Carolyn E. Holmes & Melanie Loehwing, »Icons of the old regime: challenging South African public memory strategies in #RhodesMustFall«, *Journal of Southern African Studies* 42, Nr. 6, 1207–1223 [eigene Übersetzung].
137 Cheeseman, *Democracy in Africa*, 69–70.
138 *The Economist*, »Pentecostalism in Africa: of prophets and profits«, 4. Oktober 2014.
139 Michael Zürn, »Internationale Institutionen und nichtstaatliche Akteure in der Global Governance«, *Aus Politik und Zeitgeschichte*, APUZ 34–35/2010.
140 James Ferguson, »Transnational topographies of power: beyond the state and civil society in the study of African politics«, in Bill Maurer & Gabriele Schwab (Hrsg.) *Accelerating possession: global futures of property and personhood* (New York: Columbia University Press, 2006), 76–98.
141 James N. Rosenau & Ernst-Otto Czempiel (Hrsg.), *Governance without government: order and change in world politics* (Cambridge: Cambridge University Press, 1992).
142 Ken Menkhaus, »Governance without government in Somalia: spoilers, state building, and the politics of coping«, *International Security* 31, Nr. 3 (2007), 74–106.

8 Innerafrikanische Beziehungen

1 Daniel Don Nanjira, *African foreign policy and diplomacy: from antiquity to the 21st century* (Santa Barbara: Praeger, 2010).
2 Leo E. Otoide, »Re-thinking the subject of Africa's international relations«, *Voice of History* 16, Nr. 2 (2001), 43–56.

3   Lexington Izuagie, »Pre-colonial regionalism in West Africa«, *Ofo: Journal of Transatlantic Studies* 4, Nr. 1 (2014), 21–42.
4   Hakim Adi & Marika Sherwood, *Pan-African history: political figures from Africa and the diaspora since 1787* (London: Routledge, 2003).
5   Olajide Aluko (Hrsg.), *The foreign policies of African states* (London: Hodder and Stoughton, 1977).
6   Robert Malley, *The call from Algeria: third worldism, revolution and the turn to Islam* (Berkely: University of California Press, 1996).
7   William Zartman, »Decision-making among African governments in inter-African affairs«, *Journal of Development Studies* 2, Nr. 2 (1966), 98–119: 100.
8   Organization of African Unity, *OAU Charta*, Addis Abeba, 25. Mai 1963, Art. II, 1(a).
9   Organization of African Unity, *Resolution on border disputes between African states*, Kairo, 17.-21. Juli 1964, AHG/Res.16(I).
10 Majid Khadduri, »Towards an Arab Union: the League of Arab States«, *American Political Science Review* 40, Nr. 1 (1946), 90–100; Robert W. Macdonald, *The League of Arab States: a study in the dynamics of regional organization* (Princeton: Princeton University Press, 1965), 33–50.
11 Zeynep S. Mencütek, »The ‹rebirth› of a dead organization? Questioning the role of the Arab League in the ‹Arab Uprisings› process«, *Perceptions* 19, Nr. 2 (2014), 83–112.
12 Domenic Mazzeo (Hrsg.), *African regional organizations* (Cambridge: Cambridge University Press, 1984).
13 Ahmed Aghrout & Keith Sutton, »Regional economic union in the Maghreb«, *Journal of Modern African Studies* 28, Nr. 1 (1990), 115–139.
14 Peter Meyns, »The South African Development Coordination Conference (SADCC) and regional cooperation in southern Africa«, in Domenic Mazzeo (Hrsg.) *African regional organizations* (Cambridge: Cambridge University Press, 1985), 196–224.
15 Percy S. Mistry, »Africa's record of regional co-operation and integration,« *African Affairs* 99, Nr. 397 (2000), 553–573.
16 Jan J. Teunissen (Hrsg.), Regionalism and the global economy: the case of Africa (Den Haag: Fondad, 1996); Percy S. Mistry, *Regional integration arrangements in economic development: panacea or pitfall?* (Den Haag: Fondad, 1996).
17 Gino J. Naldi, *The Organization of African Unity: an analysis of its role* (London: Mansell, 1989).
18 Klaas van Walraven, *Dreams of power: the role of the Organization of African Unity in the politics of Africa, 1963–1993* (Leiden: African Studies Centre, 1997), 162.
19 Ebd.
20 Amare Tekle, »A tale of three cities: the OAU and the dialectics of decolonization in Africa«, *Africa Today* 35, Nr. 3/4 (1988), 49–60.
21 Hilmi S. Yousuf, »The OAU and the African liberation movement«, *Pakistan Horizon* 38, Nr. 4 (1985), 55–67.
22 Rawia Tawfik, »Egypt and the transformations of the pan-African movement: the challenge of adaptation«, *African Studies* 75, Nr. 3 (2016), 297–315: 302–303.
23 Robert Mortimer, »The Algerian revolution in search of the African revolution«, *Journal of Modern African Studies* 8, Nr. 3 (1970), 363–387: 363–364.
24 Martin Stone, *The agony of Algeria* (London: Hurst & Company, 1997), 230–231.
25 Asteris Huliaras, »Qadhafi's comeback: Libya and Sub-Saharan Africa in the 1990s«, *African Affairs* 100, Nr. 398 (2001), 5–25.
26 Zitiert in George I. Smith, *Ghosts of Kampala* (London: Weidenfeld and Nicolson, 1980), 181.
27 Ebd., 168.
28 Peter Vale & Sipho Maseko, »South Africa and the African Renaissance«, *International Affairs* 74, Nr. 2 (1998), 271–287: 272.

29 Maxi van Aardt, »A foreign policy to die for: South Africa's response to the Nigerian crisis«, *Africa Insight* 26, Nr. 2 (1996), 108–119.
30 van Walraven, *Dreams of Power*, 264.
31 Gilbert M. Khadiagala & Terrence Lyons (Hrsg.), *African foreign policies: power and process* (Boulder: Lynne Rienner, 1996), 5 [eigene Übersetzung].
32 Jeffrey Herbst, »Crafting regional cooperation in Africa«, in Amitav Acharya & Alastair I. Johnston (Hrsg.) *Crafting cooperation: regional international institutions in comparative perspective* (Cambridge: Cambridge University Press, 2007), 129–144.
33 Steven R. David, »Explaining Third World alignment«, *World Politics* 43, Nr. 2 (1991), 233–256.
34 Christopher Clapham, *Africa and the international system: the politics of state survival* (Cambridge: Cambridge University Press, 1996); Pierre Englebert, *Africa: unity, sovereignty, and sorrow* (Boulder: Lynne Rienner, 2009); Martin Welz, *Integrating Africa: decolonization's legacies, sovereignty and the African Union* (London: Routledge, 2013).
35 Herbst, »Crafting regional cooperation«.
36 Kenneth W. Abbott & Duncan Snidal, »Why states act through formal international organizations«, *Journal of Conflict Resolution* 42, Nr. 1 (1998), 3–32.
37 Fredrik Söderbaum, »Modes of regional governance in Africa: neoliberalism, sovereignty boosting, and shadow networks«, *Global Governance* 10, Nr. 4 (2004), 419–436.
38 United Nations, *An Agenda for Peace: preventive diplomacy, peacemaking and peace-keeping*, New York, 17. Juni 1992, A/47/277, para. 64.
39 Jagdish Bhagwati, »Regionalism and multilateralism: an overview«, in Jaime de Melo & Arvind Panagariya (Hrsg.) *New dimensions in regional integration* (New York: Cambridge University Press, 1993), 22–51; Edward D. Mansfield & Helen V. Milner, »The new wave of regionalism«, *International Organization* 53, Nr. 3 (1999), 589–627.
40 David J. Francis, *Uniting Africa: building regional peace and security systems* (Farmham: Ashgate, 2006).
41 Adekeye Adebajo, *Liberia's civil war: Nigeria, ECOMOG, and regional security in West Africa* (Boulder: Lynne Rienner, 2002), 64.
42 Benedikt Franke, »Africa's regional economic communities and the multi-level logic of security cooperation on the continent«, in Ulf Engel & João Gomes Porto (Hrsg.) *Towards and African peace and security regime: continental embeddedness, transitional linkages, strategic relevance* (Farnham: Ashgate, 2013), 73–88.
43 Asteris Huliaras & Konstantinos Magliveras, »The end of an affair? Libya and Sub-Saharan Africa«, *Journal of North African Studies* 16, Nr. 2 (2011), 167–181.
44 Iain Frame (Hrsg.), *Africa South of the Sahara 2018* (London: Routledge, 2017).
45 Christopher Matthews (Hrsg.), *The Middle East and North Africa 2019* (London: Routledge, 2018).
46 United Nations (2019), https://visit.un.org/sites/visit.un.org/files/Missions_Contacts_0.pdf; European Commission, *Diplomatic corps* (2019), http://ec.europa.eu/dgs/secretariat_general/corps/view/cdSearch/act_showPDF.cfm?RepID=10002&DocType=1
47 Wikipedia, *List of diplomatic missions in Washington, D.C.* (2019), https://en.wikipedia.org/wiki/List_of_diplomatic_missions_in_Washington,_D.C.; Wikipedia, *List of diplomatic missions in China* (2019), https://en.wikipedia.org/wiki/List_of_diplomatic_missions_in_China
48 African Union, *Embassies of member states in Addis Ababa* (2019), https://au.int/en/member_states/embassies
49 Matthews, *The Middle East and North Africa 2019*; Frame, *Africa South of the Sahara 2018*.
50 Huliaras, »Qadhafi's comeback«.
51 Kassin M. Khamis, *Promoting the African Union* (Washington: Lilian Barber Press, 2008), 79.
52 Martin Welz, »Reconsidering lock-in effects and benefits from delegation: the African Union's relations with its member states through a principal–agent perspective«, *Cambridge Review of International Affairs* 33, Nr. 2 (2020), 159-178.

53 Paul D. Williams, »From non-intervention to non-indifference: the origins and development of the African Union's security culture«, *African Affairs* 106, Nr. 423 (2007), 253–279.
54 van Walraven, *Dreams of power*, 171.
55 African Union, *Decision on the budget of the African Union for the 2018 financial year*. Addis Abeba, 4. Juli 2017, Assembly/AU/Dec.642 (XXIX).
56 AU, *African Union Commission (AUC)* (2017), https://au.int/en/organs/commission
57 Ian Taylor, *NEPAD: towards Africa's development or another false start?* (Boulder: Lynne Rienner, 2005).
58 Charles Manga Fombad & Zein Kebonang (Hrsg.), *AU, NEPAD and the APRM: democratisation efforts explored* (Uppsala: Nordiska Afrikainstitutet, 2006).
59 Eduard Jordan, »Inadequately self-critical: Rwanda's self-assessment for the African Peer Review Mechanism«, *African Affairs* 105, Nr. 420 (2006), 333–351; Ross Herbert & Steven Gruzd, *The African Peer Review Mechanism: lessons from the pioneers* (Johannesburg: South African Institute for International Affairs, 2008); Steven Gruzd, *The African Peer Review Mechanism: development lessons from Africa's remarkable governance assessment system* (Johannesburg: South African Institute of International Affairs, 2014).
60 Welz, »Reconsidering lock-in effects«.
61 African Union, *Accra Declaration*, Accra, 1.–3. Juli 2007, Assembly/AU/Decl.1–2(IX).
62 Gerrit Olivier, »Is Thabo Mbeki Africa's saviour?« *International Affairs* 79, Nr. 4 (2003), 815–828: 815 [eigene Übersetzung].
63 Laurie Nathan, »SADC's uncommon approach to common security, 1992–2003«, *Journal of Southern African Studies* 32, Nr. 3 (2006), 605–622.
64 Mammo Muchie (Hrsg.), *The making of the Africa-nation: pan-Africanism and the African Renaissance* (London: Adonis & Abbey, 2003); Timothy Murithi, *The African Union: pan-Africanism, peacebuilding and development* (Aldershot: Ashgate, 2005); Williams, »From non-intervention«.
65 Karl W. Deutsch, Sidney A. Burrell, Robert A. Kann, Maurice Jr. Lee, Martin Lichterman, R. E. Lindgren, F. L. Lorwenheim & R. W. VanWagene, *Political community and the North Atlantic area: international organization in the light of historical experience* (Princeton: Princeton University Press, 1957); Emanuel Adler & Michael Barnett, *Security communities* (Cambridge: Cambridge University Press, 1998).
66 Naison Ngoma, »SADC: towards a security community?« *African Security Review* 12, Nr. 3 (2003), 17–28; Nathan, »Domestic instability and security communities«, *European Journal of International Relations* 12, Nr. 2 (2006), 275–299; Benedikt Franke, »Africa's evolving security architecture and the concept of multilayered security communities«, *Cooperation and Conflict* 43, Nr. 3 (2008), 313–340.
67 Welz, »Reconsidering lock-in effects«.
68 Walter Mattli, *The logic of regional integration: Europe and beyond* (Cambridge: Cambridge University Press, 1999).
69 Wolfe Braude, *Regional integration in Africa: lessons from the East African Community* (Johannesburg: South African Institute of International Affairs, 2008).
70 Martin Welz, »The African Union beyond Africa: explaining the limited impact of Africa's continental organization on global governance«, *Global Governance* 19, Nr. 3 (2013), 425–441.
71 Thomas K. Tieku, *Governing Africa: 3D analysis of the African Union's performance* (Lanham: Rowman & Littlefield, 2017); Omar Alieu Touray, *The African Union: the first ten years* (Lanham: Rowman & Littlefield, 2016).
72 Joram M. Biswaro, *Perspectives on Africa's integration and cooperation from the OAU to AU: old wine in a new bottle?* (Dar es Salaam: Tanzania Publishing House, 2005); Welz, *Integrating Africa*; Nathan, »SADC's Uncommon Approach«.
73 Herbst, »Crafting regional cooperation«.

74 Mwita Chacha, »Regional integration and the challenge of overlapping memberships on trade«, *Journal of International Relations and Development* 17, Nr. 4 (2014), 522–544.
75 Herbst, »Crafting regional cooperation«.
76 Marc L. Busch, »Overlapping institutions, forum shopping, and dispute settlement in international trade«, *International Organization* 61, Nr. 4, 735–761.

9 Politische Krisen

1 Wikipedia, *List of active separatist movements in Africa* (2019), https://en.wikipedia.org/wiki/List_of_active_separatist_movements_in_Africa
2 Jonathan M. Powell & Clayton L. Thyne, »Global instances of coups from 1950 to 2010: a new dataset«, *Journal of Peace Research* 48, Nr. 2 (2011), 249–259.
3 Stephanie M. Burchardt, *Electoral violence in Sub-Saharan Africa: causes and consequences*, (Boulder: First Forum Press, 2015), 50.
4 Donald L. Horowitz (Hrsg.), *Ethnic groups in conflict* (Berkeley: University of California Press, 1985), 588 [eigene Übersetzung].
5 Paul Collier & Anke Hoeffler, *The political economy of secession* (Washington: World Bank Development Research Group, 2003).
6 Ebd.
7 David D. Laitin, »Secessionist rebellion in the former Soviet Union«, *Comparative Political Studies* 34, Nr. 8 (2001), 839–861; Stephen M. Saideman, »Is pandora's box half-empty or half-full? The limited virulence of secessionism and the domestic sources of disintegration,« in David A. Lake (Hrsg.) *The international spread of ethnic conflict: fear, diffusion, and escalation* (Princeton: Princeton University Press, 1998), 127–150.
8 Pierre Englebert & Rebecca Hummel, »Let's stick together: understanding Africa's secessionist deficit«, *African Affairs* 104, Nr. 416 (2005), 399–427.
9 Ebd., 412.
10 Erin K. Jenne, Stephen M. Saideman & Will Lowe, »Separatism as a bargaining posture: the role of leverage in minority radicalization«, *Journal of Peace Research* 44, Nr. 5 (2007), 539–558.
11 Johannes Harnischfeger, »Biafra and secessionism in Nigeria: an instrument of political bargain«, in Mareike Schomerus, Pierre Englebert & Lotje de Vries (Hrsg.) *Secessionism in African politics: aspiration, grievance, performance, disenchantment* (Cham: Palgrave Macmillan, 2018), 329–358: 331 [eigene Übersetzung].
12 Englebert & Hummel, »Let's stick together«; Mareike Schomerus, Pierre Englebert & Lotje de Vries (Hrsg.) *Secessionism in African politics: aspiration, grievance, performance, disenchantment* (Cham: Palgrave, 2018).
13 Redie Bereketeab, »Self-determination and secession: African challenges«, in Redie Bereketeab (Hrsg.) *Self-determination and secession in Africa* (London: Routledge, 2015), 3–19.
14 Scopas S. Poggo, *The first Sudanese civil war: Africans, Arabs, and Israelis in the Southern Sudan, 1955–1972* (Basingstoke: Palgrave Macmillan, 2009), 1.
15 Ruth Iyob & Gilbert M. Khadiagala, *Sudan: the elusive quest for peace* (Boulder: Lynne Rienner, 2006); Bono Malwal, *Sudan and South Sudan: from one to two* (Basingstoke: Palgrave Macmillan, 2015).
16 Heather Byrne & Pierre Englebert, »Shifting grounds for African secessionism?« in Mareike Schomerus, Pierre Englebert & Lotje de Vries (Hrsg.) *Secessionism in African politics: aspiration, grievance, performance, disenchantment* (Cham: Palgrave Macmillan, 2018), 455–488.

17 Markus V. Hoehne, »Against the grain: Somaliland's secession from Somalia«, in Lotje de Vries, Pierre Englebert & Mareike Schomerus (Hrsg.) *Secessionism in African politics: aspiration, grievance, performance, disenchantment* (Cham: Palgrave Macmillan, 2019), 229–261.
18 Mark Bradbury, *Becoming Somaliland* (London: Progressio, 2008), 81.
19 Hoehne, »Against the grain«, 230.
20 Marleen Renders, *Consider Somaliland: state-building with traditional leaders and institutions* (Leiden: Brill, 2012), 96–104.
21 Ministry of Foreign Affairs, *Briefing paper: the case for Somaliland's international recognition as an independent state*, Hargeisa (2002), 9.
22 Byrne & Englebert, »Shifting grounds«, 460.
23 *Daily Nation*, »Kenya and Somaliland to foster strong trade ties«, 16. November 2018, https://www.nation.co.ke/news/Kenya-and-Somaliland-to-foster-strong-trade-ties/1056-4855006-peeth8z/
24 *France 24*, »Tuareg rebels declare independence in north Mali«, 6. April 2012, https://www.france24.com/en/20120406-france-24-exclusive-tuareg-rebels-declare-independence-mlna-mali-ansar-dine-azawad
25 Byrne & Englebert, »Shifting grounds«.
26 James Crawford, *The creation of states in international law* (Oxford: Oxford University Press, 2006) 390.
27 Powell & Thyne, »Global instances of coups«, 252.
28 Ruth First, *The barrel of a gun: political power in African and the coup d'état* (Harmondsworth: Penguin Press, 1970), 4 [eigene Übersetzung].
29 Zahlen und Definitionen aus Powell & Thyne, »Global instances of coups«.
30 Quelle: Powell & Thyne, »Global instances of coups«.
31 Pat J. McGowan & Thomas H. Johnson, »African military coups d'état and underdevelopment: a quantitative historical analysis«, *Journal of Modern African Studies* 22, Nr. 4 (1984), 633–666; Thomas H. Johnson, Robert O. Slater & Pat McGowan, »Explaining African military coups d'dtat, 1960–1982«, *American Political Science Review* 78, Nr. 3 (1984), 622–640: 622.
32 Paul Collier & Anke Hoeffler, *Military spending and the risks of coups d'etats* (Oxford: Centre for the Study of African Economies, 2007), 15–16.
33 Jonathan Powell, Trace Lasley & Rebecca Schiel, »Combating coups d'etat in Africa, 1950–2014«, *Studies in Comparative International Development* 51, Nr. 4 (2016), 482–502: 483.
34 Augustin K. Fosu, »Transforming economic growth to human development in Sub-Saharan Africa: the role of elite political instability«, *Oxford Development Studies* 30, Nr. 1 (2002), 9–19: 11.
35 Joan Baxter & Keith Somerville, »Burkina Faso«, in Bogdan Szajkowski (Hrsg.) *Benin, the Congo, Burkina Faso* (London: Pinter Publishers, 1989), 237–286: 248–249.
36 Ebd., 249.
37 J. Tyler Dickovick, »Revolutionising local politics? Radical experiments in Burkina Faso, Ghana and Uganda in the 1980s«, *Review of African Political Economy* 36, Nr. 122 (2009), 519–537.
38 Pierre Englebert, *Burkina Faso: unsteady statehood in West Africa* (Boulder: Westview Press, 1996), 60–61.
39 *BBC News*, »Burkina Faso crisis: Col Isaac Zida claims presidential powers«, 1. November 2014, https://www.bbc.com/news/world-africa-29861280
40 Janette Yarwood, »The power of protest«, *Journal of Democracy* 27, Nr. 3 (2016), 51–60: 55.
41 John F. Clark, »The decline of the African military coup«, *Journal of Democracy* 18, Nr. 3 (2007), 141–155.
42 Organization of African Unity, *Lomé Declaration of July 2000 on the framework for an OAU response to unconstitutional changes of government*, Lomé, 12 July 1998, AHG/Decl.5 (XXXVI).

43 Issaka K. Souaré, »The African Union as a norm entrepreneur on military coups d'état in Africa (1952–2012): an empirical assessment«, *Journal of Modern African Studies* 52, Nr. 1 (2014), 69–94: 77–78.
44 *The Economist*, »The putsch option«, 20. April 2019, 54.
45 Patrick J. McGowan, »African military coups d'état, 1956–2001: frequency, trends and distribution«, *Journal of Modern African Studies* 41, Nr. 3 (2003), 339–370: 340.
46 Clark, »The decline«; Oisín Tansey, »The fading of the anti-coup norm,« *Journal of Democracy* 28, Nr. 1 (2017), 144–156.
47 Souaré, »The African Union«, 84.
48 Burchardt, *Electoral violence*, 50.
49 Kristine Höglund, »Electoral violence in conflict-ridden societies: concepts, causes, and consequences«, *Terrorism and Political Violence* 21, Nr. 3 (2009), 412–427: 413.
50 Dorina A. Bekoe & Stephanie M. Burchard, »The contradictions of pre-election violence: the effects of violence on voter turnout in Sub-Saharan Africa«, *African Studies Review* 60, Nr. 2 (2017), 73–92.
51 Mimmi Söderberg Kovacs, »Introduction: the everyday politics of electoral violence in Africa«, in Mimmi Söderberg Kovacs & Jesper Bjarnesen (Hrsg.) *Violence in African elections* (London: Zed Books, 2017), 1–26.
52 Höglund, »Electoral Violence«.
53 Scott Straus & Charlie Taylor, »Democratization and electoral violence in Sub-Saharan Africa, 1990–2008«, in Dorina A. Bekoe (Hrsg.) *Voting in fear: electoral violence in Sub-Saharan Africa* (Washington: US Institute of Peace Press, 2012), 15–38.
54 Morten Bøås & Mats Utas, »The political landscape of postwar Liberia: reflections on national reconciliation and elections«, *Africa Today* 60, Nr. 4 (2014), 47–65: 61 [eigene Übersetzung].
55 Söderberg Kovacs, »Introduction«, 10–11 [eigene Übersetzung].
56 *The Economist*, »Nigeria's election: time to keep the promise«, 2. März 2019, 30.
57 Burchardt, *Electoral violence*, 56–74.
58 Ebd., 5.
59 Nic Cheeseman, *Democracy in Africa: successes, failures, and the struggle for political reform* (Cambridge: Cambridge University Press, 2015), 166.
60 United Nations, *Report of the fact-finding mission to Zimbabwe to assess the scope and impact of Operation Murambatsvina by the UN Special Envoy on human settlements issues in Zimbabwe Mrs. Anna Kajumulo Tibaijuka*, 18. Juli 2005, https://www.un.org/News/dh/infocus/zimbabwe/zimbabwe_rpt.pdf
61 Richard P. Werbner, *Tears of the dead: the social biography of an African family* (Edinburgh: Edinburgh University Press, 1991); Terence Ranger, *Voices from the rocks: nature, culture & history in the Matopos Hills of Zimbabwe* (Harare: Baobab, 1999); Stephen Chan, *Robert Mugabe: a life of power and violence* (Ann Arbor: University of Michigan Press, 2003).
62 Chris McGreal, »Mugabe: I'll quit if I don't face prosecution«, *Mail & Guardian online*, 4. April 2008.
63 Burchardt, *Electoral violence*, 27.
64 Freedom House, *Freedom in the World – Côte d'Ivoire* (2014), https://freedomhouse.org/report/freedom-world/2014/c-te-divoire
65 Dorina A. Bekoe, »The United Nations Operation in Côte d'Ivoire: how a certified election still turned violent«, *International Peacekeeping* 25, Nr. 1 (2018), 128–153.
66 Richard Banegas, »Post-election crisis in Côte d'Ivoire: the gbonhi war«, *African Affairs* 110, Nr. 440 (2011), 457–468.
67 Burchardt, *Electoral violence*, 18.
68 Daniel J. Ross, *Violent democracy* (Cambridge: Cambridge University Press, 2004).
69 Staffan I. Lindberg, *Democracy and elections in Africa* (Baltimore: Johns Hopkins University Press, 2006).
70 *The Economist*, »Nigeria's election«, 30 [eigene Übersetzung].

71 Virginia P. Fortna, »Do terrorists win? Rebels' use of terrorism and civil war outcomes«, *International Organization* 69, Nr. 3 (2015), 519–556: 519.
72 Robert A. Pape, »It's the occupation, stupid«, *Foreign Policy*, 18. Oktober 2010, https://foreignpolicy.com/2010/10/18/its-the-occupation-stupid/
73 Stig J. Hansen, *Al-Shabaab in Somalia: the history and ideology of a militant Islamist group, 2005–2012* (Oxford: Oxford University Press, 2013), 17–18 [eigene Übersetzung].
74 Ebd., 23 [eigene Übersetzung].
75 Roland Marchal, »A tentative assessment of the Somali *Harakat Al-Shabaab*«, *Journal of Eastern African Studies* 3, Nr. 3 (2009), 381–404; Hansen, *Al-Shabaab in Somalia*.
76 Ben Rawlence, *City of thorns: nine lives in the world‹s largest refugee camp* (London: Portobello, 2016), 12–32.
77 Roman Loimeier, »Boko Haram: the development of a militant religious movement in Nigeria«, *Africa Spectrum* 47, Nr. 2/3 (2012), 137–155: 139.
78 Virginia Comolli, *Boko Haram: Nigeria's Islamist insurgency* (London: Hurst, 2015), 49 [eigene Übersetzung].
79 Mallam Sanni Umaru zitiert in Kamal Tayo Oropo, Samson Ezea, Onyedika Agbedo & Njadvara Musa 2009: *Boko Haram threatens to attack Lagos, claims link to al-Queda*, 15. August 2009, https://www.nairaland.com/310123/boko-haram-new-leader-teach#4354820
80 Comolli, *Boko Haram*.
81 Sogo Angel Olofinbiyi & Jean Steyn, »The Boko Haram terrorism: causes still misunderstood«, *Journal of Social Sciences* 14 (2018), 129–144.

10 Größere Konflikte

1 *The Economist*, »Hopeless Africa«, 11. Mai 2000.
2 Nils Petter Gleditsch, Peter Wallensteen, Mikael Eriksson, Margareta Sollenberg & Håvard Strand, »Armed conflict 1946–2001: a new dataset«, *Journal of Peace Research* 39, Nr. 5 (2002), 615–637.
3 Christopher Clapham (Hrsg.), *African guerrillas* (Oxford: Currey, 1998).
4 William Reno, *Warfare in independent Africa* (Cambridge: Cambridge University Press, 2011).
5 Micheal Clodfelter, *Warfare and armed conflicts: a statistical reference to casualty and other figures, 1500–2000* (London: McFarland and Company, 2002), 594–595.
6 George Joffe, »Libya and Chad«, *Review of African Political Economy* 8, Nr. (1981), 84–102.
7 Monty G. Marshall, *Third world war: system, process, and conflict dynamics* (Lanham: Rowman & Littlefield, 1999).
8 P. Godfrey Okoth, »The OAU and the Uganda-Tanzania War, 1978–79«, *Journal of African Studies* 14, Nr. 3 (1987), 152–162.
9 Tekeste Negash & Kjetil Tronvoll, *Brothers at war: making sense of the Eritrean-Ethiopian war* (Oxford: James Currey, 2000), 12–21.
10 John Abbink, »Briefing: the Eritrean-Ethiopian border dispute«, *African Affairs* 97, Nr. 389 (1998), 551–565: 556.
11 Ebd.
12 Terrence Lyons, »The Ethiopia-Eritrea conflict and the search for peace in the Horn of Africa«, *Review of African Political Economy* 36, Nr. 120 (2009), 167–180: 167 [eigene Übersetzung].
13 Martin Welz, »From non-interference towards non-indifference: the ongoing paradigm shift in the African Union«, in Ulf Engel & João Gomes Porto (Hrsg.) *Towards an African peace and security regime: continental embeddedness, transnational linkages, strategic relevance* (Farnham: Ashgate, 2013), 31–52.

14 *Center for Systemic Peace*, »Major episodes of political violence, 1946–2016« (2017), https://www.systemicpeace.org/warlist/warlist.htm#N4
15 Mary Kaldor, *Neue und alte Kriege: Organisierte Gewalt im Zeitalter der Globalisierung* (Frankfurt: Suhrkamp, 2000); Mary Kaldor, »In defence of new wars«, *Stability: International Journal of Security and Development* 2, Nr. 1 (2013), 1–16.
16 Erhard Eppler, *Vom Gewaltmonopol zum Gewaltmarkt? Die Privatisierung und Kommerzialisierung der Gewalt* (Frankfurt: Suhrkamp, 2002).
17 Kaldor, *Neue und alte Kriege*, 164.
18 Jürgen Osterhammel, *Die Verwandlung der Welt* (München: C.H. Beck, 2009).
19 Paul Collier & Anke Hoeffler, »Greed and grievance in civil war«, *The World Bank Policy Research Working Paper 2355* (Washington: World Bank, 2002).
20 Mats R. Berdal & David M. Malone (Hrsg.), *Greed and grievance: economic agendas in civil wars* (Boulder: Lynne Rienner, 2000).
21 Adekeye Adebajo, *Liberia's civil war: Nigeria, ECOMOG, and regional security in West Africa* (Boulder: Lynne Rienner, 2002), 43 [eigene Übersetzung].
22 Zitiert in Neil Henry, »Doe to Bush: ›help your stepchildren‹«, *Washington Post*, 9. August 1990, A20 [eigene Übersetzung].
23 Adebajo, *Liberia's civil war*, 43.
24 Ebd., 58.
25 Bayo Ogunleye, *Behind the rebel line: anatomy of Charles Taylor's hostage camps* (Enugu: Delta, 1995), 181.
26 William Reno, »Illicit markets, violence, warlords, and governance: West African cases«, *Crime, Law and Social Change* 52, Nr. 3 (2009), 313–322.
27 Victor A. B. Davies, »Liberia and Sierra Leone: interwoven civil wars«, in Augustin Kwasi Fosu & Paul Collier (Hrsg.) *Post-conflict economies in Africa* (Basingstoke: Palgrave Macmillan, 2005), 77–70: 78.
28 Allen Howard, »Ebola and regional« history: connections and common experiences«, in Ibrahim Abdullah & Ismail Rashid (Hrsg.) *Understanding West Africa's Ebola epidemic: towards a political economy* (London: Zed Books, 2017), 19–46.
29 Stephen Ellis, *The mask of anarchy: the destruction of Liberia and the religious dimension of an African civil war* (New York: New York University Press, 2007), 68–69.
30 Davies, »Liberia and Sierra Leone«, 81.
31 Adebajo, *Liberia's civil war*.
32 William B. Quandt, *Between ballots and bullets: Algeria's transition from authoritarianism* (Washington: Brookings Institution Press, 1998), 40.
33 William B. Quandt, »Algeria's transition to what?« *Journal of Northern African Studies* 9, Nr. 2 (2004), 82–92: 83
34 Werner Herzog, *Algerien: Zwischen Demokratie und Gottesstaat* (München: C.H. Beck, 1995), 94.
35 Luis Martinez, *The Algerian civil war, 1990–1998* (London: Hurst, 2000).
36 Robert Mortimer, »Islamists, soldiers, and democrats: the second Algerian war«, *The Middle East Journal* 50, Nr. 1 (1996), 18–39.
37 David Keen, »Incentives and disincentives for violence«, in Mats Berdal & David Malone (Hrsg.) *Greed and grievance: economic agendas in civil wars* (Boulder: Lynne Rienner, 2000), 19–43; David Keen, *Complex emergencies* (Cambridge: Polity Press, 2008).
38 David Keen, »Greed and grievance in civil war«, *International Affairs* 88, Nr. 4 (2012), 757–777.
39 Morten Bøås & Kevin Dunn (Hrsg.), *African guerillas: raging against the machine* (Boulder: Lynne Rienner, 2007).
40 Reno, *Warfare in independent Africa*, 30–31.
41 Ebd., 217–218.

42 Alex de Waal, »When kleptocracy becomes insolvent: brute causes of the civil war in South Sudan«, *African Affairs* 113, Nr. 452 (2014), 347–369: 347 [eigene Übersetzung].
43 Ebd.
44 International Crisis Group, *South Sudan: a civil war by any other name* Africa Report 217, 10. April 2014.
45 Ted R. Gurr, *Why men rebel* (Princeton: Princeton University Press, 1970); Ted R. Gurr, *Political rebellion: causes, outcomes and alternatives* (London: Routledge, 2015).
46 Paul Collier, Anke Hoeffler & Dominic Rohner, »Beyond greed and grievance: feasibility and civil war«, *Oxford Economic Papers* 61, Nr. 1 (2009), 1–27.
47 Lansana Gberie, »The ‹rebel› wars of Africa: from political contest to criminal violence?« *Journal of Modern African Studies* 52, Nr. 1 (2014), 151–157: 152.
48 Joanne Richards, »Forced, coerced and voluntary recruitment into rebel and militia groups in the Democratic Republic of Congo«, *Journal of Modern African Studies* 52, Nr. 2 (2014), 301–326: 307.
49 Roger D. Petersen, *Resistance and rebellion: lessons from Eastern Europe: studies in rationality and social change* (Cambridge: Cambridge University Press, 2001).
50 Mats Utas & Magnus Jörgel, »The West Side Boys: military navigation in the Sierra Leone civil war«, *Journal of Modern African Studies* 46, Nr. 3 (2008), 487–511: 499.
51 Richards, »Forced, coerced and voluntary«.
52 Ebd.
53 Child Soldiers International, *Reports of Children Used in Hostilities 2016*, https://childsoldiersworldindex.org/hostilities.
54 Bernd Beber & Christopher Blattman, »The logic of child soldiering and coercion«, *International Organization* 67, Nr. 1 (2013), 65–104.
55 Annette Rehrl, *Sie zwangen mich zu töten* (München: Knaur, 2006), 113–120.
56 Raphael Lemkin, *Axis rule in occupied Europe: laws of occupation, analysis of government, proposals for redress* (Washington: Carnegie Endowment for International Peace, 1944), 79.
57 Norman M. Naimark, *Genocide: a world history* (New York: Oxford University Press, 2017).
58 Scott Straus, *Making and unmaking nations: war, leadership, and genocide in modern Africa* (Ithaca: Cornell University Press, 2015), 3–5.
59 Michael P. Jasinski, *Examining genocides: means, motive, and opportunity* (London: Rowman & Littlefield, 2017).
60 Straus, *Making and unmaking nations*, 235.
61 Andrew S. Natsios, *Sudan, South Sudan, and Darfur: what everyone needs to know* (Oxford: Oxford University Press, 2012).
62 Ebd., 133–134.
63 Martin W. Daly, *Darfur's sorrow: a history of destruction and genocide* (Cambridge: Cambridge University Press, 2007), 275–276.
64 Ebd., 276.
65 Naimark, *Genocide*, 137.
66 Daly, *Darfur's sorrow*, 274.
67 Straus, *Making and unmaking nations*, 236 [eigene Übersetzung].
68 Eric Reeves, »How many dead in Darfur?« *The Guardian online*, 20. August 2007, https://www.theguardian.com/commentisfree/2007/aug/20/howmanydeadindarfur
69 Gérard Prunier, *The Rwanda crisis 1959–1994: history of a genocide* (London: Hurst, 1995); Philip Gourevitch, *We wish to inform you that tomorrow we will be killed with our families: stories from Rwanda* (New York: Picador, 1998); Linda Melvern, *Conspiracy to murder: the Rwandan genocide* (London: Verso, 2004).
70 Naimark, *Genocide*, 131.
71 Prunier, *The Rwanda crisis*, 241–242.
72 Jasinski, *Examining genocides*, 211.
73 Ebd., 214.

74 Roméo Dallaire, *Handschlag mit dem Teufel: Die Mitschuld der Weltgemeinschaft am Völkermord in Ruanda* (Frankfurt: Zweitausendeins, 2007).
75 Banégas Richard & Jewsiewicki Bogumil, »Vivre dans la guerre. Imaginaires et pratiques populaires de la violence en RDC«, *Politique africaine* 2001/4, Nr. 84 (2001), 5–15.
76 Gérard Prunier, *Congo, the Rwandan genocide, and the making of a continental catastrophe* (Oxford: Oxford University Press, 2009).
77 Chris Bowers, *World War Three*, 24. Juli 2006, https://web.archive.org/web/20081007113538/http://mydd.com/story/2006/7/24/135222/827
78 Prunier, *Congo*, xxxv–xxxvi [eigene Übersetzung].
79 Ebd.; Filip Reyntjens, *The Great African War: Congo and regional geopolitics, 1996–2006* (Cambridge: Cambridge University Press, 2009).
80 John F. Clark (Hrsg.), *The African stakes of the Congo war* (Basingstoke: Palgrave Macmillan, 2002).
81 Williams Reno, »External relations of weak states and stateless regions in Africa«, in Gilbert M. Khadiagala & Terrence Lyons (Hrsg.) *African foreign policies: power and process* (Boulder: Lynne Rienner, 2001), 185–206.
82 Reyntjens, *The great African war*, 6.
83 Ebd., 4 [eigene Übersetzung].
84 Ebd., 221–231.
85 Elizabeth Schmidt, *Foreign intervention in Africa: from the Cold War to the war on terror* (Cambridge: Cambridge University Press, 2013), 171.
86 United Nations, *Final report of the panel of experts on the illegal exploitation of natural resources and other forms of wealth of the Democratic Republic of the Congo*, New York, 16. Oktober 2002, S/2002/1146: para 68.
87 Ebd.
88 Michael Nest, »Ambitions, profits and loss: Zimbabwean economic involvement in the Democratic Republic of the Congo«, *African Affairs* 100, Nr. 400 (2001), 469–490; Hevina Dashwood, »Mugabe, Zimbabwe and Southern Africa: the struggle for leadership«, *International Journal* 57, Nr. 1 (2002), 78–100.
89 Severine Autesserre, *The trouble with the Congo: local violence and the failure of international peacebuilding* (Cambridge: Cambridge University Press, 2010).
90 Ebd.
91 David van Reybrouck, *Kongo: Eine Geschichte* (Berlin: Suhrkamp, 2013), 554.
92 Elena Fiddian-Qasmiyeh, Gil Loescher, Catherine Long & Nando Sigona (Hrsg.), *The Oxford handbook of refugee and forced migration studies* (Oxford: Oxford University Press, 2014), 317–368.
93 UNHCR, *Uganda – refugee statistics May 2019*, https://data2.unhcr.org/en/documents/download/69946; UNHCR, *Statistical summary as of 31 May 19: refugees and asylum seekers in Kenya*, https://www.unhcr.org/ke/wp-content/uploads/sites/2/2019/06/Kenya-Statistics-Package-31-May-2019.pdf
94 UNHCR, *Tanzania refugee situation statistical report as of 30 April 2019*, https://data2.unhcr.org/en/documents/download/69804
95 Jeff Crisp, »A state of insecurity: the political economy of violence in Kenya's refugee camps«, *African Affairs* 99, Nr. 397 (2000), 601–632.
96 Ebd.; Ben Rawlence, *City of thorns: nine lives in the world's largest refugee camp* (London: Portobello, 2016).
97 Carmen Gómez Martín, »Rethinking the concept of a ‹durable solution›: Sahrawi refugee camps four decades on«, *Ethics & International Affairs* 31, Nr. 1 (2017), 31–45.
98 Gaim Kibreab, »Forced migration in the Great Lakes and Horn of Africa«, in Elena Fiddian-Qasmiyeh, Gil Loescher, Katy Long, Nando Sigona & Gaim Kibreab (Hrsg.) *The Oxford handbook of refugee and forced migration studies* (Oxford: Oxford University Press, 2014), 571–584.
99 *The Economist*, »Refugee camps in Africa: from here to eternity«, 26. Mai 2016.

11   Konfliktmanagement

1. Alex Bellamy & Paul D. Williams, *Understanding peacekeeping* (Cambridge: Polity Press, 2011), 94–97.
2. Wolfgang Seibel, »Peace operations and modern protectorates: the logic of successful failure«, in James Mayall & R. Soares de Oliveira (Hrsg.) *The new protectorates: international tutelage and the making of liberal states* (London: Hurst, 2011), 163–182.
3. Paul F. Diehl & Young-Im D. Cho, »Passing the buck in conflict management: the role of regional organizations in the post-Cold War era«, *Brown Journal of World Affairs* 12, Nr. 2 (2006), 191–202.
4. Bellamy & Williams, *Understanding peacekeeping*, 94–97.
5. United Nations, *An Agenda for Peace: preventive diplomacy, peacemaking and peace-keeping*, A/47/277–S/24111, 17. Juni 1992, Abs. 64 [eigene Übersetzung].
6. Ebd.
7. Adekeye Adebajo, *Liberia's civil war: Nigeria, ECOMOG, and regional security in West Africa* (Boulder: Lynne Rienner, 2002).
8. Paul D. Williams, *War & conflict in Africa* (Cambridge: Polity, 2016), 215 [eigene Übersetzung].
9. Christopher Clapham, »Rwanda: the perils of peacemaking«, *Journal of Peace Research* 35, Nr. 2 (1998), 193–210.
10. Katharina P. Coleman, *International organisations and peace enforcement: the politics of international legitimacy* (Cambridge: Cambridge University Press, 2007).
11. United Nations, *An Agenda for Peace*.
12. Ebd.
13. Malte Brosig, *Cooperative peacekeeping in Africa: exploring regime complexity* (London: Routledge, 2017).
14. Ali Mazrui, *Towards a Pax Africana* (Chicago: University of Chicago Press, 1967); Tony Karbo & Kudrat Virk, *The Palgrave handbook of peacebuilding in Africa* (Cham: Palgrave Macmillan, 2018).
15. African Union, *Constitutive Act*, Lomé, 11. Juli 2000.
16. David J. Francis, *Uniting Africa: building regional peace and security systems* (Adlershot: Ashgate, 2007); Paul D. Williams, »From non-intervention to non-indifference: the origins and development of the African Union's security culture«, *African Affairs* 106, Nr. 423 (2007), 253–279; Benedikt Franke, *Security cooperation in Africa: a reappraisal* (Boulder: First Forum Press, 2009); Ulf Engel & João G. Porto (Hrsg.), *Africa's new peace and security architecture: promoting norms, institutionalizing solutions* (Farnham: Ashgate, 2010); Hany Besada (Hrsg.), *Crafting an African security architecture: addressing regional peace and conflict in the 21st century* (Farnham: Ashgate, 2010); Ulf Engel & João G. Porto (Hrsg.), *Towards an African peace and security regime: continental embeddedness, transnational linkages, strategic relevance* (Farnham: Ashgate, 2013).
17. João G. Porto & Kapinga Yvette Ngand, *The African Union's Panel of the Wise: a concise history* (Durban: Accord, 2015).
18. Williams, *War & Conflict*, 208.
19. Linda Darkwa, »The African Standby Force: the African Union's tool for the maintenance of peace and security«, *Contemporary Security Policy* 38, Nr. 2 (2017), 471–482.
20. African Union, *The official launch of the African Union Peace Fund*, 17. November 2018, https://au.int/en/newsevents/20181117/official-launch-african-union-peace-fund.
21. Ebd.
22. African Union Commission, *APSA Roadmap 2016–2020*, Addis Ababa (2015), 58.

23. African Union, *Decision on the draft 2019 African Union budget and 2018 supplementary budget*, Nouakchott, 28.–29. Juni 2018, EX.CL/1020 (XXXIII).
24. Europäischer Rechungshof, *Die Afrikanische Friedens- und Sicherheitsarchitektur (APSA): Es bedarf einer Neuausrichtung der EU-Unterstützung*, Sonderbericht Nr. 20, 2018.
25. Chris Alden, Abiodun Alao, Zhang Chun & Laura Barber, *China and Africa: building peace and security cooperation on the continent* (Cham: Palgrave Macmillan, 2018).
26. Jadesola Lokulo-Sodipe & Abiodun J. Osuntogun, »The quest for a supranational entity in West Africa: can the Economic Community of West African States attain the status«, *Potchefstroom Electronic Law Journal* 16, Nr. 3 (2013), 264 [eigene Übersetzung].
27. Maxi van Aardt, »The SADC Organ for Politics, Defence and Security: challenges for regional community building«, *South African Journal of International Affairs* 4, Nr. 2 (1996), 144–164: 144 [eigene Übersetzung].
28. Coleman, *International organisations*, 116–194.
29. Angela Meyer, »Regional conflict management in Central Africa: from FOMUC to MICOPAX«, *African Security* 2, Nr. 2–3 (2009), 158–174.
30. Amanda Lucey & Berouk Mesfin, *More than a chip off the block: strengthening IGAD-AU peacebuilding linkages* (Pretoria: Institute for Security Studies, 2016), 3.
31. Ebd., 4.
32. Robert O. Collins, *Darfur and the Arab League*, The Washington Institute for Near East Policy, Policy Watch 1141, 28. August 2006.
33. Lakhdar Brahimi & Salman Ahmed, *In pursuit of sustainable peace: the seven deadly sins of mediation* (New York: Center for International Cooperation, 2007).
34. Ken Menkhaus, »Diplomacy in a failed state«, *Accord* Nr. 21 (2010), http://www.c-r.org/accord/somalia/diplomacy-failed-state-international-mediation-somalia
35. Antonia Witt, »Mandate impossible: mediation and the return to constitutional order in Madagascar (2009–2013)«, *African Security* 10, Nr. 3–4 (2017), 205–222: 206 [eigene Übersetzung].
36. Laurie Nathan, »How to manage interorganizational disputes over mediation in Africa«, *Global Governance* 23, Nr. 2 (2017), 151–162.
37. Eric B. Niyitunga, »Who owns mediation at the African Union (AU)?« *Africa Insight* 43, Nr. 4 (2014), 81–96.
38. Antonia Witt, »Where regional norms matter: contestation and the domestic impact of the African Charter on Democracy, Elections and Governance«, *Africa Spectrum* 54, Nr. 2 (2019), 106–126.
39. *BBC News Online*, »Sudan crisis: military and opposition agree power-sharing deal«, 5. Juli 2019, https://www.bbc.com/news/world-africa-48878009.
40. Williams, *War & Conflict*, 216.
41. Nic Cheeseman, »The internal dynamics of power-sharing in Africa«, *Democratization* 18, Nr. 2 (2011), 336–365: 336.
42. Clapham, »Rwanda: the perils«.
43. Chandra Lekha Sriram & Marie-Joelle Zahar, »The perils of power-sharing: Africa and beyond«, *Africa Spectrum* 44, Nr. 3 (2009), 11–39.
44. Thomas Obel Hansen, »Kenya's power-sharing arrangement and its implications for transitional justice«, *The International Journal of Human Rights* 17, Nr. 2 (2013), 307–327.
45. Nic Cheeseman, *Democracy in Africa: successes, failures, and the struggle for political reform* (Cambridge: Cambridge University Press, 2015), 215–218.
46. SIPRI, *Definitions and methodology*, https://www.sipri.org/databases/pko/methods.
47. Bellamy & Williams, *Understanding peacekeeping*, 18.
48. Daten freundlichst von Timo Smit des SIPRI zusammengestellt basierend auf: *SIPRI yearbooks 1999–2004* und *SIPRI multilateral peace operations database*, https://www.sipri.org/databases/pko

49 Alexandru Balas, »It takes two (or more) to keep the peace: multiple simultaneous peace operations«, *Journal of International Peacekeeping* 15, Nr. 3/4 (2011), 384–421.
50 Martin Welz, »Multi-actor peace operations and inter-organizational relations: insights from the Central African Republic«, *International Peacekeeping* 23, Nr. 4 (2016), 568–591.
51 Martin Welz & Angela Meyer, »Empty acronyms: why the Central African Republic has many peacekepers, but no peace«, *Foreign Affairs Online*, 24. Juli 2014, http://www.foreignaffairs.com/print/138767
52 Rafael Biermann & Joachim Koops, *Palgrave handbook of inter-organizational relations in world politics* (London: Palgrave, 2017), 20.
53 Roland Marchal, »Briefing: military (mis)adventures in Mali«, *African Affairs* 112, Nr. 448 (2013), 486–497: 489.
54 Alex Vines, »A decade of African Peace and Security Architecture«, *International Affairs* 89, Nr. 1 (2013), 89–109: 105 [eigene Übersetzung].
55 Ebd., 104.
56 African Union, *Communiqué*, PSC/PR/COMM.(CCCLVIII), 7. März 2013.
57 United Nations, *Resolution 2100*, S/RES/2100, 25. April 2013.
58 Arthur Boutellis & Paul D. Williams, »Disagreements over Mali could sour more than the upcoming African Union celebration«, *The Global Observatory*, 15. Mai 2013, http://theglobalobservatory.org/2013/05/disagreements-over-mali-could-sour-more-than-the-upcoming-african-union-celebration/
59 African Union, *Communiqué*, PSC/PR/COMM.(CCCLXXI), 25. April 2013.
60 Welz, »Multi-actor peace operations«, 580.
61 Katharina P. Coleman, »Innovations in ‹African solutions to African problems›: the evolving practice of regional peacekeeping in Sub-Saharan Africa«, *Journal of Modern African Studies* 49, Nr. 4 (2011), 517–545.
62 John L. Hirsch, »Somalia and the United Nations,« in Sebastian von Einsiedel, David M. Malone & Bruno Stagno Ugarte (Hrsg.) *The UN Security Council in the 21st century* (Boulder: Lynne Rienner, 2015), 595–614.
63 Linnéa Gelot, *Legitimacy, peace operations and global-regional security: the African Union-United Nations partnership in Darfur* (London: Routledge, 2012).
64 Katharina P. Coleman, »Extending UN peacekeeping financing beyond peacekeeping? The prospects and challenges of reform«, *Global Governance* 23, Nr. 1 (2017), 101–120.
65 Martin Welz, »Cooperation and competition: United Nations-African Union relations«, in Stephen Aris, Aglaya Snetkov & Andreas Wenger (Hrsg.) *Inter-organisational relations in international security: competition and cooperation* (London: Routledge, 2018), 54–69.
66 Margaret Vogt, »The UN and Africa's regional organisations: an insider's perspective«, in Tony Karbo & Kudrat Virk, *The Palgrave handbook of peacebuilding in Africa* (Cham: Palgrave Macmillan, 2018), 379–390: 389.
67 Edward N. Luttwak, »Give war a chance«, *Foreign Affairs* 78, Nr. 4 (1999), 36–44: 36 [eigene Übersetzung].
68 William Zartman, »The timing of peace initiatives: hurting stalemates and ripe moments«, *Global Review of Ethnopolitics* 1, Nr. 1 (2001), 8–18.
69 Virginia P. Fortna, »Does peacekeeping keep peace? International intervention and the duration of peace after civil war«, *International Studies Quarterly* 48, Nr. 2 (2004), 269–292; Virginia P. Fortna, *Does peacekeeping work? Shaping belligerents' choices after civil war* (Princeton: Princeton University Press, 2008).
70 John Galtung, »An editorial«, *Journal of Peace Research* 1, Nr. 1 (1964), 1–4.
71 Roland Paris, »Peacebuilding and the limits of liberal internationalism«, *International Security* 22, Nr. 2 (1997), 54–89: 56.
72 United Nations, *Report of the Panel on United Nations Peace Operations*, New York, 21. August 2000, A/55/305–S/2000/809.

73 Jaïr van der Lijn, »If only there were a blueprint! Factors for success and failure of UN peacebuilding operations«, *Journal of International Peacekeeping* 13, Nr. 1/2 (2009), 45–71; Fortna, »Does peacekeeping keep peace?«
74 Darya Pushkina, »A recipe for success? Ingredients of a successful peacekeeping mission«, *International Peacekeeping* 13, Nr. 2 (2006), 133–149.
75 Michael W. Doyle & Nicholas Sambanis, »International peacebuilding: a theoretical and quantitative analysis«, *The American Political Science Review* 94, Nr. 4 (2000), 779–801.
76 Paul Jackson & Peter Albrecht, *Reconstructing security after conflict: security sector reform in Sierra Leone* (Basingstoke: Palgrave, 2011).
77 Tim Glawion & Lotje de Vries, »Ruptures revoked: why the Central African Republic's unprecedented crisis has not altered deep-seated patterns of governance«, *Journal of Modern African Studies* 56, Nr. 3 (2018), 421–442.
78 Stephen J. Stedman, »Spoiler problems in peace processes«, *International Security* 22, Nr. 2 (1997), 5–53: 5 [eigene Übersetzung].
79 Ebd.
80 Ebd.
81 Sofiane Khatib, »Spoiler management during Algeria's civil war«, *Stanford Journal of International Relations* 6, Nr. 1 (2005), https://web.stanford.edu/group/sjir/6.1.06_khatib.html
82 Fortna, »Does peacekeeping keep peace?«; Fortna, *Does peacekeeping work?*
83 Williams, *War & Conflict*, 277; Malte Brosig & Norman Sempijja, »What peacekeeping leaves behind: evaluating the effects of multi-dimensional peace operations in Africa«, *Conflict, Security & Development* 17, Nr. 1 (2017), 21–52.
84 Christoph Zürcher, »Building democracy while building peace«, *Journal of Democracy* 22, Nr. 1 (2011), 81–95.
85 Paris, »Peacebuilding and the limits«.
86 Sarah von Billerbeck & Oisín Tansey, »Enabling autocracy? Peacebuilding and post-conflict authoritarianism in the Democratic Republic of Congo«, *European Journal of International Relations* 25, Nr. 3 (2019), 698–722.
87 Malte Brosig, »Rentier peacekeeping in neo-patrimonial systems: the examples of Burundi and Kenya«, *Contemporary Security Policy* 38, Nr. 1 (2017), 109–128.
88 Rachel Sigman & Staffan I. Lindberg, *Neopatrimonialism and democracy: an empirical investigation of Africa's political regimes* (Varieties of Democracy Institute, Working Paper 56 (2017).
89 Quelle: Ebd., https://www.v-dem.net/en/data/data-version-9/
90 Séverine Autesserre, *Peaceland: conflict resolution and the everyday politics of international intervention* (Cambridge: Cambridge University Press, 2014), 249 [eigene Übersetzung].
91 Theodora-Ismene Gizelis & Kristin E. Kosek, »Why humanitarian interventions succeed or fail«, *Cooperation and Conflict* 40, Nr. 4 (2005), 363–383.
92 Autesserre, *Peaceland*, 250 [eigene Übersetzung].
93 Chandra Lekha Sriram & Suren Pillay (Hrsg.), *Peace versus justice? The dilemma of transitional justice in Africa* (Woodbridge: James Currey, 2010).
94 Martin Meredith, *The state of Africa: a history of fifty years of independence* (London: Free Press, 2005), 661 [eigene Übersetzung].
95 James L. Gibson & Amanda Gouws, »Truth and reconciliation in South Africa: attributes of blame and the struggle over apartheid«, *American Political Science Review* 93, Nr. 3 (1999), 501–517.
96 Allister Sparks, *Morgen ist ein anderes Land* (Berlin: Berlin Verlag, 1995), 244–249.
97 Alex Boraine zitiert in Mary I. Burton, *The Truth and Reconciliation Commission* (Athens: Ohio University Press, 2016), 18 [eigene Übersetzung].
98 Ebd., 300–339.
99 David Beresford, »Mbeki attacks ‹truth› report«, *The Guardian online*, 26. Februar 1999, https://www.theguardian.com/world/1999/feb/26/davidberesford [eigene Übersetzung].

100 Nelson Mandela, *Opening address in the special debate on the report of the TRC*, 25. Februar 1999.
101 Priscilla B. Hayner, *Unspeakable truth: transitional justice and the challenge of truth commissions* (London: Routledge, 2011), 44.
102 Ebd., 42–44.
103 Ebd., 239–254; Wikipedia, *List of truth and reconciliation commissions*, https://en.wikipedia.org/wiki/List_of_truth_and_reconciliation_commissions
104 Eric Brahm, »Uncovering the truth: examining truth commission success and impact«, *International Studies Perspectives* 8, Nr. 1 (2007), 16–35.
105 Steven D. Roper & Lilian A. Barria, »Why do states commission the truth? Political considerations in the establishment of African truth and reconciliation commissions«, *Human Rights Review* 10, Nr. 3 (2009), 373–391.
106 Maxime Domegni, »Togo transitional justice leaves much to be done«, (2016), https://www.justiceinfo.net/en/truth-commissions/26210-togo-transitional-justice-leaves-much-to-be-done.html [eigene Übersetzung].
107 Elizabeth Stanley, »Evaluating the Truth and Reconciliation Commission«, *Journal of Modern African Studies* 39, Nr. 3 (2001), 525–546.
108 Maximilian Borowski, »Truth and reconciliation's checkered legacy«, *Deutsche Welle*, 24. April 2014, https://www.dw.com/en/truth-and-reconciliations-checkered-legacy/a-17589671
109 Lydia Samarbakhsh-Liberge, »Truth and history in the post apartheid South African context«, *Quest: An African Journal of Philosophy* 16, Nr. 1/2 (2002), 151–164: 156.
110 *BBC News online*, »Rwanda ›gacaca‹ genocide courts finish work«, 18. Juni 2012, https://www.bbc.com/news/world-africa-18490348
111 Anne-Marie de Brouwer & Etienne Ruvebana, »The legacy of the gacaca courts in Rwanda: survivors' view«, *International Criminal Law Review* 13, Nr. 5 (2013), 937–976: 971 [eigene Übersetzung].
112 Lars Waldorf, »Mass justice for mass atrocity: rethinking local justice as transitional justice«, *Temple Law Review* 79, Nr. 1 (2006), 1–88.
113 Max Rettig, »Gacaca: truth, justice, and reconciliation in postconflict Rwanda?« *African Studies Review* 51, Nr. 3 (2008), 25–50: 44 [eigene Übersetzung].
114 Timothy Longman, »An assessment of Rwanda's gacaca courts«, *Peace Review* 21, Nr. 3 (2009), 304–312: 304.
115 Rettig, »Gacaca«, 45 [eigene Übersetzung].
116 Zitiert in *The Economist*, »We're just one happy family now, aren't we?«, 30. März 2019, 38–39: 38 [eigene Übersetzung].
117 Brouwer & Ruvebana, »The legacy of the Gacaca«, 971.
118 Special Court for Sierra Leone, *Statute of the Special Court for Sierra Leone*, 16. Januar 2002.
119 Williams A. Schabas, »The relationship between truth commissions and international courts: the case of Sierra Leone«, *Human Rights Quarterly* 25, Nr. 4 (2003), 1035–1066: 1065 [eigene Übersetzung].
120 Giada Girelli, *Understanding transitional justice: philosophy, public policy, and transnational law* (Cham: Palgrave Macmillan, 2017), 171; Charles C. Jalloh, »Special Court for Sierra Leone: achieving justice?« *Michigan Journal of International Law* 32, Nr. 3 (2011), 395–460.

12 Afrikanische Akteure in der internationalen Politik

1 Jean-François Bayart, »Africa in the world: a history of extraversion«, *African Affairs* 99, Nr. 395 (2000), 217–267.
2 Ronald Chipaike & Matarutse H. Knowledge, »The question of African agency in international relations«, *Cogent Social Sciences* 4, Nr. 1 (2018), 1487257.
3 Mohammed Ayoob, »Inequality and theorizing in international relations: the case for subaltern realism«, *International Studies Review* 4, Nr. 3 (2002), 27–48: 29.
4 Kevin C. Dunn, »Introduction: Africa and International Relations theory«, in Kevin C. Dunn & Timothy Shaw (Hrsg.) *Africa's challenge to International Relations theory* (Basingstoke: Palgrave, 2001), 1–8: 3 [eigene Übersetzung].
5 Katharina P. Coleman & Thomas K. Tieku (Hrsg.), *African actors in international security: shaping contemporary norms* (Boulder: Lynne Rienner, 2018).
6 Eric Helleiner, »Introduction«, *Global Governance* 20, Nr. 3 (2014), 359-360 [eigene Übersetzung].
7 Paul-Henri Bischoff, Kwesi Aning & Amitav Acharya, *Africa in global international relations: emerging approaches to theory and practice* (London: Routledge, 2016); Amitav Acharya & Barry Buzan, *The making of global international relations: origins and evolution of IR at its centenary* (Cambridge: Cambridge University Press, 2019).
8 Ayoob, »Inequality and theorizing«, 29 [eigene Übersetzung].
9 Ralph Austen, *African economic history* (London: James Curry, 1987).
10 Mungo Park, *Reise ins Innere Afrikas* (Tübingen: Horst Erdmann Verlag, 1976).
11 John Thornton, *Africa and Africans in the making of the Atlantic world, 1400–1680* (Cambridge: Cambridge University Press), 125.
12 Richard S. Fogarty, *Race and war in France: colonial subjects in the French army, 1914–1918* (Baltimore: John Hopkins University Press, 2013).
13 Tim Stapleton, »The impact of the First World War on African people«, in John Laband (Hrsg.) *Daily lives of civilians in wartime Africa: from slavery to Rwandan genocide* (Westport: Greenwood Press, 2007), 113–137: 130 [eigene Übersetzung].
14 Ian Taylor, *The international relations of Sub-Saharan Africa* (New York: Continuum, 2010), 6 [eigene Übersetzung].
15 Beth E. Whitaker, »Soft balancing among weak states? Evidence from Africa«, *International Affairs* 86, Nr. 5 (2010), 1109–1127: 1112.
16 Sandra Destradi & Cord Jakobeit, »Global governance debates and dilemmas: emerging powers' perspectives and roles in global trade and climate governance«, *Strategic Analysis* 39, Nr. 1 (2015), 60–72.
17 William Brown, »A question of agency: Africa in international politics«, *Third World Quarterly* 33, Nr. 10, 1889–1908.
18 Christopher Clapham, *Africa and the international system: the politics of state survival* (Cambridge: Cambridge University Press, 1996), 244–266.
19 African Union, *Statute of the Commission of the African Union*, Durban, 9.–10. Juli 2002, ASS/AU/2(I).
20 Martin Welz, »Reconsidering lock-in effects and benefits from delegation: the African Union's relations with its member states through a principal–agent perspective«, *Cambridge Review of International Affairs* 33, Nr. 2 (2020), 159–178.
21 Stefan Gänzle, Jarle Trondal & Nadja S. Kühn, »The ECOWAS Commission and the making of regional order in West Africa: intersecting logics in international public administration«, in Katharina Coleman, Markus Kornprobst & Annette Seegers (Hrsg.) *Orders of Africa, orders of the world: how diplomats navigate borderlands* (London: Routledge, 2020), 130-152: 147

22 Linnéa Gelot, *Legitimacy, peace operations and global-regional security: the African Union-United Nations partnership in Darfur* (London: Routledge, 2012); Martin Welz, *Integrating Africa: decolonization's legacies, sovereignty and the African Union* (London: Routledge, 2013)
23 Virginia Haufler, »The Kimberley process certification scheme: an innovation in global governance and conflict prevention«, *Journal of Business Ethics* 89, Supplement 4 (2009), 403–416.
24 Katharina Coleman, Markus Kornprobst & Annette Seegers (Hrsg.), *Orders of Africa, orders of the world: how diplomats navigate borderlands* (London: Routledge, 2020).
25 Chipaike & Knowledge, »The question of African agency«.
26 Brown, »A question of agency«, 1899.
27 Dieser Abschnitt basiert auf Welz, »The African Union beyond Africa«.
28 United Nations, *A more secure world: our shared responsibility. Report of the High-Level Panel on Threats, Challenges and Change*, Dezember 2004, A/59/565, Abs. 249–260.
29 African Union Executive Council, *The common African position on the proposed reform of the United Nations: »The Ezulwini Consensus,«* Addis Abeba, 7. März 2005, Ext/EX.CL/2(VII), 9 [eigene Übersetzung].
30 Ebd.
31 Ebd., 10.
32 Jonathan O. Maseng & Frank G. Lekaba, »United Nations Security Council reform and the dilemmas of African continental integration«, *African Security Review* 23, Nr. 4 (2014), 395–404.
33 Isaac N. Endeley, *Bloc politics at the United Nations* (Lanham: University Press of America, 2009).
34 *Daily Trust*, »UN seat: AU snubs Nigeria«, 10. August 2005, https://allafrica.com/stories/200508100044.html [eigene Übersetzung].
35 Ville Lättilä & Aleksi Ylönen, »United Nations Security Council reform revisited: a proposal«, *Diplomacy & Statecraft* 30, Nr. 1 (2019), 164–186: 168.
36 Ebd., 170.
37 Walter Lotze, »Challenging the primacy of the UN Security Council«, in Katharina P. Coleman & Thomas K. Tieku (Hrsg.) *African actors in international security: shaping contemporary norms* (Boulder: Lynne Rienner, 2018), 219–240.
38 Kwesi Aning & Fiifi Edu-Afful, »African agency in R2P: interventions by African Union and ECOWAS in Mali, Cote d'Ivoire, and Libya«, *International Studies Review* 18, Nr. 1 (2016), 120–133: 128 [eigene Übersetzung].
39 African Union, *Communiqué*, 10. März 2011, PSC/PR/COMM.2(CCLXV), Abs. 7.
40 United Nations, *Resolution 1973*, 17. März 2011, S/RES/1973.
41 Alex de Waal, »African roles in the Libyan conflict of 2011«, *International Affairs* 89, Nr. 2 (2012), 365–379: 371 [eigene Übersetzung].
42 George Joffé, »Libya and Europe«, *Journal of North African Studies* 6, Nr. 4 (2001), 75–92.
43 Siba N. Grovogui, »Looking beyond spring for the season: an African perspective on the world order after the Arab revolt«, *Globalizations* 8, Nr. 5 (2011), 567–572: 569.
44 *Daily Mail*, »I'm the king of kings: Gaddafi storms out of Arab summit and labels Saudi king ›a British product‹«, 31. März 2009, http://www.dailymail.co.uk/news/article-1165858/Im-king-kings-Gaddafi-storms-Arab-summit-labels-Saudi-king-British-product.html [eigene Übersetzung].
45 Linnéa Gelot & Martin Welz, »Pragmatic eclecticism, neoclassical realism and post-structuralism: reconsidering the African response to the Libyan crisis of 2011«, *Third World Quarterly* 39, Nr. 12 (2018), 2334–2353.
46 Rede des stellvertretenden Außenministers Ebrahim I. Ebrahim »Libya, the United Nations, the African Union and South Africa: wrong moves? Wrong motives?« Universität Pretoria, 15. September 2011. Gedruckt in *Strategic Review for Southern Africa* 33, Nr. 2 (2011).

47 Phillip A. Kasaija, »The African Union (AU), the Libya crisis and the notion of ›African solutions to African problems‹«, *Journal of Contemporary African Studies* 31, Nr. 1 (2013), 117–138.
48 South African Department of Communications, *Transcript: post cabinet briefing by Jimmy Manyi, Government Spokesperson*, 31. März 2011, http://www.gcis.gov.za/content/transcript-post-cabinet-briefing-jimmy-manyi-government-spokesperson.
49 Kasaija, »The African Union«, 130.
50 Der Begriff stammt von David Bosco, *Rough Justice: the International Criminal Court in a world of power politics* (Oxford: Oxford University Press, 2014).
51 Dieser Abschnitt basiert auf Martin Welz, »Non-impunity, the International Criminal Court and the African Union: exploring the borderland of the international orders related to non-impunity«, in Katharina Coleman, Markus Kornprobst & Annette Seegers (Hrsg.) *Orders of Africa, orders of the world: how diplomats navigate borderlands* (London: Routledge, 2020), 194–211.
52 Kofi Quashigah, »The future of the International Criminal Court in African crisis and its relationship with the R2P project«, *Finnish Yearbook of International Law* 21 (2010), 89–99: 90–91.
53 Chris Maina Peter, »Fighting impunity: African states and the International Criminal Court«, in Evelyn A. Ankumah (Hrsg.) *The International Criminal Court and Africa: one decade on* (Cambridge: Intersentia, 2016), 1–62: 26 [eigene Übersetzung].
54 Andreas T. Müller & Ignaz Stegmiller, »Self-referrals on trial: from panacea to patient«, *Journal of International Criminal Justice* 8, Nr. 5 (2010), 1267–1294; Jean-Baptiste J. Vilmer, »The African Union and the International Criminal Court: counteracting the crisis«, *International Affairs* 92, 6 (2016), 1319–1342: 1330.
55 Bosco, *Rough Justice*; Vilmer, »The African Union«; Patryk I. Labuda, »The ICC in the Democratic Republic of Congo: a decade of partnership and antagonis«, in Kamari M. Clarke, Abel S. Knottnerus & Eefje de Volder (Hrsg.) *Africa and the ICC: perceptions of justice* (Cambridge: Cambridge University Press, 2016), 277–300.
56 Courtney Hillebrecht & Scott Straus, »Who pursues the perpetrators? State cooperation with the ICC«, *Human Rights Quarterly* 39, Nr. 1 (2017), 162–188.
57 Vilmer, »The African Union«, 1330.
58 African Union, *Decision on the progress report of the commission on the implementation of the Assembly Decision on the International Criminal Court (ICC)*, Addis Abeba, 29.-30 Januar 2012, Assembly/AU/Dec.397(XVIII).
59 African Union, *Protocol on amendments to the protocol on the Statute of the African Court of Justice and Human Rights*, Malabo, 27. Juni 2014; Dorothy Makaza, »African supranational criminal jurisdiction: one step towards ending impunity or two steps backwards for international criminal justice?« in Nobuo Hayashi & Cecilia M. Bailliet (Hrsg.) *The legitimacy of international criminal tribunals* (Cambridge: Cambridge University Press, 2018), 272–296.
60 Mark Kersten, »Negotiated engagement: the African Union, the International Criminal Court, and head of state immunity«, 5. März 2018, https://justiceinconflict.org/2018/03/05/negotiated-engagement-the-african-union-the-international-criminal-court-and-head-of-state-immunity
61 Welz, »Non-impunity«.
62 Franziska Boehme, »'We chose Africa': South Africa and the regional politics of cooperation with the International Criminal Court«, *International Journal of Transitional Justice* 11, Nr. 1 (2017), 50–70: 69.
63 Ebd., 52.
64 Brendan Vickers, »Africa and the rising powers: bargaining for the ›marginalized many‹«, *International Affairs* 89, Nr. 3 (2013), 673–693: 687.
65 Charles Roger & Satishkumar Belliethathan, »Africa in the global climate change negotiations«, *International Environmental Agreements: Politics, Law & Economics* 16, Nr. 1 (2016), 91–108: 98 [eigene Übersetzung].
66 Welz, »The African Union beyond Africa«.
67 Roger & Belliethathan, »Africa in the global climate change«, 104.

68   Lesley Masters, »Sustaining the African common position on climate change: international organisations, Africa and COP17«, *South African Journal of International Affairs* 18, Nr. 2 (2011), 257–269: 258.
69   Vickers, »Africa and the rising powers«.
70   John Vidal & Fiona Harvey, »African nations move closer to EU position at Durban climate change talks«, *The Guardian online*, 8. Dezember 2011, https://www.theguardian.com/environment/2011/dec/08/african-eu-durban-climate-change
71   Vickers, »Africa and the rising powers«, 688.
72   Joanes O. Atela, Claire H. Quinn, Albert A. Arhin, Lalisa Duguma & Kennedy L. Mbeva, »Exploring the agency of Africa in climate change negotiations: the case of REDD+«, *International Environmental Agreements: Politics, Law and Economics* 17, Nr. 4 (2017), 463–482: 479.
73   David Vine, *Island of shame: the secret history of the U.S. military base on Diego Garcia* (Princeton: Princeton University Press, 2009).
74   Ebd.
75   United Nations, *Resolution adopted by the General Assembly*, New York, 24. Mai 2019, A/RES/73/295.
76   *The Guardian online*, »The Guardian view on Britain and the Chagos Islands: a wake-up call from the world – Editorial«, 23. Mai 2019, https://www.theguardian.com/commentisfree/2019/may/23/the-guardian-view-on-britain-and-the-chagos-islands-a-wake-up-call-from-the-world [eigene Übersetzung].
77   Gavin Cawthra, »Mauritius: an exemplar of democracy, development and peace for the Southern African Development Community?« *Africa Insight* 35, Nr. 1 (2005), 14–19: 17.
78   BBC News Online, »Chagos Islands dispute: UN backs end to UK control«, 22. Mai 2019, https://www.bbc.com/news/uk-48371388
79   Welz, »The African Union beyond Africa«.
80   Joseph S. Nye, *Soft power: the means to success in world politics* (New York: Public Affairs, 2004).
81   Remi Adekoya, »Why Africans worry about how Africa is portrayed in Western media«, *The Guardian Online*, 28. November 2013, https://www.theguardian.com/commentisfree/2013/nov/28/africans-worry-how-africa-portrayed-western-media [eigene Übersetzung].
82   Ngũgĩ wa Thiong'o, Afrika sichtbar machen! Essays über Dekolonisierung und Globalisierung (Münster: Unrast, 2019).

Epilog

1   Hans Rosling, Anna Rosling-Rönnlund & Ola Rosling, *Factfulness: wie wir lernen, die Welt so zu sehen, wie sie wirklich ist* (Berlin: Ullstein, 2018).
2   *The Economist*, »If it bleeds, pay heed«, 3. August 2019, 12.
3   Ebd.
4   Edward N. Luttwak, »Give war a chance«, *Foreign Affairs* 78, Nr. 4 (1999), 36–44: 36 [eigene Übersetzung].
5   R. John Vincent, »Order in international politics«, in John D. B. Miller & R. John Vincent (Hrsg.) *Order and violence: Hedley Bull and international relations* (Oxford: Clarendon Press, 1990), 38–64: 64.
6   Maxi Schoeman, *The African Union after the Durban 2002 summit* (University of Copenhagen: Centre of African Studies, 2003).
7   Hodding Carter zitiert in Michael P. Maren, »Review: assignment Africa«, *Africa Report* 32, Nr. 2 (1987), 68–69: 68.

Register

A

Abacha, Sani 154, 173
Abbink, John 184
Abhängigkeiten 80, 85–93, 98, 104
- vom Westen 93, 104
- von China 78, 203
- von ehemaliger Kolonialmacht 86–93, 150
- von Entwicklungszusammenarbeit 123
- von natürlichen Ressourcen 85
- von Öl 86, 96 f.
Abiy Ahmed 112
Adebajo, Adekeje 68
Adedeji, Adebayo 100
Adekoya, Remi 235
Afghanistan 74
African Court of Justice, Human, and Peoples Rights (ACJHPR) 230
African National Congress (ANC) 56, 61, 142, 206
- Befreiungskampf 39
- Frauenliga 40
African ownership 104, 121, 147
African Peace and Security Architecture (APSA) Siehe Afrikanische Union (AU) 200
African Peer Review Mechanism (APRM) 127, 159
Afrika
- afrikanische Agency 221–225, 232
- afrikanische Lösungen für afrikanische Probleme 156, 158 f., 202, 229
- Afrikas 238
- Diversität 9, 13, 238
- ein Kontinent 238
- externe Einflüsse 64–80
- Goldenes Zeitalter 19–21
- hoffnungsloser Kontinent 13, 103, 181, 237
- hoffnungsvoller Kontinent 13, 103, 237
- Marginalisierung 11, 100, 221, 227–229
- Rolle in der Welt 221–235

- Soldaten 43 f., 61, 80
- territoriale Neuaufteilung 22 f., 54
Afrikanische Entwicklungsbank 93, 100 f.
Afrikanische Renaissance 14, 105, 202, 235
Afrikanische Union (AU) 158–162, 223, 233
- African Peace and Security Architecture (APSA) 200, 202 f.
- Artikel 4h 158, 202
- Beziehungen zu den Vereinten Nationen 208–210
- Budget 159, 203
- Côte d'Ivoire 176
- Ezulwini Consensus 225 f.
- Internationaler Strafgerichtshof (ICC) 229–231
- Konfliktmanagement 202 f.
- Korruptionsbekämpfung 114
- Libyen-Krise 209, 227–229
- Mali 203, 208 f.
- Mediation 205
- Sicherheitspolitik 158
- Sicherheitsratsreform 225–227
- Somalia 209
- UN-AU Operation 209
- verfassungswidrige Regierungswechsel 161, 172
- Werte und Normen 160
- Zentralafrikanische Republik 205, 209
Afrikas großer Krieg 194–197
- Angola 195, 197
- Burundi 194
- Gründe 195–197
- Ruanda 194–196
- Simbabwe 195–197
- Southern African Development Community 204
- Uganda 197
Afrotopia 13
Ägypten 27, 54, 59, 99, 113, 117, 140, 149 f., 157 f., 182, 226
- altes 19
- Arabischer Frühling 130, 227
- Dekolonisation 29, 44

287

- G77 98
- Globaler Süden 153
- Handel 86
- informelle Arbeit 116
- Migration 76
- Militär 143
- Sowjetunion 65
- Wirtschaft 58, 76 f., 81, 85, 95, 110

Ahmed, Salman 205
Akintoye, Stephen 143
AKP-Staaten (Afrika, Karibik und Pazifikstaaten) 99, 104
Aksumitisches Reich 19
Alake 145
al-Bashir, Omar 49, 79, 143, 167, 170, 204, 229
- Darfur 192
- Südafrika 144

Algerien 38, 77, 79, 83, 86, 99, 117, 142, 150, 153, 157
- Anführer des Globalen Südens 55
- Arabischer Frühling 131
- Befreiungskampf 31, 34, 37, 153, 187
- Bürgerkrieg 74, 187 f., 217
- Dekolonisation 32
- G77 98
- Sandkrieg 182
- Wahlen 1991 70
- Wahrheitskommission 218
- Wirtschaft 76 f., 81, 85, 94, 110

Ali, Ben 173
Al-Jazeera 217, 235
al-Qaida 74, 178, 195
al-Shabaab 178 f.
al-Sisi, Abdel Fattah 80
Amin, Idi 128, 136, 143, 173, 183, 217
Amtszeitbeschränkungen 126, 129 f., 170
Angola 78, 96, 102, 115, 153, 157 f., 206, 213
- Afrikas großer Krieg 195
- Befreiungskampf 38, 65, 153
- Bürgerkrieg 40, 66
- Cabinda 165
- Dekolonisation 34
- Wirtschaft 76 f., 85, 94, 110

Annan, Kofi 206, 224
Antikolonialismus 45 f.
Apartheid 24, 29, 39, 47
Äquatorialguinea 34, 85, 144, 230
- politische Gewalt 136

Arabische Liga 149, 151, 155
- Gründung 55
- Konfliktmanagement 204
- Libyen-Krise 228

Arabischer Frühling 13, 70, 147, 227
- Demokratisierung 130

- Migration 75
Aschanti-Reich 20, 149
Äthiopien 25, 27, 54 f., 65, 73, 78 f., 117, 128, 142, 166, 182, 226, 230
- Aksumitisches Reich 19
- Entwicklungshilfe 121
- Großsomalia 168
- Invasion in Somalia 178
- NGOs 147
- Ogaden 168
- Ogadenkrieg 182
- Schlacht von Adua 24, 44
- Somaliland 168
- Wirtschaft 76 f., 84, 86, 94, 106, 110, 112
- Zweiter Weltkrieg 44

Atlantik-Charta 45
at-Turabi, Hasan 192
Autesserre, Séverine 197, 214 f., 220
Autoritäre Systeme Siehe Politische Systeme 127
Ayoob, Mohammed 221
Azawad 169

B

Babandiga, Ibrahim 173
Balkanisierung 41 f., 58, 149 f.
Banda, Hastings 37
Banda, Joyce 138
Bandung, Konferenz von 66
Barre, Siad 167, 178
Bauer, Péter 122
Bayart, Jean-François 57, 221
Bechuanaland 44, 149
Befreiungsbewegungen 31, 35-40, 62
- ägyptische Unterstützung 153
- algerische Unterstützung 153
- Befreiungskämpfe 37-40
- chinesische Unterstützung 66
- Entstehung 36
- Organisation für Afrikanische Einheit 153
- Solidarität 55 f.
- Sowjetunion 65
- USA 65

Beijing Consensus 72
Belgien 65
- Dekolonisation 33, 195
Bendjedid, Chadli 187
Benin 42, 81 f., 94, 115, 129, 141 f., 227
- Demokratisierung 128
Bensouda, Fatou 224
Bewegung der Blockfreien Staaten 66, 150, 153
Biafra 55, 125, 165

Biermann, Rafael 208
Big Men 128 f., 131–133, 138, 171
– vorkoloniale 20
Bildung 117, 121, 146
– im Kolonialstaat 59
– Universitäten 59
bin Laden, Osama 74, 195
Binnenstaaten 58, 84
Bishop, Sylvia 136
Bismarck, Otto von 23
Biya, Paul 114, 134, 147
Blair, Tony 73, 92, 121
Bokassa, Jean Bedel 173
Boko Haram 178 f.
Bolton, John 80
Bongo, Omar 67
Botsuana 30, 54, 96, 102, 114, 117, 141, 170, 229
– Demokratie 53, 128, 155
– Wirtschaft 76, 81, 97, 111
– Zweiter Weltkrieg 44
Bouteflika, Abd al-Aziz 188
Boutros-Ghali, Boutros 156, 200
Brahimi, Lakhdar 205, 224
Brandt, Willy 98
Brandt-Kommission 98
Brasilien 72, 78, 98, 225
Braudel, Fernand 12
Bräutigam, Deborah 77
BRICS 78, 98
British Indian Ocean Territory 233
Brosig, Malte 213
Brown, William 223
Bull, Hedley 10
Burkina Faso 42, 52, 58 f., 67, 76, 81 f., 99, 115, 141 f., 145, 171, 182, 207
– Coups 170–173, 205
– Massenproteste 172
– Sturz Compaorés 172
– Sturz Comparoés 147
Burundi 36, 54, 77, 82, 170, 213, 227, 229
– Afrikas großer Krieg 194
– Unabhängigkeit 33
Bush, George 186
Buthelezi, Mangosuthu 212

C

Cabral, Amílcar 38, 101
Caetano, Marcelo 33
Castro, Fidel 65, 171
Center for Systemic Peace 181, 184
Césaire, Aimé 26
Ceuta 22, 50, 79
CFA-Franc 60, 92
Chagos Inseln 49, 233 f.

Chama Cha Mapinduzi 56, 129
Cheru, Fantu 80
Chiefs *Siehe* Traditionelle Führer 53
Chimurenga 23, 39
China 77 f., 85, 103, 106, 108, 110, 159, 220, 226, 232, 234
– afrikanische Eliten 71, 105
– als Vorbild 129
– Aufstieg in Afrika 71 f., 222
– Ein-China-Politik 67
– Forum on China-Africa Cooperation 71
– Korruption 114
– landgrabbing 77
– Migration nach Afrika 71
– neue Seidenstraße 72
– neuer Wettlauf um Afrika 71 f., 105
– Sicherheitspolitik 75
– softpower 71
– während des Kalten Kriegs 66 f.
China Exim Bank 78
Chinery-Hesse, Mary 225
Chipaike, Ronald 221
Chissano, Joaquim 153, 205
Chiwenga, Constantino 71
Churchill, Winston 45
Clapham, Christopher 181
Collier, Paul 104 f., 122, 185
Common Market for Eastern and Southern Africa (COMESA) 156, 163
Commonwealth 29, 207
Commonwealth of Nations 56
Community of Sahel-Saharan States 156
Compaoré, Blaise 143, 147, 171, 187
Comunidade dos Países de Língua Portuguesa 56
Cooper, Frederick 126, 165
Coquery-Vidrovitch, Catherine 20
Corona-Krise 110
Correlates of War Project 181
Cortés, Hernán 22
Côte d'Ivoire 59, 76, 81, 85, 94, 113 f., 205, 213
– Wahlen 2010 176 f., 189
– Wahlgewalt 176 f.
Cotonou-Abkommen 99, 104
Coups 170, 172 f.
– Burkina Faso 171–173
– Definition 170
– Demokratisierung 173
– Gründe 170
Crawford, Gordon 131
Curzon, George 29, 31

D

Dadaab 114, 179, 197
Dallaire, Roméo 193
Darfur 204
David, Steven 155
Davidson, Basil 52, 57
de Beers 224
De Gaulle, Charles 32, 41, 44 f., 67
de Oliveira Salazar, António 33
de Sardan, Jean-Pierre Olivier 140
de Sotos, Hernando 116
de Spínola, António 34
de Tocqueville, Alexis 62
Dekolonisation 28–50, 222
- Afrikanisches Jahr 32
- Auswirkungen 51–63, 139
- Befreiungskämpfe 37–40
- belgische Gebiete 33
- britische Gebiete 29–31, 38, 46
- Definition 28
- der Sprache 62
- französische Gebiete 31 f., 36–38, 41
- internationale Perspektive 42–48
- italienische Gebiete 46
- Kalter Krieg 47 f.
- Kolonialmachtperspektive 28–35
- Kolonialstaatperspektive 35–42
- Nordafrika 44
- portugiesische Gebiete 33 f., 38, 41
- Siedlerkolonien 41
- spanische Gebiete 49
- Vereinte Nationen 46 f.
- verhandelte 38
- von Grenzen 55
- von Lehrplänen 147
Demokratie 79
- Ära der Demokratieabhängigkeit 68
- ausbleibende 48, 66, 128, 133 f., 141
- Gute Regierungsführung 105
- Kalter Krieg 48
Demokratisierung 68–70, 128–130, 160
- Burkina Faso 172
- durch Coups 173
- durch Friedensoperationen 213
- durch Wahlgewalt 174, 177
- Mauritius 84
- traditionelle Führer 146
Deng, Francis 224
Dependenztheorie 60, 92
Deutschland 13, 86, 91, 225, 234
Deutsch-Ostafrika 43
Deutsch-Südwestafrika 46
Diendéré, Gilbert 172
Diplomatische Präsenz 72, 157 f., 162
Djibouti 58, 74, 77, 84
- China 78
- Militärbasen 71, 73
Djotodia, Michel 205
Doe, Samuel 185, 187
dominion 29, 39
dos Santos, Isabell 114
dos Santos, José 114
Doyle, Michael 211
Dschandschawid 192

E

Ebola 83, 186, 237
Ebrahim, Ebrahim 229
Economic Commission for Africa 100
Economic Community of Central African States (ECCAS) 151, 156, 201, 204 f., 209, 227
- Konfliktmanagement 204
Economic Community of West African States (ECOWAS) 100, 151, 186, 201, 205, 224, 227
- Côte d'Ivoire 176, 205
- Economic Community of West African States Monitoring Group (ECOMOG) 200
- Konfliktmanagement 200, 203
- Liberia 156, 186 f.
- Mali 208 f.
Economic Partnership Agreements 104
Economist, The 12, 103, 181, 237
Eigen, Peter 113
Einparteiensysteme 127, 142
Eisenhower, Dwight 65
Eisenstadt, Samuel 132
Elizabeth II. 56
Englebert, Pierre 165
Entwicklungszusammenarbeit 69, 72, 91, 93 f., 97–99, 121 f.
- Coups 170
- Effektivität 122 f.
- Europäische Union 78
- NGOs 146
- Veränderungen 78, 105
Erdoğan, Recep Tayyip 72
Eritrea 13, 73, 77, 102, 111, 135 f., 153, 164, 166, 170
- Einparteiensystem 142
- Einverleibung durch Äthiopien 27
- Migration 75
- politische Gewalt 135 f.
- Sezession 48, 169
- Wehrpflicht 135
Eritrea-Äthiopien-Krieg 135, 183 f.
Eritrean People's Liberation Front (EPLF) 48, 135

Erster Weltkrieg 43, 222
Eswatini 53 f., 83, 102, 138, 141 f., 149, 230
- absolute Monarchie 53
- Taiwan 67
Ethiopian Airlines 84
Ethnien 175, 189, 196
Europäische Union (EU) 158 f.
- Afrikapolitik 78 f.
- Economic Partnership Agreements 104
- Handelspolitik 79, 104
- Joint Africa-EU Strategy 78
- Konfliktmanagement 201, 207
- Migration 75
- Sicherheitspolitik 74
Europäische Wirtschaftsgemeinschaft (EWG) 84, 86, 99
- Entwicklungszusammenarbeit 93
- Handelspolitik 91
externe Einflüsse 64
Eyadéma, Gnassingbé 137

F

failed states 13, 74, 126, 167, 179, 195, 230
Fanon, Frantz 61
Fauvelle, François-Xavier 19
Ferguson, James 148
First, Ruth 170
Flüchtlingslager 197
Foccart, Jacques 56, 67
Fombad, Charles Manga 125
forum-shopping 163
Franco, Francisco 49
Frankreich 13, 73, 207, 222, 234
- Algerien 31, 37
- Beziehungen zu ehemaligen Kolonien 56 f., 67 f., 79 f., 91 f.
- CFA-Franc 60, 92
- Communauté française 32
- Côte d'Ivoire 177
- Dekolonisation 31 f., 37 f.
- Françafrique 92
- Französisch Äquatorialafrika 58
- Freies Frankreich 44 f.
- Gabun 67
- Handel mit Afrika 86
- kolonialer Mythos 31 f.
- Kolonisation 22, 234
- Libyen 227
- loi-cadre 32, 41
- Mafiafrique 92
- Mali 68, 208 f.
- Mayotte 49, 234
- mise en valeur 43
- Union française 31

- Zentralafrikanische Republik 68, 209
Frauen 81, 88, 96
- Aba-Frauenaufstände 36
- als Präsidentinnen 138
- Befreiungsbewegungen 37 f., 40
- Frauenaufstände 36 f.
- in Politik 138
- informelle Arbeit 116
- vorkolonial 20
Freedom Charta 39
French, Howard 71
Frente de Libertação de Moçambique 56
Frente Nacional de Libertação de Angola (FNLA) 38, 40, 56
Frente Popular para la Liberación de Saguía el Hamra y Río de Oro (POLISARIO) 49, 198
Frieden 145
- negativer 210, 212
- positiver 213–215
Friedensoperationen 207–215
- Definition 207
- Erfolg und Scheitern 210–215
- Führungsrivalitäten 207, 209 f.
- Patchwork Interventionismus 208
- vierfache Transformation 199
Front de Libération Nationale (FLN) 37, 41, 61, 187 f.
Front islamique du salut (FIS) 70, 187 f., 212
Frontline Staaten 152
Fu'ad I. 29

G

G77 98, 232
G8 104, 121, 159
Gabun 67, 83, 85, 96, 117, 141, 207, 228 f.
gacaca 218 f.
Gaddafi 125, 156, 185, 227–229
- Afrikanische Union 158, 160
- Einmischung 182
Gambia 75, 203, 217, 229
Gänzle, Stefan 224
gatekeeper state 126, 165
Gbagbo, Laurent 176 f.
Gelot, Linnéa 228
Genozid 191–194
- an Herero und Nama 23, 191
- Darfur 79, 167, 191, 193
- Definition 191
- Gründe 191
- Ruanda 193 f., 207
Gerichte 143
Gewalt 134, 136
- Privatisierung 185, 196

- Wahlgewalt 174–177
Gewerkschaften 30, 35 f., 129, 146
Ghana 52, 58, 83, 96, 99, 113, 141 f., 148, 150, 153, 157, 182, 217, 229
- ausländische Investitionen 112
- Convention People's Party (CPP) 30
- Dekolonisation 30
- Demokratisierung 128
- Strukturanpassungsprogramme 112
- Wirtschaft 76 f., 81, 85, 94, 106, 110, 112
Globalisierung 73, 122, 148
- neue Kriege 155, 185, 196 f.
Gnassingbé, Faure 217
Goldküste 30
gombo 134
Gordon, Charles G. 24
Gould, Stephen 63
Grenzen 54 f., 154
- Grenzkonflikte 182
- uti possidetis-Prinzip 165
- wirtschaftliche Auswirkungen 58 f.
Großbritannien 13, 54, 65, 220
- Beziehungen zu ehemaligen Kolonien 56 f., 67, 73
- Chagos Inseln 233 f.
- Dekolonisation 29–31, 38
- Handel mit Afrika 73, 86, 99
- Kolonisation 22, 233
- Libyen 227
- Mau Mau 38
- Sierra Leone 211
- Simbabwe 39, 92
Groupe Islamique Armé 74, 187
Grovogui, Siba 228
Guardian 234
Guevara, Che 65, 171
Guinea 67, 76, 83, 91, 94, 99, 112, 150, 153, 208
- Dekolonisation 32, 35, 41
- Zweiter Weltkrieg 44
Guinea-Bissau 36, 38, 83, 101, 106, 139, 141
- Befreiungskampf 34
Gurr, Ted 189
Gute Regierungsführung 68, 79, 159 f., 162

H

Habré, Hissène 217
Habyarimana, Juvénal 193
Haile Selassie 27, 150
Hailey, Willam, Lord 30
Handel 86–93, 99, 106–109
Herbst, Jeffrey 52, 55, 162

HIV/AIDS 83
Hobbes, Thomas 53, 124
Hodzi, Obert 105
Hoeffler, Anke 136, 185
Höglund, Kristine 174
Holland, François 79
Holländische Krankheit 97
Houphouët-Boigny, Félix 36, 41 f., 187
Hummel, Rebecca 165

I

Ibrahim, Mo 224
IBSA 98
Imihigo 127
Independent National Patriotic Front of Liberia (INPFL) 186
Indien 75, 78, 85, 98, 106, 225
- Vorbildrolle 43, 45
- wirtschaftliche Interessen 72, 77, 103, 105
Indochina 31, 45, 56
Industrialisierung 77, 95
- ausbleidende 58
Informelle Arbeit 115–117
- Auswirkungen 115
Inkatha Freedom Party 40, 212
Innerafrikanische Beziehungen 149–163
- Differenzen 153 f.
- Geschichte 149
- Profit 154 f., 162 f.
- Zäsur 155
Integration 102
- Antreiber 160–162
- Geschichte 150–152
- Hürden 152 f., 160–162
- konstruktivistische Perspektive 160
- Logik der Integrationsvermeidung 162
- Vereinigte Staaten von Afrika 149–151, 158, 160
- wirtschaftliche 99, 151 f., 156, 162
Interdependenzpolitik 122
Intergovernmental Authority on Development (IGAD) 156, 201, 204
Intergovernmental Authority on Drought and Development 152, 156
Internationaler Strafgerichtshof (ICC) 79, 144, 212, 216, 219, 229–231
- al-Bashir 230
- Massenrückzug 230
Internationaler Währungsfonds (IWF) 68 f., 78, 94, 101–103, 112, 129, 152, 221
Internationaler Währungsfonds (IWF) *Siehe auch* Strukturanpassungsprogramme 152
Investitionen 114

- ausländische 77, 110 f.
- innerhalb Afrikas 110
Irredentismus 54, 182
Isaias Afwerki 48, 135 f., 183 f.
Issaq Clan 167
Italien 73, 75, 226
- Dekolonisation 46
- Handel mit Afrika 86
- Kolonisation 24 f., 27

J

Jackson, Robert 124
Jammeh, Yahya 203, 217
Jansen, Jan 52
Japan 72, 86, 91, 93, 225
Jasinski, Michael 191 f.
Johnson, Boris 73
Johnson, Nick 219
Johnson, Yeduo 186 f.
Johnson-Sirleaf, Ellen 138
Joshua, Temitope Balogun 148
Junker, Jean-Claude 79
Justiz 143 f.
Justiz Siehe auch Übergangsjustiz 215

K

Kabila, Josef 195
Kabila, Laurent-Désiré 195
Kabinett 139
Kabou, Axelle 104, 137
Kafando, Michel 172
Kagame, Paul 193–196
Kairo Deklaration 55, 151, 166, 184
Kaldor, Mary 184 f., 196
Kalter Krieg 222
- Auswirkungen auf Afrika 47 f., 64–66
- Dekolonisation 47 f.
Kamerun 11, 37, 46, 83, 134, 140, 166, 179, 190
- Befreiungskampf 37
- gombo 134
- Proteste 147
Kap Verde 115, 141, 170, 227
Kapitalismus 57, 60, 94
- Anpassungsschwierigkeiten 101
Kapkolonie 149
Katanga 55, 125, 165, 200
Kaunda, Kenneth 37, 127 f., 153
Keïta, Modibo 65
Kenia 38, 86, 106, 113, 126, 141 f., 152, 182, 217
- Dadaab 198
- Dekolonisation 41
- Großsomalia 168

- Justiz 144
- Kikuyu 38, 40, 175
- Korruption 113
- Mau-Mau 31, 38
- NGOs 146
- Somaliland 168
- Wahl (2007) 161, 175
- Wahlgewalt 175, 206
- Wirtschaft 73, 77, 81, 94, 110 f.
Kenyatta, Uhuru 114
Kersten, Mark 231
kgotla 145
Kibaki, Mwai 175
Kidjo, Angelique 80
Kiir, Salva 189
Kindersoldaten 190
Kinigi, Sylvie 138
Kirche 22, 129, 138, 146, 148
Kissinger, Henry 47
Klimaverhandlungen 231, 233
Knowledge, Matarutse 221
Köhler, Horst 122
Kolonialstaat 25, 52, 54, 60
- Autoritarismus 53
- Bildung 59
- Infrastruktur 59
Kolonialzeit 22–26, 43
- als Revolution 60
- Auswirkungen 51–63, 82, 142, 144, 161, 182, 188
- billiger Kolonialismus 34
- Reformen 30, 32–34, 37, 53
- Verwaltung der Kolonien 25
Kolonisation 19, 22, 52, 222, 233 f.
- andauernde 49 f.
- Berliner Konferenz 23, 25, 199
- Definition 22
- Gründe 23
- lokale Unterstützung 25 f.
- Wettlauf um Afrika 22–24
- Widerstand 25
Kolumbus, Christoph 19, 22
Kommunismus 60, 94, 101, 112
- Eindämmung 48, 65
Komoren 139, 234
Konflikte 104, 181
- Auswirkungen 97
- Definition 181, 183
- Gründe 185, 188 f., 191
- innerstaatliche Konflikte 184–189
- neue Kriege 184
- Typen 181 f.
- Warlords 181, 185, 196
- zwischenstaatliche 182–184
Konfliktmanagement 199–220
- Akteure 201–204

- an Wegscheide 220
- Definition 199
- Führungsrivalitäten 207, 209 f.
- Geschichte 199, 201
- Kosten-Nutzen-Kalkulation 207, 212, 215, 220
- Machtteilung 175 f., 206 f.
- Mali 203, 208 f.
- Mediation 204, 206
- Neopatrimonialismus 213 f.
- peace enforcement 200
- peacebuilding 199, 201, 215–220
- peacebuilding triangle 211
- peacekeeping 199 f., 207–215
- peaceland 214
- peacemaking 199 f., 206 f.
- regionale Wirtschaftsgemeinschaften 203
- Störer 211 f.
- Zentralafrikanische Republik 209

Konfliktmanagement *Siehe auch* Friedensoperationen 207
Kongo-Brazzaville 77 f., 137
- Wirtschaft 94

Kongo-Kinshasa 13, 21, 68, 76, 83, 95, 111, 113, 125, 140, 190
- Afrikas großer Krieg 194–197
- Dekolonisation 32 f.
- évolués 61
- Internationaler Strafgerichtshof (ICC) 230
- Kabinett 139
- Katanga 55, 125, 165, 200
- Konfliktmanagement 200, 213, 215, 217
- Mai-Mai 190
- öffentliche Verwaltung 140
- Ressourcenfluch 96
- Süd-Kasai 165
- Wirtschaft 81, 94, 106

Konsum 58, 77, 109 f.
Kony, Joseph 212
Koops, Joachim 208
Korruption 58, 95 f., 104, 140, 143, 178
- Korruptionsbekämpfung 113 f.
- petty corruption 114

Krieg gegen den Terror 73, 75, 193, 222, 234
Kriege *Siehe* Konflikte 181
Krisen 164–180
- Auswirkungen 97, 164, 173, 177, 180

Krisen *Siehe auch* Coups, Sezessionen, Terrorismus und Wahlgewalt 164
Kuba 65 f., 223
Kühn, Nadja 224
Kultur 49, 51

- der ehemaligen Kolonialmächte 56 f., 62
- Kulturimperialismus 57, 62
- politische 137 f.
- Wiederentdeckung 62

L

L69 227
Lagarde, Christine 103
landgrabbing 76
Landwirtschaft 77, 82 f., 85, 95
- Herausforderungen 82
- Kaffee 85, 92
- Kakao 58, 76, 85, 92
- Mauretanien 95

leapfrogging 113
Legitimität 136, 232
- der Regierenden 125, 217
- des Staates 125, 167, 180, 201, 213
- durch Wahlen 136
- von Friedensoperationen 204, 209, 215
- von traditionellen Führern 53, 145

Lemki, Raphael 191
Leopold II. 23 f., 33, 35, 95
Lesotho 12, 54, 81, 113, 141, 204, 229
liberal-kosmopolitische Ordnung 57, 68–70, 103, 148, 228
Liberia 26, 55, 67, 81, 83, 128, 150, 213, 217, 226 f.
- Bürgerkrieg 156, 185–187, 190

Libyen 54, 76 f., 79, 85 f., 102, 111, 117, 125, 141, 153, 190, 192, 230
- Dekolonisation 44, 46
- Konflikt mit Tschad 182
- Migration 75
- NATO-Intervention 151

Libyen-Krise 73, 204 f., 220, 227–229
Lindberg, Staffan 177
Lingani, Jean-Baptiste 171
Live Aid-Konzerte 121
Livingstone, David 22
Lomé-Konvention 99
Lord Resistance Army (LRA) 49, 178, 212
Lotze, Walter 227
Lüderitz, Adolf 22
Lumumba, Patrice 33
Luttwak, Edward 210
Lynch, Gabrielle 131

M

M'Ba, Léon 67
Maathai, Wangari 224
MacDonald, Malcom 30
Machar, Riek 189

Machel, Samora 153
Machiavelli, Niccolò 124
Macht 188
- Machterhalt 41, 114, 131–138, 154, 162
- Machtteilung 139, 206 f.
- Topographie von Macht 148
Macron, Emmanuel 79
Madagaskar 54, 81, 92, 117, 205
- Aufstand 31, 37
- Mouvement Démocratique de la Rénovation Malgache 37
Maede, James 84
Magufuli, John Pombe 129
Mahdi-Aufstand 24
Malaria 22, 83
Malawi 39, 77, 126, 139, 141, 170
- Dekolonisation 36
- Justiz 144
Mali 42, 74, 79, 81, 83, 99, 125, 141, 145, 150, 182, 190, 207, 229
- Auswirkungen der Kolonialzeit 59 f.
- Konflikt (2013) 203, 208 f.
- Tuareg 169, 208
Mali Föderation 42, 55
Mamdani, Mahmood 145
Mandela, Nelson 40, 62, 153 f., 203, 216, 224
Mandela, Winnie 40
Mann, Gregory 146
Marabouts 145
Marokko 43, 54, 99, 142, 150, 157, 166, 228
- Afrikanische Union 161
- Arabischer Frühling 130
- Dekolonisation 35
- Frauenrechte 138
- Sandkrieg 182
- Wahrheitskommission 217
- Westsahara 49
- Wirtschaft 77, 81, 94, 110 f.
Mauretanien 49, 58, 81, 230
- Industrialisierung 95
Mauritius 30, 42, 117, 126, 141 f., 157, 170, 217, 227
- Chagos Inseln 49, 233 f.
- Demokratie 53, 128, 155
- Erfolgsgeschichte 84, 112
- Wirtschaft 58, 76 f., 111
May, Theresa 73
Mayotte 49, 234
Mazrui, Ali 55, 202
Mbeki, Thabo 105, 142, 160, 216
Mbembe, Achille 62, 138, 235
Mediation 204–206
Mehrparteiensystem 53, 128, 142, 174 f., 187

Meles Zenawi 48, 168, 181, 183, 232
Melilla 49, 75, 79
Mengistu Haile Mariam 48, 143, 168, 183
Menschenrechte 66, 68 f., 138, 160, 162, 231
- Herausforderungen 48, 77
Merkel, Angela 79
Migration 75 f., 78 f., 228
- erzwungene 197 f.
- innerhalb Afrikas 59
Militär 142 f.
- Coups 143, 170
Millenniumsentwicklungsziele (MDGs) 104, 121 f., 233
Mingst, Karen 143
Mittelschicht 77, 109
Mnangagwa, Emmerson 72, 113, 133
Mo Ibrahim Index 144
Mobutu Sese Seko 56, 66, 69, 95, 132, 148, 194 f.
Mohammed VI. 114, 217
Morel, Edmund D. 35
Moreno Ocampo, Luis 230
Morsi, Mohamed 70, 130, 143
Mosambik 38, 43, 57, 76–78, 83, 94, 113, 141
- Befreiungskampf 38, 65, 153
- Dekolonisation 34
- Korruption 113
Moussa, Amre 225
Movement for Democratic Change (MDC) 133 f., 139
Movimento Popular de Libertação de Angola (MPLA) 38, 40, 56
Moyo, Dambisa 123
Moyo, Jonathan 133, 140
M-Pesa 113
Mswati III. 114, 138
Mubarak, Hosni 130, 173
Mugabe, Robert 12, 39, 56, 92, 133 f., 139, 170, 176, 197, 204
Mukwege, Denis 224
Multifaserabkommen 91
Museveni, Yoweri 69, 137, 181, 193
Mussolini, Benito 25, 44

N

Nachhaltige Entwicklungsziele 122
Nahrungsmittel 82
Namibia 61, 83, 102, 117, 136, 141, 170, 197
- Befreiungskampf 40, 46 f., 68, 137, 152
- Caprivistreifen 169
- Wirtschaft 76
Nasser, Gamal Abdel 45, 143, 153

295

Nathan, Laurie 160
National Party 39, 206
National Patriotic Front of Liberia (NPFL) 186 f.
National Transitional Council 228
Nationalistische Bewegungen *Siehe* Befreiungsbewegungen 31
NATO 74, 228
- Konfliktmanagement 201
- Libyen-Krise 151, 228
Natürliche Ressourcen 58, 76 f., 84
- Abhängigkeit von 77, 85, 96
- Ausbeutung durch Kolonialmacht 58
- Bauxit 76
- Diamanten 76
- Gas 76, 85
- Kobalt 76
- Kupfer 36, 58, 85, 95
- Öl 76, 85, 110, 116
- Uran 67, 76, 102, 182
Ndangam, Lilian 134
Neokolonialismus 60, 66, 91–93
- Belgien 33
- Frankreich 32, 56
Neopatrimonialismus 131–133, 171, 213
- Auswirkungen 133 f., 139, 141 f., 188
- Definition 140
- Friedensoperationen 213 f.
- Patronage 96, 138, 188
- Wahlen 175
neue Kriege *Siehe* Konflikte\b 184
New Development Bank 78
New Partnership for African Development (NEPAD) 105, 121, 159 f.
New Vision 137
New York Times 12
Nguema, Francisco Macías 128, 136
Ngũgĩ wa Thiong'o 62, 235
Nicht-Einmischungsprinzip 66, 151, 153 f., 158, 184, 187, 196, 202, 204
Nicht-Gleichgültigkeitsprinzip 159, 161, 202, 229
Nicht-Regierungsorganisationen (NGOs) 146–148, 161, 224
- Einfluss von 146, 148
- NGOization 146
- peacebuilding 201
Niger 58, 74, 76, 78 f., 81, 83, 102, 145, 179, 208
- Strukturanpassungsprogramm 102
Nigeria 43, 54, 77, 85 f., 96, 106, 111 f., 141 f., 150, 158, 187, 190, 226–228
- Biafra 55, 125, 165
- Boko Haram 179
- Dekolonisation 30, 32, 42
- informelle Arbeit 115

- Korruption 145, 179
- Lomé-Konvention 99
- Migration 75
- Patronage 146
- Ressourcenfluch 97
- Wahlen 2019 175, 177
- Widerstand 35
- Wirtschaft 73, 76 f., 81, 85, 94, 97, 110
- Yoruba 165
Njassaland 36
Nkrumah, Kwame 30, 55, 58, 65, 91, 94, 129, 150 f., 158, 160
Nofalye 127
Nordrhodesien 36 f.
Nujoma, Sam 153
Nyerere, Julius 95, 98, 153 f., 183

O

Obama, Barack 80
Obasanjo, Olusegun 126, 154
Obervolta 42, 171
Obi, Cyril 80
Obote, Milton 183, 193, 217
Odinga, Raila 175
Öffentliche Verwaltung 51, 140 f.
- als Dienstleister 140
- rational-legale Herrschaft 140 f.
Ogadenkrieg 182
Öl 189
omni-balancing 155
Operation Murambatsvina 134, 136, 175
Oranje-Freistaat 149
Organisation für Afrikanische Einheit (OAU) 150 f.
- Befreiungskampf 153
- Club der Diktatoren 153
- Dekolonisation 46
- Gründung 55
- Kairo Deklaration 55, 151, 166, 184
- Konfliktmanagement 200
- Lagos Plan of Action 100 f., 152
- Minderheitsregime 153
- Zwillingsziele 151, 153, 155
Organisation internationale de la francophonie 56
Ostafrikanische Gemeinschaft (EAC) 86, 100, 151–153, 156, 161, 163
Osterhammel, Jürgen 52
Otoo, Kwabena 79
Ouattara, Alassane 176
Ouedraogo, Jean-Baptiste 171

P

Pan Africanist Congress 40

Panafrikanismus 55, 149, 161, 171, 231
- Ende des 151
Paris, Roland 213
Park, Mungo 222
Parlamente 141 f.
Parteien 141 f.
- Opposition 142
Patronage Siehe Neopatrimonialismus 132
Pax Africana 202 f., 220
peacebuilding 199, 201, 215–220
peacekeeping 199 f., 207–215
peacemaking 199 f., 206 f.
Perry, Ruth 138
Ping, Jean 228
Politische Systeme 96, 131
- autoritäre Systeme 53, 66, 68, 70, 124, 127 f., 133, 141, 143
- Einparteiensystem 128
- mixed government 144, 146–148
- personalisierte Außenpolitik 150, 157 f., 223
- presidentialism 129
- vorkoloniale 20 f.
- Wahlgewalt 174
Portugal 65
- Dekolonisation 33 f., 38
- Kalter Krieg 47, 65
Portugiesisch-Guinea 34, 36, 38
Posner, Daniel 124, 126
Postkolonialismus 105, 127, 235
- Postkolonie 138
Powell, Jonathan 171
Prebisch, Raúl 92
presidentialism 129
Putin, Vladimir 73

R

Ramaphosa, Cyril 40, 140
Ramgoolam, Seewoosagur 126
Raspail, Jean 75
Rassemblement Démocratique Africain (RDA) 36, 41
Rawlings, Jerry 128
Reagan, Ronald 98, 186
Realpolitik 168
- Dekolonisation 47 f.
- innerafrikanische Integration 162
- Kalter Krieg 64–66
- nach 2000 70–78
Rebellen 189 f.
- Typen 181 f.
Rechtsstaatlichkeit 66, 68, 79, 127, 132, 143, 159, 162
Regierung 139 f.
- Kabinettsgröße 139

- postkolonial 52–54
Regionale Wirtschaftsgemeinschaften 99 f., 151 f., 155 f., 162 f.
Reno, William 181, 188
Rentierstaaten 96 f.
responsibility to protect 159, 224, 228
Ressourcenfluch 96 f.
Reyntjens, Filip 196
Rhodes, Cecil 22, 147
Roosevelt, Franklin 45
Rosberg, Carl 124
Ross, Daniel 177
Rousseau, Jean-Jacques 53
Ruanda 54, 57, 76 f., 81, 83, 111, 113, 115, 206, 211, 213, 227, 230
- Afrikas großer Krieg 194
- gacaca 218 f.
- Genozid 193 f., 207
- Hutu 193 f.
- Investitionen 111
- Tutsi 193 f.
- Twa 193 f.
- Unabhängigkeit 33
Rubongoya, Joshua 69
Russland 73, 78, 220, 226
Rwandan Patriotic Front (RPF) 193 f., 219

S

Sachs, Jeffrey 122
Salim, Salim Ahmed 225
Sambanis, Nicholas 211
Samba-Panza, Catherine 138
Sambia 53, 58, 78, 81, 85, 106, 111, 141
- Dekolonisation 36, 39
- Machtkonzentration 127 f.
Sanhadscha Konföderation 149
Sankara, Thomas 95, 171
Sansibar 113, 149
São Tomé und Príncipe 38, 58, 117, 139
Sarkozy, Nicolas 79
Sarr, Felwine 235
Sassou Nguesso, Denis 137
Saudi-Arabien 70, 73
Schoeman, Maxi 204, 238
Schweiz 106
Senegal 42, 67, 114, 141 f., 145, 208, 229
- Amtszeitbeschränkungen 126, 130
- staatliche Institutionen 126
Senghor, Léopold 36, 41 f., 55, 58, 128
Seychellen 81, 102, 111, 117, 227
Sezessionen 48 f., 164–169, 206
- Definition 164
- Gründe 165 f.
- Kongo-Kinshasa (Katanga) 55, 125, 165, 200

- Kongo-Kinshasa (Süd-Kasai) 165
- Mali 60
- Nigeria 42
- Nigeria (Biafra) 55, 125, 165
- Sezessionsdefizit 165
- Somaliland 167, 169
- Südsudan 166 f.

Shikwati, James 123
Short, Clair 92
Sierra Leone 30, 36, 73, 76, 81, 83, 203, 229
- Bürgerkrieg 187, 190, 211, 217
- Sondergerichtshof für Sierra Leone 219
- Wahrheitskommission 219

Simbabwe 12, 36, 61, 77 f., 81, 140 f., 183
- Afrikas großer Krieg 195 f.
- Befreiungskampf 39, 72, 137, 153
- China 71
- einseitige Unabhängigkeitserklärung 41
- Kabinett 139
- Landreform 73, 112, 133
- Matabeleland 176, 191, 217
- Minderheitsregime 39
- Operation Murambatsvina 134, 136, 175
- Patronage 133 f.
- Sturz Mugabes 71, 134, 170
- Wahl (2008) 134, 161, 175 f., 206
- Wirtschaft 112

Singer, Hans 92
Sklavenhandel 21, 52, 217, 222
Smith, Ian 39, 41
Soames, Arthur 92
Sobhuza II. 53
Söderbaum, Frederik 155
Söderberg Kovacs, Mimmi 174
soft power 235
Somali National Movement (SNM) 167 f.
Somalia 13, 46, 72, 106, 111, 125, 148, 166, 182, 190, 230
- al-Shabaab 178 f.
- Großsomalia 54, 167 f., 182
- Migration 75
- Puntland 125
- Unabhängigkeit 32

Somaliland 125, 166-169, 246
Souaré, Issaka 173
South West Africa People's Organization (SWAPO) 40, 46, 56, 61
Southern African Customs Union 99, 149
Southern African Development Community (SADC) 156, 163, 201
- Konfliktmanagement 203
- Mediation 205

Southern African Development Coordination Conference 152, 156
Souveränität 155, 165
- Festhalten an 55, 66, 150-152, 158, 162
- negative Souveränität 127, 154
- positive Souveränität 127
- Souveränitätslücken 52, 126, 145
- sovereignty-boosting 155
- verändertes Verständnis 158, 160

Sowjetunion 54, 68, 183, 185
- Dekolonisation 45
- Handel mit Afrika 86
- Kalter Krieg 64-66

Soziale Medien 147
sozioökonomische Entwicklung 85, 104, 117-123
- ausbleibende 91
- Coups 170
- Gini-Koeffizient 117
- Konflikte 187

Spanien 76
- Ceuta 22, 50, 75, 79
- Dekolonisation 49
- Kolonisation 22
- Melilla 49, 75, 79

Sprache 233
- afrikanische 9
- der Kolonialmächte 51 f., 57, 62

Staat 124-127
- als Elitenprojekt 52
- Drei-Elemente-Lehre 125 f.
- failed states 13, 74, 126, 167, 179, 195, 230
- gatekeeper state 126 f., 165
- Gewaltmonopol 185
- governance without government 148
- Institutionalisierung 51, 53, 124-126, 213
- Nichtregierbarkeit 146
- Personalisierung von Macht 132-134, 141
- postkolonialer 51-54, 124-128
- state building 51-54, 124-127
- vorkolonialer 20

Staatsstreiche *Siehe* Coups 170
Stanley, Henry Morton 24
Stedman, Steven 211
Stevens, Siaka 36
Stockholm International Peace Research Institute (SIPRI) 207
Straus, Scott 191
Strauß, Franz Josef 47
Strukturanpassungsprogramme 69, 94, 101, 103, 112, 152

Südafrika 27, 46, 59, 61, 78, 110, 113, 115, 117, 126, 141 f., 150, 154, 157, 170, 207, 227
- Apartheid 24, 29, 39, 47
- ausländische Investitionen 110
- Befreiungskampf 39 f., 152 f., 177, 216
- BRICS 98
- Buren 41
- Burenkriege 24
- Bürgerkrieg in KwaZula Natal 40, 212
- Dekolonisation 29
- Demokratisierung 129, 147
- Internationaler Strafgerichtshof (ICC) 229
- Justiz 144
- Kalter Krieg 47, 66
- Libyen-Krise 228 f.
- öffentliche Verwaltung 140
- Parlament 141
- politische Gewalt 136, 206
- Sicherheitsratsreform 226
- Simbabwe 56, 197
- Studentenproteste 147
- Truth and Reconciliation Commission (TRC) 216, 218
- Volkstaat 169
- Wirtschaft 58, 73, 76 f., 81, 110 f.
Sudan 74, 77, 85, 106, 110, 140 f., 182, 190, 230
- Bürgerkrieg 166
- Coups 170
- Genozid in Darfur 191, 193
- Mahdi Aufstand 24
- Mediation 206
- Sturz al-Bashirs 170, 173
- Widerstand 35
Sudanese Liberation Army 192
Sudanese People Liberation Movement 49, 166
Südkorea 106, 108
Südrhodesien 23, 36, 39 f.
Südsudan 54, 78, 96, 111, 142, 157, 166, 170, 189 f., 230
- Gewalt 189
- Sezession 166 f., 192
- Unabhängigkeit 48, 167
Süd-Süd-Beziehungen 80
Suezkrise 45
Swasiland *Siehe* Eswatini 67

T

Taiwan 67
Tanganjika 149
Tansania 66, 76, 86, 94, 110, 113, 117, 141, 152–154, 170

- autoritäre Strukturen 129
- Entstehung 149
- Erster Weltkrieg 43
- Widerstand 36
Tansey, Oisín 213
Taylor, Charles 186, 219
Teodoro Obiang Nguema Mbasogo 143
terms of trade 92
territoriale Integrität 55, 66, 154, 158, 165, 206
- Infragestellen 183
- uti possidetis 168, 184
- uti possidetis-Prinzip 165–167
Terrorismus 73–75, 177 f., 180, 198
- al-Qaida 74, 178, 195
- al-Shabaab 178 f., 198
- Boko Haram 179
- Definition 177
- Gründe 179
Thatcher, Margaret 92, 98
Thornton, John 222
Tilly, Charles 52, 55
Tippu-Tip 21
Titi, Bibi 138
Togo 81, 92, 106, 137, 158, 230
- Wahrheitskommission 217
Tolbert, Adolphus 187
Touré, Samory 20, 23, 32
Touré, Sékou 32, 36, 41, 52, 56, 91, 95, 99, 101, 150, 153
Traditionelle Führer 144–146
- geteilte Regierung 148
- Kolonialzeit 25 f., 44, 144
- Legitimität 146
- postkoloniale Phase 53
- vorkoloniale 20
Traoré, Honoré Nabéré 172
Trondal, Jarle 224
Truman-Doktrin 65
Truth and Reconciliation Commission (TRC) 216, 218
Tschad 67, 80 f., 85, 141, 153, 158, 179, 182, 192, 207, 217
- Aouzou-Streifen 182
Tsvangirai, Morgan 175 f.
Tuareg 169, 208
Tunesien 54, 71, 77, 81, 83, 110 f., 117, 142, 217
- Arabischer Frühling 130, 227
- Dekolonisation 35, 44
Türkei 72, 77, 106
Tutu, Desmond 218

U

Übergangsjustiz 215 f., 218–220

299

- gacaca 218 f.
- Sondergerichtshof für Sierra Leone 219
Ubuntu 127
Uganda 20, 53, 96, 141 f., 152, 154, 212, 217
- Afrikas großer Krieg 195
- Dekolonisation 30
- Internationaler Strafgerichtshof (ICC) 230
- Kabinett 139
- Mehrparteiensystem 69
- politische Gewalt 136
- Wirtschaft 58 f., 77, 86, 106
Uganda-Tansania-Krieg 153, 183
União Nacional para a Independência Total de Angola (UNITA) 38, 40
Union des Arabischen Maghreb 151
Union française 31
United Nations Conference on Trade and Development (UNCTAD) 97 f.
United Nations Framework Convention on Climate Change (UNFCCC) 231, 233
Uppsala Conflict Data Program 181
USA 12, 54, 73, 85, 91, 158, 220, 223, 226, 234
- Afrikapolitik 74, 80
- Chagos Inseln 233 f.
- Dekolonisation 45, 48
- Entwicklungszusammenarbeit 93
- Handel mit Afrika 86
- Kalter Krieg 65
- Krieg gegen den Terror 73, 75
- Liberia 185
- Libyen 227
- Mobuto 195
uti possidetis-Prinzip 165–168, 184

V

van de Walle, Nicolas 122
van Reybrouck, David 197
Vereinigte Staaten von Afrika 149–151, 158, 160
Vereinigten Staaten von Afrika 160
Vereinte Nationen (UN) 9, 27, 50, 68, 158
- Allgemeine Erklärung der Menschenrechte 45
- An Agenda for Peace 156, 200
- Beziehungen zur Afrikanischen Union 207, 209 f.
- Brahimi Report 210
- Friedensoperationen 68, 199–201, 207–209
- Generalversammlung 45 f., 226, 233
- Konfliktmanagement 201, 220
- Mali 208 f.

- Ruanda 193 f.
- Sicherheitsrat 45, 66
- Sicherheitsratsreform 225, 227
- Sierra Leone 219
- Treuhandgebiete 34, 37, 46 f.
- UN-AU Operation 207, 209
- UNCTAD 98
- Zentralafrikanische Republik 209
Verschave, François-Xavier 92
Verstaatlichung 95
Vickers, Brendan 232
Volkstaat 169
von Billerbeck, Sarah 213

W

Wade, Abdoulaye 126
Wahlen 68, 70
- Demokratisierung 177
- frei und fair 136
- in autoritären Systemen 133
- Manipulation 136 f.
Wahlgewalt 174 f., 177
- Côte d'Ivoire 176 f.
- Definition 174
- Demokratisierung 177
- Simbabwe 175 f.
Wahrheitskommissionen 216–218
Wainaina, Binyavanga 6
Warren, Bill 60
Washington Consensus 72, 101, 159
Weber, Max 13 f., 131, 141, 213
- Herrschaftstypologie 131
Weltbank 68 f., 78, 93 f., 100–102, 146, 221
- Berg Report 101
- Ease of Doing Business Index 111
Weltbank *Siehe auch* Strukturanpassungsprogramme 152
Weltwirtschaftsordnung, neue 98, 100
Westsahara 49, 154, 161, 166, 198
Wettlauf um Afrika 32
- imperialer 22–24
- neuer 70–73, 103
- Unterschiede 70
Wirtschaft 81–123
- Entwicklung 1960–2000 81 f.
- Entwicklung seit 2000 103–116
- Initiativen für Wirtschaftswachstum 98–102
- Privatwirtschaft 111, 113
- strukturelle Probleme 82 f., 85
- Verwundbarkeit 85
- Wirtschaftspolitik afrikanischer Staaten 94–97
Witt, Antonia 205

X

Xi Jinping 72

Y

Yaoundé-Abkommen 91
Yates, Douglas 58
Young, Daniel 124
Young, David 126
Yusuf, Mohamed 179

Z

Zartman, William 150, 210
Zentralafrikanische Föderation 36, 39, 55
Zentralafrikanische Republik 52, 73 f., 111, 113, 117, 125, 190, 209, 211
– Internationaler Stafgerichtshof 230
– Konfliktmanagement 208
Zida, Yacouba Isaac 172
Zimbabwe African National Union-Patriotic Front (ZANU-PF) 40, 56, 61, 133 f., 139
Zivilgesellschaft 146 f., 161, 224 f.
Zongo, Henri 171
Zuma, Jacob 114, 142, 144, 229
Zweiter Weltkrieg 43, 45, 222